技术管理(MOT)系列教材

知识管理
原理与应用

第2版

KNOWLEDGE MANAGEMENT
THEORY AND ITS APPLICATION

廖开际　主编　　李志宏　刘勇　副主编

清华大学出版社
北京

内 容 简 介

本书是为满足我国知识管理教学需要而编写的一本教材。

本书的一个突出特点是系统性和完整性。从知识资本管理、战略管理、知识管理流程、知识管理技术、知识管理的组织行为、知识管理的实施和评价七个视角系统地阐述了知识管理的理论、方法和工具，并介绍了知识管理在客户关系管理、电子政务和项目管理中的应用，形成了一个完整的知识管理教学内容体系。每章提供了适量的思考题和案例，可满足不同层次的教学需求。

本书的另一个突出特点是理论联系实际，内容具有很强的可操作性，可作为企业、政府机构管理人员以及信息和知识管理部门的技术人员的参考用书。

图书在版编目(CIP)数据

知识管理：原理与应用/廖开际主编．—2版．—北京：清华大学出版社，2010.3（2021.11重印）
（技术管理（MOT）系列教材）
ISBN 978-7-302-22139-5

Ⅰ.①知… Ⅱ.①廖… Ⅲ.①知识经济－应用－企业管理－教材 Ⅳ.①F270

中国版本图书馆 CIP 数据核字（2010）第 024414 号

责任编辑：高晓蔚
责任校对：宋玉莲
责任印制：杨 艳
出版发行：清华大学出版社
网 址：http：//www.tup.com.cn，http：//www.wqbook.com
地 址：北京清华大学学研大厦A座 邮 编：100084
社 总 机：010-62770175 邮 购：010-62786544
投稿与读者服务：010-62776969，c-service@tup.tsinghua.edu.cn
质量反馈：010-62772015，zhiliang@tup.tsinghua.edu.cn
印 装 者：北京富博印刷有限公司
经 销：全国新华书店
开 本：185mm×230mm **印张**：27.75 **字数**：536千字
版 次：2010年3月第2版 **印次**：2021年11月第10次印刷
定 价：55.00元

产品编号：036503-02

技术管理(MOT)系列教材

编委会名单

总序

Preface

当今世界，科技发展一日千里。技术管理水平的高低，事关企业乃至国家的兴衰。技术管理已成为企业管理的关键职能。美国等发达国家为何引领世界经济？根本原因之一就在于其先进的企业技术管理水平与国家技术管理制度。现在，人们普遍认识到企业的成功不仅靠技术本身，而且要靠管理技术的能力。

技术管理(management of technology，MOT)是一门关于开发和运用技术这种稀缺资源，创造竞争优势和财富的交叉学科。随着技术在企业经营和竞争中的作用日益增强，地位日益提高，以及技术活动范围的延伸和扩展，技术管理的范围也由之扩展。因此关于技术管理内容的界定也存在"窄"与"宽"的区别。技术管理最窄的界定仅限于发明创造和研究开发管理；而宽的界定则扩展到了技术活动的延伸领域，即从研究开发到新产品的生产、营销的技术实现的全过程，并且注重技术的战略管理，即关注技术管理与其他职能管理的集成。目前占主导地位的认识是宽的界定，这一趋势已日趋明朗。

有关 MOT 的研究可以追溯到 20 世纪 60 年代，但 MOT 作为专有词汇则出现于 20 世纪 80 年代。目前大部分理论研究人员也倾向于认为，"技术管理"的系统研究起源于这个时期。

在 20 世纪 60 年代以前，很少有人注意研究以技术为基础的大规模项目的组织和管理。那时，学术界大都集中在两个题目上：一是有关伟大的"创造发明家"(如爱迪生和贝尔)的生活与活动的历史浪漫主义；二是从心理学的角度研究"开发过程"。尽管这两方面的著述十分有趣，但它们都不能为科学技术组织管理者提供更多有用的东西。1962 年，美国麻省理工学院斯隆管理学院创办了科技管理研究计划项目(当今著名的科技管理方面的学者鲁本斯坦(A. Rubenstein)和罗伯特(E. Roberts)等创办了该研究项目)。从此，在全球范围内兴起了对技术管理的研究。技术创新作为一个联结科技和经济的过程也受到广泛重视，技术创新管理问题的研究成果被广泛接受。

从 20 世纪 70 年代中期开始，技术创新管理成为技术管理的核心和主体，它将技术管理由研发管理扩展到包括新产品生产、营销等产品、工艺创新的全过程，大大拓宽了技术管理的范围。到20世纪80年代中期以后，技术管理与企业战略结合起来，形成了技术战略这一新的领域。

随着研究和实践的深化，技术管理所涉及的空间和时间范围在不断地扩展，呈现了新的趋势：第一，从关注技术活动的某些阶段向关注技术活动的全过程发展；第二，从关注单项活动向关注多项活动的集成演进；第三，从关注局部活动向关注全局性活动变化；第四，从静态管理向动态管理推进，强调适应不断变化的环境并及时调整。

随着技术管理研究和实践的不断向前推进，国际上技术管理的教学也不断发展起来。20世纪60年代仅有麻省理工学院等个别学校开课，到70年代也只在少数学校开设MOT课程，但从80年代开始迅速扩展开来。据统计，仅美国开设MOT课程的高校已经不下200所。

我国在20世纪80年代之前，仅在少量教科书和专著中涉及技术管理内容，如产品设计管理、工艺流程管理、设备管理、质量管理、标准化等，其内容狭窄、陈旧，对实践的指导作用也有限。20世纪80年代以来，以清华大学、浙江大学为代表的一批高校，抓住技术创新管理这一技术管理的核心，展开研究与教学，推动了我国技术管理学科的发展。近年来，随着民营企业的迅速崛起以及大批跨国公司研发中心纷纷落户中国，市场产生了对技术管理知识和人才的强烈的内在需求。上海交通大学自2000年起，率先推出了技术管理MBA项目。由技术管理市场需求拉动的MOT相关教学与研究，已呈现出蓬勃发展的势头。

我国经济正处于重大转型期，产业结构面临全面调整。新技术的迅速发展、高新技术产业发展、传统产业改造与升级使企业对技术的依赖比以往任何时候都突出。基于我国社会、经济、科技发展进入新阶段的形势，国家提出了自主创新、建设创新型国家的战略，这为我国技术管理的发展提供了新的机遇，也提出了更高的要求。从事MOT研究和教育的同仁们肩负着光荣而艰巨的使命，我们有责任为落实国家战略作出应有的贡献。

为了促进我国MOT学科的快速、健康发展，中国技术经济研究会从2004年开始，每年召开一次“技术管理(MOT)学科发展与教学研讨会”，与会代表普遍认为技术管理，包括技术创业管理课程的教材建设是技术管理学科建设的重要问题。会议就教材编写问题进行了专门讨论，形成了编写意见，并与清华大学出版社达成了出版意向。现在技术管理(MOT)系列教材正式陆续推出，这是技术管理同仁辛勤努力的成果展示。我们希望在这些教材的使用中得到反馈意见，进而能不断修改完善。我们相信，在同仁的共同努力下，在不远的将来，技术管理教材体系会更加丰富和成熟。

吴贵生
中国技术经济研究会副理事长
清华大学技术创新研究中心主任

序言

Preface

当今世界正经历着经济上的巨大转折，从 20 世纪 70 年代开始，发达国家开始进入以信息技术为代表的高新技术迅猛发展的时期。这个时期的重要特征之一，就是知识的作用日益显著。

信息技术的迅速发展与广泛应用，促进了工业经济的信息化，使得人类社会从工业化社会开始进入信息化社会。科学技术的发展一方面使得传统产业的知识与技术密集度日益提高；另一方面又催生了一批高新技术产业，并使得研究开发逐渐独立于生产过程。在这个阶段，除了土地、劳动力、资本、自然资源外，信息与知识也开始成为重要的生产要素。知识的创新、传播和使用在推动经济发展方面的作用，比起工业社会来显得更加突出。因此，有人认为，21 世纪从发达国家开始，全球将逐步进入知识经济阶段。

1996 年，联合国经济合作与发展组织(OECD)发表了题为《以知识为基础的经济》的报告。在报告的一开始就提出："'以知识为基础的经济'这个术语的出现，表明了人们对知识和技术在经济增长中的作用有了更充分的认识。知识，作为蕴涵在人(又称人力资本)和技术中的重要成分，向来都是经济发展的核心。但是，只是到了最近几年，正如知识的重要性在增长一样，人们对于知识重要性的认识也进一步深化。"

在这个报告的影响下，20 世纪 90 年代后期，无论是在国外还是国内，都掀起了研究讨论知识对经济影响的热潮。当时人们使用的还是"以知识为基础的经济"这一词语，到了 1997 年 2 月，美国总统克林顿在公开演讲中正式使用了"知识经济"的提法，后来的讨论就沿用了这一名词。根据当时比较一致的理解，知识经济是建立在知识的创新、传播和使用基础上的经济。

知识作为一种可重用的社会资源，它的生产、分配和使用早就是经济运行的基础之一。在游牧社会与农业社会阶段，人们已经利用以经验为主的知识，经验技术、工匠技艺与直接劳动融为一体；到了工业社会阶段，系统化的理论逐渐形成，人们利用的知识已带有科学色彩，但其基础地位与作用长期以来没有得到人们普遍的重视。只是近年来，科技进步对经济、社会生活的推动作用与日俱增，知识在经济生活中的基础地位开始为人们所认识。

过去，在长期的生产过程中，人们是在不自觉地点滴累积并利用各种知识。到了知识经济阶段，一方面技术知识在不断地增加和深化，它的作用也愈来愈大；另一方面由于分工和专业化程度的提高，制度知识也在不断发展。人们需要更自觉地认识和发挥知识的作用，因此，知识作为一种资源，作为一种生产要素和资本，对于它的管理需要加以专门研究。

对那些有固定形式的知识，如技术文化资料、图纸、专利等，能自觉加以管理（即通常所谓的技术管理或档案管理）；而对一些无形的，特别是隐性（意会性）的知识，则常常未予重视。因此，在人员退休或者离开企业后，有些极宝贵的意会性知识无形中就散失了。即使是有形知识，由于散在各处，缺少有效的索引，常常出现重复引进或开发，或者获取与传播过于迟缓的情况。现行的企业制度、风气甚至有时会损害或妨碍知识的获取、传播和应用。因此，把知识管理作为一个重要的任务提出来，并建立一门专门的学科，加以认真地理解和研究，是有现实意义的。

知识管理作为一门独立的学科，也是20世纪90年代才开始建立的。对于知识管理的认识和理解，到现在为止也没有一个完全一致的看法。但这并不妨碍人们在实践中实施知识管理，并逐步总结和积累经验，找出一般的规律，逐步凝练出学科体系和内容。到现在为止，有关知识管理的著作已经出版了许多。而在大学（研究生和本科生）的教学计划中也逐步列入了知识管理课程。这对培养掌握知识管理的人才有着积极的意义。

我国虽然还处在工业化的中期，但是为了促进工农业的现代化，为了在全球化经济的大环境中求得生存和发展，不能不关注各种知识在不同领域、不同发展水平情况下的广泛应用，特别是为了克服自然资源不足和缺乏核心技术对可持续发展的限制，需要加强自主创新。创新的实质是知识的运用和创造，因此，当前把知识管理提上日程，是具有现实和长远意义的。

为了培养掌握知识管理的人才和普及知识管理的常识，需要一批教材、专著和科普读物，本书就是为了满足这一需要而编写的。

作者在本书的开始，首先阐述了知识与知识管理的含义、知识管理的作用、知识管理学科的产生，并讨论了知识管理学科框架。然后讲述了知识资产、知识管理战略以及组织知识的生产、加工与转移等问题。接着从技术和行为两个层面介绍了一些具体方法和内容以及知识管理的实施与评估方法。书的后一部分则介绍了在电子商务中的客户关系管理、电子政务中的知识管理以及项目管理中的知识管理。

全书做到了理论与应用并重，引用了大量国内外的实例，使读者易于理解和接受。书中搜集了国内外大量的理念和方法，可以供不同需求的读者选读。

由于知识管理毕竟是一门建立不久的学科，其体系结构和涉及的范围也都是在不断变化之中。本书的结构和内容反映了学科发展的一个阶段的成果，对于初学者可以按照书中结构形成自己的知识体系，而对已掌握一定知识和经验的读者来说，可以根据自己的专业背景与实际需要，选择书中的有关内容，构建本人的知识体系结构。

我国的经济建设正在一日千里地迅速发展，知识的作用日益显著，人们对知识的渴求和有效运用，并进一步进行创新的需求越来越迫切，希望本书能在这方面对读者有所裨益。

王众托

2007年7月

前言

Foreword

随着人类社会从工业经济时代进入知识经济时代，传统的企业管理模式与管理理念越来越不能控制和解释许多企业的兴衰起伏。知识管理是自20世纪泰勒科学管理后管理学最重要的发展。正如泰勒的科学管理理论和方法是工业时代的企业管理基础一样，知识管理为21世纪知识经济时代的组织管理提供了理论基础。

以知识管理为核心的企业管理和发展战略已成为理论界和企业管理界的共识，也成为西方企业管理、政府机构以及军队管理的热点和重点。KPMG顾问公司的调查报告显示，早在2000年，美国就有超过60%，欧盟一些国家与英国有高达70%的大型企业已经或正在导入知识管理。企业导入知识管理后所获得的具体效益分别是：可以协助企业作更佳的决策(71%)、可以对顾客的掌握度更高(64%)、可以协助企业降低成本(57%)、可以协助企业增加利润(52%)。可见，知识管理不仅使企业获得信息而且帮助企业优化所得到的信息，更使企业得到了相对于别的企业的竞争优势。目前，欧美的大中型企业几乎都将知识管理理念、方法引入自己的企业，建立了自己的知识管理战略和知识管理体系，推行知识管理。美国政府计划在2006—2010年的五年内在知识管理解决方案上的投入达到13亿美元，其目标是知识管理系统能够有效地支持各类机构的管理功能和任务处理。以军队知识在线管理(AKO)为核心的美国军队知识管理系统取得了极大成功，为美国政府和军队的知识管理建立了标杆。美国陆军计划在2008财年为其基于知识管理的"未来战斗系统"投资23亿美元。新一轮的管理变革浪潮正席卷全球。

中国正处在经济快速发展时期，经济发展水平正在接近发达国家，加入WTO更加速了中国企业国际化的进程。在发达国家知识型企业已成为经济主流，知识工人已成为最大就业力量的今天，顺乎世界经济发展潮流，积极进行企业变革和调整，加快企业知识化的进程，不仅关系到企业的生死存亡，也关系到国家经济发展的前景。为此，中国工程院李京文等院士呼吁：在21世纪经济全球化和知识经济的大趋势下，我国应大力引进和实施知识管理战略，从管理层面上切实提高我国企业在国际上的竞争实力。

为适应知识经济对知识管理人才的需求，许多国家和地区的高校纷纷开设知识管理专业或相关课程。早在 1998 年，美国加州大学伯克利分校信息管理与信息系统学院、得克萨斯州大学奥斯汀分校商学院以及我国武汉大学传播与信息管理学院率先设置了知识管理研究生招生方向。目前，国内外大部分知名大学都为研究生开设知识管理研究方向和相关课程，越来越多的高校已经或正在准备为本科生开设知识管理课程。

从课程体系的建设和改革的角度分析，知识管理课程得到了信息管理专业和商学院管理类专业的普遍重视。知识管理是信息管理和行为管理发展的必然趋势，近年来，数据挖掘、内容管理、知识管理系统等课程已经逐渐成为大学信息管理专业的核心课程。在管理学科，知识管理已经成为现代管理的基本特征，渗透到了各个管理领域，因此，知识管理也成为管理类学科的一门专业基础课。图 1 给出了知识管理在管理类专业课程体系中的地位。

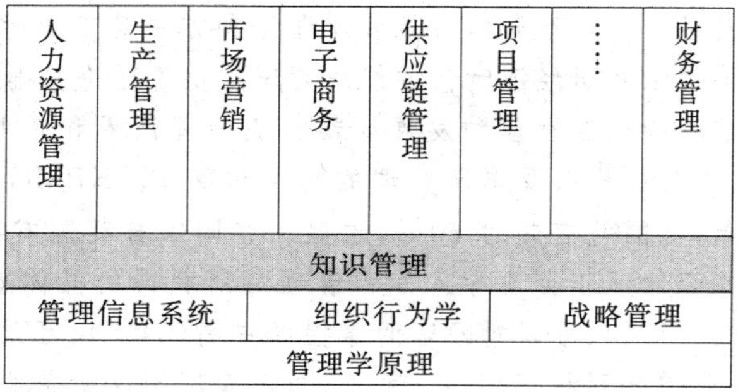

图 1　知识管理在管理类专业课程体系中的地位

知识管理教材的建设是知识管理学科建设的基础性工作。近年来，国内出版了一批优秀的知识管理方面的图书，但适合作为教材的书籍却很少。因此，我们编写了本书，以期为我国知识管理学科建设尽绵薄之力。

本书较系统地介绍了知识管理原理、方法和应用，全书共 14 章。

第 1 章和第 2 章，介绍知识管理的相关概念和知识管理研究的内容框架。通过学习这两章，读者可以了解知识管理产生的背景、知识管理的含义、知识管理的目的和目标以及知识管理研究的主要内容。

第 3 章介绍针对组织知识静态特征的管理，即组织知识资本管理。希望读者通过学习本章，能清楚地认识到现代企业的价值构成及知识是现代企业价值创造的核心，从而更进一步明白知识管理的重要性。

第 4 章介绍组织知识管理的战略的内涵、选择和实施。通过本章的学习，使读者认识到：第一，知识战略是一种组织战略；第二，组织知识管理要与组织战略保持一致。

第 5～7 章介绍针对组织知识动态特征的管理，包括知识的生产、加工、存储和共享，针对每个流程给出了不同的做法和关键成功因素。知识管理流程是知识管理的重要内容。希望读者通过学习这些章节，掌握知识管理的基本内容和方法。

第 8 章介绍知识管理技术环境的构建，包括知识管理技术体系和知识管理系统的构成。读者通过学习本章，可以了解知识管理技术系统规划与实施的主要内容与框架。

第 9 章介绍组织知识管理的人文环境的构成，即知识管理的组织行为视角。希望读者通过学习本章，掌握组织文化、领导、激励系统和组织结构对知识管理的重要作用，了解组织知识管理人文环境构建的内容与基本方法。

第 10 章和第 11 章介绍组织知识管理实施和评估的流程和方法。希望读者通过学习本章，能够针对特定组织的知识管理项目，制定知识管理的规划、实施和评价方案。

第 12～14 章介绍知识管理在客户关系管理、电子政务和项目管理中的应用，读者通过学习这 3 章，可以了解知识管理在不同组织层次的应用重点，熟悉知识管理应用的方法。

本书内容丰富，可作为本科生、MBA、工程硕士和研究生的教材。教师可以根据教学学时，针对不同层次的学生选择不同的教学内容。对于本科教学，可重点讲解知识管理的基本理论和方法，即本书的第 1～9 章；对于 MBA 教学，可重点选择知识资本管理、知识管理战略、知识管理流程和知识管理的组织行为视图等章节；对于工程硕士教学，可重点选择知识管理技术、知识管理的实施与评估、知识管理的应用等章节；对于全日制研究生，可根据研究方向选择合适的学习内容。

本书每章都提供了思考讨论题和教学案例，建议学习班级对每个案例进行分组讨论，并写出讨论报告。这样既可以加深对学习内容的理解，又可以了解理论知识的知识背景和方法，同时，还可以促进同学之间的知识共享。

本书 2007 年第 1 版出版后，受到读者的欢迎，作者深感欣慰。近几年，知识管理的研究领域也有了一些新的发展。因此，本书第 2 版在保持第 1 版框架结构不变的基础上，加入了国内外学者近年知识管理研究的新进展，对一些内容作了适当调整与更新，如知识管理战略分析等，另外还增加了若干案例。

本书能按时付梓是三位作者共同努力的结果，同时，也与作者家人的大力支持是分不开的。在本书的编写过程中，作者吸收和采纳了王众托院士和蓝海林教授的许多思想和主张。此外，邝云英老师和研究生何济乐为本书的编写做了大量工作。在此，作者谨对为本书作出贡献的所有人员表示衷心的感谢。

本书提供教学课件，需要者可向作者索取(Kaiji@163. com)或到清华大学出版社网站下载。

作 者

2010 年 1 月

目录

Contents

第1章

知识与知识管理总论

本章要点

- 知识管理的发展
- 知识的含义与分类
- 知识管理的含义
- 知识管理的必要性
- 知识管理的目的与目标

知识管理(knowledge management)的重要性越来越为业界所认识。知识管理能帮助企业实现的主要利益包括:鼓励思想自由流动,利于创新;缩短回应客户时间,改善客户服务质量;加速产品和服务推向市场的时间,增加赢利;承认员工拥有知识的价值,并给予奖励,增加员工留用率;清除多余的或不必要的流程,简化运作和降低成本;重复利用行之有效的解决方案,缩短决策的时间等。除此之外,避免由于人员流动造成的知识流失,更是知识管理的一个关键效用。

1.1 知识管理的发展

知识管理是在知识经济的大背景下产生的,联合国经济合作与发展组织(Organization for Economic Co-operation and Development,OECD)1996 年在其题为《以知识为基础的经济》的报告中提出:以知识为基础的经济是建立在知识和信息的生产、分配和使用之上的经济。1997 年 2 月,克林顿将 OECD 的报告中提出的"以知识为基础的经济"修改为"知识经济",这个概念随后就在全世界流行起来。要想弄清知识管理与知识经济到底有什么样的逻辑关系,应该先了解知识管理的发展历史。

1.1.1 从文献管理到现代知识管理

在人类文明进化过程中一直就存在着对知识的管理。在人类社会发展的不同时期,对知识的管理面对的基本问题各不相同,加之管理技术水平各异,所能解决的问题和能达到的层次也大相径庭,因而形成了对知识进行管理的不同发展阶段。有学者将人类对知识的管理活动放在相应的经济发展阶段的背景下进行考察,将人类近代对知识的管理划分为 4 个典型的发展时期。

第一个时期是文献管理时期(1900—1950 年)。这一时期以农业经济为背景,以图书馆和档案馆为象征,主要特征包括:属于社会公益性质,以记录型和印刷型文献管理为对象,同时也涉及其他文献资料的管理,因而也称为文献管理时期,理论形态是图书馆学和档案学等。

第二个时期是技术管理时期(1950—1980 年)。这一时期以工业经济为背景,以电子信息系统为象征,主要特征包括:信息技术及技术专家的作用日益突出,管理信息系统(MIS)和办公自动化系统(OA)的社会应用日益广泛,理论形态是情报学和信息管理学。

第三个时期是信息资源管理时期(1980—1995 年)。这一时期以信息经济为背景,以信息总监(chief information officer,CIO)为象征,主要特征包括:涉及信息活动的各种要素(信息、信息生产者、信息技术、信息用户等)均被作为信息资源要素纳入管理范畴,是一种综合性、全方位的集成管理,主要应用领域是公司和政府,理论形态是信息资源管理科学。

第四个时期是知识管理时期(1995 年至今)。这一时期以知识经济为背景,以知识总监(chief knowledge officer,CKO)为象征,主要特征包括:将知识定义为能引致有效行为的信息,将知识资源视为组织最重要的资源并将资本管理与运营方法引入知识资本管理领域;高度重视对隐性知识、学习和创新过程的管理,强调知识必须应用于组织的竞争、创新和发展活动;把知识管理当作组织发展成为学习型组织的核心措施;目前主要应用领域是公司;理论形态是知识管理科学。

人类对知识的管理活动发展的各个阶段及其特征如表 1-1 所示。

表 1-1　人类对知识的管理活动发展的各个阶段及其特征

时期	背景	对象	措施	象征	学科
文献管理	农业经济	以纸为载体的文献	手工方式	图书馆、档案馆	目录学、文献学、图书馆学、档案学
技术管理	工业经济	数据	单纯依靠计算机	管理信息系统(MIS)和办公自动化系统(OA)	情报学、信息管理学
信息资源管理	信息经济	信息资源	技术、经济和人文三位一体	信息总监(CIO)	信息资源管理科学
知识管理	知识经济	知识资源	人文、组织、技术三位一体	知识总监(CKO)	知识管理科学

可见,知识管理是在知识经济的背景下,以现代信息技术为基础、以人为核心、以知识资源为对象的管理活动。而信息资源管理是以技术为核心、以信息资源为对象的管理活动。

1.1.2 知识管理学科的诞生

作为人类对知识的管理活动的最高级形式和最新发展阶段,知识管理学科正式出现的时间并不长,但其思想却可追溯到数十年前。几十年来,知识管理思想与实践的发展走过了一段艰辛而曲折的历程。

20 世纪 70 年代,一些著名的管理学大师为知识管理的正式诞生发挥了重要的促进作用。著名的有美国的 Peter Drucker、Paul Strassmann 和 Peter Senge。Drucker 和 Strassmann 强调了信息与显性知识作为组织资源日益增长的重要性,Senge 着重突出了"学习型组织",并视其为实现知识管理的关键措施和知识管理的核心目标之一。哈佛大学商学院的著名教授 Chris Argyris、Christoper Bartlett 和 Dorothy Leonard-Barton 关于 Chaparral Steel 公司知识管理的安全研究,大大促进了学术界对于知识管理的认识和重视。斯坦福大学的 Everett Rogers 教授对创新扩散的研究和麻省理工学院的 Thomas Allen 教授关于信息与技术转移的研究使学术界对于组织内知识的生产、扩散和利用的认识达到了一个更高的水平。

知识管理的实现必须以相应的信息技术为条件，其成果最容易以技术成果的形式表现出来。另一方面，对知识作为组织资产重要性的认识一直伴随着对信息过载问题的担忧，所以人们最早的知识管理实践便起始于对知识管理系统的开发，但其初衷并非明确的知识管理，而是解决信息过载问题。1978 年，Doug Engelbart 推出了一个早期的超文本/群件系统，它能够与其他系统和应用交流信息，Rob Acksyn 和 Don McCracken 开发了一个知识管理系统，这是一个开放的、分布式多媒体工具，也是后来的 WWW 技术的预演本。

20 世纪 80 年代人工智能和专家系统技术的发展对知识管理的产生发挥了较大的作用，大大推广了一些知识管理的基本概念，如知识获取（knowledge acquisition）、知识工程（knowledge engineering）、知识库系统（knowledge-base systems）、基于计算机的本体论（computer-base ontologies）等。

由于这些学者和专家们的不懈努力，知识作为一种组织资产的重要性在 80 年代中期已逐渐被人们意识到，但当时绝大多数公司尚未开始正式的知识管理活动，正统经济学理论也完全忽略了知识作为组织资产的价值。

知识管理（knowledge management）一词正式出现于 1989 年。这一年，为了给知识管理工作提供相应的技术基础，美国一家公司联合会实行了一项管理知识资产的试验项目，与知识管理相关的文章开始见诸一些著名的学术刊物，如《斯隆管理评论》（Sloan Management Review）、《组织科学》（Organizational Science）、《哈佛商业评论》（Harvard Business Review）等，同时关于组织学习和知识管理的第一批著作问世，如 Senge 的《第五项修炼》（*The Fifth Discipline*）和 Sakaiya 的《知识价值革命》（*The Knowledge Value Revolution*）。从 1990 年开始，一些管理咨询公司开始在内部推行知识管理，美国、欧洲和日本几家著名的公司在特定业务领域开始实施知识管理项目。1991 年，随着 Tom Stewart 的划时代文章《脑力》（*Brainpower*）在美国极负盛名的商业杂志《财富》上发表，知识管理的概念开始广为人知。对知识管理的宣传和普及贡献最大的要数 Ikujiro Nonaka 和 Hirotaka Takeuchi 出版于 1995 年的名著《知识创造型公司：日本公司如何建立创新动力机制》，因此，这本书的出版也被认为是知识管理诞生的标志。

20 世纪 90 年代中后期，随着 Internet 技术的普及，知识管理开始大面积推广和普及。1989 年成立于欧洲的国际知识管理网络（IKMN）于 1994 年建立了知识管理网站，美国的知识管理论坛（knowledge management forum）和其他一些相关组织与出版物纷纷加盟该网络。1994 年 IKMN 发表了其对欧洲公司知识管理活动的调查报告，1995 年欧盟通过 ESPRIT 计划首次资助知识研究项目。

随着知识管理理论的成熟和方法体系的日益完备，产业界也将其视为对业已失败的全面质量管理（TOM）和业务流程重组活动的一个补救措施，从而大大刺激了对知识管理产品与服务的需求，全球顶尖的咨询公司如安永（Ernst & Young）、安达信（Arthur

Andersen)和博兹·艾伦·汉密顿(Booz-Allen &Hamilton)等的知识管理类咨询业务量猛增。与此同时,基准研究、最佳实践、风险管理、变革管理、情报学等领域的专业学术性组织也开始研究知识管理与其专业领域之间的关系,有代表性的是美国生产力与质量委员会(APQC)和美国情报学会(ASIS)。从此知识管理迎来了一个大发展的时期。

知识管理的概念与思想是在 1998 年初随着知识经济一同进入中国的,受到了我国学术界和实业界的高度重视,经过十几年的发展,目前,知识管理在我国已经进入了推广和普及阶段。

1.2　知识的含义与分类

1.2.1 知识的定义

很多人对知识的含义都有直觉认识,但是很难对知识给出一个公认的定义。

《韦伯字典》对知识的解释是:

① 从研究、调查、观察或经验中获取的事实或想法;② 有关人类本质的知识十分丰富;③ 学问,特别指通过正规学校教育,经常是通过高等教育获得的知识;④ 包含有大量学问的书籍。

该定义中知识的含义超出了信息,主要与通过经验和学习获得的事实和想法有关。对于组织而言,可以利用组织内、外部的失败和成功的经验,进行正式的和非正式的学习。

《罗热辞典》(*Roget's Thesaurus*)中列出了一系列知识的同义词:

认识、认知、专家认识、熟悉、经验、视野、默契、见解、熟知、领悟、理解、识别、欣赏、判断、直觉、良知、意识、感知、预知。

这些同义词更好地描述了《韦伯字典》高度概括的定义,将直觉、认知、视野、艺术和感知包括在内,显得更加完整。知识比信息更深入、丰富和广泛。

我国学者关于知识的定义大多是从哲学的角度提出的,如董纯才主编的《中国大百科全书·教育卷》(中国大百科全书出版社 1985 年版,P525)指出:"所谓知识,就它反映的内容而言,是客观事物的属性和联系的反映,是客观世界在人脑中的主观映象。就它反映活动的形式而言,有时表现为主体对事物的感性知觉或表象,属于感性知识,有时表现为关于事物的概念或规律,属于理性知识。"

知识管理中主要强调知识的资源和价值等经济属性,因此,本书采用达文波特(Davenport)和普鲁萨克(Prusak)对知识的定义:知识是一种包含了结构化的经验、价值观、语境信息、专家见解和直觉等要素的动态的混合体,它为评估和利用新经验与信息提供了环境和框架。它源于知者(knower)的头脑,并为知者所用。在组织中,知识不仅常常内嵌在文件或数据库中，而且还存在于日常活动、流程和规范中。

该定义很好地抓住了知识最有价值、最难管理的特征。简单地说，知识是可用于行动的信息。“可用于行动”是指在恰当的地点、恰当的时间和恰当的背景下以恰当的方式获得相关的信息，任何人（不仅仅是知识生产者）可以在任何时候用它来帮助决策。知识是决策、预测、设计、规划、诊断、分析、评估和直觉判断的关键资源。它形成于个人和集体的头脑，并为之共享。它无法从数据库中产生，而是随着时间的推移从经验、成功、失败和学习中产生。

也可以这样通俗地理解知识：知识就是“知”+“识”。“知”是指个人或组织“知道”的事实，是可表达的或可记录下来的，如：知道是什么（know what）、知道为什么（know why）、知道是谁（know who）、知道在哪里（know where）、知道什么时候（know when）等；“识”即“见识、胆识”，是个人或组织在实践中培养起来的、难以言表的直觉、能力和信仰等。例如，许多知道怎么做（know how）的知识通常是难以表达的。

1.2.2 数据、信息与知识

早在1934年，诗人T. S. Eliot在题为*The Rock*的诗中写道：“信息迷失在数据中，知识迷失在信息中，而智慧迷失在知识中。”

知识、数据与信息之间密不可分，但并不等同，而且不可以相互替换，它们在组织中所起的作用也不同。我们不妨通过一个例子来考察一下三者之间的区别和联系。

有一家连锁超市正着手一项顾客调研，他们首先通过付款机收集了大量有关顾客购买行为的“数据”，然后对这些数据进行回归分析，试图通过对这些看似不相关的数据的分析，发现一些潜在的购买行为方式。幸运的是，他们很快发现，在星期五下午，一次性尿布的购买与啤酒的购买存在一定的相关性。这样，通过数据的挖掘就产生了“信息”。在此基础上，他们做出这样的假设：在星期五下午购物的男人们，往往会在购买一次性尿布（按太太的要求）的同时，为他们自己买些啤酒。于是，超市立即采取行动重新安放了一次性尿布和啤酒的位置。显然，这时，这条有用的信息就成为了企业所拥有的“知识”。

由此可见，知识、数据和信息是三个不同层次的概念。数据是由一些事实和数字构成，信息就是数据的组合，而知识是起作用的信息。知识、信息和数据之间概念上的混淆往往导致公司花了大量的资金但并没有得到预期的回报，公司常常直到投入了大量资金的项目以失败告终时，才真正理解他们到底需要什么。而通过对数据的收集、对信息的分析、对知识的运用，往往会给公司带来意想不到的收获。

知道这三个概念各自的含义及如何相互转化对知识工作的成功是非常关键的。下面对三者做一个简明的分析比较，在此基础上找出影响从数据到信息及从信息到知识转换的因素。

1. 数据

数据是一系列关于事件的离散的客观事实，在组织中，数据通常是关于事项的结构化的记录。当一个客户到加油站给他的油箱加满了油，这一事项可被部分地描述为数据：他什么时候买油，买了多少，付了多少钱。但这些不足以说明他为什么选择这家加油站，他有多大可能成为回头客。对加油站来说，这些事实不能说明加油站是否运转良好。管理大师彼得·德鲁克（Peter Drucker）曾经说“信息是赋予了背景和目标的数据”。这说明数据本身不包含背景和目标。

任何组织都需要数据，有些组织严重地依赖数据，如银行、保险公司、公共事业以及政府统计部门，有效的数据管理是它们成功的关键。现代数据库技术为组织有效管理它们的数据提供了条件。

数据只是描述了事件的一部分，尽管决策的原始材料包含了数据，它并不能告诉你怎么做。数据不能说明自己的重要性和相关性。但数据对组织非常重要，主要是因为它们是产生信息的原始材料。

2. 信息

与数据不同，信息有具体含义，即德鲁克所说的“背景”和“目标”。它不仅对接受者施加影响，而且是为一定的目标而组织起来的。当数据产生源给它加上一定意义后数据就变成了信息，我们可以以各种方式通过增加价值来把数据变成信息。以下是一些重要的方法，它们在英语中都是以 c 开头的。

（1）加入语境（contextualized），知道数据为何收集。

（2）分类（categorized），知道数据的主要成分，并可划分为分析的单元。

（3）计算（calculated），用统计或数学的方法进行分析。

（4）改正（corrected），从数据中剔除错误。

（5）压缩（condensed），用更简练的方式总结数据。

计算机能够帮助我们把数据变成信息而增加价值，但它在加入语境方面往往爱莫能助，而且还需要人的参与来对数据进行分类、计算和压缩。

信息的作用要通过传播才能具体体现，信息的传播需要载体，信息在组织中通过间接或直接的方式传播。直接的方式是指信息发送者和接收者面对面地交流。间接的方式是指借助于中间媒体（如书信、电话、互联网等设施）进行传播。信息的作用是改变接收者对某事物的印象，对其判断和行为产生影响。

3. 信息与知识的比较

信息本身并非知识，只有当人们通过体验、解释和沟通等方式对信息进行积累和加工时，才可以得到知识。《韦伯字典》把信息解释为“用来通信的事实，在观察中得到数据、新闻和知识”。英国的《牛津字典》认为“信息就是谈论的事情、新闻的知识”，日本的《广辞苑》中说：“信息是所观察事物的知识。”显然，上述说法尽管不完全一致，但把知识作为信息的基本内容则是人们对信息与知识关系的共同认识。

在组织业务环境中，人们普遍认为知识就是可用于行动的信息。知识能够帮助预测、建立临时关系或对要做的事情做出预测性的判断，而信息只是一些事实。表 1-2 对比说明了知识和信息的一些区别。

表 1-2　信息与知识的比较

信　　息	知　　识
经过处理的数据	可用于行动的信息
只提供事实	有助于预测、建立临时关系或对要做的事情做出预测性判断
清楚、明晰、结构化和简单	混乱、模糊，部分未被结构化
易于以书面方式表达	直觉的，很难交流或用语言描述和表达
通过数据关联和计算获得	存在于联系、人际对话、经验性直觉和解决问题的能力中
缺乏所有者依存性	存在于所有者大脑中
信息系统可以很好地处理	还需要非正式渠道，如非正式的交流
理解大量数据含义的关键资源	智能决策、预测、设计、规划、诊断、分析、评估和直觉判断的关键资源
从数据演变而来：以数据库、书籍、手册和文件的形式存储	产生于个人和集体的头脑，并为之共享：随着时间的推移，从经验、成功、失败和学习中产生
被形式化、获取和显性化：易于包装为可再利用的形式	多形成于人的头脑中，从经验中得来

组织的大部分知识都不在文档和数据库里，而是在组织中人的头脑中，隐含在事物联系、人际对话、基于经验的直觉和解决问题的能力中。它是混乱和直觉的，很难交流或用语言描述和表达。这些隐性的知识只有很小的一部分被保留为数据库、书籍、手册、文件和演讲稿，其余大部分都存留在人脑中。

4. 知识的阶层性

有的学者将广义的知识再区分为知识和智慧两种。于是形成了数据、信息、知识和智慧四者之间的阶层关系（knowledge hierarchy），上层常是下层的加值产品，如图 1-1 所示。图 1-2 是四者的价值随其隐性程度（或获取的困难程度）的增加而增加的示意图。

从图 1-1 及图 1-2 中可以了解到，如果要将广义的知识再细分为知识与智慧的话，则知识偏向于解决特定问题的法则、方法及程度等显性的、可操作性的知识，而智慧则偏向较为隐性、自觉的判断，同知识相比具有更深、更广及更稳定的特性，如心智模式内的价值观、规范与信念等。如老和尚对人类生命的领悟与价值观称为智慧，而不是知识；而饱读诗书的年轻秀才大都被认为拥有知识，而并非拥有智慧。在企业管理上，智慧常属于偏向预测、发现并定义模糊度与复杂度较高的战略问题的隐性能力。概言之，智慧就是应对危机和挑战的能力，以及对未来的把握能力。拥有智慧的个人和组织才能立于不败之地。

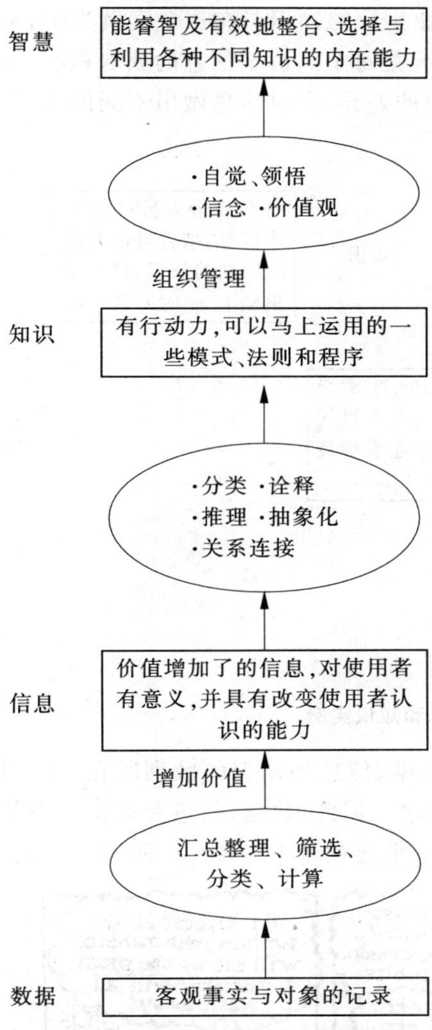

图 1-1　数据、信息、知识与智慧的增加价值与阶层性

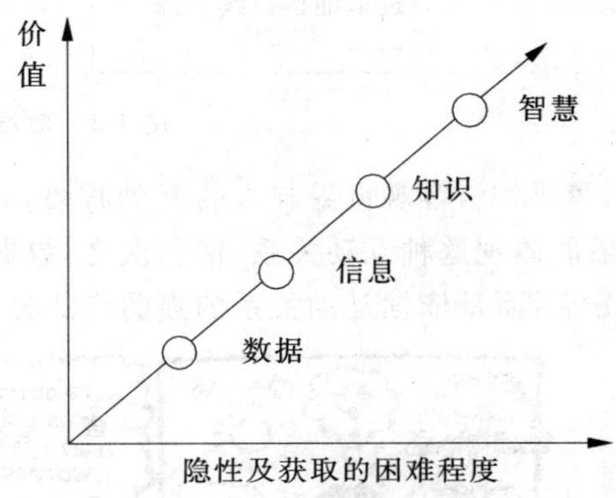

图 1-2　数据、信息、知识与智慧的价值与隐性及获取的困难程度

5. 示例

数据和信息是基础,只有知识才能直接应用于决策和行动,图 1-3 所示的例子说明了三者的关系。

由图 1-3 可见,数据是杂乱无章的,数据之间也没有显著的逻辑关系。按照一定的关系，对数据进行选取和排列，就得到了有意义的信息。咨询人员根据这一信息，再结合自己的体验和认识，从而获得重振 IT 业的知识(解决方案)。而一位毕业的大学生，根据同样的信息，得到的却是如何选择自身职业生涯的知识。在这个案例当中，不存在谁的知识更为准确或是全面的问题，实际的情况是每个人由于信息的获取程度、文化和价值观、自身的处境、知识的积累和兴趣等方面的差异，会对信息做出不同的加工，从而得到特定情景下的知识。

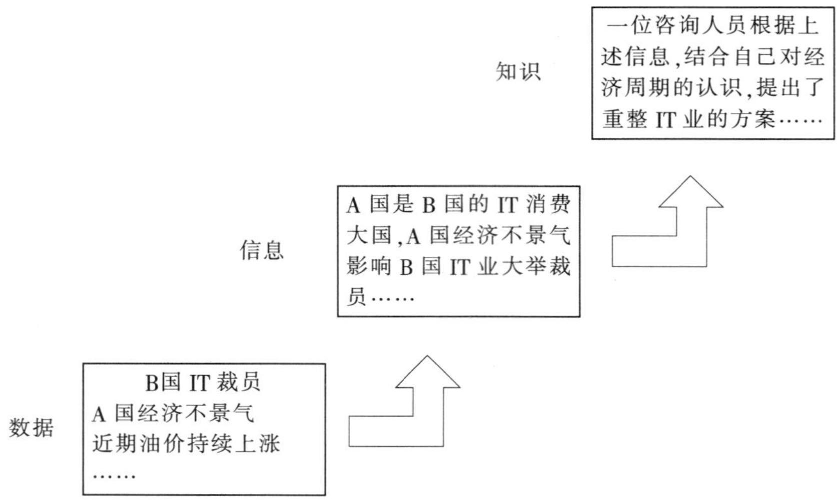

图 1-3 数据、信息和知识实例

实际上，客观世界与人的互动程度，正是数据、信息和知识的区别所在。知识的形成最能体现这种互动关系，信息次之，数据再次之。因此，数据、信息和知识三者并非截然分离，而是依据互动关系的强弱广泛分布在一个连续集上。图 1-4 所示的漫画，非常

图 1-4 数据、信息、知识、智慧之间的关系

生动地展示了数据、信息、知识、智慧之间的关系。

1.2.3 知识的分类

下面从知识可呈现的程度和存储的单位两个角度考察两种最基本的分类结构(taxonomies),如表 1-3 所示。

表 1-3　知识的分类结构

分类准则	知识的类别
可呈现程度	隐性知识和显性知识
存储单位	员工个人知识和组织知识

(资料来源:林东清,2005)

1. 可呈现程度:隐性知识和显性知识

学者 Polani(1958,1966)及 Nonaka 和 Takeuchi(1994)将知识分为隐性知识(tacit knowledge)和显性知识(explicit knowledge)。这种分类结构是知识管理领域中最重要的、被广大学者所接受的知识分类结构。

(1) 隐性知识:是指高度个性化,只可意会,难以形式化、记录、编码或表述的知识。隐性知识的组成要素包括直觉、经验、真理、判断、价值、假设、信仰和智能等,即知识中"识"的部分。

隐性知识往往是个人或组织经过长期积累而拥有的知识,难以言传。例如,技术高超的厨师或艺术家可能达到世界水平,却很难将自己的技术或技巧表达出来与人共享。

(2) 显性知识:是指可以用文字、数字、图形或其他象征物(symbol)清楚地表达出来的知识,即知识中"知"的部分。如手册、书本以及知识库系统中记录的知识。

学者 Tiwana(2001)更详细地将隐性与显性的知识以不同特性进行区分,如表 1-4 所示。

表 1-4　隐性知识和显性知识的对比

特　性	隐　　性	显　　性
本质	自觉、想象力、创意或者技巧,无法清楚说明,相当主观	可编码呈现,可清楚说明,较客观
正式化程度	不容易文件化、记录、传递和说明	能通过编码,利用正式的文字、图表等有系统地进行传播
形成的过程	由实践经验、身体力行及不断试验中学习和积累	对于信息的研读、了解、推理与分析
存储地点	人类的大脑	文件、资料库、图表和网页等地方
媒介需求	需要丰富的沟通媒介,例如面对面沟通或通过视频会议传递	可以利用电子文件传送,如 E-mail、FTP,不需要太丰富、复杂的人际互动
重要运用	对于突发性、新问题的预测、解决并创新	可以有效地完成结构化的工作,例如工作手册的制定

此外,需要说明的是,隐性与显性并非绝对二分法,大部分的知识都同时具有隐性与显性的部分,只是程度上的差异而已,因此,这是一个连续性的光谱(spectrum)。现以图 1-5 来举例说明(图 1-5 只是举例使用,并无实验证实)。

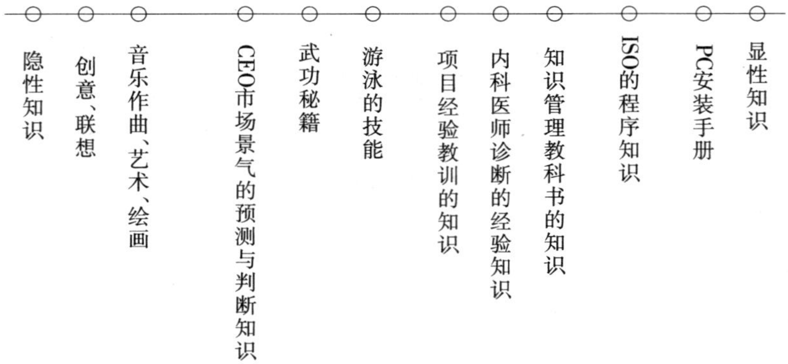

图 1-5　隐性与显性知识的光谱示意图

(资料来源:林东清,2005)

图 1-5 表示,贝多芬和毕加索也许只能将其隐性的创作知识表达出 10%而已;武功大师在秘籍上也许只能将其招式的精髓表达出 30%;项目团队事后总结会所提出的报告也许只能将当事者所有经历过的大大小小的杂事、心得、教训表达出 50%;心脏病医师诊断的步骤、逻辑、法则及临床应变的知识也许能表达出 70%;而知识管理教科书的写作可能将作者的知识管理的观念呈现了 80%;PC 安装手册则可以清楚表达安装知识的 95%。

显性知识和隐性知识的划分突破了过去人们对知识的认识,将还未经系统化处理的经验类知识给予了承认。如果说显性知识是冰山的尖端,那么隐性知识则是隐藏在水面以下的大部分,它们虽然比显性知识难发觉,却是组织财富的最主要源泉。知识管理中的一个重要观点,就是隐性知识比显性知识更完善、更能创造价值,隐性知识的挖掘和利用能力,将成为组织成功的关键。

2. 存储单位:员工个人知识和组织知识

有许多学者在此方面提出了不同的分类。

Leonard-Barton(1995)将知识分为员工个人的知识(employee knowledge)与内含于组织实体系统的知识(knowledge embedded in physical system),也就是组织知识。

(1) 员工个人知识:是指员工自己的知识,包含技能、经验、习惯、自觉、价值观等,属于员工可以带走的东西。例如,某些员工的计算机维修能力很娴熟,某些员工的文字处理能力特别强。这些知识都是属于员工自身的。例如,某位优秀的资深会计师如果离职或过世，则属于他个人的那些优秀财务管理知识也就不存在了。

（2）组织知识：是内含于组织实体系统中的知识。例如，组织内优秀的作业流程、信息系统、组织文化与团队协调合作，这些都是员工个人无法带走的知识。例如，一家公司的作业流程设计得非常好，即使公司里的某些工人或经理离职了，公司优秀的作业流程依然存在，并不会因此而消失。

要指出的是，为某个组织工作的员工，其个人知识事实上也属于组织，应纳入组织知识管理的范畴。

对于组织知识，又可以分为内部知识和外部知识。内部知识是指关于组织内部事务的知识，如内部流程、产品和人员的知识；外部知识是指关于供应商、竞争对手、市场环境、合作伙伴等外部对象的知识。

学者 Collins(1993)和 Blackler(1999)按照知识存储的客体，将组织知识分为下列 5 种层次。

（1）内含于员工的观念型知识(employee knowledge)

是指内含于员工内心中的一些知觉能力、概念性知识等。例如，能察觉到公司已逐渐无法适应外部环境的变化而出现了危机，这就是一种心智模式的诠释能力(sense making)。

这些能力常常需要通过广度的教育与心智模式的推理分析，即由“分析中学习”(learn by analysis)才能获得，而不是通过某些技术性的模仿或训练可以得来的。

（2）内含于员工的经验型知识(embodied knowledge)

这些知识也是属于员工的，主要是要通过“干中学”(learning by doing)的训练及练习来获取。例如，一位员工经过长期的实践工作而获得如何精确地判断精密仪器故障的能力。

（3）内含于组织文化的知识(encultured knowledge)

日积月累所形成的组织文化、共识和价值观，这些都是组织员工带不走并内含在组织里的知识。例如，优良的团队精神、顾客至上、开朗、创新等文化体系。这种知识经常通过组织文化的形成而逐渐成形。

（4）内含于组织运作的知识(embedded knowledge)

主要是指内含于组织例行作业流程内的分工、协调和合作的知识。例如，有效率的生产线、服务、IT 结构。这种知识是通过组织不断地学习、改进所形成的集体知识。例如，两家公司虽然拥有相同的设备、人员及投资，但是两家的生产效率、信息化绩效和客户服务效率不同，它们表示的内含于运作流程中的知识质量的优劣也就不一样。

（5）可编码知识(encode knowledge)

即可以利用文字和符号等写出来的知识。

前四种属于隐性知识，第五种属于显性知识。

3. 其他知识分类结构

学者从知识的管理方法和使用目的等不同的角度提出了20多种知识分类结构。如联合国经济合作与发展组织在《以知识为基础的经济》的报告中，从知识使用的角度将"知识"归纳为四种类型：事实知识（know-what）、原理知识（know-why）、技能知识（know-how）和人力知识（know-who）。目前，许多知识管理理论都采用这种知识分类方法。

学者Beckman（1997）把知识分成理论知识和实践知识。理论知识是指利用科学、客观的方法搜集资料证据，并加以归纳、分析及验证后所得到的一种概念性的知识。例如，经济学的供需理论，组织行为学的期望理论和激励理论。它可以通过演绎、推理进行解释、预测并了解社会的现象。实践知识是指个人通过对某一特定事件、工作上的实际经历，在实际工作中学到的程序性知识、经验法则、教训及因果关系等知识。实践知识是一种抽象化程度较低（即没有归纳成几个简单少数的概念）、详细、复杂、隐性的知识。例如，一个人负责引进一个知识管理项目后得到了许多丰富、详细的成功经验和一些重要的关键因素等个人隐性知识。

在不同的学科或应用领域中，对知识有不同的分类方法。在人工智能研究领域，知识被分为事实、规则和规律。事实是指人类对客观事物属性的值或状态的描述。规则指可以分为条件和结论两部分，用来表达因果关系的知识。由于一条规则的结论可以成为另一条规则的条件，因而这类知识可以形成推理链，使得这种知识得到广泛的应用。规则又可分为不带变量的规则和带变量的规则，规律是特指带变量的规则，变量可以实例化不同的值，因此可以从一条规律引出多个具体的不带变量的规则。

1.3 知识管理的含义

对知识的含义有了一定了解之后，下面介绍知识管理的含义。

1.3.1 知识管理的定义

1. 多种观点

到目前为止，学术界还没形成对知识管理的公认的定义。学者们对知识管理的定义有三种主要的观点。

第一种观点认为知识管理的焦点是对信息的管理。持这种观点的研究者认为知识是一种对象，并可以在信息系统中被标识和处理。他们从信息管理系统、人工智能和群件等的设计、构建过程等角度进行研究。这一观点由于得到IT技术发展的支持，发展很快。其中，较具有代表性的有：美国生产力与质量研究中心（APQC）认为，企业知识管理是为了提高企业竞争能力而对知识的识别、获取和充分发挥起作用的过程。英国的加特纳(Gartner)集团公司则认为"知识管理是发现、管理和分享企业信息资产所提供的一条综合途径，这些信息资产包括数据库、文献、策略、程序和未成文的存在于员工中的技能和经验"。马斯(Masie)的定义是："知识管理是一个系统地发现、选择、组织、过滤和表达信息的过程，目的是改善雇员对特定问题的理解。"魏格(Wiig)指出知识管理主要涉及四个方面：自上而下地监控和推动与知识有关的活动；建立和维护知识基础设施；更新组织和转换知识资产；使用知识以提高其价值。维娜·艾莉(Verna Allee)认为，"知识管理是帮助人们对知识进行反思，帮助、开发和支持人们进行知识交流的技术和组织结构"。

第二种观点认为知识管理的焦点是对人的管理。他们从人类个体的技能或行为的评估、改变或是改进等过程进行研究。该领域的研究者一般都有着哲学、心理学、社会学或商业管理的教育背景。对他们来说，知识是一种过程，是一个对不断改变着的技能与技能知识等的一系列复杂的、动态的安排。这些人在传统上，要么是像一个心理学家那样热衷于对个体能力的学习和管理方面进行研究，要么就像一个哲学家、社会学家或组织理论家那样在组织的水平上开展研究。这个思路非常古老，而且发展得也不太快。其中具代表性的有：美国 Dell 集团创始人之一卡尔·菲拉保罗(Carl Frappaolo)从知识管理的目的出发，认为"知识管理就是应用集体智慧提高应变和创新能力"，是为企业实现显性知识和隐性知识共享所提供的途径。卡尔·斯威比(Karl E. Sveiby)则从认识论的角度将知识管理定义为"利用组织的无形资产创造价值的艺术"。

第三种观点综合前两种观点，认为知识管理的核心要素包括人、组织和技术(简称为 HOT)。Yogesh Malhotra 认为，知识管理是当企业面对日益增长的非连续性环境变化时，针对组织的适应性、组织的生存和竞争能力等方面的一种迎合措施。本质上，它包含了组织的发展进程，并寻求将信息技术所提供的对信息和数据的处理能力以及人的发明创造能力这两个方面进行有机的结合。依莱亚斯·萨夫蒂(Elias Safdia)和雷·爱德华(Ray Edward)认为"知识管理是使人、过程以及技术完美结合起来，以使组织机构的与信息相关的成分，变成能为企业带来价值、优势和利益的直观动态的知识财富集合。知识管理是一种文化、生活方式，或者说是一种做事的方式"。这种观点得到了越来越多的研究者的认可，逐渐成为知识管理研究和实践的主流。

2. 本书的定义

综上所述，本书对知识管理定义为：组织为了提高生存能力和竞争优势，建立技术和组织体系，对存在于组织内外部的个人、群组或团体内的有价值的知识，进行系统的定义、获取、存储、分享、转移、利用和评估等，确保组织成员能够随时、随地获取正确的知识，以便采取正确的行动。

从这个定义可以了解组织知识管理的内容、主要活动、目的和目标。知识管理的要素可以用 HOTP 表示，H 代表人(human)，O 代表组织(organization)，T 代表技术

(technology),P 代表流程(process);知识管理的内容就是建立支持各种知识管理活动的技术和组织体系;知识管理的主要活动包括知识的定义、获取、存储、分享、转移、利用和评估等;知识管理的目的是提高组织的生存能力和竞争优势;知识管理的目标是确保组织成员能够随时、随地获取正确的知识,以便采取正确的行动。

3. 知识管理的内涵

从上述定义出发,知识管理的基本内涵主要包含以下几个方面。

(1) 知识管理的目的应与组织的目标相一致,即创造价值

从组织管理的角度出发,特别是在现代经济社会中,组织以其价值的创造为基本目标是一个更为接近现实的假定。任何管理都是组织实现其目标的手段,知识管理当然也无法例外。

(2) 知识管理是一个动态的过程

就知识管理包含的过程而言,目前为大多数学者所接受的概念是,它应包括知识获取、知识共享、知识创新和知识应用这几个阶段。但我们不应刻板地认为这几个阶段的顺序是不可改变的。事实上,任何知识管理的过程都应该是各个阶段的不断重复,而它们相互之间的顺序也视具体情况而定。

(3) 知识管理涉及组织的所有活动,需要采取各种有效的手段

组织的知识管理应该涉及组织的所有活动,如:组织的内部运作或研究与开发机构能生产知识;通过对公司内外部的原始资料的获取和处理能够获得组织所需的知识;知识在被运用前能通过培训正式地或通过社会化非正式地转移;知识能以报告、图表和叙述的方式来表达,使人易于获取;在检验其有效性后,知识能够融入程序、系统和控制之中;最后,以激励措施和管理领导艺术为基础的组织文化的稳定发展,能够促进这些不同的知识程序正常运行,而这种文化也能够评价、分享和运用知识。此外,为了创造最大的价值,组织的管理者需要利用各种资源,采取各种手段。

(4) 组织的知识管理不仅涉及组织范围内的知识,还应注重组织外部的、与组织的各种活动有关的知识

在组织与其外部的其他组织、机构或个人的联系中,组织不仅可能获取大量对其有用的知识,而且可能通过知识的共享和转移来提高组织的创造价值的能力。组织学习显然不能局限于组织范围之内,而是必须扩展到组织的外部,扩展到一切可能发掘和利用知识的范围。

总之,组织的知识管理不是组织管理的全部,组织的知识管理也并不与组织的其他方面的管理相对立,知识管理是从价值创造的角度来考察组织的所有运作过程,并将对知识的管理渗透到其他所有各个方面的管理中去。从知识管理的角度去考察组织的各个层面的管理,能够给我们带来极大的启发与收益。知识管理并不凌驾于其他各方面的管理之上,但知识管理却应该成为所有管理的中心和关注的焦点。

1.3.2 知识管理的应用范围

从上述知识管理的定义还可以看出，本书讨论的知识管理是定位在组织层次的知识管理。事实上，从研究范围上来看，知识管理可以分为社会知识管理（KM of society）、组织知识管理（KM of organization）和科学知识管理（KM of science）。

1. 社会知识管理

社会知识管理着重研究社会文化中的知识流程，包括社会文化内部以及不同社会文化之间知识传递的机理和规律等宏观问题。这一知识管理分支在很大程度上得益于教育学、政治学、认知人类学和知识经济学等相关学科的研究成果。

2. 科学知识管理

科学知识管理着重研究科学知识的生产，旨在探索和改进科学团体和实验室的知识流管理，是知识管理领域最为古老的分支，至少已有 70 年的历史，其研究内容包括科学团体如何接受和拒绝知识，知识在不同学科之间传递时专业术语的影响等问题。这一知识管理分支在很大程度上得益于科学学、科学认识论（epistemology of science）、科学社会学、元科学、社会认识论、科学史尤其是情报科学的研究成果。

3. 组织知识管理

组织知识管理是知识管理领域产生最晚但却发展最快的分支，包括公司知识管理、非营利机构的知识管理、政府知识管理和教育机构知识管理四个方面，研究通过改进知识流程提高组织效率和竞争力的机理与规律，包括知识的财务评价、组织创新的促进、建立基于知识资源的经济模型等问题。这一知识管理分支在很大程度上得益于管理科学、组织科学、财务管理、经济学、情报科学、人力资源管理和信息技术等研究成果。

在知识管理的所有分支中，公司知识管理最为活跃，也最引人注目，所以人们常常将知识管理视为公司知识管理的同义语，并将公司知识管理产生的日期定为知识管理的正式诞生日。目前知识管理已在全世界范围内全面推行，各公司纷纷将知识管理视为公司应付信息过载和知识经济挑战的一项重要措施。随着经济全球化的进一步发展和竞争形势的日益加剧，公司会进一步将知识管理视为获取和保持竞争优势的核心措施，以及新形势下实现公司再造的关键。

1.4　为什么需要知识管理

本节从组织面临的外部压力、内部管理需要、知识价值观点等方面阐述组织为什么要进行知识管理。

1.4.1 外部环境的压力

全球化的经济竞争环境，迫使组织加强其核心资源的管理，提高市场反应速度，提高产品和服务质量，从而提高其竞争能力。

(1) 全球化、快速化、动态化的激烈的市场竞争压力

随着技术的进步和全球化国际网络的普遍，整个市场对于产品质量、产品多样化、服务需求、响应市场的时间及产品生命周期等都产生了很大的改变，如图 1-6 所示，这样迫使企业必须不断地以更为快速、更高的质量及更加节省成本的方式进行经营。

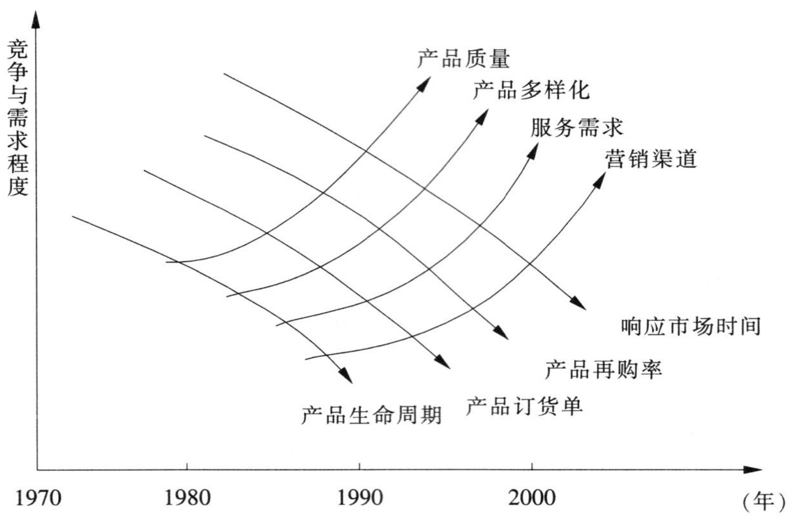

图 1-6　21 世纪外部环境的变化

(资料来源：Gladstone，2001)

为使这些目标达成，企业必须拥有优秀的作业流程知识、市场知识、客户知识及产品服务知识，才能形成反应快、效率高的组织。如果企业无法充分地利用知识提高作业的效率，不能快速地创新应变能力以响应市场的变化，那么，在这个迅速淘汰的战场上，企业将比过去更难生存。

(2) 知识成为 21 世纪的主要经济资源

21 世纪知识将取代劳动力、土地、资本，变成最重要的竞争和生存的武器。在农业革命时代，土地是企业最重要的资本；在工业革命时代，资金、设备和劳动力是最重要的资本。进入 21 世纪，知识将取代农业经济时代的土地与劳动力，也将取代工业经济时代的资本与设备而成为最重要的竞争和生存的利器。这可以由下列统计数字证明。

知识(信息)密集型产业的成长率最高,并且它的价值与产值也最大,例如电子业、信息业、通信业和服务业等。以美国为例,1970 年以后,知识(信息)密集型产业就业人口已经超过工业的就业人口,占其就业人口的 55%,并且有 60%的出口产业与知识(信息)密集型产业有关。美国的 Microsoft、Google 等企业都是知识(信息)密集型的企业,这些产业的价值与产值甚至比一般资本密集型产业(如 GM、福特等)的产值都大。欧美先进国家目前也都将知识(信息)密集型产业留在国内,而将其余资本、劳动力密集型的产业外移。

1.4.2 企业自身竞争与生存的需求

(1) 知识的利用可以产生竞争上的差异化,并使对手难以模仿

由于知识的背景相关性和主题相关性,企业可以利用知识的力量产生各种不同的差异化战略、经营模式和产品服务,这样便可以领先对手、抓住顾客。传统的设备、资金、技术、信息科技由于是较明确的实体资产,加上全球化的结果,使得资本、劳动力、土地、设备与技术的流通性大为提高,组织几乎唾手可得,因此这部分较容易被对手所模仿。

知识是组织中最难模仿的核心竞争优势来源。任何企业都很难兼顾所有的领域,所以,企业必须致力于固守自己最优秀的核心能力,即不断地进步、吸纳并使用丰富的知识进而整合在组织的核心领域中,这样便能永远地领先于他人。

又由于知识本身深植于企业文化和领导管理制度中,这样也难以了解和模仿。举例来说,某家企业的顾客服务在全世界中是最优秀的,但是如何做到了最好?这其中包括了许多流程、步骤、员工、决策和战略等因素的交互影响。所以其优势并不是因为单一的某项设备、某个流程或组织团队就可以形成的,很难清楚地定义出来。由于知识是一种绩效的混合体,因此表现的方式应是以最有效的方式来整合各种资源、能力、设备及人员,所以,很难明确地找出是哪一项特定的主要影响因素,这样,对手如果想要模仿便显得非常困难。

有形资产就像厨师做菜时所需要的素材,每位厨师选用的素材虽然相同,但味道却相差很多,差异之处就在于厨师综合选用素材的知识有所不同,这样所产生的绩效也将有所不同。

(2) 知识会影响企业机会把握、响应速度和产品上市时间等最重要的企业生存能力

根据学者 Gold 等人(2001)的研究,企业知识管理的绩效最直接影响企业绩效的方面包括:创新能力、掌握商机能力、快速反应环境变动的能力、内外部协调能力、内部流程的有效性和产品上市的速度等,而这些都是 21 世纪企业在动态环境下最重要的生存能力。

1.4.3 知识的经济价值

知识经济时代，企业价值主要来自于知识。从知识的本质可以引申出下列两个重要的经济观点。

(1) 知识利用的报酬率递增，即知识是一种存在于任何地方、潜力无穷、不会磨损的珍贵资源，组织无法忽视或漠视它的存在。

传统有形资产利用的人越多，价值就会因分享而递减，但知识不会有折旧和磨损的情况，并且使用的人越多，就越能发挥它的价值。使用知识的人越多，通过补充、强化、验证、改正、改善和运用，就越能提高知识的正确性与丰富度，它的价值也就越高。知识成本只发生在创造研发阶段，一旦知识产生后需要复制、传播并分享知识时，就不再需要投入巨额的成本。尤其是网络世界的来临，知识可以通过 Internet 快速、低成本地传送。

(2) 知识是形成企业智力资本(intellectual capital)和无形资产(intangible asset)的主要源泉，企业的价值大都是依靠无形资产的贡献，如图 1-7 所示。

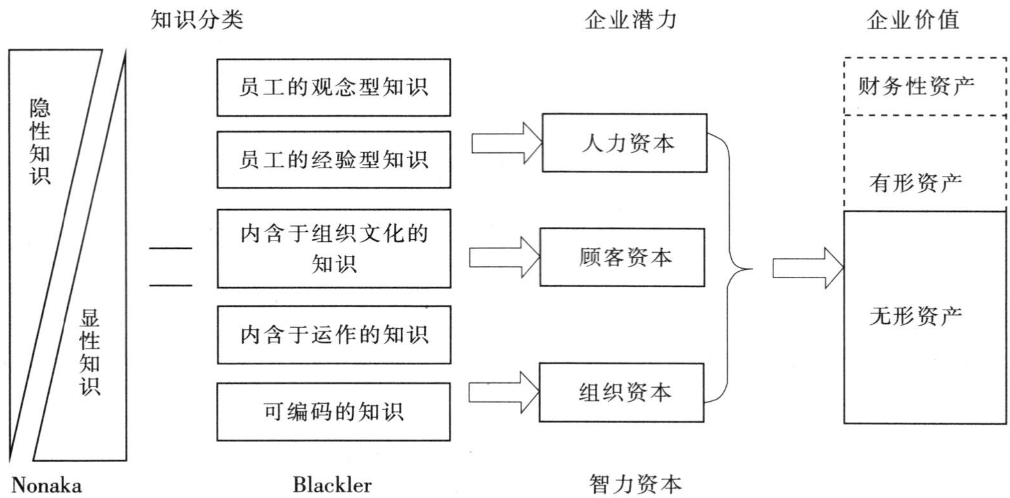

图 1-7 知识、智力资本与企业价值

(资料来源：Arthur Anderson 顾问公司，1995)

图 1-7 表明各种知识创造出优秀的员工能力、优秀的顾客合作关系能力、优秀的内部流程结构及管理制度，而这些无形资本可以创造出组织难以模仿的创新和反应能力等重要的竞争优势，进而提升组织的无形价值。

1.4.4 知识管理是企业成功的必要条件

现代企业不进行知识管理，就无法参与激烈的市场竞争，下面从企业中存在的一些问题来进一步说明知识管理的必要性。

1. 知识定义的失败

问题症状：公司不知道自己已有什么知识。

造成威胁：没有利用现有的知识，重复投资开发已存在的知识而产生浪费。

案例：英国一家大型的化学公司正在开发一项几年前就通过试验的流程。然而，推广到全公司时，这个看似完美的解决方案出现了问题。公司决定暂停，先解决这个问题。一位年轻的员工查阅了英国已有的专利，试图找到类似问题的解决方法。他们认为这样做要比自己从头开发节省成本。管理专利的官员竟然搜索到一项该公司自己的专利解决方案。

有时候，历史数据包含极高价值的知识，但一般公司因为不了解而不能充分利用。沃尔玛利用数据挖掘技术发现了重要的销售知识，发现星期五晚上顾客会同时购买啤酒和尿布，因此，他们利用这一知识，而非信息技术来改善库存管理。尽管市场调查和知识应用概念相近，但沃尔玛的例子是一种知识应用。

2. 知识传播的失败

问题症状：员工无法及时找到重要的已有知识；学到了经验但没有分享；没有从失败中获得教训；优秀员工的专业技能没有分享。

造成威胁：不同地区之间执行情况不一致；相同的工作每次的绩效都不相同；重复失败；缺乏应用已有知识的能力。

说明：失败对于以后具有借鉴意义。如果不能分析失败的原因，并吸取教训，以后也许会犯同样的错误。由于缺乏简单的信息获取机制，人们常常只借助于自己掌握的不全面信息，而不能利用现有的专家知识设计方案。

3. 隐性知识的流失

问题症状：因员工的离职而流失了最重要的顾客、伙伴关系、最佳业务，甚至利润，某些核心员工的流失损害了组织的整合能力。

造成威胁：重要的隐性知识只掌握在几个关键员工身上，重要能力很容易流失，甚至流向对手。

案例：银行业是知识流失立刻造成威胁的好例子。当年 ING Barings 140 名分析师中的 60 位离开了该公司，出现在竞争对手 Deutsche Morgan Granfell 银行中。很快，Barings 银行就倒闭了。

4. 知识囤积

问题症状：员工为了工作安全感、升迁，不愿分享知识。

造成威胁:越好的知识越不流传。

说明:人天生趋向于囤积自己的知识,除非有强有力的措施来鼓励共享。在古典管理理论中,这个问题被看做是委托—代理(agency-agent)冲突,经理人试图使自己的收益最大化,尽管这可能会与公司利益最大化相矛盾。唯一的解决方案是将两者的利益结合以来,即实施让人无法抗拒的激励措施。在大多数西方国家中,这些激励措施等同于物质奖励,而在日本和印度等一些国家里,人们更倾向于得到认可。管理咨询公司安达信成功解决了这个问题,他们把员工对内部知识库的贡献当作提升考核的一项基本评估标准。

5. 缺乏学习

问题症状:既存的流程、经验法则、知识、技能已过时,且没有人去更新。

造成威胁:没有效率的经营模式与流程仍然继续运用,还在使用已经过时的经验和方法。

案例:当美国航空公司认识到用 SABRE 订票系统来订票和发布行程信息能更加赚钱以后,思维方式就发生了变化,认为自己的业务重点不应在机票出售和航班飞行上,应该转型为信息经纪人,而非航空公司。但这种影响到公司战略重点的想法不会轻易产生,而且常常被忽视。在这方面,知识管理能助你一臂之力,通过监测内外部数据来鼓励系统性忘却,并筛选出那些重要的趋势。

1.5 知识管理的目的与目标

1.5.1 知识管理目的的层次结构

学者们从各个层次与角度对组织进行知识管理的目的提出了不同的看法,有的重视知识管理的流程目的,有的则重视经营效率、竞争优势和财务绩效。因此,下面将以一个层次性的结构将知识管理的目的由直接到间接,共分 6 个层次进行整理和归纳,如图 1-8 所示。

1. 第一层目的:有效的知识管理过程

利用知识管理,可以有效地促进组织内外重要知识的搜集、创造、存储、分享与转移。

2. 第二层目的:有效的知识资源利用

知识管理的主要目的是通过有效的知识管理达成下列两个目的。

(1) 知识的利用(knowledge exploitation):充分利用组织目前所掌握的有价值的知识,增加知识的流量并发挥其潜在价值,不要埋没、浪费与忽视。例如,能否有效地转移

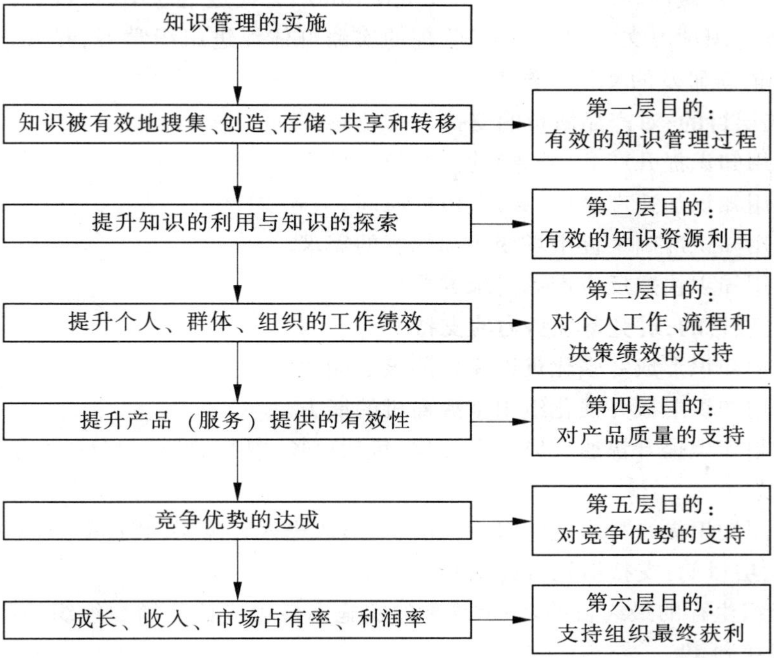

图 1-8　组织知识管理目的的层次结构图

最佳任务，发挥智力财产权和专利权的市场价值等。

（2）知识的探索（knowledge exploration）：提升组织对新知识的开发与创造能力，增加知识的存储量，这样才能永远领先对手。例如，是否具有比对手更快的产品创新和上市的能力。

3. 第三层目的：对个人工作、流程和决策绩效的支持

通过上述两个知识利用的目的，组织的知识管理应具有下列支持功能。

（1）支持并提升员工个人与群组在工作、决策、问题定义和解决等方面的能力。例如，降低工作重蹈覆辙与重复投资的浪费。任何工作决策、问题解决都能利用最好的知识。

（2）支持组织作业流程和学习文化。

① 利用知识支持组织中各作业流程（包括生产、营销、研发等）的卓越性，包括下述 3 种能力。

- 效率，即“正确处理事情的方法”（do the thing right (best)）。使组织具有“最少的投入，最多的产出”的能力。
- 效果，即“做正确的事情”（do the right thing）。促进组织能找到对组织最有价值的工作与方向的能力。

• 创新,即“做创新的事情”(do the new thing)。促进组织不断地创新与学习。

② 促进组织学习文化:利用知识管理的实践群体促进组织学习、开放、交流、分享、团队合作及创新研发的文化与精神。

4. 第四层目的:对产品质量的支持

(1) 利用知识提升产品(服务)的内容与质量。

(2) 利用知识加速产品(服务)上市的时间。

(3) 利用知识准确掌握市场变化和顾客的需求。

(4) 利用知识快速反应产品需求的变化。

5. 第五层目的:对竞争优势力的支持

(1) 利用知识形成并强化难以模仿的核心能力。

(2) 利用知识形成并强化组织掌握商机的能力。

(3) 利用知识提升快速反应环境变化(包括市场、科技、经济、政治、竞争对手和供应商等)的能力。

(4) 利用知识提升打击竞争对手的能力,形成进入者障碍、替代品障碍并抓住顾客。

6. 第六层目的:支持组织最终获利

这是组织生存的最终目的,知识管理的实施到最后应该能增加组织的收入、提高市场占有率和获利率。

1.5.2 组织知识管理的目标

组织知识管理的理想目标是实现适当的知识(right knowledge)在适当的时间(right time)传递给适当的人(right person),使其能做出最佳的决策(best decision)。换言之,就是组织知识工人能在任何时候、任何地点获得所需要的知识,以帮助他们的行动。

关于知识管理目标的理解,我们强调以下三点。

(1) 由一系列子目标组成

理想目标是组织知识管理追求的最终目标,理想目标的实现不是一步到位的,而是通过一系列的项目,逐步实现各阶段子目标,分步逼近。

(2) 实现任何时间、任何地点的知识访问

知识管理的理想目标需要支持现代企业的跨距离、跨空间(固定的办公室工作空间和移动工作空间)的业务特点,支持任何时间、任何地点的知识访问。随着移动通信技术的发展,移动知识管理已成为知识管理研究的一个新热点。

(3) 实现跨组织的智慧

组织(或跨组织的战略联盟)能具备高度的智慧,能快速有效地反映环境的各种变

化，并能准确地发现及掌握契机。

知识的运用程度及其贡献的大小，以及不同组织的进化程度，可以用如图 1-9 所示的二维方格图来表示。

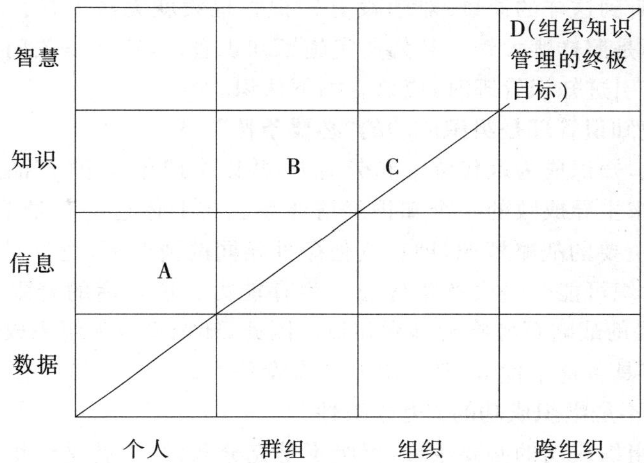

图 1-9　组织知识运用程度与价值贡献的方格图

不同组织知识管理的成效可从如图 1-9 所示的方格图来验证，现以下列几个案例进行说明。

(1) 个人的信息处理(方格 A)：组织内的员工大都只是通过信息的分析被动地对内外部环境的变动做出反应，没有主动地创造和学习知识，也没有利用团队创造群组知识，这表示该组织对知识管理的不重视和无知，对于未来生存的危机会逐渐地显现出来。

(2) 群组的知识处理(方格 B)：此种组织倾向地方分权和自主团队的文化。此时群组通过成员间知识的分享与交流创造出集体知识，但各团队之间未能有效地整合各团队的知识形成组织整体的知识与能力，仍存在各自为政、各立山头的问题。

(3) 组织的知识处理(方格 C)：此时组织的内部知识管理实行绩效良好，能有效地利用知识的杠杆作用支持各项经营能力，并具有创造新知识的积极性，但仍处于单打独斗的阶段，不能与外部环境的伙伴或顾客进行标杆学习或结成知识交流的战略联盟。

(4) 跨组织价格网络的联盟与智慧(方格 D)：这是组织知识管理的终极目标。它不仅在组织内部将知识管理完整实施，并且能与外部的学术研究单位、供货商、顾客、协力厂商、战略伙伴和市场调查单位等团体有效地交流知识，进而形成一个知识的价值网络。该网络能快速、低成本、有效地获取大量和有价值且本身所无法创造的知识，并从彼此不断地互动中学习到可以精准地预测未来、快速地反应并掌握先机的智慧。

1.5.3 知识管理与组织成功的关系

知识管理到底是组织生存不可缺少的工具，还是一个从学术界里发展出来的时髦的概念？经常会听到这样的质疑：难道没有知识管理我就无法生存？我过去几十年没有知识管理，还不是照样赚大钱？某公司实施了知识管理，还不是关门了？面对这些疑问，企业主在决定引进知识管理时，应该有如下认识。

1. 在21世纪知识管理是组织成功的"必要条件"

进入21世纪，知识成为取代资本和劳动力，并以全球化竞争、产品上市时间与组织反应能力的快慢来主导成败的一个知识经济体系。在上述这些背景下，知识必然是21世纪组织竞争最重要的战略资源，即在其他条件相同的情况下，竞争对手如果有更好的知识管理，那么组织可能会丧失竞争优势与生存能力。这句话的着眼点在于环境变化后，21世纪最重要的战略资源将转移到知识。因此，知识将成为组织成功的必要条件之一，组织如果没有具备这个优势资源，将不具有竞争力。

2. 知识管理不是组织成功的"充分条件"

知识管理是组织成功的必要条件，但绝不是充分条件，也就是组织不可能因为引进知识管理就一定保证成功，因为还有许多影响组织成败的其他重要因素，例如，政治环境、经济环境、市场萎缩、强大的竞争对手、组织内耗、CEO无能及财务资源缺乏等。因此，某些企业认为"我们引进了知识管理，还不是赔钱！"的论点并不符合逻辑。

3. 知识管理的实施是个权变(contingency)的思考，没有绝对标准和最好的模板

管理者在知识管理引进时，不能置身事外，要积极参与，并提醒自己，每个组织的环境、特性、理念、竞争地位、核心能力、市场战略和历史传统等都不同，因此，不能照单全收、囫囵吞枣地接受咨询公司所谓的"标准模板"，否则常会因政策的"水土不服"而失效。所以，知识管理要的是最能够适应(fit)公司的战略，而不只是最佳(best)的战略，要能权衡变化，因此，不能说我们依照咨询公司的方法来做依然失败，知识管理是不实际的。

4. 知识管理不可能单独成功，要配合组织的其他结构条件

知识管理像一棵植物，必须生长在适合它的土壤里才会开花结果。在一个对知识管理不利的文化、领导、组织结构及技术下，组织不可能只是花费巨资，如向咨询公司咨询或购买设备导入一个知识管理项目，知识管理就会因此成功；也不能抱着这种想法，"我们知识管理系统上线了，一点效果都没有，大家还不是按照老方法工作，知识管理是不实际的"。上述这些基本思考，是让读者先行了解在组织中对于知识管理的一些迷惑与误解，有了这种基本假设与认知后，对后续的章节才能从较实际的观点来思考，知识管理到底是不是或只是个新流行的风尚。

本章小结

1. 知识管理的发展经历了以图书馆和档案馆为象征的传统管理时期、以电子信息系统为象征的技术管理时期、以信息总监(CIO)为象征的信息资源管理时期和以知识总监(CKO)为象征的知识管理时期。全球知识经济的兴起,使得知识成为了企业最核心的经济资源和竞争优势,从而知识管理势在必行。

2. 知识管理产生的背景是:经济的全球化为知识管理提出了需求,信息技术,特别是 Internet 的发展与普及为知识管理提供了技术支持。

3. 许多学者为知识管理的诞生作出了突出的贡献。Ikujiro Nonaka 和 Hirotaka Takeuchi 出版于 1995 年的名著《知识创造型公司:日本公司如何建立创新动力机制》被认为是知识管理诞生的标志。

4. 知识是一个意义非常广泛的概念,现在尚无统一的定义。在知识管理中,主要是从知识的资源和价值特性方面来考察知识。本书采用的知识定义为:

知识是一种包含了结构化的经验、价值观、语境信息、专家见解和直觉等要素的动态的混合体,它为评估和利用新经验与信息提供了环境和框架。它源于知者(knower)的头脑,并为知者所用。在组织中,知识不仅常常内嵌在文件或存储库中,而且还存在于日常活动、流程和规范中。

5. 数据、信息和知识是三个不同层次的概念。数据是由一些事实和数字构成,信息就是数据的组合,而知识是起作用的信息。

6. 知识从可呈现程度可分为显性知识和隐性知识;从存储的单位分,可分成个人知识和组织知识。显性知识是指可以用文字、数字、图形或其他象征物(symbol)清楚地表达出来的知识。隐性知识是指高度个性化,只可意会,难以形式化、记录、编码或表述的知识。个人知识是指员工自己的知识,包含技能、经验、习惯、自觉、价值观等,是员工可以带走的东西。组织知识是内含于组织实体系统中的知识,例如,组织内优秀的作业流程、信息系统、组织文化与团队协调合作,这些都是员工个人无法带走的知识。

7. 知识管理定义:组织为了提高生存能力和竞争优势,建立技术和组织体系,对存在于组织内外部的个人、群组或团体内的有价值的知识,进行系统的定义、获取、存储、分享、转移、利用和评估等,确保组织成员能够随时、随地获取正确的知识,以便采取正确的行动。

8. 通常,在没有特殊说明的情况下,人们所说的知识管理都是指组织层次的知识管理或企业知识管理。

9. 组织只有通过知识管理,才能提高适应外部环境变化的能力,提高组织的竞争优势。

10. 企业知识管理的目的和企业的目的是一致的，最终目的是支持企业持续获利。

11. 组织知识管理的目标是实现适当的知识在适当的时间传递给适当的人，使其能做出最佳的决策。知识管理的最高境界是实现战略联盟间的跨组织智慧。

12. 知识管理是组织成功的必要条件。组织实施知识管理要根据自己实际情况选择最适合(fit)的战略，不能生搬硬套别人的模式，同时，必须有组织文化、领导、组织结构及技术的综合支持，知识管理才能取得成功。

思考与讨论

1. 除了本书中给出的知识分类方法外，还有许多其他的知识分类方法，给出几种其他的知识分类方法，谈谈这些分类方法的应用领域与特点。

2. 举例说明数据、信息和知识的联系与区别。

3. 举例说明企业的显性知识和隐性知识。

4. 什么是员工个人知识和组织知识？

5. 查找资料，给出知识管理的几种不同定义，并进行比较。

6. 组织为什么需要知识管理？

7. 知识管理的目的是什么？

8. 小组讨论：是否所有的企业都应该引入知识管理？

9. 分组讨论案例 1，并写出讨论报告。

10. 拓展讨论：什么是企业智慧？什么是国家智慧？

案例 1

微软公司的知识管理

为了能够快速地了解开发人员的知识水平和能力，以便能合理地进行任务分配和员工培训，1995 年，微软公司的信息系统小组决定针对系统开发人员进行一项名为技巧规划与发展(skills planning “und” development，SPUD)的项目，该项目的目的是加强项目中的任务和项目小组中的人员的匹配。微软相信，一旦它的雇员明白他们需要什么样的知识，他们就会成为优秀的知识使用者。

这一项目包含 5 个主要阶段。

(1) 构造知识能力的类型与结构。

(2) 定义特定工作所需要的知识。

(3) 根据知识能力对从事特定工作的雇员的个人业绩进行评估。

(4) 用在线系统的形式实施知识能力。

(5) 将知识模型与培训项目联系在一起。

SPUD项目用四种类型的知识结构来评价雇员的能力。

(1) 初级水平的能力表示基本的知识。

(2) 在初级水平之上是本地的或独特的知识能力，即运用于特定工作类型的先进技巧。例如，网络分析员应具有对局域网故障的诊断能力。

(3) 接下来是综合的、可在特定的职能部门或组织中对全体雇员都起作用的知识水平。例如，审计机构中的每个工作者都应在财务分析方面有渊博的知识，每个IT部门的雇员都应具有技术结构方面的专门知识。

(4) 知识结构中的最高水平是具有对公司的所有雇员均有效的一般能力，例如具有对于公司所从事的全部业务、公司销售的全部产品以及行业发展的动力的知识。

在每一种知识能力水平中有两种不同的类型——显性知识能力和隐性知识能力。

(1) 显性知识能力包括针对特定工具或方法的专门知识（例如Excel或SQL Server 2000），并且应随市场的变化而变化。

(2) 隐性知识能力，包括更为抽象的思考和推理技巧。

在微软的知识结构中共有137项隐性能力和200项显性能力。知识能力的每种类型还有四种明确定义的技巧水平：基础、作业、领导和专家。每一知识能力的每种技巧水平用一些可视化的图形来描述，这样可使该水平清晰而且可以测量。

微软公司IT部门的每项工作都要由经理根据完成该工作所需的40～60项知识能力进行评估，也要根据员工们在目前工作中所显示出的知识对他们进行评估。最初的评价建立在雇员和他（或她）的主管重复进行评估的方式之上，最终，整个工作小组都要参与评估。

微软公司用对雇员进行评估的方法建立了一种可以达到全公司范围的联机知识系统。如果一个管理者正在为一个新项目组建工作小组，他可以向这个联机系统进行查询："请给我在华盛顿州的、对这项工作有80%的知识能力，且具有领导技巧水平的五位候选人的名单。"这一系统靠一台SQL服务器运转，并且具有Web前端，可以容易地将企业内部局域网与因特网相连。

该系统的知识类型和水平还与微软公司内外特定的课程机会相连，它不仅能够推荐特定的课程，而且能够推荐某一课程的特定材料。

微软的SPUD的实施证明了公司的管理部门尊重知识并且支持它的交流。所建立的系统不但使知识容易找到，而且提倡了公司的知识从总体上应该属于公司而不是属于特定小组或个人。

附：讨论报告的参考格式

案例1讨论报告

小组成员：

记录人：

整理人：

讨论方式：无领导小组讨论

讨论时间：

讨论的主要问题及结论

（如：微软公司是怎样对知识进行分类的？微软公司怎样对员工个人知识进行管理？SPUD的实施为微软公司带来什么好处？）

启示：

第2章

知识管理理论框架

本章要点

- 知识管理的基本理论观点
- 知识管理的主要学派
- 知识管理的典型模型
- 整合的知识管理框架

知识管理的实施需要有知识管理的理论做指导。即组织在规划并引入知识管理时，必须先了解指导组织进行设计和规划的模型以及这些模型后面的基础理论。本章将介绍与知识管理相关的主要理论观点和模型，包括知识管理与组织互动的三大理论观点、知识管理的五个典型模型以及整合的知识管理内容框架。

2.1 知识管理与组织互动的三大理论观点

组织引进知识管理本身就是组织的一种创新与变革，对组织会产生各种不同程度的冲击。小到工作流程的改善，中到利用最佳实践应用进行企业流程再造(business process reengineering，BPR)，大到从传统组织转型为知识型组织，会对组织的员工、结构、文化、流程与绩效产生影响。

主导这些影响的到底是知识管理的技术本身还是员工？是管理技术客观的影响，还是员工主观的控制所致？此外，每个组织是否都会因此而提升绩效？各种理论都有不同的假设和预测。这种差异性也解释了许多组织引进知识管理以后所发生的不同现象。以下针对能够解释这些互动现象的三个重要知识管理与组织互动理论进行分析。

2.1.1 古典理性理论观点

古典理性理论(classic rationale theory)是将组织视为一系列功能和程序的组合，组织的绩效依赖于这些功能是否能够有效、顺畅地协调、分工与控制。组织内的员工都是理性追求效率的极大化，其工作目标与组织目标都是一致的，因此组织就像一部机器，组织设计的目的就是要将整部机器内所有的零部件(例如部门、工作、任务、员工和流程)进行最准确与最有效的设计，使得整个机器的运作达到最佳效果。因此，古典理性理论观点是一种决定论的观点。

该观点认为，知识管理是一个客观的外部力量，只要能适当地引进，就能直接准确地对组织结构产生影响。员工和管理者只能被动反应外力的变化(知识管理的引进)而作调整，并不会非理性地为了个人的私利而扭曲知识管理的运用，以致降低组织的效率。

在这种理论背景下，由于知识管理的引进被视作能够改善组织绩效的一个外来和客观的实体，而且影响知识管理引进成败的因素也都是确定的、可验证和控制的变量(如 IT 结构、文化、战略、薪酬制度及引进战略是否完善等)。因此，该派学者重视的问题是：如何通过实证分析设计出一套规划和实施知识管理的最佳方法，并以此指导要引进知识管理的所有企业。许多咨询公司和实证研究学者都属于这类理性学派，他们的主要逻辑如图 2-1 所示。

图 2-1　古典理性理论的知识管理因果关系模式

即任何一个组织如果引用好的知识管理战略，就会提升知识管理的绩效，进而提高组织的绩效。因此，该学派重视从实证中寻求知识管理成败的主要因素，并由此提出知识管理引进的最佳结构和实施方法。

2.1.2 权变理论观点

“权变”一词有“随具体情境而变”或“依具体情况而定”的意思。权变理论(contingency theory)对组织和员工的大部分假设虽然与古典理性理论相类似，但却增加了一个描述不同环境背景的权变变量。通过这个权变变量反驳古典性理论单一、确定、客观的观点。权变理论认为，知识管理存在于每个组织不同的背景(context，也称情境或上下文)下，没有绝对理想的知识管理战略，更无法将单一的知识管理战略模式应用在各种不同的问题和组织上。组织所要寻找的是最适合而不是最佳的战略。例如，许多咨询公司把成套现成的知识管理方法论与产品硬性施行在所有组织的身上，而不去深入了解组织的不同背景、特性和需求。这种供给推动(supply push)的方式是错误的，而应该采取需求拉动(demand pull)的战略，这样才能找出最适合组织的知识管理战略。

Despres 和 Chauvel(2002)认为，知识管理引进应该是一个权变模式，每个组织的背景不同就应该选用不同的知识管理战略，即知识管理战略对组织的影响会因不同的背景而改变。他们认为有如图 2-2 所示的 3 个背景变量影响知识管理战略。

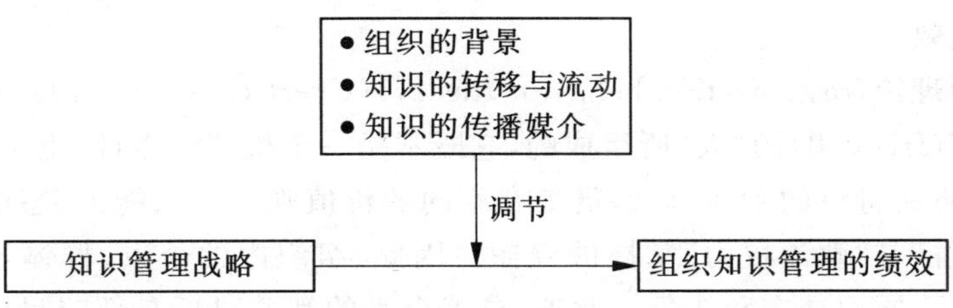

图 2-2　知识管理战略导入的权变模式

1. 组织的背景

组织的背景包括组织的战略、文化、价值观、结构、流程、管理制度、信息技术及群体间相互作用关系等。每个组织背景都不相同，因此，知识管理必须能与组织背景兼容、配合，才能得到有效的运用，而不应该是一个放之四海而皆准的知识管理法则。例如，一个文化非常开明团结的组织与一个非常抗拒改变且充斥着个人主义的组织，两者实施知识管理的重点战略就会截然不同，前者着重于支持推动，后者则是改造变革为主。

2. 知识的转移与流动

组织的知识必须在员工之间转移、流动并共享才会有价值。在每个组织中，由个人、群体到组织之间，隐性知识与显性知识如何转移、传播与共享？这种人际间的相互作用模式、群体团队间的动态相互作用不同，因此，不可能存在一个指导的通则。例如，有的组织是传统层式的结构，是中央集权、由上而下地传播知识；有的则是扁平化式结构，是自主团队、水平地共享知识。两者的知识流动方式不同，当然不可能采用同一套标准的知识管理战略。

3. 知识的传播媒介

知识的传播媒介是指组织内知识的转移要依靠一些特定的媒介进行传播，包括人际间面对面地交谈、讨论的参与、训练课程、师徒制传承、案例故事的解说，甚至电子视频会议、网络和知识库等，每种不同媒介很难有相同的指导法则。例如，隐性知识要靠人面对面，通过彼此熟悉信任的方式传播，无法通过冷冰冰的数据库进行存储与传播。因此，知识管理战略也要随着组织内不同的传播媒介而有不同的设计。

2.1.3 组织行为理论观点

古典理性理论将组织视为一系列功能与程序的组织，只要功能、流程设计、协调、分工、监督、控制机制执行得好，这部机器就能灵活地运作，组织绩效就能提升。因此，知识管理对组织的影响是由知识管理所能提供的功能决定的，影响结果是可预测的，员工只是被动地响应并接受。例如，引进一个知识库及企业内部网共享系统，员工就会改变自己，而“忠实地”按照新的知识管理系统所设定的目标共享知识并改变工作方式，进而提升组织的绩效。

组织行为理论(organization behavior theory)(Cyert & March，1963)认为组织是由有“自由意志”(freewill)的“人”所组成的，它既不是一个机器的零件，也不是一个客观存在、完全被动听命行事的个体，而是员工有不同的价值观、个性、能力、态度和动机，以及其对“自身利益”与“政治权力”掌握的欲望。因此，组织内的个人、群体及部门之间，必定会因为利益不同而冲突和斗争。此外，员工个人的利益目标与部门目标，甚至组织目标，也常常存在不一致，甚至冲突的情况，因此，其行为不一定是追求企业绩效最大化(即所谓的理性)。例如，员工为了私利、本位主义或安全感，明知知识共享对组织有利，但却为了自身利益不愿分享任何会损害到自己优势的知识。

因此，组织行为理论的知识管理学者认为，如果要了解组织知识管理的运作，不能单从组织知识管理结构与流程设计的“技术面”分析知识管理对组织的影响，如果这样将会有许多组织实际发生的现象无法得到有效的解释。因此要了解组织现象，必须从员工的行为面进行。例如，某种知识管理战略、信息技术、评估制度要引进，对哪些员工会造成利益或权力的损害？会造成哪些权力转移和失衡的情况？组织要思考行为面的战略，例如，如何利用政策和薪酬制度的设计安抚员工的抗议，并鼓励员工配合知识管理的行为。

组织行为理论观点认为，将知识管理引进组织会对组织产生何种影响是一个非常复杂、难以预测并充满不确定性的过程，其最终结果将依赖于人文、政治和文化等方面的诸多因素。例如，员工个人对知识管理的认知程度、能力、动机、政治权力及部门间协调沟通和利益交换等因素(Lucas，1975；Markus，1983)。组织行为理论对知识管理与组织间相互作用的主要解释结构如图 2-3 所示。

图 2-3 表明，员工基于权力、利益和价值观的考虑会影响员工对知识管理的态度，进而影响员工对知识管理不同的行为(配合、抗拒、扭曲和阻碍等)，这些行为才是影响组织结构的主要力量，并非知识管理本身。例如，即使拥有再好的知识库和网络，如果员工存在着本位主义，则这些知识管理技术将完全无法发挥原先预期的效果。因此，这派学者特别注意与知识管理相关的文化、领导、激励和薪酬制度等方面的议题，即不管知识管理战略与结构设计得如何好，只有先掌握好与知识管理相关的"人"的因素，知识管理才有可能成功。

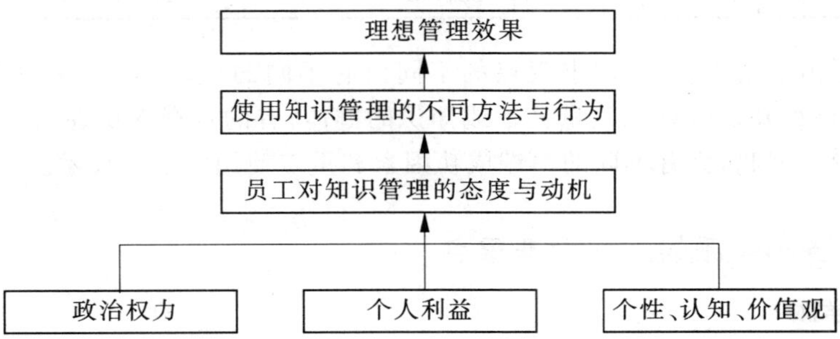

图 2-3　组织行为理论对知识管理的解释结构图

2.2　知识管理战略的主要研究学派

2.2.1 主要学派的分类结构

著名知识管理学者 Earl(2001)将企业不同的知识管理战略分成三大导向和七大研究学派，本书作者认为组织学习学是知识管理研究的一个重要学派，表 2-1 总结了各学派的重要特点。

表 2-1　知识管理战略的八大学派

学派 特色	技术导向			经济导向	行为导向			
	系统学派	制图学派	工程学派	商用学派	组织学派	空间学派	战略学派	组织学习学派
重点	信息技术	知识地图	流程的知识管理	知识的价值收入	知识的学习网络	讨论知识的空间	组织核心能力	发现错误与行为改进
目标	知识库的建立	知识目录的建立	知识流的流畅	无形智力资产管理	知识搜集和分享	交换知识的空间	知识能力	建立学习型组织
单位	特殊领域的知识	企业集体的知识	知识管理流程活动	知识产权	知识学习群体	提供资源与地点	企业竞争优势	学习过程
关键成功因素	知识内容与分享机制	分享动机和人际关系完整	知识学习和知识的传递	正式的智力财产管理制度	互动文化和知识中介	鼓励参与有目的的知识讨论	知识化核心能力	单环学习、双环学习
信息技术的贡献	知识库专家系统	企业内部网络上的知识地图	分享知识库和资料库	智力财产管理系统	群体软件和企业内部网络	知识呈现和获取系统	促进知识的综合绩效产生	知识存储和交流
哲学观	知识编码	知识连接	知识能力	知识的商业价值	知识的协同合作	知识的接触	知识的意义	组织记忆

每个学派由于组织背景、需求观点的不同而有不同的战略重点。有的重视知识管理流程；有的重视知识管理的信息技术或知识的群体；有的重视知识在员工中的分布和知识的互动等。因此，会有不同的关键成功因素和重点使用的信息技术。

2.2.2 各种学派的知识管理重点

1. 系统学派

系统学派(system school)强调利用信息技术系统，如知识库、专家系统、CD-ROM存储有利公司经营的各种领域和较为显性的知识、解决方案、手册及蓝图等。知识的存储要经过专家的验证，力求精确，并鼓励员工分享。存储应设计良好的分类及搜索机制，即类似编码化的知识管理战略。例如，理光公司将影印机的维修知识和最佳实用方法放在因特网的数据库上让所有的维修人员随时获取，并且可供人员在线互相讨论。

2. 制图学派

制图学派(cartographic school)强调知识的对应与连接(connectivity)。例如，员工需要的知识在哪里可以找到？哪些人是专家？企业内部各种专家需要利用相关的信息技术建立专家名录(知识地图)，尤其对于一些较隐性的知识，常常需要通过人与人的互动才能分享，因此，企业内必须建立知识目录，并通过企业内部网(Intranet)进行知识交流。此学派类似 Hansen 提出的个性化的知识管理战略。例如，Bain 咨询公司提供一个“寻找专家”(people finder)的在线系统，让所有发现新问题的顾问可以快速找到有相同经验的其他同事，以便进行讨论和请教。

3. 工程学派

工程学派(engineering school)强调运用企业内外最好的知识和最佳实践方法来强化提升企业内部的工作流程，尤其是核心流程。系统学派强调知识内容、解决方案和文件等为内容导向。工程学派则强调流程导向，强调搜寻、获取及共享最佳流程设计的知识。流程分为管理流程(management process)和工作流程(operating process)，前者牵涉的隐性知识多而复杂。例如，得州仪器公司的员工利用由 13 座半导体厂提供的最佳实践流程，将其应用到其他半导体厂，省下了巨额的生产成本。

4. 商用学派

商用学派(commercial school)强调企业知识的利用和知识价值的最大化，而不是知识的开发或共享。由于企业内部存在许多专利、知识产权和商标等资产，但许多公司并没有很好利用这些知识的商业价值来创造利润，因此，此派学者主张要设计良好的无形资产管理制度与管理系统，以寻求其价值的最大化。例如，IBM 公司在 1999 年彻底处理国内外公司供应合作中的专利权，使公司每年增加 10 亿美元的收入；得州仪器公司 1995 年以项目的方式全面管理专利权和无形资产，使其因此获利了两亿美元，占到公司总利润的一半。

5. 组织学派

组织学派(organizational school)强调建立企业内部虚拟的知识群体。企业可以依据企业目标推动各种相关的学习型虚拟团队，利用企业内部网络、电子视频会议和群组软件来连接这些知识工作者，形成一个知识网，让知识的买方和卖方在上面互动共享，这种方式可以共享、存储在知识库中。例如，英国石油公司(BP Amaco)分散在全世界的 64 个钻井团队利用电子视频会议等群组软件共享各个团队在钻探油井方面新发现的知识。

6. 空间学派

空间学派(spatial school)强调要给员工提供社会互动的空间，通过自由闲谈而提高共享知识的机会。传统的重视个人隐私的封闭式个人办公室工作模式会妨碍知识共享，组织应设计有利于互动的办公环境，即所谓的“知识建筑”设计。例如采用开放式隔间设计，设置茶水间、咖啡室、聊天室、虚拟社区等，让员工常常“不期而遇”。例如，Skandia AFS 公司在海边设 Future Center，专门设计一个可供员工专心安静思考、方便小组讨论，并可以接触陌生人的自由讨论的空间，以促进各种知识管理活动。

7. 战略学派

战略学派(strategic school)强调智能型资产是企业的战略资产，是企业的核心竞争力，在企业战略规划中要融入知识管理战略，指导企业所有流程、组织结构、文化、企业、制度的设计与资源的配置。无形资产对于企业价值的贡献大于有形资产，企业的目的是要以知识整合各种资源，使其产生综合的核心能力。例如，知识密集型的 Buckman 和 Unilever 公司就认为，使其产生知识是不可或缺的核心能力，因此，实施知识管理是公司的重要战略，应全面实行。

8. 组织学习学派

组织学习(organizational learning)就是要发现组织中存在的问题和障碍，并分析其形成的原因，进而以改进措施来消除障碍、解决问题。组织学习学派的代表人物阿吉里斯(Argyris)认为组织学习是所有组织都应该培养的一种技能。在《组织学习》中，他强调："优秀的组织总是在学习如何能更好地检测并纠正组织中存在的错误。组织学习越有效，组织就越能够不断创新并发现创新的障碍所在。这里所指的错误就是指计划与实际执行之间的差距，错误可能出现在技术、管理、人员等各个方面。"

组织学习的目的是建立学习型组织。这种组织应该具有更多地创造性，应该对新工艺、新产品有更多的前瞻，应该使员工更多地协作，应该能够适应复杂性和多变性的挑战。而能否形成这样的组织，又取决于员工与组织之间持续的互动，取决于彼此的互信和自由的交流，取决于以互信为基础的组织凝聚力，取决于互助式的风险和责任承担方式。组织学习的最终效果，是要实现员工的个性发展、组织的协调一致、效益的内外平衡（组织内部效应和外部效应的平衡）。

2.3 知识管理的重要模型

知识管理模型是从知识管理实务的角度提出的知识管理框架。很多学者提出了不同的知识管理模型。本节介绍几个典型的模型，以帮助读者建立知识管理的整体概念。这些模型主要属于行为导向的，包括知识管理基础能力模型、知识管理(知识—流程—环境)模型、SECI 知识创造模型、学习型组织模型和 HOTP 模型。

2.3.1 知识管理的基础能力模型

知识管理的基础能力模型主要帮助我们回答这些问题：成功引进知识管理有哪几个重要的影响方面？这些方面又包括哪些重要的流程或因素？

学者 Gold 等人(2001)在研究知识管理引进的关键成功因素(CSF)时，对 323 家企业的知识管理负责人进行了问卷调查，以了解影响知识管理绩效的主要因素。研究发现，企业的知识管理如果能成功地提升企业的优势能力，则必须具有良好的知识管理流程能力(包括知识的获取、转换、利用和保护)和知识管理基础能力(包括技术环境、结构性环境和文化环境),如图 2-4 所示。

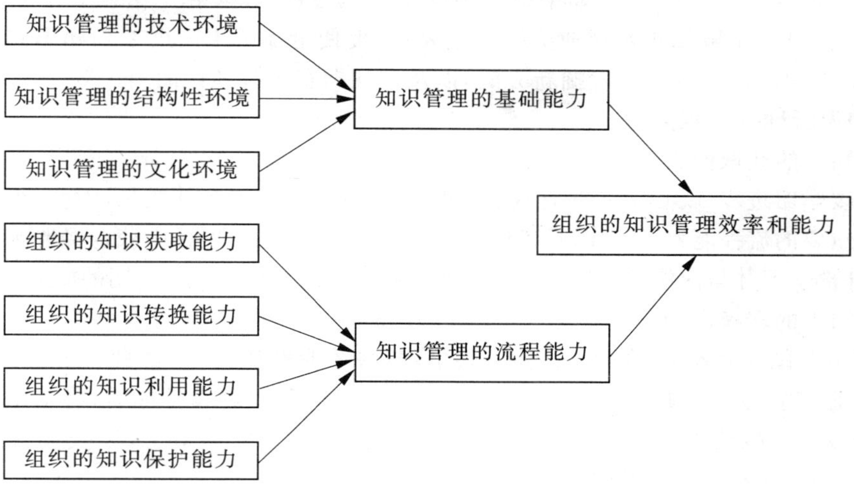

图 2-4　知识管理能力模型的基本结构图

(资料来源:Gold et al. ,2001)

1. 知识管理的基础能力

基础能力是指组织为了支持知识管理所提供的环境或基础设施。Gold 等人认为组织知识管理基础能力主要包括三个方面。

(1) 组织知识管理的技术基础设施

信息技术是知识管理浪潮的主要推动力。一个组织必须建设一个高质量的信息技术体系,包括因特网、知识库、数据库、文件管理系统和搜索引擎等,才能让员工快速、方便、有效地监控外部的竞争环境,和企业内外相关人士进行群体讨论与协同合作,找到使用者所需要的新知识及其存储位置,获取内部产品或与工作流程相关的知识,获取外部或竞争者的相关知识等,这样,知识管理才有机会成功。

(2) 组织知识管理的结构性环境

组织结构性环境包括管理、政策、流程、工作法则、汇报系统、员工激励系统和部门分工及任务等。如果这些结构性因素的设计与知识管理的精神相违背,那么,即使有再好的设备与投资,也很难成功地推动知识管理。Gold 等人认为,支持知识管理成功的组织结构性环境必须具备一些特点,例如,部门间的互动的风气良好,没有本位主义,组织支持并鼓励群体合作及团队精神,不鼓励个人英雄行为,组织支持新知识的创造、发现、传递与共享机制,以及建立部门间知识共享互动的流程等。

（3）组织知识管理的文化环境

文化会影响员工行为，因此，如果没有好的知识管理文化，员工就不会有知识管理的行为。因此，Gold 等人认为，如果组织要推动知识管理，在文化上必须有下列几项重要的特点：让员工了解知识对企业生存的重要性；促使全体员工高度参与知识共享的活动；鼓励员工积极进行试验并发掘新方法，以及重视拥有丰富知识的员工等。

2. 知识管理的流程能力

（1）知识的获取能力

组织要学习进步，就必须能够有效、快速地吸收新知识，刺激其成长，因此，组织需要具备几项重要的流程能力。例如，具备创造新知识的能力，能从项目中获取经验与教训的能力，向外部学习并与伙伴进行知识交流的能力和执行内部最佳实践应用的能力等。

（2）知识的转换能力

知识不能囤积私藏，必须通过交流、共享、转移才会产生力量，因此，组织应具备几个重要的流程能力。例如，要能将知识转化成新产品（服务）的设计能力；将知识转化成对外的有效竞争战略与行动；将组织的知识传递给所有相关的员工，以及能有效地归纳、整合、转化、组织及更新各种来源的知识等。

（3）知识的利用能力

知识是行动导向，所以必须要有效地吸收与快速利用才有价值，因此，组织要具有下列几个重要的流程能力。例如，能有效利用学习到的经验（experience）和教训学习（lesson learned）提高工作流程的效率或不再重复犯错；能快速有效地将知识运用并发挥在新产品创新、解决问题和工作绩效的提升上；能快速有效地将知识利用发挥在可以观察到的环境变化上，以及指导竞争战略上等。

（4）知识的保护能力

知识是组织重要的竞争武器与核心资源，因此必须善加保护。例如，组织应具备可以防止内、外部偷窥及不适当访问知识的保护措施；员工保护知识产权的文化激励措施和完善的知识保护政策、保护程序与技术等。

3. 知识管理与组织的效能

介绍知识管理的基础能力模型的主要原因，是要让读者在没有深入了解知识管理引进战略的细节前，先有下面的一些观念：如果要成功引进知识管理，主要有哪几个重要的影响方面，而这些方面又包括哪些重要的流程或因素？这一结构概念有助于读者在阅读后续章节时较清楚地了解“我现在身在何处？”

研究学者 Gold 等人（2001）在归纳了许多关于知识管理引进关键成功因素（CSF）的研究后，对 323 家企业的知识管理负责人进行了问卷调查，以了解影响知识管理绩效的主要因素。我们在 Gold 等人研究成果的基础上总结出组织知识管理与组织绩效的因果关系，如图 2-5 所示。

组织知识管理就是通过建立知识管理的技术、文化和组织环境,以提高组织的知识管理能力,进而改善组织绩效。企业实施知识管理的绩效对企业的经营效率有何种影响? Gold 等人(2001)研究发现了与知识管理能力最相关的组织经营效率有以下几点。

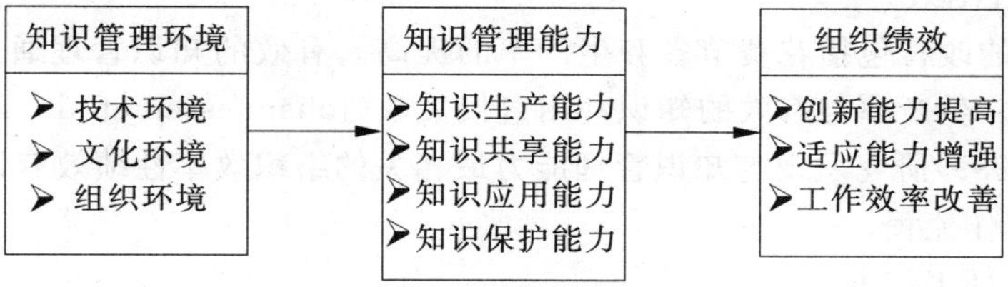

图 2-5 知识管理与组织绩效模型

(1) 创新性绩效

企业的创新性是指企业革新或者开发新产品的倾向(Ettlie J. E. , 1984)或者应用创新的倾向(Damanpour F. ,1991),创新是指企业创造新事物的能力,无论它是创造崭新的事物还是对已有的事物进行修改(Kodama,1994)。

Gold 等人(2001)研究发现与知识管理能力最相关的组织创新性绩效有以下几点。

① 技术创新绩效

* 更快地开发新产品
* 持续地开发新产品
* 更好地满足用户需求
* 不断应用新技术和新工艺

② 营销创新绩效

* 发掘新的消费需求
* 开拓新的市场
* 改善营销渠道
* 更新营销策略

(2) 适应性绩效

适应性是指一个组织辨别出现的市场或者技术机会,并通过战略上的调整来利用这种机会的能力。日益增长的全球化、极快的技术进步和竞争本质的改变,都加剧了环境的变动。组织有能力做出战略或者结构上的调整以回应环境变化所带来的威胁。

组织在对环境变化做出适应性调整以前,必须具备关于环境变化的知识和能够认识这样的变化是否对组织产生影响。这些知识都来自于组织内有效的知识管理。Gold 等人(2001)研究发现与知识管理能力最相关的组织适应性绩效有以下几点。

- 感知消费者需求变化

- 感知竞争对手行动
- 感知行业变化趋势
- 对市场变化作出反应

(3) 效率性绩效

工作效率的改善包括花费节省和生产率的提高。有效的知识管理通过减少重复劳动而节省花费。生产率与有效的知识利用直接关联(Johannessen et al.,1999)。Johannessen 等人(1999)研究发现与知识管理能力最相关的组织效率性绩效有以下几点。

- 规范工作流程
- 改善内部工作方法
- 高效实现内部信息共享

以上这些绩效也是讲求速度、创新、弹性及应变能力的网络经济时代所最重视的能力。

2.3.2 知识管理的知识—流程—环境模型

Arthur Anderson 咨询公司(2000 年后改名为 Accenture)提出了如图 2-6 所示的知识管理的知识—流程—环境(KPE)模型。该模型以组织知识为中心,用创造、定义、收集、适应、组织、运用和共享七个知识管理流程和领导、文化、技术和评估四个知识管理环境因素来描绘组织知识管理的结构。

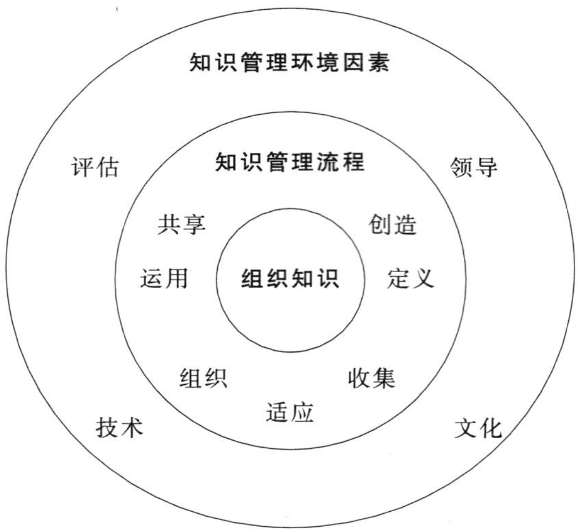

图 2-6 组织知识管理的知识—流程—环境模型

(来源:Arthur Anderson,1995)

组织实施知识管理考虑的重点应该是四个环境因素。如果组织能把握好这四个因素，就能使知识管理流程顺畅，进而影响组织的绩效，以及提高组织中知识的积累和竞争优势。下面对影响知识管理的四个主要环境因素进行说明。

1. 领导

组织知识管理实施需要强有力领导支持。Arthur Anderson 咨询公司认为，领导团队必须做到：将知识管理当成重要的核心议题；了解知识资产对利润创造的潜力；强有力地将知识管理观念灌输给员工，并且利用知识支持和提升目前的核心能力或者尝试开创新的核心能力，以及根据员工对知识管理的贡献程度作为招聘、考核和升迁的依据。

2. 文化

组织必须塑造有利于知识管理推广的文化。Arthur Anderson 咨询公司认为有以下几个重点：组织应该鼓励和支持组织的共享；让组织充满开明和彼此信任的气氛；将协助顾客创造最大价值当成知识管理的首要目标，以及让组织内的员工都能够自发担负起自我学习成长的责任。

3. 技术

组织知识和知识管理流程的显著特点是对知识管理技术提出了一些特殊的要求。首先，组织知识是显性知识和隐性知识的混合体，而隐性知识不一定总是可以转化成显性知识。因此，知识管理的技术必须在各个层次支持跟踪各种工作和历史经验。此外，在特定的团体内部建立一定的交流标准，内部成员通过使用这种标准来规范他们之间的交流。第二，因为知识的背景敏感性，技术必须能够为任何团体提供个性化的解决方案实现通信和知识传递。第三，技术要支持知识表达语言。第四，知识管理流程是一种社会过程，非正式关系起着重要作用，因此，技术解决方案必须包括不同程度的形式化和信任。此外，知识管理技术还必须支持在共享实践中的多向的、相互的、复杂的、隐性的知识交流。

4. 评估

Arthur Anderson 咨询公司在知识管理评估方面认为，组织应设法明确知识管理与财务绩效之间的因果关系，并开发出知识管理绩效的特定和明确的目标。明确知识管理绩效的指标要兼顾财务性与非财务性、定量与定性的指标，并根据知识管理绩效的好坏确定资源的配置与工作重点。

2.3.3 知识创造模型——SECI

Hitotusbashi 大学和 California 大学的野中·郁次郎(Ikujurio Nonaka)教授在 20 世纪 90 年代，提出了一个知识创造的 SECI (socialization，externalization，combination，internalization) 模型。该模型严格地描述了组织知识的生产、传递和再创造过程。

1. SECI 模型的内容

SECI 模型内容可概括为以下四个方面：

- 一个动态交互:知识转移
- 两种知识形式:隐性和显性知识
- 三个知识聚合层次:个人、小组、组织
- 四个知识创造过程:社会化、外部化、组合化和内部化

该模型指出知识创造型的公司有意识地促进隐性知识和显性知识的相互影响,这种相互影响通过四个知识创造过程来完成。四个知识创造过程描述如下。

- 社会化:个体之间通过联合活动和接触共享隐性知识的过程
- 外部化:以易于理解的形式表达和描述显性知识的过程
- 组合化:将显性知识转化成更复杂的显性知识,包括显性知识的交流、分发、系统化等过程
- 内部化:在个体或组织规模内将显性知识转化成隐性知识的过程

Nonaka 认为最重要的是组织的不同层次之间、知识的不同形式之间的相互作用。他提出跨组织层次的显性知识与隐性知识之间的相互转换是形成螺旋式知识创造和再创造的关键。组织应该认识到这种动态交互的重要性并建立适当的机制来实现它。1998 年 Nonaka & Konno 提出了 Ba 的概念,Ba 可以理解成场所(place)或知识动态转换的一个空间。Nonaka 指出 Ba 有四种形态:起源场(originating Ba)、对话场(dialoguing Ba)、系统化场(systemizing Ba)和行动场(exercising Ba)。这四种形态可以区分为两个方面:①互动的形态,互动是以个人形式或集体形式进行;②互动的媒介,通过面对面沟通或是虚拟的媒介,例如网络、视频会议等。

起源场:指个人可以分享经验、感觉、情绪和心智模式的场合。起源场是一个存在于人的内心世界的空间,个人借助同理心与同情心而超越人际间的藩篱,以关怀、爱、信任与承诺构筑人与人知识转换的基础。该空间为"社会化"提供了一个共享的组织网络。

对话场:这是提供团体分享心智模式与技能的场合,个人的隐性知识通过沟通而成为共享的知识,关键成功要素在于选择具有不同特殊知识或能力的人组成一个项目小组或是跨部门的团队,通过对话平台使得这些人的心智模式和技能转化成显性知识。因此,对话场提供一种良好的"外部化"组织网络。

系统化场:系统化场针对"组合化"提供一种良好的组织网络,使得显性知识能以较便利或是书面的方式在整个组织间流通。信息技术(如网络、视频会议等)为组织知识创造提供一种虚拟化且更具效率的合作环境。

行动场:行动场为"内部化"提供共享的组织网络,个人利用虚拟的沟通媒介,内化显性知识成为己身的隐性知识,例如操作手册或虚拟实境演练方案。

Ba 的概念提醒人们知识是与背景相关的,它不能与"场所"相分离。每一个知识创造过程都需要一个 Ba,组织应该认识到这一点的重要性。事实上,组织应集中注意力开发它的各种 Ba,因为通过开发围绕知识过程的环境比直接管理过程本身能使组织获得

更多的知识。

2. 组织内部知识创造模式

组织通过内部创造获取新知识的过程可以从两个方面展开：①隐性知识向显性知识的转换；②知识由个体到群体、再到整个组织的扩散。

隐性知识与显性知识不是完全孤立的，它们相互补充，在人们的创造性活动中相互作用、相互转化。这种转化是一种社会化的过程，即在人与人之间，而不是仅限于某个人自身。

知识转化有四种模式，如图 2-7 所示，它们是：从隐性知识到隐性知识；从隐性知识到显性知识；从显性知识到显性知识；从显性知识到隐性知识。

	隐性知识	显性知识
隐性知识	社会化	外部化
显性知识	内部化	组合化

图 2-7　知识转化的四种模式

(1) 社会化：从隐性知识到隐性知识的转化

从隐性知识到隐性知识的转化我们称为社会化。社会化是个体之间分享经验的过程，一个人可以不通过正规化的语言直接从其他人那里获取隐性知识。例如，学徒可以通过观察、模仿、实践，从师傅那里学到手艺。在企业里，在岗培训就是运用这种方式来转化知识。获取隐性知识的关键是经验，没有个体之间经验的共享，一个人就很难从另一个人那里获得隐性知识。

在具体的商务环境中进行的所谓"实时培训"基本上应用的就是这种原理。例如：①公司与供应商及顾客直接交往及互动，因而获得了知识。②勤于在公司内部各处所走动及视察，因而获得隐性知识。社会化也包括隐性知识的转移。将一个人现存的想法或意念直接传达或移转给他的同仁或部属，强调"大我"的精神，愿意让人分享他个人的知识，因而创造了一个共有的知识转化的场所。

在产品开发过程中存在这种社会化的知识转化。松下电器工业公司大阪公司在 20 世纪 80 年代后期曾着手开发一种自动化的家用面包制作机。这个面包制作机的关键组成是要把揉面团的过程机械化，而这种揉面技术完全是面包师所掌握的隐性知识。为了获取这种揉面技术，公司的软件开发负责人与其他软件工程师自愿去做宾馆面包师的学徒。有一天，软件工程师发现面包师揉面时不但"抻拉"而且"搓揉"面团，这正是揉制面团的秘诀。这样某个人所拥有的隐性知识就转化为其他人所拥有的隐性知识。这种隐性知识社会化的过程是通过观察、模仿、实践而实现的。

(2) 外部化：从隐性知识到显性知识的转化

外部化是挖掘隐性知识并把其发展为显性概念的过程。从隐性知识到显性知识的转化是知识创新过程的关键，在这个过程中要运用一系列的方法，诸如隐喻、类比、假设和模型。用语言描述或书面表达，即概念的描述是这种转化过程中所采取的主要行动。

在商业实务方面，外部化需有下列两项要素的协助：

① 将隐性知识转化成显性知识，会涉及一些表达的技术，以便将一个人的想法或心意利用文字、概念、比喻性文字与图片或影片等视觉教育器材等，以交谈或对话等方式加以清楚的表达出来。

② 将顾客或专家们高度个人化或高度专业化的隐性知识转变成可以理解之形式。这会涉及演绎或推论技巧，因而需善用创造性推论。

(3) 组合化：从显性知识到显性知识的转化

组合化是把概念转化为系统知识的过程，这一过程包含了不同的显性知识体系。组合的方式包括文件、会议、电话沟通及计算机化的网络沟通。现有的显性知识通过分类、重组被重新构架产生新的知识，在学校里所接受的正规教育和培训就是采取这种知识创新方式。

在商业实务方面，组合化包含下列三项程序：

① 从公司内部或外部搜集已公开的资料等外表化知识，然后加以整合成新的显性知识。

② 利用报告或开会等方式将这种新知识传播给组织成员。

③ 将显性知识重新加以汇整及处理，使之变成公司的计划、报告或市场资料，以方便使用。公司成员在组合阶段通过讨论可达成共识或协议，以便采行具体的步骤。

(4) 内部化：从显性知识到隐性知识的转化

内部化是使得显性知识体现在隐性知识中的过程，这是一个 learning by doing 的过程。在内部化的过程中，在较广范围内亲身体验，通过获取经验而得到知识显得非常重要。如在新产品开发的跨职能团队里，来自不同职能部门的人们彼此相互交流、相互学习，这就是一个广泛的内部化过程。

在商业实务方面，内部化包含下列两个层面：

① 需将显性知识变成具体措施而付之行动。换言之，在将显性知识的内化过程中，就可针对策略、行动方案、创新或改善等方面研拟出实际的构想或实施办法。例如，在较大型之组织所实施之教育训练计划可帮助学员了解整个组织及全体学员之情况。

② 可利用模拟或实验等方式，帮助学员在虚拟情况下借实习过程来学习新观念或新方法。

如果显性知识以文件、手册、图表的方式描述，个人就可以在实践中通过重新体验他人的经历，吸取这些知识并使其内部化。例如，通用电气公司于 1982 年在肯塔基州设有一个应答中心，该应答中心一天 24 小时不间断地处理顾客针对公司的任何产品咨询、投诉及求助。该中心共有 200 个电话接听员，平均每天接听 14 000 个电话。该中心把所有来自顾客的问询及意见都编成文件录入数据库，供新产品开发小组中的成员运用。公司把 1 500 个潜在问题及其解决办法程序化并输入数据库系统，该系统利用人工智能技术，具有在线诊断功能，能够做到对任何问询快速应答，接听员甚至可以在 2 秒钟内，从数据库中找到解决问题的办法。公司还有 12 位具有丰富修复经验的专家，如果某一问题难以解决，立即就会有专家到现场帮助寻找解决问题的方案，4 个全职的程序员即会把解决方案汇入数据库中，以便新的信息可以在第二天存入系统。系统中的信息每个月都会被送至相应的产品部，而且产品部也会经常派产品开发人员到应答中心与电话接听员或 12 位专家座谈，通过这种方式从他们那里获取经验。

3. 知识创新的螺旋上升过程

组织内部的知识创新是一个连续的、动态的过程，需要隐性知识与显性知识交互作用，这种交互作用体现在不同知识转化模式的轮换过程中。

知识创新是一个螺旋上升的过程。例如，关于消费者需求的隐性知识可以通过社会化和外部化转变为新产品概念，这种概念化知识又可以通过组合化产生系统化的知识，如开发出新产品原型，而系统化知识又可以通过内部化转化为运营知识，如产品的大规模生产。基于经验的知识又启动了新一轮的知识创新过程。

以上我们讨论了隐性知识与显性知识间的相互作用，然而，一个组织不能够自发地创造知识。从严格意义上来看，知识是由个体产生的，没有个体，组织就不能创造知识。个人的隐性知识是组织内部知识创新的基础。组织的职能就是为创造性的个人提供支持、提供条件、提供适合富有创造力的人们生存的环境，使得基于个人的隐性知识流动起来，这种流动的隐性知识通过四种知识转化模式在组织内部得以增强，如图 2-8 所示。知识螺旋随着个体知识的组织化而不断增大，因此这是一个螺旋上升的过程。知识起始于个体，通过人与人之间，跨单位、跨部门之间的交互作用不断增多，使得个人知识通

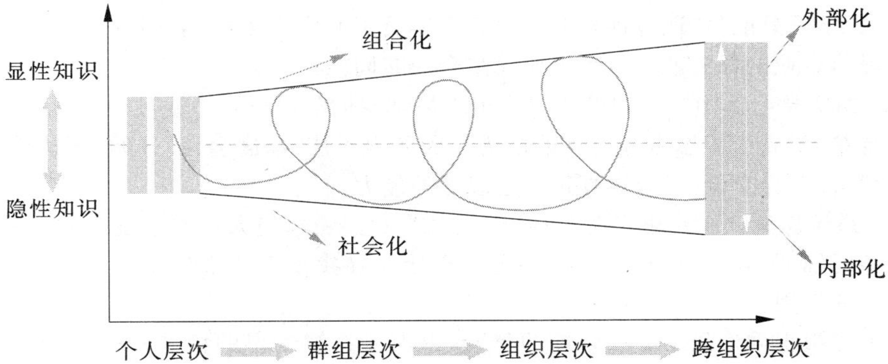

图 2-8　不同层次之间显性和隐性知识的转化形成知识螺旋

过扩散在组织范围内拓展，并使之具体化，进而转化为组织的知识网络体系的一部分。

2.3.4 学习型组织模型

知识经济时代，每个组织为了快速适应环境必须不断地学习、进化，挑战自己固有的文化与运作模式。在此方面，学习型组织理论最能代表组织应有的原则与运作模式。

学习型组织(learning organization)是指一个组织能够不断地学习并运用系统思考各种不同的实验与问题的解决方式，进而强化并扩充个人知识与经验，最终能改变整个组织的行为，它是增强组织适应与革新能力的一种组织模式。

1. Senge 的学习型组织的五项修炼

Senge 在对企业进行研究的过程中发现，组织只有变成学习型组织，才能保持持久的竞争优势，并提出了变成学习型组织的五项修炼。

(1) 自我超越。这是建立学习型组织的精神基础。强调向自我极限挑战，实现人们内心深处最想实现的愿望。其重要方法是保持创造性张力，激发员工不断创造与超越，进行真正的“终身”学习。

(2) 改变心智模式。心智模式根深蒂固于内心，影响人们如何去了解世界，以及如何采取行动改造世界。人们通常不易觉察自己的心智模式及它对行为的影响，而在许多决策中，决定做什么和不做什么的正是这种心智模式。显然，如果心智模式有缺陷的话，个人和企业都会受到损害。因此学习将自己的心智模式摊开，并加以检查和改善，有助于改变心中对周围世界如何运作的既有认识。这种修炼要求人们学会有效地表达自己的想法，并以开放的心态容纳别人的想法。

(3) 建立共同愿景。共同愿景是指能鼓舞企业员工的愿望和远景，主要包括三个要素：共同的目标、价值观和使命感。共同愿景提供了组织学习的焦点和能量，在缺乏共同愿景时，学习只能是“适应性学习”，只有全体员工心中有了共同愿景时，才会有“创造性的学习”，企业的任务就是将个人愿景整合为共同愿景。

(4) 团队学习。团队学习是学习型组织最基本的学习形式。通过团队学习，充分发挥集体智慧，提高组织思考和行动的能力。团队学习从“深度会谈”开始，团队成员亮出各自的想法，进行交流，以获得真正一起思考的能力。

(5) 系统思考。系统思考是五项修炼的核心与基石，使人从看片面到看整体，从迷失于复杂的细节到掌握动态的均衡搭配。它让人寻找小而效果集中的高杠杆，以产生以小搏大的作用。

学习型组织理论强调五项修炼的整合，以保持持续学习的精神及铲除发展道路上的障碍，提高企业应付环境变化和自我发展的能力。

2. Argris 模型

Argris(1978)从学习类型这一角度对组织学习的过程进行了描述，如图 2-9 所示，并在过程中嵌入了单环学习和双环学习，使组织学习的过程更加具体，更加切合企业组织的实际情况。

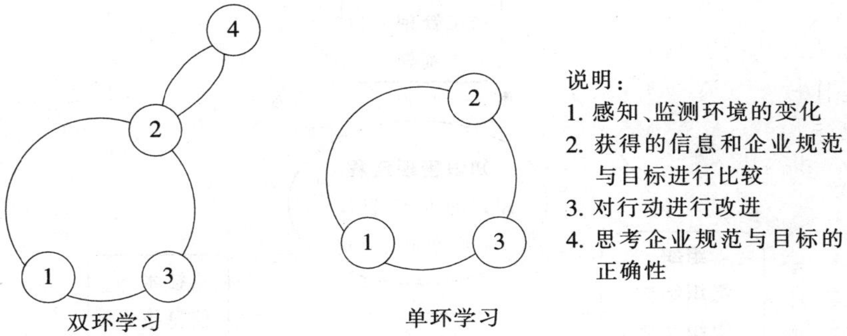

图 2-9　单双环学习示意图

单环学习是一种低水平的学习方式，组织学习只发生在发现错误和纠正错误的过程中，组织原有的规范并没有改变。双环学习是单环学习的深化，不仅可以检测和改正错误，还进一步对现存的规范、程序、政策和目标进行质疑和调整。

Argris 认为，组织要作为一个整体进行学习，必须完成四个阶段，如图 2-10 所示。

图 2-10　Argris 模型

第一阶段是“发现”阶段，包括发现组织内部潜在的可能危及组织未来发展的问题以及环境中存在的机遇与挑战。第二阶段是“发明”阶段，组织着手寻找解决问题的方法。这两个阶段的学习，主要是在组织现有的制度框架内以不改变组织的基本制度为前提，属于一种“纠错学习”，也就是单环学习。第三阶段是“执行”阶段，解决方法得以实施，产生了新的或修改了的操作程序、组织机构或报酬系统。在解决问题的过程中，产生了一些与组织已有的制度截然不同的制度，它有可能使组织在未来发生重大的变化。第四阶段是“推广”阶段，使学习从个人层面上升到组织水平，并贯穿组织的各个层面及边界。后两个阶段，组织旧的规范被取代，组织发生了双环学习。

2.3.5 HOTP 模型

HOTP 模型是本书作者总结的一个组织知识管理模型，如图 2-11 所示。该模型由人（human）、组织（organization）、技术（technology）和知识过程（process）四大要素组成。

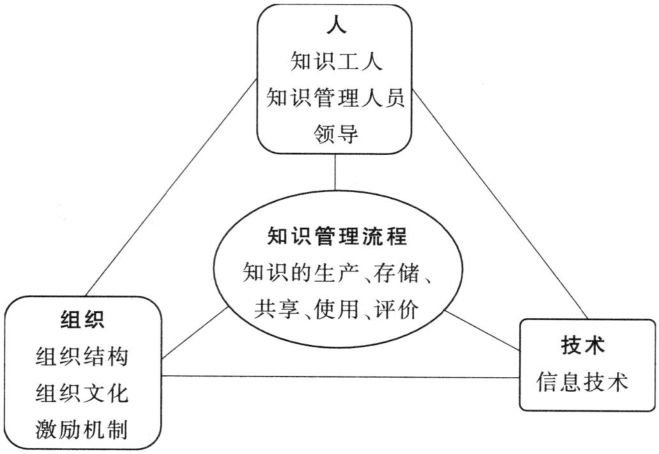

图 2-11　知识管理的 HOTP 模型

1. 知识管理中的"人"

知识管理中的"人"包括如下三类角色。

(1)知识工人。现代企业中的工作者统称为知识工人。他们是组织知识的生产者和使用者,即在业务过程中产生新的知识,同时,也使用知识库或他们的社会网络中的知识来支持他们的业务活动,从而实现知识流与工作流的集成,如图 2-12 所示。知识管理就是要使组织中的所有成员在任何时候、任何地点方便地访问他所需要的知识和存

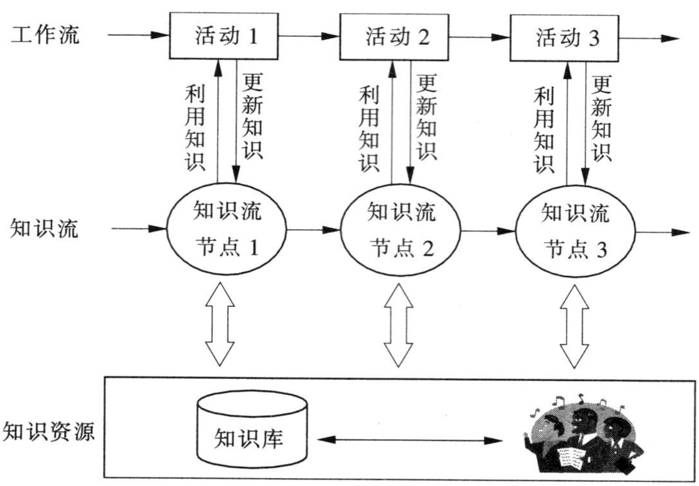

图 2-12　"知识工人"在工作中生产和使用知识

储他所产生的知识。

知识工人要在工作中精通相关信息技术工具的使用，并能够做到：

- 确定自己的信息和知识需求。
- 知道如何获得知识及到哪里获得知识。
- 能够理解信息和知识的含义，能够将知识进行内部化和组合化产生新知识。
- 能够将知识应用于实际工作之中，以帮助企业获取最大利益。

(2)知识管理人员。即组织中专门负责知识管理的人员，包括知识记者、知识编辑、知识工程师、部门知识经理和知识总监等。

(3)领导。组织高层领导在知识管理中的作用是至关重要的，是知识管理的最大促进者。"领导"的作用就是激励部属、引导及协调成员的活动、选择最有效的沟通管道以及解决成员间的冲突，其最终目的在于激励与引导员工的行为朝着组织的目标前进。

2. 知识管理中的"组织"变革

相对传统的管理体系而言，各种机构实施知识管理，事实上是一场从以物理资源为核心的管理转变成为以知识资源为核心的管理变革。在这场变革中，涉及组织结构、组织文化、组织激励机制的变革。

(1)组织结构变革。组织实施知识管理中，组织结构变革包括两层含义。第一层含义是组织应从传统的多层级的、刚性的、垂直的组织结构转变成适合知识管理需要的扁平的、柔性的、网络化的组织结构；第二层含义是建立专门的知识管理部门，如知识总监办公室或知识管理部等。

(2)组织文化的变革。知识管理需要相适应的组织文化支持。在知识型组织中，组织要发展，员工要不断地发挥知识的效益。因此，组织文化必须倡导一种创新、奉献精神，鼓励员工不仅充分施展显性知识，而且充分展示隐性知识，达到组织知识资本效益的最大化。同时，企业的知识管理中那种不断创新，从而不断发挥企业知识资本效益的模式也不断地改变，提升企业文化。

(3)知识管理的激励机制。期望理论(Vroom，1964)指出，员工之所以努力工作，贡献自己的知识，是因为他预期可以获得某些对其产生吸引力的结果。因此，组织实施知识管理时，应根据员工的内在和外在的需求，设计相适应的激励机制，避免员工的知识管理行为没有绩效。传统的考核机制，通常只关心员工的直接经济绩效，忽略了员工的知识贡献，不利于知识管理的推行。在解决该问题上，三星数字系统公司的做法值得借鉴。该公司利用虚拟货币计量员工平时对公司的知识贡献，年终时，将虚拟货币兑换成奖金。这一措施，大大促进了三星数字系统公司员工贡献知识的积极性。

3. 知识管理的"技术"

这里所说的知识管理技术是指实现知识存储、传递的现代信息技术。知识管理产生并推广应用的技术背景是互联网的发展与成熟。图2-13给出了支持知识管理的技术体系。其中，最重要的技术包括：

- Internet 和 Intranet
- 数据库管理系统(DBMS)
- 文档管理技术
- 群件技术
- 数据仓库和数据挖掘技术
- 联机分析处理技术
- 工作流和共享技术

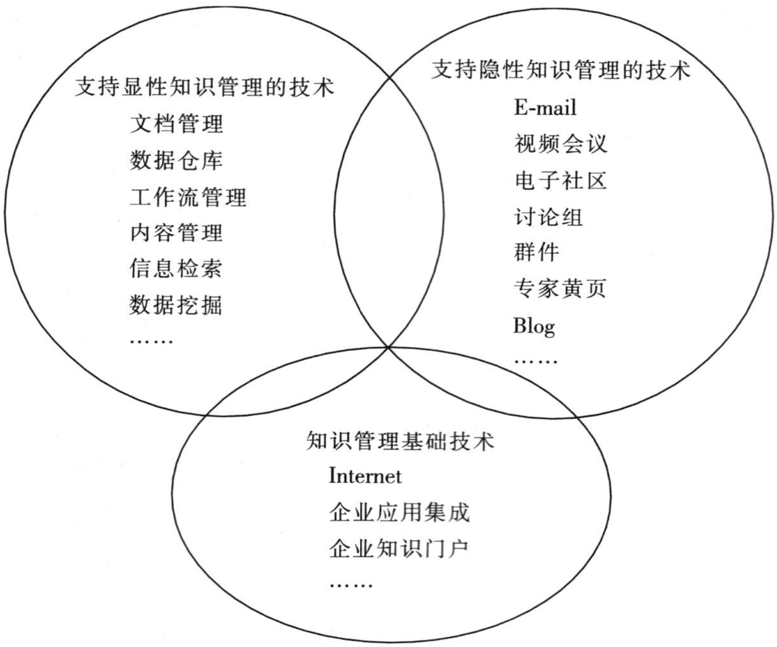

图 2-13 知识管理的信息技术

4. 知识管理流程

知识管理流程是指知识管理中知识的动态过程，也称为知识过程。本书中将知识过程概括为知识的生产、存储、共享、使用和评价 5 个主要过程。知识的生产包括对组织内部知识的定义、组织外部知识的获取以及知识的创造 3 个子过程；组织知识的存储包括知识的选择、加工、保存和更新 4 个步骤；知识共享包括通过正式渠道的共享和非正式网络的共享两种模式；知识的利用强调知识流与业务流程的集成；知识的评价是指对知识的质量、时效性、应用效果等进行评估，从而更新知识和改善知识的应用效果的过程。

2.4 一个整合型的知识管理框架

2.4.1 知识管理的七个不同视图

一个组织要推行知识管理，到底从几个维度(dimension)来思考？一个完整的知识管理应该考虑哪些组织相关的重要议题？知识管理又牵涉哪些重点的组织资源、流程与活动？综合整理上述各种不同的知识管理分类结构与模式，台湾学者林东清教授提出了一个较完整的知识管理多视图框架(KM perspectives framework)。在此结构内，知识管理对组织而言，可以从下面七个视图来思考。

1. 知识管理的资本视图

知识管理的资本视图(capital perspective)认为，知识是组织重要的无形资产或称为智能资本。它有别于机器、土地、设备、现金等有形资产(tangible asset)。智能资本主要包括人力资本(human capital)、结构资本(structural capital)和顾客资本(customer capital)三大项(Petrash，1996)。这些都是无形的，无法从会计报表上显现出来，但它们却决定着一个组织未来的发展潜力与竞争优势(Edvinson & Malone，1997)。因此，组织应系统地整理、了解、评估这些无形资产，分析其强弱点，以便进行管理，发挥其最大的价值，而不应只重视会计报表上有形资产的管理。

2. 知识管理的战略视图

知识管理的战略视图(strategic perspective)认为，知识是组织重要的战略竞争武器，不只是在作业流程上改善绩效，而是组织用来打击竞争对手、达成战略目标的重要战略核心资源。因此，组织要随时注意自己在核心能力的知识上是否有创新者、领先者？自己核心能力的知识是否具有价值，并让对手难以模仿？目前的知识是否足够？知识缺口在哪里，以及如何快速地学习及补足缺口，从而达成组织的战略目标？

3. 知识管理的流程视图

知识管理的流程视图(process perspective)认为，组织应强调做好知识管理必须掌握的主要步骤或活动。知识管理流程的划分有许多种，而本书则分为下列6个主要流程，包括知识的定义、获取、创造、共享传递、利用和存储。以上每个流程都有影响其绩效的管理、文化、技术和领导等因素。此观点的研究重点在于，如何设计一个有效的知识管理流程，让知识存量能快速地积累，而流量也能畅通无阻。除了内部流程外，本书也讨论了知识管理价值网络观点(value network perspective)，即强调知识不仅存储在组织内部，许多重要的产品、竞争、技术和原料的信息都存储在组织外部的供货商、战略合作伙伴、研究单位、分销商及顾客手上。组织要做好知识管理必须注重跨组织的知识交流与分享，组织只有同相关的外部实体充分地交流与共享经营的知识，团队的战斗力才会强大。如果组织只是独善其身，在讲求供应链、需求链和战略联盟团队的竞争时代必定很难生存。

4. 知识管理的组织行为视图

知识管理的组织行为视图（organizational behavior perspective）认为，知识是蕴藏在员工个人心智模式内的重要资产。组织在员工的薪酬制度上应如何鼓励和触动员工学习与创意的动机？影响员工配合执行知识管理的态度的主要因素是什么？组织如何掌握这些影响因素发挥员工最大的智力潜能？此外，影响员工行为最重要的文化因素、领导目标是哪些？组织如何掌握重要议题？这些都是组织行为理论认为知识管理关键的成败因素。

推行知识管理还应该具备适合知识管理的组织结构（例如扁平化、网络型组织，自主团队和实务社群等）。此外，本章还以权变理论为基础，充分地讨论不同的组织结构如何与不同的知识管理战略相配合，以及支持知识管理的专门单位、职位和角色等。

5. 知识管理的信息技术视图

知识管理的信息技术视图强调知识管理之所以在21世纪风起云涌，主要就是因为信息技术在最近十几年来的长足进步，尤其是因特网促成全球的虚拟团队。此外，群组软件、专家系统、智能型系统、全球信息网、搜索引擎和电子视频会议等使知识的搜集、存储、传递和共享更加方便可行。因此，信息技术本身是知识管理的一个主要的杠杆（leverage）工具，知识管理必须靠强而有力的信息技术支持达到管理与传递的目的，如果没有引进优势的信息技术，则知识管理的许多重要目标便很难达成，且不可行。因此，这也是信息技术受到组织管理领域重视的原因。

6. 知识管理的实施视图

知识管理的实施视图（implementation perspective）强调的是，如果组织引进知识管理的项目应如何做好实施的管理。例如，Arthur Anderson 咨询公司提出了知识管理的实施要有下列五个主要的阶段：认知阶段、战略阶段、设计阶段、开发引进阶段和评估与维护阶段，且在这五个阶段中充满了员工抵抗、沟通不良、认知错误、方向错误和团队不合作等实施的问题。因此，组织在引进知识管理的过程中要详细、正确地规划每个步骤实施。此外，还要以权变理论为基础讨论不同背景特性的组织应如何选用适合自己的实施管理。

7. 知识管理的评估视图

知识管理的评估视图（measurement perspective）强调，没有评估就没有管理（no measurement no management）。知识管理的实施是否成功，哪里出现问题，投资是否值得，应有一套完善的评估标准，这些准则包括对知识管理目标实现程度的评估、对知识管理流程绩效的评估、对知识管理计划质量的评估等重点，并且应先将指标量化、定性，并制定出财务与非财务性指标。过程与目的要兼顾和平衡，也要客观、持续、实时和简便。

2.4.2 七个视图的整合

图 2-14 描述了上述七个观点的关系。

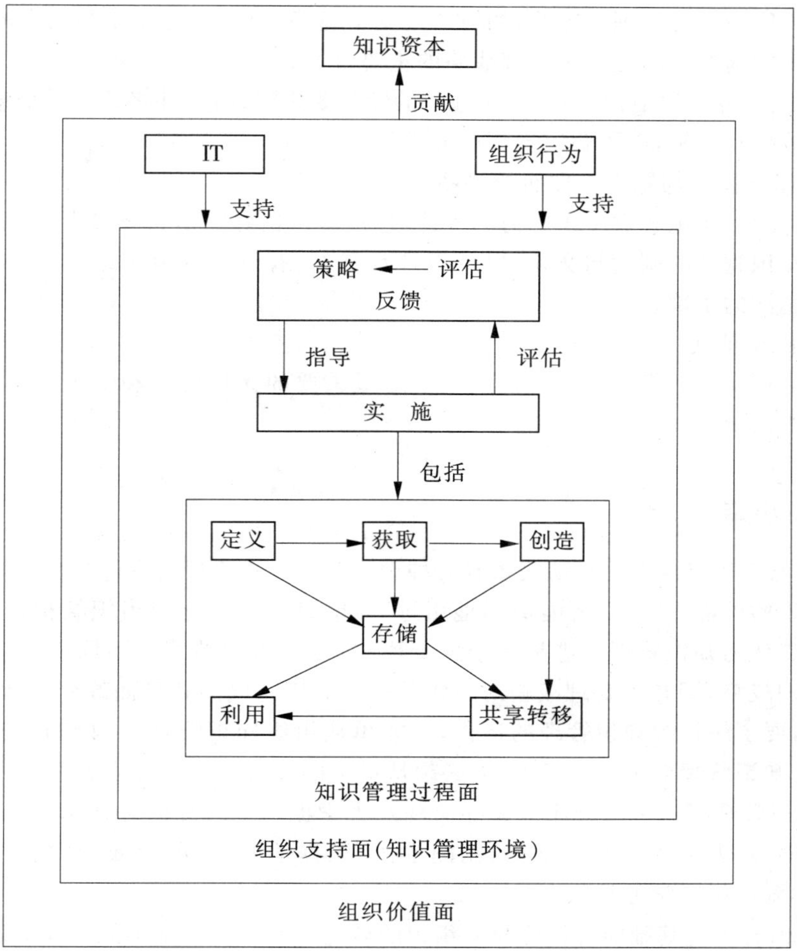

图 2-14　整合型知识管理的七个观点及其关系结构图

1. 知识管理面

(1) 知识管理的实施面:包括知识的定义、获取、创造、共享传递、利用和存储六个流程,这六个流程并不存在一个固定顺序,应该是一种反馈式的互动。组织必定要有良好的实施战略和方法论来指导这六个流程如何顺利地推动。此外,项目管理、变革管理如何规划与执行也是重要议题。

(2) 知识管理的管理面:知识管理的实施有两个管理的工具,一个是方向的指导,另一个是执行的评估。

① 知识管理的战略:知识管理的实施要有重点和方向,不可能把组织所有的知识都存储在知识库中进行管理。因此,如何通过竞争优势、最佳命题和核心能力的选择来指导知识管理实施的方向是知识管理战略的主要目的。

② 知识管理的评估:知识管理实施后的绩效要进行评估,并将评估的信息反馈给知识管理的战略和目标,以了解实现程度并进行修正。

2. 组织支持面与知识管理面的关系

知识管理的实施要靠组织有力的支持,包括提供良好的信息技术设备,适当地激励员工执行知识管理的制度与文化,以及设计良好的、有效率的组织结构等,给知识管理提供一个肥沃的土壤。

3. 组织价值面

知识管理实施的最终目的就是组织要形成重要的无形资产和知识资本,通过这两者形成组织的价值。

本章小结

1. 知识管理与组织的互动关系有三种理论观点。古典理性理论观点认为知识管理是一个客观的外部力量,只要能适当地引进,就能直接准确地对组织结构产生影响;权变理论观点认为知识管理引进是一个权变模式,每个组织的背景不同就应该选用不同的知识管理战略,即知识管理战略对组织的影响会因不同的背景而改变;组织行为理论观点认为,要了解组织知识管理的运作,不能单从组织知识管理结构与流程设计的"技术面"分析知识管理对组织的影响,而必须从员工的行为方面进行分析。

2. 知识管理战略可以分成三大导向和八大学派。三大导向是技术导向、经济导向和行为导向,八大学派是系统学派、制图学派、工程学派、商用学派、组织学派、空间学派、战略学派和组织学习学派。

3. 知识管理的基础能力模型研究组织的效能与知识管理基础能力及知识管理流程能力之间的关系。

4. 知识管理的模型以组织知识为中心,用创造、定义、收集、适应、组织、运用和共享七个知识管理流程(process)和领导、文化、技术和评估四个支持知识管理流程的环境因素来描绘组织知识管理的结构。组织实施知识管理考虑的重点应该是四个环境因素。如果组织能把握好这四个因素,就能使知识管理流程顺畅,进而影响组织的绩效,以及提高组织中知识的积累和竞争优势。

5. SECI 描述隐性知识和显性知识之间的四种转化:内部化、外部化、社会化和组合化。组织的不同层次之间显性知识与隐性知识之间的相互转化形成了螺旋式知识创造和再创造过程。组织应该建立适当的机制来促进隐形知识和显性知识之间的转化。

6. 学习型组织的五项修炼:自我超越、改变心智模式、建立共同愿景、团队学习和系统思考。

7. 单环学习是一种低水平的学习方式,组织学习只发生在发现错误和纠正错误的过程中,组织原有的规范并没有改变。双环学习是单环学习的深化,不仅可以检测和改正错误,还进一步对现存的规范、程序、政策和目标进行质疑和调整。

8. 组织学习过程包括四个阶段:发现组织内部潜在的危机及组织未来的发展问题以及环境中存在的机遇与挑战;寻找解决问题的方法;实施解决方案;推广使用所获得的成果。

9. 知识管理的 HOTP 模型是将知识管理概括为人、组织、技术和流程四个要素。知识管理的人泛指组织中的所有知识工人、知识管理者和组织的领导;知识管理的组织因素是指知识管理需要相应组织结构、组织文化和激励机制支持;知识管理的技术除包括计算机网络、知识门户等技术基础设施外,还包括支持显性知识管理的技术(如数据库、文件系统、数据仓库等)和支持交互的隐性知识管理的技术(如电子邮件、视频会议系统、电子社区技术等)。

思考与讨论

1. 对知识管理与组织互动的三大理论观点做出评价。
2. 知识管理的系统学派、制图学派、商用学派、组织学派的重点是什么?
3. 组织知识管理绩效与哪些因素有关?
4. 什么是组织的核心能力? 怎样建立组织的核心能力?
5. 什么是 SECI 模型?
6. 什么是单环学习和双环学习?
7. 简述知识管理研究的主要内容。
8. 讨论:组织引进知识管理时,你认为是否存在一种最好的实施策略,还是一定要每个组织都有不同的战略? 为什么?
9. 分小组讨论案例 2 和案例 3,并写出讨论报告。

案例 2

知名企业如何实施知识管理

根据知识管理大师 Sveiby 的调查，一些知名企业的知识管理专注的重点因背景不同有许多不同的目的和做法，如表 2-2 所示。

表 2-2 一些企业的知识管理目的和做法

企业（国家）	知识管理的目的	知识管理的实践
Analog Device（美国）	建立知识共享的文化	扫除部门间本位、竞争文化，提倡知识共享、分工合作的文化，从上层做起。鼓励会询问的社会群体，而非只会向前行的群体
Boeing（美国）	建立知识共享的文化	第一个无纸化的飞机设计；顾客加入设计团队；200 个设计与制造团队共享合作，而非传统的部门分工；全球供应商与 Boeing 共享相同的资料库
Oticon（丹麦）	建立知识共享的文化	建立一个“意大利面式的组织”，混乱式的纠结和互动，使员工没有固定的工作内容，而是多样化地全程参与项目管理
Affaers-Vaeriden（瑞士）	建立隐性知识转移的环境	老人带新人，用“老鸡带小鸡”式的团队合作撰写商业文章，加速知识的传播与继承，而非个人英雄主义
本田汽车（日本）	建立隐性知识转移的环境	多余资源：利用提供员工工作上非直接的或与其他工作相关的信息和知识提供职位的后备资源，并产生许多有创意的解决方案
Agro（美国）	提供顾客额外的知识	利用专家系统分析气候、土壤、农作物及市场供需信息，为顾客制订栽培计划并提供信息支持
Frito-Lay（美国）	提供顾客额外的知识	让业务人员收集顾客货架上各种产品的销售情况，再加上市场需求信息的分析，建议顾客作最好的货架空间利用
Benetton（意大利）	获取顾客知识	由销售资料分析最近流行的颜色和款式，整合到 CAD 和 CAM 中，快速进行大量的个性化服务
GE（美国）	获取顾客知识	从 1982 年开始，收集所有顾客的意见，建立所有产品可能出现的问题和解决方案，以此支持客户服务人员
British Petroleum（英国）	获取、存储、传播个人的隐性知识	利用电子视频会议、多媒体网络支持员工互动和共享知识
Chevron（美国）	获取、存储、传播个人的隐性知识	建立最佳时间库，收集各钻油地点的最佳钻油实践，将其提供给全球各地的员工共享

案例 3

夏普、东芝、前川公司如何建造知识创造的场所

SECI 模型存在一个基本的前提，即无论是人的学习成长，还是知识的创新，都是处在社会交往的群体与情境中实现和完成的。正是社会的存在，才有文化的传承活动，任何人的成长、任何思想的创新都不可能脱离社会的群体、集体的智慧。因此，相应于 SECI 模型的四种知识转化模式，存在相应的四种“场所”(ba)，分别称为起源场(originating ba)、对话场(dialoguing ba)、系统化场(systemizing ba)和行动场(exercising ba)。

公司该如何去创建场所，以确保组织内部的各个场所能持续地转换，以利于知识的创造、传播及利用，这一点值得重视。为了加深读者的理解，将日本夏普(Sharp)、东芝(Toshiba)、前川(Maekawa)三家公司建造场所(ba)的案例分别说明如下。

1. 夏普(Sharp)：建立各种项目小组，作为知识创造的场所

夏普利用各种“紧急项目”来处理公司重大的科技或产品之策略性发展计划，结果相当良好。由公司中层主管所领导的各个“紧急计划小组”在公司总部全力的经费支持，而且可优先使用所有公司资源，并可动用各单位优秀人才的优越条件下，必须在 18 个月内完成其计划。每项专案计划事先须经公司最高层的研发决策会议——“技术审议会”审查通过。

为了解消费者的需要及价值观，公司设有“创造性生活方式研究中心”，并建立各种系统来创建新产品概念。例如，夏普公司 1985 年首创“趋势领袖系统”。选取 600 名各界人士，包括中学生、已婚上班妇女以及 70 多岁的老人等，组成具有指标性的领先消费者。公司让这些人集聚在一起，进行面对面的交谈及互动，可因而产生大量高品质的隐性与显性知识，并据以预测今后 1～10 年内的消费趋势。

2. 东芝(Toshiba)：创建“高级战略部”，让公司变得更敏捷

东芝传统上是一家很注重阶层企业制度的公司，主要的事业部门包括：(1)信息与信息系统；(2)消费性产品；(3)电力与工业系统以及零组件。为了知识的创造，公司特别增设了一个与各事业部门同等级的“高级战略部”。高级战略部的宗旨乃是将公司的核心技术或知识有效的移转至新事业单位，并使公司在管理方面能强化创新、挑战与速度等观念。它的任务则是为公司在互动多媒体领域提供新市场与新的商业机会，主要包括无线通信基础设施、数字广播、互动电视、网络用具与 DVD 等。

东芝新近上任的总经理深信，公司今后应积极转型并演变成一家敏捷型公司。因此，特别重视在传统的公司结构中增设“高级战略部”，以建造一个创造知识的场所

(ba)。为了创造及发展知识,该事业部采取下列四项“关键策略”:

(1)强化对速度与机敏的意识。

(2)改变对会计年度的思考态度,要有急迫感。

(3)创造一个无界限的作业伙伴关系,破除本位主义。

(4)适时投资,以便尽早在新兴市场占有一席之地。

高级战略部采用扁平化而富弹性的组织结构。在公司高层的强力支持下,它能跨越公司的各事业部门,积极促进知识交流,而且能独立自主地运作。由该部与其他事业部所选出的“关键技术经理”通常每两周聚会一次,以加速核心技术之交流与决策程序。公司各专业部门须拨出0.5%的销售额来支持高级战略部。该部一年的预算经费约为300亿日元,相当充裕,因而可放手去创造知识与技术。

3. 前川(Maekawa):亲近顾客

前川制作所(Maekawa Seisakusho)创立于1924年,为生产工业用冷冻装置的杰出企业,以“MYCOM”品牌闻名。在日本所有的工业冷冻器出口中,前川有90%的占有率,在世界市场则有50%的占有率。

前川企业集团有独特的管理制度。它在日本总共拥有80家独立的公司,在外国则另有23家独立的公司,整个集团合计约有2500名员工。每家小公司按产品、核心技术与市场类型而分别设立,必须自给自足,而且要自觉它为构成整个事业集团的一分子,因而彰显了前川制作所特异的企业文化。

前川整个企业集团十分重视“亲近顾客”的基本概念。公司总经理Masao Maekawa再三强调,公司员工必须走进现实世界中,跟顾客打成一片,感同身受,使彼此间毫无距离,主客双方要形成一体,以便了解顾客的需要。

为创造知识,“场所的概念”弥漫在整个前川制作所。无论个人、团队,公司、整个集团都很注重知识创造与流传的各类场所,以利公司在事业上或市场上能不断成长与创新。公司不可有先入为主的成见,必须密切掌握顾客的感觉与想法,且应格外重视隐性知识与新知识的创造。

从上述日本三个公司的案例情况可知,夏普、东芝与前川三家公司都很重视知识的创造,并且很强调知识创造的场所。因此,这些公司的主管们都很注重空间的设计,积极介入知识创造场所的营建,以便使公司拥有知识创造与传播的动态性场所。然而,在实际采取的策略方面,因各公司的目标、条件与情况不同,各公司在营建知识创造场所的实际做法上则有很大的差异。

第3章

组织知识资本管理

本章要点

- 知识价值的概念
- 知识资产和知识资本的概念以及两者之间的转化
- 组织知识资本的构成
- 组织知识资本的运营

随着社会经济和技术环境的发展，人类社会开始进入以知识资源为重要生产要素的经济时代，美国管理学家彼得·德鲁克指出："在现代经济中，知识正成为真正的资本与首要的财富。"在激烈的市场竞争中，知识资源是组织最重要的战略资源，知识资本成为组织价值创造的驱动力，因而知识资本管理也成为了组织价值管理的重要领域。

本章主要讨论组织知识资本的概念、构成与运营，知识资本的评估放在第 11 章讨论。

3.1 知识的价值观

在人类经济生活中，"价值"通常是采用货币来衡量的，用货币来体现"物"的价值。在知识经济时代的今天，货币仍然是一种衡量价值的尺度。马克思在《资本论》中从"物"的角度阐述了实体商品的使用价值、交换价值和价值的概念。传统经济学理论、新经济理论以及知识管理理论中对价值的理解都离不开马克思的价值定义。

源于精神的"知识"同样也具有使用价值、交换价值和价值。不管是知识产权价值，还是品牌价值，这种由"知识"带来的价值最终都是以货币来衡量的。知识管理的目的在于通过在组织中应用"知识"，给组织带来大的价值。但知识的这些概念与物的价值概念之间既有联系又有区别。

3.1.1 知识的使用价值

知识是一种精神的产物，属于概念系统，它并不具有"物"的实体属性。因此，它没有如"物"一样的使用价值。知识的非实体性决定了它不能像实体一样通过做成某种物体来体现其使用价值。但是，这并不等于知识没有使用价值。如马克思在《资本论》中阐述的观点一样，"使用价值只是在使用或消费中得到实现"，当我们使用知识时，知识的使用价值才得以体现出来。

组织中知识型员工产生知识和思想，只有当其他人汲取了这些"产品"并转化为自己的产品时，这样的知识和思想才能表现出其"使用价值"。反之，则成为毫无意义的组织资源。例如，语言知识、数学知识、商业知识等，它们的使用价值分别体现在帮助我们顺利地阅读和理解，进行精确和快速的计算和解决经营管理的问题。

知识的使用价值还可以表现为精神领域的驱动作用，通过知识的重构过程，形成新的知识。例如，我们在阅读文字或倾听他人观点时，吸收知识并形成自己的新知识、新理论、新见解、新经验。如果没有对这些"显性知识"和"隐性知识"的理解和吸收，就不能形成创新的东西，这就是一种驱动力。因此，知识活动、知识创新也是知识使用价值的表达方式。

物的使用价值是客观存在的，对于所有人来说都是一样的。例如衣服是用来穿的，钢铁是建筑用的，石油是工业的能源等。但知识的使用价值会因使用者的认知模式、精神状态、身体状态、健康状态、所处的外界环境等因素的影响而存在差异。个体间原有的知识水平、认知结构等的差异，会产生对同一知识的使用价值判断的不同。当人收到某种信息或知识时，由于个体需求的不同，常表现出对同一知识"有使用价值"和"无使用价值"的判断。另外，知识表现出使用价值时，因不同的主体状态而表现出不同的使用价值。例如，同一个班上课的同学，会由于理解能力、学习态度等差异而成绩截然不同。甚至同一个人对同一知识，在不同时间里进行不同的阅读和理解，也会产生不同的使用价值。

知识的使用价值同物的使用价值一样，在使用时得以体现。但物在表现使用价值的同时也被"消费"了，并因属性的改变而消失。如石油被用于生产化工原料、润滑油、添加剂等而被消耗掉。而知识却不同，它被使用时表现出了自己的使用价值，但是不被"消费"，更不会消失，而且知识在使用过程中会产生更多的知识，这是知识的不可消费性。例如，我们可以反复读一本书，书中的知识并不会因此而改变或消失，在读书的过程中，我们通过思考还可以产生更多新的知识。而且，同一知识不因为其载体的改变而改变。知识无论是记录在书本、计算机上，还是互联网中，都是一样的，与载体的物理特征没有任何关系。

3.1.2 知识的交换价值

与物一样，知识也具有交换价值。物的交换价值表现为其使用价值与另一种物的使用价值交换的量的关系或比例，这个比例随时间和地点的不同而不断改变。但知识是不能用数量来衡量的，只能按照其成果来评定，其交换价值很少会表现为"量"的关系或比例。也就是说，知识的交换价值不依赖于知识的"量"，而取决于"质"。知识的"质"包含了获得某种知识的难度、获得某种知识的时间，以及人们对这种知识的需求和认识程度。

知识的交换价值不仅体现在组织的无形资产，如品牌、商标、专利等的交易过程中，也体现在知识商品的交易过程中。而且，交换价值与无形资产或知识商品中的知识含量（指知识质量）密切相关。例如，国际先进水平的专利技术，其交换价值要比国内领先的专利技术高；软件产品属于知识商品，复杂的管理信息系统（MIS）软件显然要比一个单项的MIS软件包有更加复杂的知识，能解决更多的问题，交换价值自然也高得多。

另外，知识的交换价值也体现在实体的交换中，个体对同一实体形成的不同认识会导致交换价值的不同。例如，某人家中有一件古董花瓶，他以50元的价格卖给了别人。

买花瓶的人对古董有一定的认识，又将这花瓶以500元的价格卖给了一个古董商。而古董商则以5万元的价格卖给了一个古董收藏家。同样一件花瓶，三次转卖的价格大相径庭，这是商品交换的价值规律所无法解释的。归根到底，是各人对花瓶价值的认识不同导致的，形成了不同的"知识"。谁掌握了这种知识，在实体的交换过程中就可以产生超值的"价值"，这种"价值"是由"知识"的差异所产生的。

市场对知识的需求程度也是影响知识交换价值的重要原因。类似于商品在交换环境中市场需求与交换价值的关系，在一个对某种知识有需求的环境中，显然其交换价值与需求程度成正比。在商品经济中，知识也是一种具有交换价值的商品。

3.1.3 知识的价值

知识本身不具有任何效用，知识的价值是以其使用价值为前提的，如果知识不能在使用过程中表现出使用价值，则其价值就没有任何意义。与马克思在《资本论》中阐述的物的价值一样，知识的价值也"只是无差别的人类劳动的单纯凝结"。人在获取知识、产生知识、转化知识、传递知识和应用知识的过程中，都需要付出劳动。这种劳动不同于生产实体商品所付出的体力劳动，它是一种通过大脑而进行的科学探索、知识吸收、知识创新等精神层面上的"心智"劳动。

如同在政治经济学中，商品的价值量取决于生产商品的平均社会必要劳动时间一样，知识的价值也含有人类"心智"劳动的时间，它包括知识获取的时间(包括接受教育的时间)、知识活动或知识创新的时间(思考、推理、想象，显性知识与隐性知识相互转化的时间)、形成知识资产的时间(包括个人知识资产和组织知识资产形成的时间)等。例如，核物理方面的知识价值十分高，这包括了要成为一个核物理学专家所受的教育费用、获得新的知识所需要实验设备的费用，以及形成新知识的时间等。

无论是个人还是组织，知识的获取是有成本的。知识是一种商品，人们要获得它，必须要付出代价，这些代价就是知识获得的成本，它包括金钱、时间、精力、创造性思考等资源。知识的价值还体现在它是一种认知资本(cognitive capital)，它的发展涉及如何创造智力资产(intellectual assets)。

综上所述，知识具有与物一样的使用价值、交换价值和价值。它们是知识资本形成的基础，也是组织知识资本运营的主要元素。

3.1.4 知识价值的体现

实体商品是人类抽象劳动的结晶，它的价值量由生产商品时所需要的平均社会必要劳动时间来决定。生产某种实体商品需要投入的社会必要劳动时间越多，则该商品的价值越高。知识的价值也一样，与所需的社会平均"心智"劳动时间成正比。但是，知识的应用可以节约生产商品的平均社会必要劳动时间，从而降低生产成本，使商品的价值降低。例如，在古代，铁是非常昂贵的商品，随着冶炼技术的提高，冶铁所需的社会必要劳动时间减少，铁的价值大大降低。这体现了知识对生产力发展的促进作用，也说明了知识的价值与实体商品价值有一定的内在联系。知识的价值主要体现在以下四个方面。

1. 提高实体商品的生产效率

邓小平同志说过，科学技术是第一生产力。应用科学技术知识，可以有效降低实体商品生产过程所需的平均社会必要劳动时间，在一定时间内能比原先生产更多的商品。这是第一种知识价值，也就是说，知识通过提高实体商品的生产效率，降低单位商品的价值而提高整个系统的价值，从而获得更多的、可量化的货币价值。知识转化为生产力，提高了商品的生产效率，从而为企业创造价值，这就是知识价值的体现。

2. 增加实体商品的知识含量

实体商品的价值所包含的人类抽象的劳动，不仅包括平均付出的社会必要体力劳动时间，也包括人类付出的脑力劳动时间。古典经济学强调的是人的体力劳动付出，而现代经济学则强调人的脑力劳动付出。脑力劳动付出体现在商品的知识含量，商品中的知识含量(质量)越高，其价值必然也高。例如，硅是地球上最多的一种物质，从沙子中提炼出硅，并制成电脑芯片，这个过程需要大量的科学知识，这些科学知识就包含着人类艰苦的脑力劳动，而生产芯片的体力劳动时间几乎可以忽略不计。因此，电脑的价值大多数包含了科学知识的价值。这是第二种知识价值，即通过将知识固化到实体商品中去，提高其知识含量来增加价值。这种知识的价值也是通过实体商品体现出来的，不同的是，它是增加每一个实体商品的知识含量，而不是提高生产效率。

3. 形成各种知识商品

前面所说的两种价值体现，都是以实体商品为载体的。知识本身由于凝结了大量的脑力劳动时间而具有价值，因此，可以将知识的价值制成知识商品。实体商品是人类消耗“实体资源”的生产活动结果，而知识商品就是以知识为生产资源的一种知识密集型商品，它已经没有实体商品生产所需耗费的体力劳动，也就是说，它不能从这方面产生价值。

如果某种知识不是用来提高生产效率，或者增加实体商品的知识含量，而是直接进入交换领域，那么这种知识就转化成特定的“知识商品”。例如，我们常见的各种商业软件(ERP 软件、操作系统软件等)就是一种知识商品。还有，作为商品进行交换以获得货币价值的各种创意、思想都属于知识商品，例如各种广告创意。这是第三种知识价值，这种体现知识价值的途径完全是知识商品的本身。

知识商品与实体商品都属于商品的概念，但二者存在着不同之处。知识商品的价值来自于脑力的、心智的劳动，它与物理的实体商品有着本质的区别。因此，知识商品的使用价值和交换价值都与实体商品有很大不同。

知识商品属于概念系统的范围，不依赖其物理形态而存在，与其载体的使用价值无关，其价值只能体现在交换价值中，而不能体现在使用价值中。因此，传统的经济学理论很难解释知识商品的一系列问题。例如，商品的定价问题，实体商品可以按照“成本(可变成本＋固定成本)＋利润”的方法确定其价格，而知识商品则只能按所包含知识的价值和市场需求程度来确定价格。软件商品的定价就是一个典型的例子，它不能按一般的商品定价方法来定价。另外，在知识商品的营销中，还要考虑顾客对知识商品的使用价值和交换价值的差异性来进行差异定价。例如，互联网上有的软件可以免费下载使用，而有的则需要付钱。

4. 进行知识资本的投资

上述三种体现知识价值或知识力量的方式，都必须通过商品的交换来实现，离开商品交换，则知识的价值毫无意义。除此以外，知识价值的体现还有第四种方式——将知识作为资本进行投资，从而体现知识的价值。如企业进行信息技术(IT)投资、员工培训与开发(T&D)投资、客户关系管理(CRM)投资、知识管理(KM)投资等。在知识经济时代，人们对价值的衡量还是以货币为基础，因此，知识的价值是永恒的，只是价值的产生由体力劳动转移到脑力劳动，由实体系统转移到概念系统，由工业经济转移到知识经济。

综上所述，知识价值体现为：提高实体商品的生产效率；增加实体商品的知识含量；形成各种知识商品和进行知识资本的投资，组织通过商品交换和进行资本运作可以实现知识的价值。

3.2 知识资产与知识资本

3.2.1 什么是知识资产

组织进行知识管理，本质上就是把知识当作“资产”来管理，同时把知识当作“资本”来经营。通过知识资产的管理和知识资本的运营，为组织带来整体效益，创造价值，并实现组织价值最大化。

美国财务会计准则委员会(Financial Accounting Standard Board，FASB)对资产的定义是：“由于以往交易被某一企业取得或控制的，使企业可能获得未来经济效益的资源。”资产是物化的货币，是一种能为组织创造价值，带来经济效益的资源。我们在考察某件物品的实际价值时，通常可以用等量的货币来衡量。此时，物品的所有者就相当于拥有了等量的货币。这种包含有货币价值的实物，我们就称为资产(asset)。组织拥有了某种资产，就相当于拥有与该资产等价的货币。

由于知识具有价值，能为组织带来经济收益，因此知识也是组织的一种资产。迈克尔·波兰尼把知识划分为显性知识和隐性知识，相应的，知识资产也表现为显性知识资产(explicit knowledge assets)和隐性知识资产(tacit knowledge assets)。显性知识资产可以被个人、群体或组织拥有，组织或企业所拥有的知识资产，称为组织知识资产(organizational knowledge assets)或智力结构资产(intellectual structure assets)，属于组织固定的资产；而隐性知识资产则是存在于个人的大脑中，称为个人知识资产(individual knowledge assets)或人力资产(human assets)，属于组织流动的资产。组织雇用员工时，其头脑中的个人知识资产就成为组织知识资产的组成部分，当员工离开组织时，这部分资产也随之而流失。

图3-1描述了知识拥有者的知识扮演的三个角色：个人知识、个人知识资产、人力资产，它们是同一个主体的同一样东西，有显性与隐性之分。主体将知识表达出来，例如与他人共享，这是一种非营利的行为；而通过商业的交易或投资活动，又可以将知识体现在货币价值上，分别形成组织知识资产和企业知识资本。

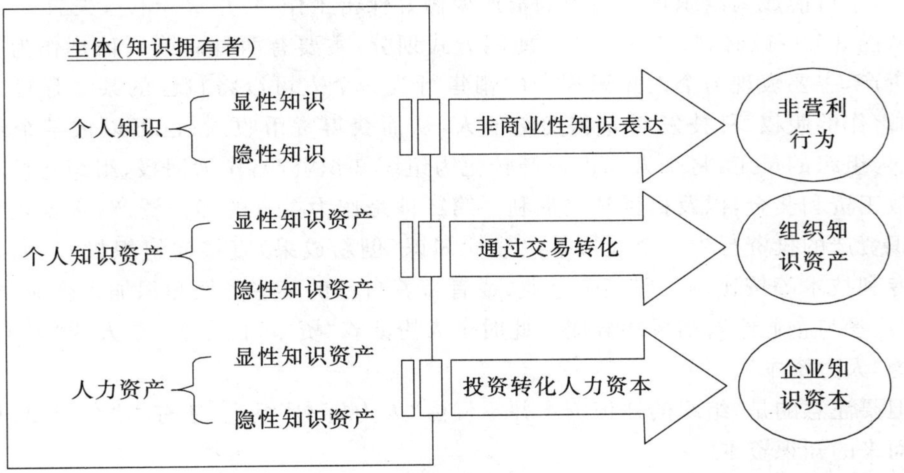

图3-1 知识资产的概念示意

Michael Zack(1999)认为，作为资产的知识可以被划分为三种类型：创新知识、高级知识和核心知识。

1. 创新知识

所谓创新知识(innovative knowledge)，是指个人通过各种知识活动而产生出来的新知识。随着时间的推移，这种知识将朝着两个方向变化。其一，从个人知识向外扩散成为社会知识或常识；其二，成为组织的高级知识，并进一步转化成核心知识。创新知识有三个基本的特点：知识具有明显的创新性；可通过组织向整个行业扩散；可改变组织内的某些规则。

2. 高级知识

由个人的创新知识转化成组织拥有的、规范的、成熟的、可应用的知识，称为高级知识(advanced knowledge)。这些知识能为组织的生存与发展提供某种应用，在市场竞争和顾客方面都表现出一定的竞争力，而且让组织形成了与竞争对手的差异性。

3. 核心知识

那些具有本组织独特性，而竞争对手不具有或难以模仿的知识，构成了核心知识(core knowledge)。这些知识可以帮助组织树立行业壁垒，限制潜在的进入者，因此，核心知识是组织的立足之本，是组织核心竞争力的来源。

组织在知识管理过程中要正确区分这三种知识资产，并采用不同的方法来管理这些知识资产，同时也要注意三个问题：构建良好的知识环境和组织文化，鼓励员工进行知识创新；在创新知识向外扩散之前，提取这些个人知识并转变成组织知识，实行知识共享；对于可能成为组织核心知识的资产要做好保密工作，防止资产的流失。

从图 3-1 可以看到，知识资产按使用方式划分，主要有两种。第一种是作为交易的知识资产，主要表现为个人知识资产的销售行为。个人可以将自己的某些显性知识资产，如著作的版权、科技发明专利卖给他人，从而获得货币收入；也可以被某个组织雇用，成为组织的员工，将个人知识资产转化为组织知识资产，作为回报，组织将按时给个人发放工资和奖金，以及提供某些福利。第二种是作为投资的知识资产，主要表现为个人知识资产的投资行为。个人将某些显性知识(创新成果)直接向组织投资，如以某项发明专利技术等按比例入股某个企业；或者带着自己的某些隐性知识加入企业，成为股东，直接参与企业经营结果的分成。此时个人扮演着“资本”的角色，个人的“人力资产”转化为“人力资本”。

但要注意的是，组织的知识资本并不仅由“人力资本”组成，还有由“组织知识资产”转化而来的知识资本。

3.2.2 什么是知识资本

资本(capital)是指投入到商品生产、流通过程中的货币。资本通常是以货币形式存在的，称为“货币资本”。同样是货币，它可能是资本，也可能不是资本。如果人们投入货币，目的是为了能够从商品生产或流通过程获得所期望的“经济剩余”或“剩余价值”，即更多的货币，则所投入的货币属于货币资本。反之，货币如果只是作为商品交易的回报而给人们带来收益，则属于货币资金。因此，我们要正确区分“资金”和“资本”的概念。

知识和货币一样,能带来收益,其方式有两种。其一是作为商品(知识价值第三种体现方式——形成各种知识商品)进入交换领域,以此获得交易收益。如为某个企业开发的CRM软件,能获得该企业支付的一定量货币。其二是以"分配契约"进入组织,为了获得组织的"经济剩余分配",这种带来收益的知识才是"资本"。

在知识经济时代,知识如货币一样通过"运动"为组织带来更多的货币,成为一种不同于"货币资本"的新资本形式,这就是知识资本。知识资本(knowledge capital)是指将个人知识资产或组织知识资产以分配契约的方式投资到组织中去,目的是通过知识资产向知识资本的转化来获得这项投资的经济剩余分配权。进行投资的知识资本,按来源不同可以分为两种:来自于个人知识资产转化的称为个人知识资本或人力资本;由组织知识资产转化而来的称为组织知识资本。

知识资本是由知识资产转化而来的,而知识资产又是由知识转化来的。知识、知识资产、知识资本是三位一体的,彼此是相辅相成的关系。

当知识资产进入经济领域时,如果将其作为一种获得"经济剩余分配"的投资,这时知识资产就成为了知识资本;如果将其作为商品进行交易,那么主体只能获得交易价值。知识只有转化为知识资本后(即知识价值的第四种体现方式——进行知识资本的投资),才能为所有者带来巨大的收益,而知识资产所带来的交易价值则是非常有限的。

组织知识资本来源于组织知识资产和人力资产,前者转化而来的知识资本是组织的固定资本,后者转化而来的知识资本会随着员工离开组织而流失。知识管理的任务之一,就是要留住这些人力资产,并使之为组织提供尽可能多的、显性的、结构化的组织知识资产,成为组织固定的知识资本。与个人知识资本一样,组织知识资产也能带来两个方面的收益。第一,作为资本进行经营,例如按一定股份比例与其他企业合资、合股。第二,直接投入到商品交换领域,将组织知识资产作为交易商品来获得收益,例如,技术贸易、专利贸易等。

总而言之,组织从员工中获得知识资产,可以通过四个途径获得收益或创造价值。其一是提高生产率,其二是将知识融入实体商品,增加其知识含量,其三是形成知识商品,其四是进行知识资本的运营。

3.2.3 知识资产到知识资本的转化因素

人类通过接受教育、自我学习、生活实践等活动,会产生出许多个人知识,从而形成个人知识资产或人力资产。然而,并不是所有的个人知识资产都可以变成人力资本。个人的知识仅仅是一种人力资产,如果没有利用这些知识去投资,就不能称为获得价值的"资本"。如何将个人的人力资产转化为人力资本,是知识管理中的一个重要问题。

影响知识资产转化为知识资本的因素有三个:社会需求因素、个人需求因素和知识环境因素。

1. 社会需求因素

社会对知识的认可程度和需求程度是知识资产转变成知识资本的一种驱动力。许多个人知识在没有社会需求之前是不能成为一种人力资本的。这时,个人知识是客观存在的,但却因为社会对这种知识并没有需求而不被认可。历史上许多杰出的人,当他们创造出新的知识时,并没有受到人们的关注,甚至被否定和嘲笑。但随着社会和生产力的发展,某些曾经不为人们所重视的知识变得身价百倍。当爱因斯坦刚提出"相对论"时,被社会当成一种笑话,然而历经百年以后,就成为世人所推崇的科学理论。

社会的发展历史中,从农业文明到工业文明,从信息经济到知识经济,知识已经成为了一种生产力,整个社会对知识的需求与日俱增。例如,信息技术的应用,使社会、企业急需软件精英;商业竞争激烈,使企业急需经营管理的人才。

然而,社会需求也决定于每一个人所拥有的个人知识、人力资产的市场价值。当知识的市场价值通过交换或投资体现出来,社会也就产生对这种知识的需求,从而促进知识资产转化为知识资本。

2. 个人需求因素

即使社会对知识有需求,如果知识的拥有者不愿意将知识拿出来共享,也不能成为人力资本。因此,个人需要也是知识资本转化的前提。古今中外,许多知识渊博的学者,在科学研究上有创造性的突破,但却"不为三斗米折腰",不将自己的知识拿出来获得个人收益。这种学术知识,仅仅是个人的知识资产,只有将知识"投资"应用于商业领域,创造价值,才能成为人力资本。在商品经济高度发达的今天,知识的获利能力让绝大部分的人都想将其投资于某个领域,以获得更多的货币。但是,过度功利性已使许多知识拥有者将知识私有化,仅仅把知识作为获利的工具,忘记了知识共享,忘记了应有的社会责任。这也是组织知识管理所面临的一个重要难题。

3. 知识环境因素

如果社会有需求,知识拥有者也愿意将自己的知识进行投资,但社会和组织缺乏引导知识投资的知识环境和组织文化,那么也不能形成知识资本。通常人力资产要在一种宽松的组织环境下,在某些激励机制下才能转变成人力资本。知识环境是形成知识资本的关键因素。组织需要创造一种知识环境,在这种环境里,员工可以并愿意进行知识共享,将自己的个人知识贡献给组织,形成组织的知识资产,最终转化为组织的知识资本。

社会需求是知识资产转化为知识资本的大环境因素,个人需求是其前提条件。在具备两者的情况下,组织内的知识环境是知识资本形成的驱动因素。这个过程是一个非线性的,充满动态复杂性的过程,知识资本的形成能为组织带来巨大的收益。

3.2.4 知识资产运作方式

马克思在阐述“资本”时表示：G—W—GD，其中G代表货币，W代表商品，D代表货币增值的部分，可简化为G—GD，这表示货币资本是能通过投资带来价值的价值。但是，知识只是一种商品，不可能独立成为资本的一种形式，它不能代替货币G，而只能代替商品W的位置。知识资本的运动表示为G—K—GD或KG—GD，而不能表示为K—W—K或K—W—GD等。知识资本的运动有个人运作和组织运作两种方式。

1. 个人运作

知识最初产生于个人的头脑中，因此，根据知识价值体现的方式，知识最终获取价值的途径或运动方式如下。

- 个人知识→个人知识资产（人力资产）→实体商品→货币价值
- 个人知识→个人知识资产（人力资产）→知识商品→货币价值
- 个人知识→个人知识资产（人力资产）→个人知识资本（人力资本）→货币价值

第一种方式是将个人知识融入实体商品，通过商品的销售获得货币收益。例如，通过对产品开发和创新，增加实体商品的知识含量。

第二种方式是将个人知识形成知识商品出售而获得收益。例如，自己开发软件产品，出售给其他个人或组织。

第三种方式是将个人知识以个人投资的形式获得收益。例如，自己创办公司。

2. 组织运作

组织通过知识管理将知识员工头脑中的个人知识资产先转变成组织的知识资产，然后组织知识资产再通过以下三种途径为组织创造价值。

- 个人知识→个人知识资产（人力资产）→组织知识资产→实体商品→货币价值
- 个人知识→个人知识资产（人力资产）→组织知识资产→知识商品→货币价值
- 个人知识→个人知识资产（人力资产）→组织知识资产→组织知识资本→货币价值

第一种方式是组织的知识员工进行科技创新活动，例如新产品或新技术的研发，这些创新知识融入实体商品生产过程或实体商品中，创新的产品为组织带来经济收益。

第二种方式是组织将知识员工的个人知识资产转化成组织知识资产，然后进行知识商品的生产和销售。例如，部分软件公司提供高薪厚职，吸引知识员工将其专业知识贡献给公司的知识库；国外的一些管理咨询公司，高薪招聘人才，借助他们丰富的管理经验为企业提供管理培训、解决方案等。

第三种方式是进行组织知识资本的投资。这种投资有两种类型：其一，个人以知识入股的形式参与组织经营管理；其二，组织获取知识员工的个人知识资产后，转化成组织的知识资产，然后进行资本运营。

上述知识资产的个人运作方式与组织运作方式，与货币资本的运作方式有本质的不同。除此以外，其他的运作方式还包括合作与兼并、通过许可获得知识使用权等。

3.3 组织知识资本的构成

按来源不同，知识资本分为两种：由个人知识资产转化的个人知识资本和由组织知识资产转化而来的组织知识资本。其中，组织知识资本又有两种基本类型：一种是组织人力资本，另一种是由组织知识资产转化来的组织智力资本。

3.3.1 知识资本构成的研究

目前，国内外专家对知识资本的构成进行了各种研究，也提出了各式各样的理论，其中具有代表性的理论包括以下几种。

(1) 埃德文森和沙利文(1996)将企业的知识资本分为人力资源(human resource)和结构性资本(structural capital)两部分。其中，人力资源是指企业中所有与人的因素有关的方面，包括企业的所有者、员工、合伙人、供应商以及所有将自己各种知识和技能带到企业的个人。结构性资本是指不依赖于企业的人力资源而存在的组织及其他所有能力，它包括有形的和无形的因素。在结构性资本中，知识资产是其中的重要组成部分，知识资产是编码的、有形的或者是具有物质表现形式的专门知识。在知识资产向市场价值转化的过程中，企业的分销网络、供应网络、服务力量和组织外部能力等经营性资产，是知识资产获得价值和实现价值增值的重要途径。知识资本的构成可表示如下：

知识资本＝人力资源(未编码知识)＋结构性资本(已编码的知识资产和经营性资产)

(2) 斯威比(1996)则将知识资本分为雇员能力(employee capability)、内部结构(inter structure)和外部结构(extra structure)三部分。内部结构为雇员知识技能在组织内的传递提供支持，而外部结构则保证企业知识资本的最大化。他将人力资本仅局限于企业内部的员工能力，而未扩及顾客、供应商等方面，同时将结构性资本明确区分为内部结构资本和外部结构资本，从而更为明晰、简洁，具有较强的可操作性。

(3) 斯图尔特(1997)提出知识资本的H-SC结构。他指出知识资本的价值体现在人力资本(human capital)、结构性资本(structural capital)和顾客资本(customer capital)三者之中。人力资本是指企业员工所具有的各种潜在的技能和知识，是企业知识资本的重要基础。结构性资本是由企业组织结构制度规范、组织文化等形成的资产。而顾客资本则指市场营销渠道、顾客忠诚、企业信誉等经营性资产。人力资本、结构性资本、顾客资本三者相互作用，共同推动企业知识资本的增值与实现。

(4) 申明(1998)将企业的知识资本分为四个部分：市场资产、知识产权资产、人力资产和组织管理资产。市场资产是企业知识资本的第一要素，是指企业通过其所拥有的与市场相关联的无形资产而可能获得的潜在利益的总和。知识产权资产包括生产技术原理、商业秘密、版权、专利权以及一些设计的专有权和服务标识。人力资产是指企业的员工所有的技术专长、能力、团队精神和特定环境下的心理素质。组织管理资产是指企业所采用的技术、工艺、生产流程及管理方法等使企业组织本身运转自如的因素。

(5) 马艳、王宏伟、朱晓(2001)在借鉴国内外的研究成果的基础上，按照知识资本的结构和功能特点把知识资本构成划分为两大类型、四个层次。两大类型是指知识资本由人力资本和结构性资本构成。其中，人力资本是指未编码的知识，结构性资本包括已编码的知识产权资本、组织管理资本和市场资本。用公式表示就是：

知识资本＝人力资本(未编码的知识)＋结构性资本(已编码的知识产权资本、组织管理资本和市场资本)

四个层次是指根据知识资本的各个组成部分的功能不同，把知识资本划分为核心层、基础层、中间层和外围层四个层次。人力资本处于核心层，知识产权资本处于基础层，组织管理资本处于中间层，市场资本处于外围层。

3.3.2 组织人力资本

人力资本是由存在于大脑中的个人知识资产转化而来的资本。所谓组织人力资本(organizational human capital)，是指知识拥有者投资到组织中作为一定入股资本，并按股本比例参与组织经营结果剩余分配的人力资产。例如，湖南袁隆平农业高科技股份有限公司是我国在企业中建立人力资本股制度的代表。袁隆平院士拥有该公司的250万股份，占公司股本的5%，这250万股不是袁隆平院士的货币投资，而是他的人力资本投资，是他所拥有的技术创新能力和“袁隆平”品牌的价值体现。

组织知识员工的各种专业技能、创新思维、组织管理能力、经验等是组织人力资本的核心，也是组织进行知识管理的重点。个人要获得各种知识资产，必须投入金钱或精力，如接受教育、培训等的费用，以及学习和实践过程中的大量劳动。因此，组织根据契约关系，给予员工收入和满足的同时，要将其人力资本导入组织，使之带来的效益最大化。有效的知识管理能使组织人力资本更好地发挥效益，为组织带来更多的价值，反之，则会浪费资源，甚至导致这部分人力资本的流失。在知识管理中对人力资本实施好的管理是十分必要的，但要注意如下要点。

1. 保持人力资本健康

人力资本存在于人的大脑中，健康的身体，能让员工的大脑更清醒，更精力充沛地进行工作和学习。员工的健康对组织收益的影响包括两个方面：一方面，增加单位时间完成的工作量和知识产出；另一方面，延长人力资本使用期而获得长远收益，健康长寿的员工能延长工作的年限。

对于组织来说，组织人力资本的健康是十分重要的。组织在雇用知识员工时，也产生了大量的时间成本、货币成本，而且不断地为员工的成长提供各种培训和学习机会。员工在这样的环境下，大脑中形成了许多隐性知识，这些隐性知识能成为组织的知识资产。因此，保持员工的身体健康，是加速人力资本向组织的智力结构资本转化，延长人力资本使用时间的关键要素之一，它是组织的价值源泉。

2. 防止人力资本流失

知识员工的个人知识资产为形成组织的知识资本或组织的智力资本提供了可能性。依契约关系进入组织的知识资本较难流动，但雇佣关系的个人知识资产具有个人属性，容易随知识所有者的流动而流动。这需要组织加强知识管理，防止人力资本的流失。

传统工业经济时代，如果员工离开组织，组织可以在劳动力市场上购买到同样的劳动力。然而，知识经济的今天，在以知识为运营资本的组织中，知识员工离开组织就意味着组织的资产流失。许多组织都感受到了员工频繁流动所带来的巨大的压力，所以组织应该重视对员工的流动性管理。

首先，组织要认识到人力资本流动的必要性。这种必要性是由行业间的差别和地域间的差别所决定的。例如，高级知识人才必然向高收入的行业迁移或流动；软件工程师在北美和在中国的待遇差异也会导致人才的跨地域流动。

其次，组织要靠管理留住人才。同一行业内仍然有许多差别造成人才的流动，但根本上是管理的差别所造成的，导致人才从管理不好的组织向管理好的组织流动。特别是对于知识型企业，员工离开不仅带走自己的知识资产，而且带走企业的客户资源、技术资料等。目前中国一些著名的 IT 企业，出现大幅度的高级人才流动，这对企业来说是重大的损失。要尽可能地减少知识员工的流动，必须靠先进的管理和良好的组织文化，特别是有效的知识管理，来提高员工对组织的忠诚度。

3.3.3 组织智力资本

组织知识资本的另一个部分是组织智力资本(organizational intellectual capital)，即由组织知识资产转化而来的资本形式。组织雇用知识员工，他们给组织带来了个人知识资产(也可称为个人智力资产，包括显性和隐性的知识)。组织知识管理的重要任务之一，就是将知识员工头脑中的个人知识显性化，把其知识资产转变为组织知识资产(这是显性化的智力资产，也可称为组织智力资产)。通过将这些资产投入资本市场或进行合资、合股等,进一步转变为组织智力资本,参见图 3-2。

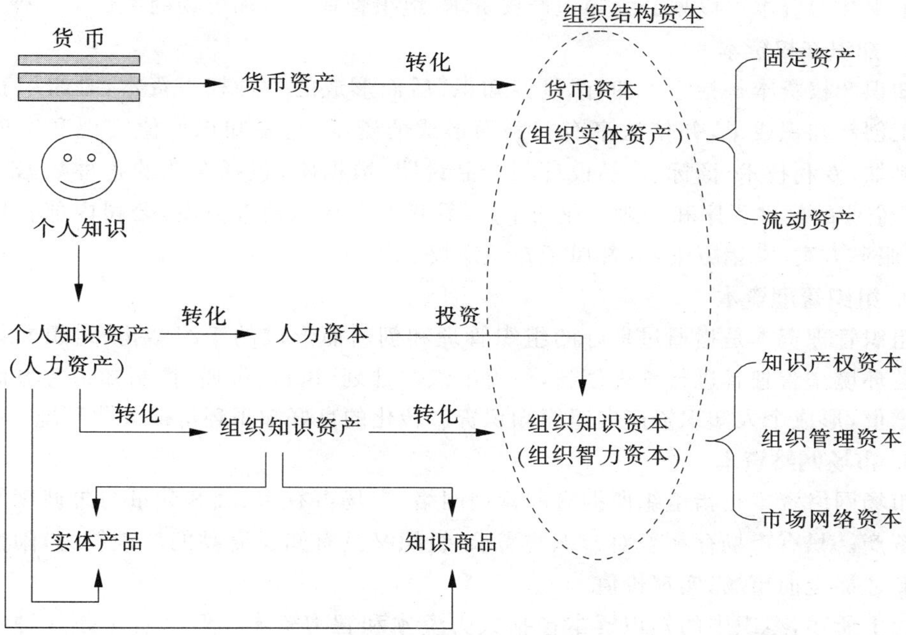

图 3-2　组织中各种资本的关系示意

个人的知识资产形成后,如果不进行知识共享,成为组织或社会的知识资本,就不能成为社会的财富,就不能成为组织的生产力。例如,科学家的发明创造是世界原来没有的个人知识,这种个人知识通过共享成为了全人类的知识,从而推动了人类社会的发展。

如何自觉地、有目的地让员工贡献个人知识,让这种个人知识资产转化成组织知识资产,进而成为组织知识资本,并通过商业运营,增进组织价值,成为组织知识管理的重要任务之一。因此,组织在知识管理的过程中,最重要的就是形成一个良好的知识环境和组织文化,使员工在软性的管理中将自己的知识奉献给组织,让组织获得价值。

组织中的结构资本有两种:"货币资本"和"智力资本"。前者是传统管理的重点,后者则是知识型组织管理的重点。21 世纪的组织管理要两者兼顾,两手抓,两手都要硬。

货币资本来自组织的货币投资,它代表着固定资产、流动资产等组织实体资产。例如,企业的生产设施、组织设施、办公环境等。货币资本是组织人力资本和智力资本的发展基础,有了货币资本,组织才能提供良好的条件,促进组织知识资本的形成。

组织智力资本也是一种结构资本——"组织智力结构资本",它是由组织知识资产转化而来的一种知识资本,代表着组织的"无形"资产,或虚拟资产转化来的"资本"

形式。

组织智力资本可以划分为知识产权资本、组织管理资本和市场网络资本三种形式。

1. 知识产权资本

知识产权资本是指组织拥有“显性知识”后而形成的一种权力资本，是组织获取知识员工创新知识成果，并依法享有权利而形成的资本，它是知识价值实现和增值的结果。例如，专利技术、商标、产品设计与产品说明、数据库（包括企业的各种数据库）、程序（IT 企业的软件程序和一般企业的生产、管理的程序）、商业方案（公司内部各种产品方案、服务方案、营销方案）等都属于知识产权。

2. 组织管理资本

组织管理资本是指通过良好的组织管理和创新而形成的组织结构、组织文化与组织经营环境。管理者进行管理创新，使得组织在计划、执行、传递、控制知识等方面带来资本增值，形成个人知识资产向组织知识资产转化的良好知识环境或文化环境。

3. 市场网络资本

市场网络资本是指组织所拥有的营销网络、市场占有率、顾客数量与忠诚度等市场无形资产。只有市场存在着对知识的需求，组织又具有知识商品的营销能力，隐性知识的创新才能走向市场，实现价值。

综上所述，组织中的知识资本包括人力资本和智力资本。智力资本是一种结构资本，包括知识产权资本、组织管理资本、市场网络资本。各种资本的关系如图 3-3 所示。

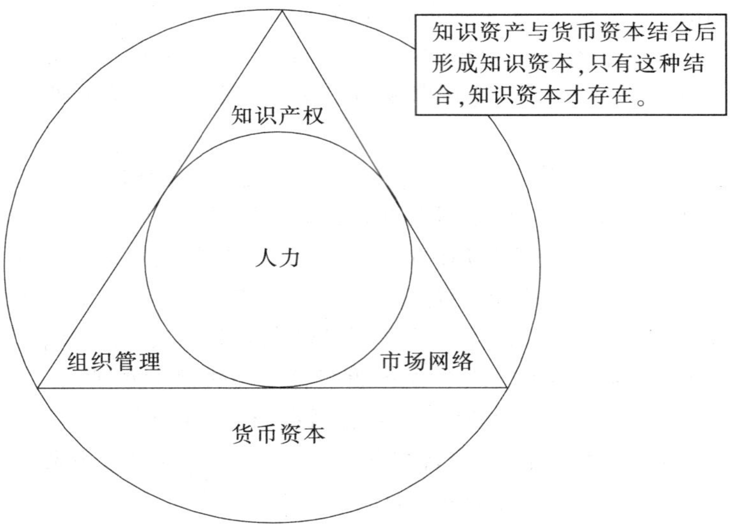

图 3-3　组织知识资本的存在

图 3-3 明确了以下四个基本问题。

(1) 组织中存在的知识资产只有与货币资本结合后,才有可能从"资产"形式转化为"资本"形式。

(2) 组织中知识资产或知识资本的核心是人力资产或人力资本,这是其他智力资产或智力资本存在的前提。

(3) 知识员工是知识管理的核心,组织中智力资产是知识管理的结果,是知识管理系统的输出集。

(4) 组织管理各项职能是组织管理资产或资本形成的关键。

组织的知识管理通过将知识资产进行投资,并结合货币资本产生全新的组织资本形式,能为组织带来巨大的价值。这种价值与组织给予员工个人的报酬的差距是巨大的,组织管理者不应该像工业经济时代的资本家那样剥削员工,而要进行软性宽松的"人性化"管理,激励员工为组织贡献知识,才能获得"超额价值"。

3.3.4 组织知识价值链

组织知识资本包括人力资本和智力资本两种基本的构成元素。组织知识管理要将这两种资本进行运营,使组织形成一条重要的知识价值链,让知识真正成为组织生产力和发展的驱动力,最终达到组织价值的最大化,参见图 3-4。

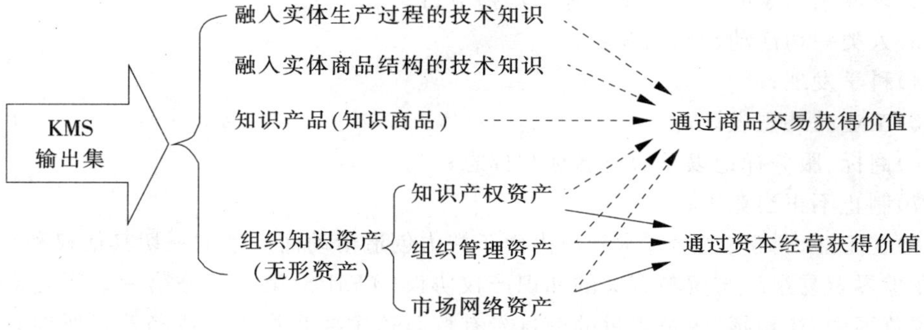

图 3-4　知识管理系统输出的价值链

图 3-4 反映了 KMS 输出所产生价值的各种途径,每条途径都是一条价值链。KMS 输出的内容可以通过两个途径获取货币价值,其一是商品交易,其二是资本经营。输出集包括四个部分:提高生产效率的技术知识;提高知识密集型实体商品知识含量的技术知识;知识商品(知识密集型的虚拟产品);组织知识资产。

3.4 组织智力资本的运营

组织可以通过对知识产权资本、组织管理资本、市场网络资本这三种基本的组织智力资本进行运营来获得更多的价值。

3.4.1 知识产权资本

知识产权资本是由知识产权资产转化而来的，是组织智力结构资本之一。所谓知识产权资本，是指组织集体拥有某些独特的"显性知识"后形成的一种权力资本。

1. 知识产权的类型

知识产权(intellectual property)是指受到国家法律保护的知识资产，包括专利、版权、商标、商业秘密等，是在科学技术、文化领域从事创造性智力活动的精神财富。知识产权的内容是组织从知识员工的创造性活动中获得的知识资产，是各种显性知识和隐性知识在员工大脑中相互转化的结果。

根据《世界知识产权组织公约》第二条规定，"知识产权"包括下列各项有关权利：

(1)文学、艺术和科学作品；

(2)表演艺术家的表演以及唱片和广播节目；

(3)人类一切活动领域的发明；

(4)科学发现；

(5)工业品外观设计；

(6)商标、服务标记以及商业名称和标志；

(7)制止不正当竞争；

(8)在工业、科学、文学艺术领域内由于智力创造活动而产生的一切其他权利。

在世界贸易组织与贸易有关的知识产权协议(TRIPS)第一部分第一条所规定的知识产权范围中，还包括"未披露过的信息专有权"，这主要是指工商业经营者所拥有的经营秘密和技术秘密等商业秘密。此外，该协议还把"集成电路布图设计权"列为知识产权的范围。

随着科学技术的迅速发展，知识产权保护对象的范围不断扩大，不断涌现新型的智力成果，如计算机软件，生物工程技术，遗传基因技术，植物新品种等，也是当今世界各国所公认的知识产权的保护对象。

各种知识在员工的大脑中产生后，如果不具有商业价值的属性，不进入商品交换领域，就无所谓法律所授予的"产权"问题。赋予法律保护的知识产权，其知识实际上是一种商品，可以通过不同的方式（如融入实体商品、制成知识商品或转变成资本）投入市场进行交换活动来获得收益。知识产权就是通过法律手段保护知识所有者的这种权益。

2. 知识产权制度

（1）专利制度

专利（patent）是指发明创造者受法律保护的专有经济利益，可分为发明专利、实用新型专利、外观设计专利等。保护专利的制度就是专利制度，它一方面用法律手段保护发明人应得的经济利益；另一方面也鼓励人们去发明创造，通过专利制度的保护而获得经济利益。

当组织出现了创新的技术知识，就要正式向专利局/商标局提交申请。异议期过后被批准通过的专利，必须在产品上用"专利×××号"来表示，声明该产品受专利保护。专利申请批准前，则应附有"待批准专利"的字样。专利保护期一般为10～20年，在有效期内，任何人或组织使用该项专利都必须经过专利所有人同意，并支付报酬。有效期过后，保护不得延续，专利公开化，使用不受限制。

（2）版权制度

版权（copyright）也称为著作权，是指法律保护的某项作品的署名权、修改权、使用权等，包括文化艺术版权和工业版权。它是以某种固定形态出现的，如小说、论文、各种书籍作品、图像、照片、音乐作品、影视作品、计算机软件程序、光盘等。版权制度就是保护这种知识产权在未经授权的情况下不得使用的方法，世界各国都有相关的版权法。

作者要保护自己的权益，防止侵权，就必须向版权局提交正式的申请。作品在以固定形式完成的当年，以"版权"字或符号来做出公告，并署上著作权所有者的名字。如果作品是某种音像制品如录音带、录像带、光盘等，一般应该在作品完成后的当年，用符号来公告作品的版权，并署上著作权所有者的姓名。

（3）商标制度

商标（trade mark）是指生产者或经营者在自己生产和销售的商品上打上标记，用以区别其他生产者和经营者的商品，它代表着商品的质量和商家的信誉。商标制度就是为了保护商标所有者的经济利益而制定的法律。

商标按是否在有关部门注册过分为注册商标和非注册商标。申请注册商标须经有关部门审批，凡符合国家《商标法》的品牌名称、公司名称、营销口号或服务标识等，就可获得商标权。未申请注册的商标不能获得商标权，不受法律保护。企业正式向专利局和商标局提出申请，在合理的公布期内，任何人对此表示异议均可提出申诉，如果此阶段中没有人表示异议或者这些持异议者本身不具优先权，则这项权利就得到了法律认可。企业可以用符号（registered的首写字母R）或者"注册商标"的字样，对产品和服务进行标注。注册商标的被保护的年限为10年，到期可以续展，续展注册期限也为10年，续展次数不限。但商标获得注册后，如果在两年内未被使用，在法律上则被认为是自动放弃，以后要使用这个商标必须重新申请。

3. 商业秘密

这类知识产权是双方在交易过程中，以合同的形式做出明确规定予以保护的。

技术秘密(know-how)是指组织生产经营中所使用的未公开、未申请专利的知识和技术，包括如图纸、文档、工艺流程、物料配方等显性知识，也包括技巧、诀窍等隐性知识。

经营秘密(trade secret)也称为商业机密，但它更强调的是管理技术秘密和营销技术秘密，包括组织的经营决策、管理方法、管理制度、财务管理、质量控制、营销策略与网络、客户信息等。

特许经营权也称为专营权、特许权。它有两种形式：政府授予的特许经营权和企业授予的特许经营权。

4. 知识产权战略

知识产权战略包括三个方面：知识产权获取、知识产权保护、持续知识创新。

(1) 知识产权获取

组织要达到自己的目标可以通过市场交易获得某项知识产权，也可以通过内部的研发和创新获得该项知识产权，根本目的就在于获得由此产生的市场价值。知识产权是一项重要的知识资产，它也是组织的收益来源。商标、品牌等知识产权是需要一定时间培育起来的，因此，在组织的战略中要考虑知识产权战略，两者是密切相关的。

(2) 知识产权保护

知识产权是一项无形资产，必须加以保护。但是，仿制或假冒、侵害或剽窃或退化会令组织失去知识产权。要保持竞争优势，组织在知识产权战略中就应该保护自己的智力资产，防止其流失。

组织可以通过市场措施、法律保护和持续创新来保护自己的知识产权。首先，要防止竞争者的仿制和假冒行为，需要对智力资产的构成、来源、商业化成本结构进行保密，这也是竞争者采取仿制和假冒行为所需要了解的内容。组织可以采取建立产品标准、准入壁垒(如技术或品牌壁垒)、定价约束(体现自身的成本优势)以及关系网络(保持与供应链成员的良好关系)来防止竞争对手对知识产权的侵害。其次，当组织的知识资产被侵害时，可以运用法律手段对自己的知识产权予以保护。最后，持续的创新能有效防止知识产权的退化。

(3) 持续知识创新

持续知识创新是指对智力资产不断升级更新，使其在行业内保持领先的地位。组织持续知识创新的基本措施包括以下几种。

- 渐进创新。不断增加产品的知识含量，从而使竞争者难以赶上。

- 产品改进。不断地进行产品更新换代,使竞争者来不及仿制和没有能力进入该领域。
- 成本优势。通过系列化产品或加工平台,使组织获得成本领先的优势。
- 重大创新。通过生产研发,将新技术应用于产品中,使产品的各种性能获得重大突破。

知识产权战略是企业战略的一个组成部分,它包括知识产权获取和保护的机制,而知识产权的获取主要是靠组织内部的知识管理系统中的创新活动。

5. 知识产权经营

善于利用知识产权信息的组织将获得更大的价值。知识产权是KMS中各种知识的转化,特别是隐性知识转化成显性知识的结果,它是组织的一种知识资产,只有通过将其如货币资本一样投入商业活动过程,为组织带来价值,才能转变为组织的知识资本。例如,代替货币资本作为入股的股份,从而按股份的比例获得货币收入。

知识产权的经营方式主要有两种。

(1) 通过商品交易而获得价值

这种方式既可以将知识产权融入实体商品或服务中,在实体商品或服务出售时,体现知识产权的价值,也可以把知识产权直接作为一种商品进行交换而获得价值,即知识产权的交易。例如,专利交易就是常见的一种知识产权交易。

(2) 将知识产权作为资本进行经营

世界上大多数国家的《公司法》已经把无形资产作为一种新的资本形式加以肯定。组织要对作为资本形式的知识产权进行经营,首先要对组织中的知识产权进行研究,对它进行合理的配置,形成一种资本经营的结构,然后通过以下三种主要方式进行投资。

① 将知识产权作为资本向另一个组织进行投资。例如,以股本的形式投资到一个企业中去,根据股本比例确定知识产权所有者享有的股东权利和义务。

② 将知识产权以资本和负债的形式进行投资。这是指知识产权所有者不但以知识产权作为出资的资本,还要向被投资的企业收取使用费。

③ 将知识产权向其他企业发放“特许经营权”,使用其知识产权的企业要向知识产权所有者支付使用费。例如,麦当劳出售其快餐连锁店的特许经营权。

除以上三种方式外,组织还可以根据自己的实际需要,通过创新产生出更多的知识产权资本经营的方式。

3.4.2 组织管理资本

组织管理资本是由组织管理资产转化而来的。组织管理资产是指组织实施良好的组织管理而形成的有效组织结构、运营方式、人才配置、管理体制、组织文化等知识资产，它是组织的一项宝贵资产。有价值的组织管理资产是一种成功的系统运营状态或运营模式，它包含了大量的创新活动，被视为 KMS 系统输出集的一个重要元素。

组织管理资产会因为组织管理过程的不同而产生价值差异。如果将整个公司出售或与其他公司合作，组织管理资产就会作为无形资产进行评估，而不同公司显示的价格会不一样。

与知识产权资产一样，组织管理资产也可作为一种商品进行交易，但以资本形式获得的价值远高于它作为商品时获得的价值。所以，要将组织管理资产转化成组织管理资本。组织管理资本是指将组织管理资产作为获得经济剩余分配权的投入，使组织获得这项投入带来的经济收益的资本，它完全取决于五项管理职能在组织实施的水平和管理创新水平。但是，将组织管理资产作为资本经营，远比将知识产权资产作为资本经营要难得多，因为这涉及整个组织的管理水平、组织架构、运营状态等一系列因素。

3.4.3 市场网络资本

市场网络资产是指组织拥有的市场份额、市场网络范围、市场网络容量、市场营销能力、市场品牌效应、市场信用度等要素在各种网络中的表现。这些网络以内容来分主要有营销网络、物流网络、信息网络、人才网络、客户网络、供应商网络、合作伙伴网络等。所谓市场网络资本，是指将组织市场网络资产作为获得经济剩余分配权的投入，使组织获得这项投入带来的经济收益的资本，是 KMS 的输出之一。

每一个组织都一定程度存在着市场网络资产，但只有经营管理良好的组织其市场网络资产才是优良的资产，才会带来巨大的价值。实际上，市场网络资产是组织与外部环境关系的体现。几乎所有公司都要面临投资者或股东、供应商、客户、竞争者、社会团体、金融界、政府部门、全球社会大环境这 8 种组织外的环境要素，企业是否与这些环境要素建立起良好的关系网络和沟通网络，将大大影响着其市场网络资产的价值。

市场网络资产能为组织带来更多的价值。例如，思科公司(Cisco)利用大规模的合作伙伴网络将订单分解、外包出去，达到快速、柔性的市场反应；美国在线(AOL)因其6 000多万固定用户规模而获得很大的经济收益。所以，市场网络资产对组织来说是十分重要的一项资产。组织的市场网络资产可以转化成市场网络资本，从某种意义来说这种资本可以看成是一种关系资本。这种转化与其他资产转化过程一样，有进入交换领域和投资两种主要形式。

在企业的收购与兼并中，其市场网络资产可以随公司被收购而体现出它的货币价值。这时它只是作为“商品”被推入交换领域，获得交易价格的收益。

当企业与其他企业进行合资或投资时，就可以以自己的市场网络资产获得一定比例的股权。此时，市场网络资产就转换成市场网络资本，以资本的形式获得收益。

本章小结

1. 知识的价值主要通过四种基本方式体现出来。

- 提高实体商品的生产效率——通过降低单位商品的价值而提高整个生产系统的价值，从而获得更多可量化的货币价值。
- 增加实体商品的知识含量——通过将知识固化到实体商品中去，提高其知识含量来增加价值。
- 形成各种知识商品——知识直接进入交换领域，将其价值制成以知识为生产资源的一种知识密集型商品。
- 进行知识资本的投资——将知识作为资本进行信息技术投资、员工培训与开发投资、客户关系管理投资、知识管理投资等。

2. 知识资本由知识资产转化而来，知识资产和知识资本可以划分为不同的类型。

- 知识资产的分类——组织或企业所拥有的组织知识资产（或称为智力结构资产）和存在于个人大脑中的个人知识资产（或称为人力资产）。
- 知识资本的分类——组织知识资本和个人知识资本（或称为人力资本）。

3. 如何将知识资产转化为能获得价值的知识资本，是知识管理中一个重要问题。影响这种转化的因素有三个。

- 社会需求因素——社会对知识的认可程度和需求程度是知识资产转变成知识资本的驱动力。
- 个人需求因素——个人的知识共享意愿是知识资本转化的前提。
- 知识环境因素——知识环境是形成知识资本的关键因素。

4. 组织知识资本分为组织人力资本和组织智力资本。

- 组织人力资本——知识拥有者投资到组织中作为一定入股资本，并按股本比例参与组织经营结果剩余分配的人力资产。组织对人力资本的管理需要注意：保持人力资本健康和防止人力资本流失。
- 组织智力资本——由组织知识资产转化而来的资本形式。它可以划分为知识产权资本、组织管理资本和市场网络资本三种形式。

5. 组织将人力资本和智力资本进行运营，形成了一条重要的知识价值链。

- KMS 输出集的四个部分——包括提高生产效率的技术知识、提高知识密集型实体商品知识含量的技术知识、知识商品（知识密集型的虚拟产品）和组织知识资产。
- KMS 输出内容获取货币价值的途径——商品交易和资本经营。

6. 组织通过知识产权资本、组织管理资本和市场网络资本的运营，可获得更多的价值。

- 知识产权资本的运营——识别知识产权的类型，通过知识产权的制度来保护组织的知识产权资本。建立知识产权获取、知识产权保护、持续知识创新三个方面的知识产权战略，在此基础上，通过商品交易和资本投资的方式来经营组织的知识产权。
- 组织管理资本的运营——远比知识产权资本的经营要难，它涉及整个组织的管理水平、组织架构、运营状态等一系列因素。
- 市场网络资本的运营——能为组织带来更多的价值，主要包括进入交换领域和投资两种运营形式。

思考与讨论

1. 与实体商品相比，知识的使用价值和交换价值有什么区别？
2. 知识的价值由什么来决定？它是如何体现出来的？
3. 什么是知识资产？什么是知识资本？影响知识资产转化为知识资本的因素有哪些？
4. 作为资产的知识可以分为哪三种类型？每种类型的知识有什么特点？
5. 知识资产有哪些运作方式？这些运作方式有什么相同和不同之处？
6. 组织知识资本包括哪些？请举例说明。
7. 在知识管理中，应该如何管理好组织的人力资本？
8. 请举例说明个人的知识是如何转变为组织知识资本的。
9. 组织中的智力资本一般以哪些形式存在？这些资本形式之间的关系如何？
10. 组织应该如何加强知识管理，防止人力资本的流失？
11. 从 KMS 输出的知识有哪些，它们是如何为组织创造价值的？
12. 什么是组织的知识产权资本？组织应该如何运营这种智力资本？
13. 我国有哪些制度是用来保护组织的知识产权的？
14. 组织的市场网络资本包括哪些？请举例说明它是如何为组织带来价值的。
15. 分组讨论案例 4 和案例 5，并写出讨论报告。

案例 4

Dow公司的智力资产管理

具有百年历史的美国道化学公司(Dow Chemical Co.)是一家国际化大型化学公司,生产的化学产品达2 000多种。Dow公司知识管理活动的特点是通过有组织的企业无形资产管理达到提高经济效益的目的。

Dow公司的无形资产包括专利、技术诀窍、版权、商标和商业秘密等。其中专利是其主要形式,专利总数达2.9万多项,每年用于专利的费用为3 000万美元,这些专利原先处于分散的无组织状态。该公司管理层认识到专利管理是知识管理中最有可能获得成功的领域。因此,他们从专利管理入手,建立起企业的无形资产管理系统。Dow公司无形资产管理分为计划、竞争力评测、分类、价值评估、投资和组合六个阶段。由于公司已经拥有大量未被充分利用的专利技术,因此无形资产管理先从组合阶段开始,即对所有专利分别进行有效性鉴别,若属有效专利,则由公司属下各业务部门决定是否对此专利进行投资。第二步是分类,把专利分成正在使用、将要使用和不在使用三类,然后确定是否允许他人使用或放弃此专利。在计划阶段,制定专利利用与业务部门经营目标实施计划,这一阶段与价值评估和竞争力测评阶段相联系。随后是价值评估,确定无形资产的市场价值。Dow公司与一家咨询机构合作开发出一套名为"技术因子法"的综合性无形资产评估方法。这种方法能方便快速地进行无形资产的财务评估,计算无形资产在企业资产总值中所占百分比。在竞争力测评阶段,公司对其他竞争对手的知识、能力和无形资产情况进行评估,以便明了对比情况下本企业的知识管理状况。而这又是通过应用所谓的"知识树图"来完成的,即把本企业和竞争对手的无形资产情况同时放到一张图上,形成综合机会图,从而可以对各自的优势、无形资产覆盖范围和机会空缺等指标进行评估。根据前面对企业在知识管理上存在的差距分析,Dow公司在最后的投资阶段决定采用诸如对研究加大投资,建立合资企业,从外部获取专利技术的许可使用等策略。

Dow公司自1995年开始实施这套无形资产管理模式以来,已获得丰厚的经济回报。据统计,通过放弃或赠送本企业不再具有价值的专利,公司已节省专利税4 000万美元,而专利的许可使用费收入从1994年的2 500万美元增加到目前的1.25亿美元。为了实施无形资产的有效管理,该公司建立了一个无形资产经理人网络,任务是开发和实施符合企业战略的无形资产管理计划。此外,公司还成立70多个多功能小组,负责无形资产的管理工作。由于专利管理取得的巨大成功,该公司又把知识管理的重点投向诀窍类知识。但诀窍类知识管理的难度明显大于专利管理,他们打算先搞清楚各业务部门有哪些诀窍类知识,然后将其按统一格式存入数据库,以便综合分析和应用。

案例 5

像 IBM 一样贩卖知识

在全球经济不景气的衰退周期中，欧美的企业巨头们正在寻求“非常手段”来增加销售，提高固定资产回报。

但是，它们往往忽略了自己的一项重要的资产：知识产权资产（intellectual property，IP）。没有被好好利用的资产包括：可以授权的专利、产品设计、技术、流程和商业诀窍（know-how）。这些都可以被销售、授权转让，或者整体出售给其他公司。

2003 年 1 月，思科（cisco）与华为科技之间的诉讼案件引起了世人的广泛关注。这对华为的海外扩张也许会带来一些影响，因为思科极有可能在其他的国家也进行这样的起诉。作为结果的一部分，华为已经将自己的部分产品撤出了美国市场。

另外一个案例就是北京的高级法院收到了大连汉普公司对美国摩托罗拉和瑞典爱立信公司的汉字输入法侵权的起诉。这个案件得到了许多高科技业内观察家的关注。

这些案件，以及越来越多的中国公司变成国际化的公司，有在国际间进行商业交易的需求，都提出了一个重要问题：对于中国公司来说，知识产权方面的管理战略应及早提上日程：如何管理好公司内部的知识产权资产，如何合法地收购及得到外部的知识产权资产？

知识产权管理战略将会为企业最大化资产回报和股东价值，同时又能将知识产权在核心业务方面的风险降到最低点。

1.“知识产权资产”的真正意味

欧洲公司早已将知识产权视为一项资产，是投资回报（ROI）的一个部分，而不是业务运营的一部分成本。在某些领域里，譬如生化科技和医药科技，已经将知识产权视作为一个源源不断的利润源泉。

顶尖的美国大学，例如哈佛和斯坦福，已经从知识产权上得到了巨大的收益。它们与投资者通力合作，通过组建拥有知识产权资产（IP-BACKED）的合资公司，进行技术授权，或是出售某一部分知识产权资产，获得了巨额的收益。与之相似的是，拥有良好管理的公司，如 IBM 和西门子，战略性知识产权管理也帮助它们增加了股东价值和市场份额。

Brookings Institution 的一份研究报告揭示，从 1978 年到 1990 年，欧美主要企业的“无形资产”/“市场价值”比值从 20%提升到了 70%。

几个典型案例揭示了战略性产权管理所能带来的巨大收益，或者相反，疏于管理可能会给企业带来的巨大损失。

柯达就是一个例子。因为没有在新产品上市之前考虑自己的知识产权情况，柯达在与宝丽来一个数十亿美元的侵权诉讼中输得很惨。在柯达在20世纪70年代推出“即拍即现”相机的时候，宝丽来早就已经取得该种相机的好几种专利。结果宝丽来控告柯达侵权，并于20世纪90年代取得了最终胜利。

柯达的损失是对宝丽来进行9.25亿美元的赔偿，关闭一个生产工厂，并解雇了数百名工人。柯达花在诉讼费用的经费也达到了数百万美元，而且花在这种产品上的数十年研发费用也付之东流。

IBM则是一个成功案例。IBM的知识产权收益从20世纪90年代的3000万美元上升到近年来的10亿美元以上。

这些收益是通过向其他竞争对手进行技术授权，并充分发掘非核心业务的知识产权资产来取得的。IBM的知识产权收益绝大部分是现金而且占了IBM税前利润的大部分。如果做一个对比的话，可以看到这部分“唾手可得”的收益相当巨大：相当于每年为IBM新增加了几十亿美元的销售额。

不过令人惊讶的是，连续8年来，IBM每年在美国专利注册办公室里申请的专利数目都是名列前茅的。这些知识产权资产帮助IBM获得订单，或是通过交叉授权取得他人的专利使用权。

对于一家企业或是大学，如果它们每年都会得到数百项专利，花几千万美元的研发费用，就应该认真地考虑一下如何开发这些知识产权资产。

反之亦然，企业也应该考虑通过购买或是引入其他公司的专利来补上自己与竞争对手之间的差距。

但是，企业如何寻找、估价和开发自己的知识产权资产呢？

企业战略的“聚焦点”也是战略知识产权的重点所在，知识产权的管理重点应该与企业的战略保持一致——哪些会是企业的“收益发动机”？哪些是需要进行成本控制的底端业务？然后，就是清点/审核自己的知识产权资产“库存”——哪些知识产权资产不妨出售给其他企业？哪些知识产权资产还需要增加——从外部购买，或是取得其他企业授权，或是与其他企业相互交换？在这过程中企业可能需要外部技术专家的服务。

最后，可以列出企业所有知识产权的一张清单：按专利到期日、出售的可能性和收益的可能性来排列。那些没有被充分利用的知识产权资产可以转让，或是授权给他人，或是作为建立战略联盟或是建立合资公司的投资，或是干脆留在手里作为防卫侵权诉讼的“盾牌”。

2. 如何提高知识资产的利用率？

如果要充分挖掘知识产权资产的利用，企业的管理层有如下几种选择：

(1)产权申明：在企业发现其他企业（也是潜在的可授权对象）有侵权行为时，立刻向对方申明自己的产权并索赔。索赔可以按照该企业过去和正在进行的销售业绩来进行。

(2)技术转移:通过出售或是授权转让专利或其他知识产权给其他公司。

(3)企业发展:通过建立新的业务单元、合资公司或是建立“专利池”来充分利用知识资产。“专利池”是不同企业联盟合作,注入自己的专利技术,建立成一个共有的“专利仓库”,然后可以将这个“专利池”授权转让给其他公司。最新的案例就是DVD技术联盟的专利池和高通的CDMA专利。企业可以剥离相关的知识产权,注入新的业务单元。

用来建立新业务的中欧工商管理学院的报告也表明,越来越多的创投公司对中国市场上这种“拥有知识产权资产”的公司很感兴趣。许多的投行和知识产权供应商都会帮助企业寻找机会,利用知识产权融资(证券化),这种方式可以直接提高企业现有知识产权的收益。

许多企业已经将知识产权管理作为可推动企业长期发展的重点工作之一,仅次于研发和兼并收购。像IBM这样的公司甚至建立了专门的管理办公室。

对于中小型企业,它们可以借助外部专家的力量来完成这些工作。美国已经出现了这样的专业咨询公司,帮助企业将自己的“无形资产”转变成“可见的”滚滚利润。

资料来源:《21世纪经济报道》,2003年4月17日管理版。

第4章

知识管理战略

本章要点

- 知识管理战略的理论基础
- 知识管理战略的分析
- 知识管理战略的制定
- 知识管理战略的评价

在知识经济环境下，知识已成为组织竞争优势的主要来源，知识管理战略因此也成为战略管理新的研究方向。知识管理与战略管理存在着天然的内在联系，可以说组织战略分析与制定过程就是组织知识管理过程，而组织战略管理理论也可以视作某种形式的知识管理理论。这种联系决定了知识管理在组织战略中的地位，也决定了知识管理战略的发展前景。

4.1 知识管理战略的理论基础

4.1.1 知识管理战略的内涵

目前知识管理研究者尚未就知识管理战略概念达成共识。一种观点认为，知识管理战略是一种促进组织变革和创新的战略，它通过新知识的创造、传播和应用实现组织创新（W. M. Cohen 和 D. A. Levinthal）。另外一种观点认为，知识管理战略是一项特别行动计划，它包括在某一特定时期将知识管理根植于组织中所必需的活动（C. Seeley 和 W. Dietriek）。还有类似的观点认为，知识管理战略是指为了组织及其成员的利益而更好地管理组织知识的一种规划，知识管理战略应该与组织的总体战略和目标相匹配。

可见，知识管理战略是知识管理目标与知识管理手段的结合体，从组织战略的角度来说，知识管理战略的最终目标是帮助组织获得持续的竞争优势。由此引申，我们可以认为一般意义上的知识管理战略是指组织将内外部有价值的知识视为最重要的资源，通过一系列策略和方法来实现有效管理，从而提高组织知识创新能力，形成并保持组织的核心竞争力。

4.1.2 知识管理战略的理论来源

战略管理的基本命题是如何通过资源的适当调配来创造竞争优势。如果把战略决策作为战略管理过程的产出，那么它有特定的投入。由于对战略管理过程中不同投入要素的重要性认识不同，形成了两大战略管理的理论观点：资源基础理论和核心能力理论。由于知识管理战略与战略管理研究存在着天然的内在联系，资源基础理论和核心能力理论也是知识管理战略研究的理论来源。

1. 资源基础理论

资源基础理论的核心思想是：组织的资源差异会导致竞争优势的差异，组织的竞争优势取决于其拥有的有价值资源。组织拥有的资源只有与业务和战略相匹配，该资源才具有价值。

资源是组织在向社会提供产品或服务的过程中能够实现组织战略目标的各种要素

的组合。它是组织所控制的所有资产、能力、组织过程、组织特质、信息、知识等，是组织为了提升自身的效率和效益而用来创造并实施战略的基础。这些资源可以分为三类，分别是物质资本资源、人力资本资源和组织资本资源。当然并非所有的资源都对组织的竞争有所贡献，只有那些有助于组织创造并实施战略以提高效率和效益的资源以及不能完全模仿和不能替代的资源才有助于组织获得持续的竞争优势。因此，一个组织要获得最优绩效，就必须对资源进行鉴别、培育、保护与配置，开发出一系列独特的具有竞争力的资源并将其配置到拟定的战略中去。

2. 核心能力理论

核心能力理论是组织理论和组织战略管理研究中的新进展，组织核心竞争能力的概念最早由哈默和普拉哈拉德于 1990 年在《组织核心竞争能力》一文中提出，此后组织核心竞争能力的研究就成为组织战略管理理论研究的热门话题。

所谓组织的核心竞争能力，是指组织能力中最核心的部分，即能为组织在市场竞争中创造竞争优势，并进而使组织获得超额利润的能力。在组织创造和维持竞争优势过程中，组织核心竞争能力的培育和综合运用是最关键性的因素，关系着组织的成长和发展，核心能力既决定了组织的规模和边界，也决定了组织多元化战略和跨国战略的广度和深度。作为组织长期竞争优势基础的核心能力必须有如下特征：一是价值性；二是异质性；三是难以复制性；四是不可交易性；五是难以替代性。这种无形的核心能力能够使组织在日益激烈的市场竞争中不断地开发新市场和新产品，为组织获取竞争优势发挥着关键性的作用。组织要想获得和保持竞争优势，就必须在核心能力、核心产品和最终产品三个层面一起参与竞争。

组织核心能力理论认为竞争优势是组织在市场竞争中成功的源泉，而竞争优势来源于组织的核心竞争能力，市场竞争表面上是产品竞争，其本质上却是组织核心能力的竞争。组织要充分重视对核心竞争能力的培育，以获取组织的可持续竞争优势，从而实现组织的可持续成长。

在知识管理的时代，上述两种理论观点都可以引申应用在组织知识管理战略方面。因为组织是一个知识的集合体，组织的知识存量决定了组织配置资源等创新活动的能力，从而最终在组织产出及市场力量中体现出竞争优势。同时，知识具有难以模仿性，必须通过具有路径依赖性的积累过程才能获得并发挥作用，因而使得竞争优势得以持续下去。而由知识决定的组织认知学习能力，是组织开发新竞争优势的源泉。

4.1.3 知识管理战略的基本流派

知识管理战略流派的划分与知识管理流派的划分紧密相关。事实上，正是由于不同知识管理流派持有不同的知识管理观，才产生了不同的知识管理战略流派。从当前研究来看，主要存在两种知识管理战略流派的划分方式。

第一种是依据战略管理研究的基本观点，同时结合 Ronald Maier 和 Ulrich Remus 的研究成果将知识管理战略划分为"基于资源观的知识管理战略流派"、"基于市场观的知识管理战略流派"和"基于流程导向的知识管理战略流派"。基于资源观的知识管理战略流派更多地强调知识资源的积累和组织能力的提高，学习型组织理论、知识创新理论、知识转移和知识共享理论等属于这个流派主要的研究内容。学习型组织理论探讨如何把个人愿景、组织愿景、思维模式转换、组织学习等有机组合起来建设基于知识的学习型组织；知识创新理论研究如何促进隐性知识与显性知识的互动进而加速组织的知识创新和体制创新；知识转移和知识共享理论则探讨如何发现和挖掘组织内外部的知识，特别是最佳实践知识，并使之在组织内部实现共享或转换为组织的资产。基于市场观的知识管理战略流派强调知识资产的管理和知识价值的实现，智力资本理论是这一流派主要的研究内容。基于流程导向的知识管理战略流派是资源观和市场观集成的战略，它不仅强调通过知识管理提高组织的核心能力，而且还强调这些核心能力的应用对知识价值实现的作用。

第二种是 Michael Earl 通过案例研究并结合公司知识管理项目研讨和专业学术期刊论文综述，把组织知识管理战略流派划分为技术流派、经济流派和行为流派 3 个流派。技术流派强调技术在知识管理战略实施中的重要作用；经济流派强调保护和开发组织的知识资产，重视知识价值的实现；行为流派则更多地强调知识管理应该创造一种知识交流和共享的环境与氛围，这可以通过硬件投入（网络建设）和软环境建设（如培育知识共享的文化）得以实现。

4.1.4 知识管理战略模式

1. 编码化模式与人性化模式

哈佛大学 Morten T. Hansen 等对美国、日本、欧洲组织的知识管理实践进行研究后，提出了两种知识管理战略模式：编码化战略（codification strategy）和人性化战略（personalization strategy）。

知识管理编码化战略就是将知识进行归类编纂并储存于知识库中，以便组织中任何人都能容易地接近并使用的一种知识管理战略。在这种战略中，知识被从最初获取者那里提炼出来，并且独立于任何人，能被多人重复使用。这种方法使人们不通过与最初知识的获取者接触就可以获得所需的知识。它能向我们展现知识可能被重复使用的程度以及对业务增长的贡献程度。现代信息技术的发展为知识编码战略提供了条件，组织可以通过投资建设信息中心，使知识的编码过程能有效地运行并帮助正确使用这些知识。

另一种知识管理战略是人性化战略，即知识紧密地依附于知识获取者，知识的分享主要是通过个人与个人的直接接触和交流。组织使用计算机的主要目的是为了帮助人们进行知识交流，而非存储知识。在这种战略中，知识是通过“头脑风暴”或人与人的谈话等方式实现转移，因此这种战略强调个人间的交流，而非知识库的作用。为了使人性化战略有效地实施，组织可以大量投资于人力资源开发和人才网络建设。知识分享不仅可以通过面对面的交流，也可以通过电话、电子邮件或电视会议等形式进行交流。当然，采用这种战略的组织也会建立电子资料中心，但是这个系统的主要目标并非提供知识，而是为了能迅速找到在某一领域从事工作的专家，以便与他们联系交流。

这两种知识管理战略模式的具体区别见表 4-1。

表 4-1　编码化战略与人性化战略的区别

	编码化战略	人性化战略
竞争形态	通过对现有知识的大规模再利用，提供高质量、可靠的产品或服务	通过个人知识和经验的交流，提供创造性的，符合客户特殊要求的产品或服务
经济模式	规模经济 在知识资本上一次投资，多次利用	专家经济 针对独特问题的高度用户化的解决方案
经营策略	主要依靠显性知识；提供成熟、标准化的产品或服务	主要依靠隐性知识；提供创新、个性化的产品或服务
系统模式	开发电子文档系统	开发个人联系的网络系统
人力资源	使用善于利用现有知识解决问题的人员；奖励使用文档数据和为文档数据库做贡献的人	使用喜欢挑战、善于创造的人员；奖励与他人直接共享知识的人

2. APQC 的知识管理战略模式

美国生产力与质量研究中心（APQC）在对美国 11 家知识管理成效卓著的组织进行详细调查之后，提出了六种知识管理战略模式，如图 4-1 所示。

在金字塔底层（Ⅲ）有三种知识管理战略模式。

（1）以客户为重点的知识管理战略。该战略旨在通过获取、开发和转移客户的需求、偏爱和业务情况等知识来提高组织的竞争能力。这一战略认为组织对客户了解得越多，越能更有效地满足客户的需求。该战略要求针对客户的问题实施知识管理。

（2）员工职责战略。这种战略支持员工建立起对识别、保持和扩展自身知识以及更新和共享知识资产的责任感，让每个员工都认识到知识的重要价值。建立鼓励知识活动的激励措施和组织文化。

（3）智力资产管理战略。充分发挥专利、商标、经营及管理经验、客户关系、组织体系等组织智力资产的作用。管理的重点是智力资产的更新、组织、评估、保护和增值以

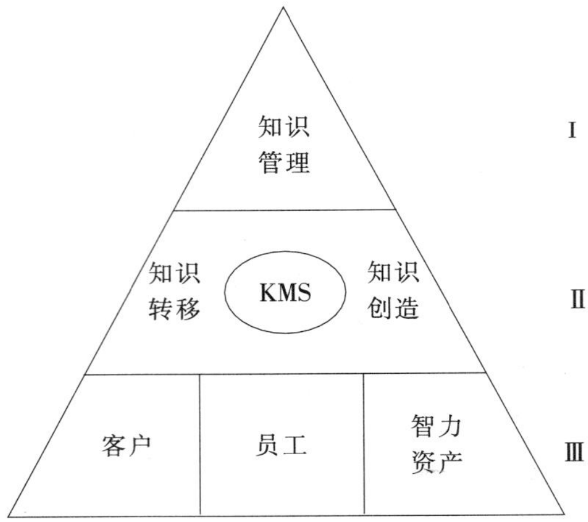

图 4-1 6 种知识管理战略模式

及市场交易。

在金字塔中间层(Ⅱ)有两种 KMS 战略模式。

(1) 知识转移战略。通过建立知识管理系统(KMS),促进知识转移。组织通过业务集成促使掌握相关知识的各部门形成统一的运行规范和行为标准,使各部门的功能性决策建立在整体运营效率最优的基础上。大多数组织都强调团体精神、客户关系和网络设施作为知识有效转移基础的重要性,并采取多种手段鼓励知识转移活动。

(2) 知识创造战略。该战略通过基础和应用研究开发来进行新知识的创造。知识的发展是呈螺旋形上升的,要不断发展和创造知识,才能保持组织知识的竞争优势。

在金字塔顶层(Ⅰ)还有一种知识管理略模式,即知识管理的经营战略。这是一种在全组织范围内实施的综合性战略计划,采用这种战略的组织往往是知识密集型组织,知识管理对它们的生存和长期发展至关重要。在全组织范围内实施有效的知识管理将会提高组织的赢利水平和竞争力。

金字塔的Ⅰ、Ⅱ、Ⅲ层次表明了知识管理战略的三个不同层次。Ⅲ层次知识管理战略模式强调针对组织的某一方面或环节实施知识管理,让知识作为一个关键要素融入专家网络、客户、员工、智力资产等方面的管理当中,充分发挥由于知识的获得、注入等所带来的知识效益。Ⅱ层次知识管理战略模式强调组织建立知识管理系统(由知识媒体、知识工具和知识人才三个构件组成),通过该系统实现知识的转移和创造,依靠这种知识的流动来提高组织的经营效率。Ⅰ层次知识管理战略模式把知识管理提升到组织经营战略的高度上来,强调组织的价值来自知识,组织的整体运作都蕴涵着知识的流动,知识已成为组织运营的最关键资源。

4.2　知识管理战略的分析

知识管理战略规划可分为知识管理目标与愿景制定、知识管理现状评估、知识管理差距分析、知识管理战略制定 4 个子阶段，如图 4-2 所示。知识管理现状评估和知识管理差距分析用以诊断现状和分析需求，而知识管理目标与愿景制定以及知识管理战略制定则要确定知识管理的导入的总体策略。所以，现状评估和策略制定就成为知识管理战略规划模型的两个核心。

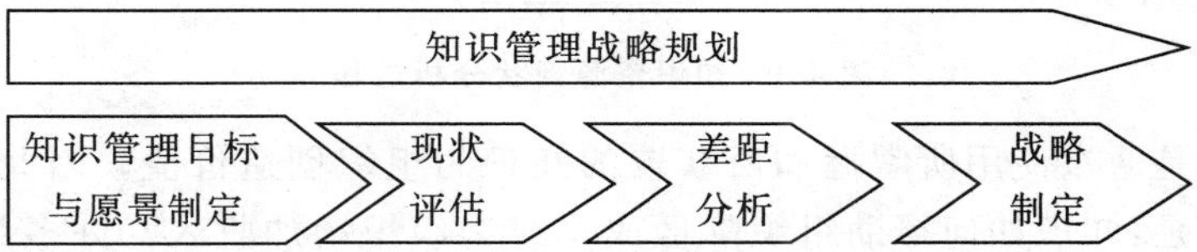

图 4-2　知识管理战略规划模型

本节讨论知识管理战略规划模型中的现状评估与差距分析。

4.2.1 知识管理现状评估

组织知识管理现状评估包括两个方面：组织知识资源现状和知识管理能力现状。

1. 组织知识资源的定位

SWOT(strengths，weakness，opportunities，threats)分析法是用于分析组织内外部环境对组织的影响，寻找内外部环境的协调和最佳配合，以制定组织经营战略的常用工具。组织知识管理战略的制定同样也可以应用 SWOT 分析法。因为组织要实施有效知识管理，其前提必须首先是辨识自己所拥有的知识结构与分布，然后分析市场对知识的需求，了解竞争对手的知识状况，从而发现组织存在的知识优势或者是知识劣势，进而有针对性地制定出有效的知识管理战略。

知识资源现状分析过程主要包括：辨识组织知识基础，组织知识资源的定位，明确组织知识缺口现状，制定合适的知识资源战略（见图 4-3）。

(1) 知识基础的辨识

为了制定有效的知识管理战略，首先需要辨识组织的知识基础，以下 3 个标准有助于对组织核心知识进行准确的判断。

① 价值性

组织一般通过降低产品和服务的成本或通过差异产品和服务来创造价值。组织知

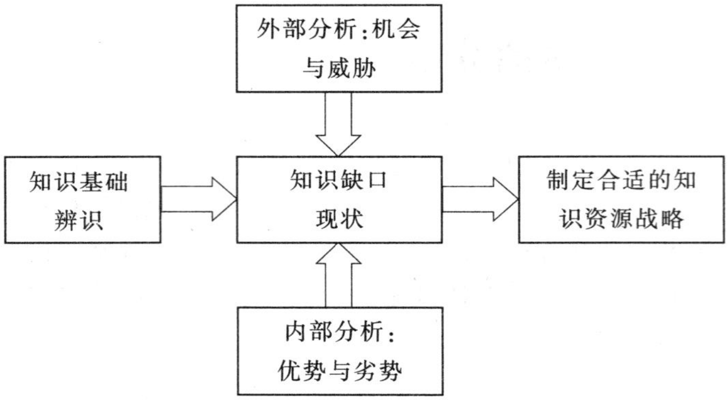

图 4-3 知识资源现状分析过程

识管理的目标是通过使用所掌握和所获取的知识为组织创造价值。因此,组织所要问的第一个问题是:知识如何帮助组织降低成本或为组织增加收入?许多组织通过加快知识在组织内部的共享和流动为组织创造价值。知识交流和知识共享的一个好处是通过降低知识获取的成本来降低产品或服务的成本,因而也为组织创造更多的收入。通过知识的创新,组织也可以创造出差异化的产品和服务,从而形成自己的竞争优势。

② 稀有性

在其他条件相同情况下,如果许多相互竞争的组织拥有同样的知识,则这样的知识不能为其中的任何一个组织创造竞争优势。相互竞争的组织拥有同质的、有价值的知识,至多能保证组织在竞争中不至于处于劣势。所以,如果组织拥有的知识能为组织创造竞争优势,则这样的知识必须是组织特有的、独特的、有价值的知识。如果组织要提高生产率,增强竞争优势,就必须能发展出组织所特有的知识,并且能够充分利用这些独特的知识为组织创造价值和竞争优势。因此,组织必须能够识别出对自己最重要的和最有价值的稀有知识。

③ 不可模仿性

有价值的特有知识可在短期为组织带来利润,但如果其他组织可以模仿这些知识,那么这些稀有的知识不再能够为组织创造独特的持续竞争优势,因此组织必须发展和培育出难以模仿的知识资源,如独特的组织文化和组织观念。每一个组织都有一个独特的组织文化和历史,而组织文化正是其他竞争者难以模仿的,因此,组织文化可以为组织提供持续竞争优势。

(2) 知识竞争位置的分析

分析组织的知识资源,可以根据上述辨识知识基础的 3 个特性将知识划分为核心知识、领先知识和创新知识。

核心知识是组织生存所需的最小范围和最低限度的知识。核心知识具有基本的价值创造作用，但是不具备稀有性和不可模仿性，基本上为产业内多数生产厂家所享有，因而不能形成组织的长期竞争能力，但其构成了相对于产业外潜在进入者的竞争优势。例如胶卷行业，化学胶片技术对于柯达公司和富士公司都属于核心知识的范畴。

领先知识可构成组织在行业内的竞争优势，此类知识具有较高的价值创造性和稀有性，但是不具备很强的不可模仿性。在实践中看，即使组织的知识在水平、范围、质量上与其竞争对手不相上下甚至更优，由于具体的知识结构不同，组织之间也会产生知识差异，这种知识差异必然通过产品或服务市场体现出来，拥有某种知识结构的组织必然会凭借这种知识差异而获取竞争优势。柯达公司丰富的全球营销知识和经验使得柯达公司在产品创新和市场开拓上总是比富士公司略胜一筹。但是领先知识在一定程度上是可以进行学习和模仿的，因此不算一种创新的知识。

创新知识是组织远远领先于其所在行业的其他竞争对手，使组织与其竞争对手严格区分开来的知识，具有很强的价值创造、稀有性和难以模仿性。创新知识令组织改变行业的游戏规则，使产品的生产、服务的提供发生质的飞跃。例如，柯达公司对电子成像技术和化学胶片技术都非常擅长，它将这两种技术成功地结合起来，创造出胶片光盘，给胶卷业带来了翻天覆地的变化。相对于仅仅擅长电子成像技术的佳能和仅仅擅长胶片技术的富士而言，柯达公司拥有领先于同行业组织的创新知识，并且成功地改变了游戏规则，在变革中形成了短期内难以逾越的竞争优势。

组织可以通过与竞争者相比，分析自己具有上述 3 种类型知识中的哪一种，来判断自己在知识资源的竞争中处于怎样的一个位置，根据互相之间的知识情况，组织可以定位于 5 种不同的竞争位置：创新者、领先者、竞争者、滞后者和淘汰者，如图 4-4 所示。

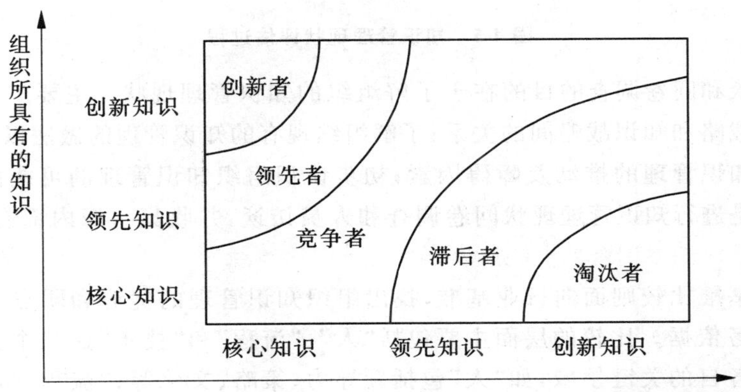

图 4-4　组织知识竞争位置的识别

2. 组织知识管理能力现状评估

在知识管理的战略规划中，首要的问题是要认识组织知识管理现状，从制度、文化、流程以及技术各个方面得出组织知识管理的能力水平。

知识管理项目的导入过程的几个阶段是循序渐进，相辅相成的。知识管理战略规划的重要任务就是明确企业知识管理的现状和需求，在此基础上，才能制定出有针对性的知识管理导入策略，包括确立合适的知识愿景、选择恰当的先导试点以及相应的知识管理模式，等等。而知识管理成熟度模型正是用以诊断企业知识管理能力现状的不可缺少的评估工具。

知识管理成熟度模型到底有何作用呢？简而言之，它能帮助我们回答以下几个问题：我们目前做得怎么样？我们哪些方面可以做得更好？我们应该向何处去？第一个问题可以让企业认清自我，第二个问题则提出需求，而第三个问题指明了未来方向。

知识管理能力现状评估的整体过程如图 4-5 所示。首先进行内部访谈、问卷调查以及外部基准比较，在此基础上，根据知识管理成熟度模型，对知识管理的各层面（包括“人”、“流程”和“技术”这三个大的层面）进行分析，找出现状和需求之间的差距，最终得出有关知识管理的整体评估结论。

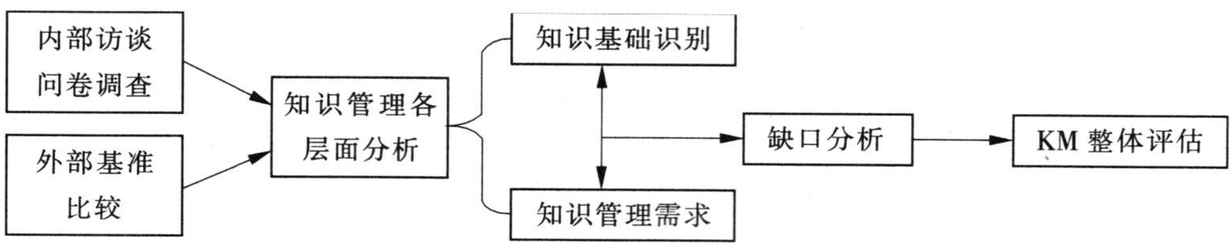

图 4-5 知识管理现状评估过程

内部访谈和问卷调查的目的在于了解组织的知识管理现状。主要工作包括：认清组织的业务战略和知识战略间的关系；了解组织现有的知识管理的做法以及需求；辨识组织中有关知识管理的推动及障碍因素；初步认识组织知识管理的可能的导入范围。其主要方法是进行知识管理现状问卷调查和人员访谈，并收集组织内部有关知识管理现状的资料。

而外部基准比较则面向行业基准，找出组织知识管理的优势和弱点，为未来发展提供一种参考依据。比较的层面主要包括“人”、“流程”和“技术”这三个大的层面，每个层面又有各自的关键领域，如“人”包括领导力、策略、文化等；“流程”包括知识流程状况、知识内容状态、知识评估标准等；而“技术”主要涉及技术的平台、知识管理的软件等。

知识管理各层面分析主要基于人员访谈、问卷调查分析以及基准比较的资料，对主要的“人”“流程”和“技术”三个层面进行现状诊断和需求分析。分析的结果一方面表现为组织现状在知识管理成熟度模型的具体定位；另一方面是基于知识管理成熟度模型的层次性发展概念，并结合企业具体的需求和基准比较分析，确定组织的知识管理发展目标，为知识管理导入提供参考。

4.2.2 组织知识管理差距分析

组织知识管理差距分析包括知识管理能力差距分析和知识资源缺口分析。能力差距分析通常采用基于知识管理成熟度的方法，从知识管理的人、技术、组织、流程和知识资源等方面识别知识管理的不足。下面主要讨论组织知识资源的差距分析。

1. 组织知识缺口分析

识别了组织知识的竞争位置后，要进行“差距分析”，即外部环境决定的为保持竞争位置组织必须做什么和组织内部能力决定的组织能够做什么之间的差距(称作战略差距)，战略则是这些“必须做什么”和“能够做什么”之间的制衡。一般可以用知识的 SWOT 矩阵来识别组织的知识缺口和战略缺口，如图 4-6 所示。

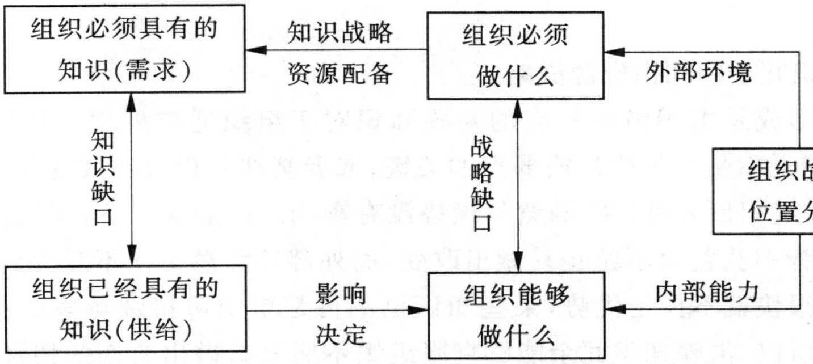

图 4-6 组织的战略与知识缺口分析

组织适应外部环境产生的知识需求与其自身条件形成的知识供给并不总是吻合的。虽然，有部分知识既是组织自身具有的又是组织适应外部环境所需要的。但是，也有一些知识是组织适应外部环境所需要的，而组织自身并不具备这些知识，或者组织具有某些知识，但是这些知识对组织适应外部环境无关紧要。这样，在知识的需求与供给之间就会存在差异，形成组织的知识缺口。组织的知识缺口通常存在以下三种情况：① 知识欠缺，这意味着组织不具备适应外部环境所需要的知识；② 知识冗余，这意味着组织所具备的知识不是组织适应外部环境所需要的；③ 知识吻合，这意味着组织所需的知识正是其所具备的。

2. 组织知识资源战略的选择

通过对组织以知识资源为基础的需求与供给分析，组织可以发现需要补充一些知识或者消除一些知识冗余来保持知识竞争优势。通常情况下，组织的知识资源战略是以缩小知识缺口为导向的，因此知识资源战略的选择应该根据不同的知识缺口情况而定。

(1) 基于知识欠缺的知识资源战略

知识欠缺是由于组织自身并不具备其适应外部环境所需要的知识而形成的。为了抓住外部环境中的机会，使组织竞争优势能够持续保持下去，就需要组织补充这方面欠缺的知识。所以，在这种情况下组织应该选择的知识管理战略是知识创新。

运用知识创新战略的组织着重于创新和实践，并且致力于在创新群组内创造一种共识以构造可以用来开发新产品和服务的新知识。比如说，组织需要对自身的产品和服务进行改进时，就需要关于这些产品或服务的新知识。组织需要通过吸收新的知识改变其原有的知识构成，或通过对原有知识的使用来产生新的知识。需要注意的是，在进行知识创新时转移和保护知识也应给予一定的重视。否则知识会不经控制地漂移——经常是移向竞争者那里，这样来自于知识创新的竞争优势就不能充分发挥其潜力。

(2) 基于知识冗余的知识资源战略

知识冗余的形成是由于组织具有的某些知识对于组织适应外部环境而言无关紧要，而且这些知识也不是组织优势或弱点的关键；或者某些知识曾经或现在是组织竞争优势的来源，但对组织形成可持续的竞争优势没有影响。一般情况下，组织总是倾向于从现有的竞争优势中获益而不愿轻易做出改变，而外部环境总是在不断发展变化，组织现有的优势可能很快就不再是优势，某些知识也不再是组织可持续竞争优势的关键而成为知识冗余。所以，消除知识冗余能够克服组织不愿轻易做出改变的惯性，促使组织寻求新的优势，从而保持组织发展的可持续性。在这种情况下，组织应该选择的知识管理战略是知识转移。

运用知识转移战略的组织侧重于在组织内快速扩散知识，以尽可能快地充分利用这些知识或将组织的知识冗余传递到组织外。在消除知识冗余时需要注意：有一些知识与组织的知识冗余相关，而在处理知识冗余时没有对这些知识给予一定的重视，使其随着知识冗余也被传递到组织外。所以，为消除知识冗余而选择知识转移战略时，适当重视知识保护也是必不可少的。

(3) 基于知识吻合的知识资源战略

所谓的知识吻合是指组织进一步适应外部环境所需要的一些知识正是其自身所具

备的。这些知识既是组织当前竞争优势的基础，又对组织形成新的竞争优势至关重要。所以，如果组织由于不慎使这部分知识被竞争对手所掌握的话，则对组织的伤害将是致命的。组织不仅很难在下一轮竞争中获得竞争优势，即使当前的竞争优势也很难维持，因为竞争对手会纷纷仿效和复制组织的行为。所以，在这种情况下，组织应该选择的知识管理战略是知识保护。

运用知识保护战略的组织侧重于保护知识原来的状态，并防止其未经授权的转移向其他组织。知识保护战略着重于获取和内部化等知识处理活动。知识获取可以从组织内外环境中辨别知识吻合并转移这些知识以为组织所用，并通过内部化使这些知识逐渐成为组织的制度、惯例和文化等。但是，在采取知识保护战略时可能会使知识处于封闭状态，这样就会无意中妨碍它向组织获益的区域转移。所以，组织在选择知识保护战略时也不应该忘记知识转移，特别是对于一些难以表达的隐性知识，组织应该建立畅通的内部沟通网络。

4.3 知识管理战略的制定

企业资源管理研究中心 AMT 以"为何管理知识?"、"管理什么知识?"、"怎样管理知识?"三个问题为着眼点，提出了知识管理策略制定方法，用以辅助企业选择正确的知识管理导入策略，包括知识愿景的确定、优先试点的选择以及知识管理模式的确定这三个方面。

4.3.1 确定知识愿景

组织应从服务企业整体战略和有利于创造业务价值出发，将知识愿景和业务愿景紧密结合起来。

企业战略是一种对未来的总体蓝图的规划，而为达到这种愿景，还需要一系列具体的业务目标来支撑。着眼于企业核心的业务目标，通过知识管理可以有效地支持企业关键绩效指标的实现，从而确保企业战略部署的达成，最终帮助企业实现总体的战略目标，如图 4-7 所示。

对于知识管理而言，几个主要的业务性驱动力还在于创建优异的运营过程、实现产品创新和市场成长、提高客户满意和忠诚度以及提高员工技能等方面。所以在确定知识管理愿景时，要从业务驱动力入手，形成鲜明的、融入具体业务过程的一致性意见，为知识管理在组织的推行奠定认知基础。

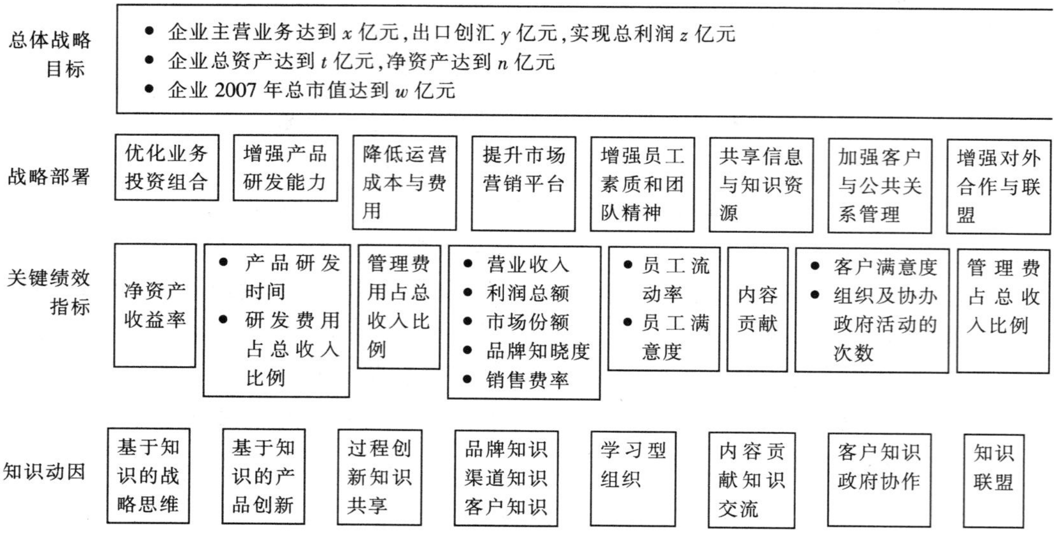

总体战略目标	• 企业主营业务达到 x 亿元，出口创汇 y 亿元，实现总利润 z 亿元 • 企业总资产达到 t 亿元，净资产达到 n 亿元 • 企业 2007 年总市值达到 w 亿元							
战略部署	优化业务投资组合	增强产品研发能力	降低运营成本与费用	提升市场营销平台	增强员工素质和团队精神	共享信息与知识资源	加强客户与公共关系管理	增强对外合作与联盟
关键绩效指标	净资产收益率	• 产品研发时间 • 研发费用占总收入比例	管理费用占总收入比例	• 营业收入 • 利润总额 • 市场份额 • 品牌知晓度 • 销售费率	• 员工流动率 • 员工满意度	内容贡献	• 客户满意度 • 组织及协办政府活动的次数	管理费占总收入比例
知识动因	基于知识的战略思维	基于知识的产品创新	过程创新知识共享	品牌知识 渠道知识 客户知识	学习型组织	内容贡献知识交流	客户知识 政府协作	知识联盟

图 4-7 确定知识愿景

（资料来源：AMT）

4.3.2 选择实施的切入点

在确定总体知识愿景的基础上，需要选择知识管理的优先试点项目。一般来讲，试点项且应遵循以下几条原则：①针对业务重要的部门或过程；②试点能够有可见的成效；③试点能够有足够的资源保证；④试点得到的经验能够移植；⑤试点能够对知识管理原理进行有效验证；⑥试点能够充分利用已有的知识。

在满足以上几条原则的基础上，可根据知识管理的价值矩阵和优先级矩阵来对知识管理项目的价值及其实施难度进行判断，并以此为依据来选择具体的知识管理项目切入点。

根据不同知识管理项目的价值，将知识管理实施形式分为如图 4-8 所示的四种。

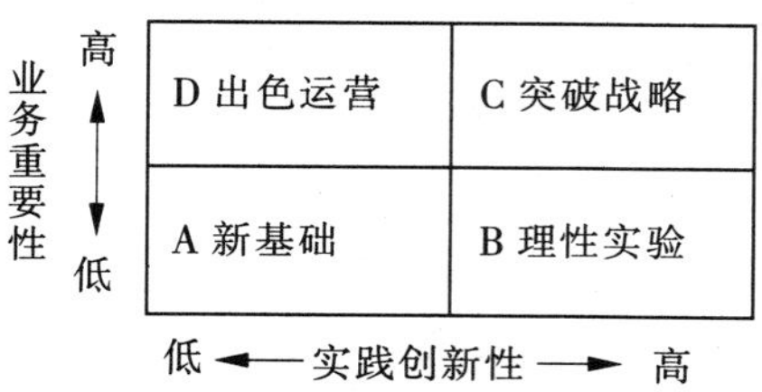

图 4-8 知识管理价值矩阵

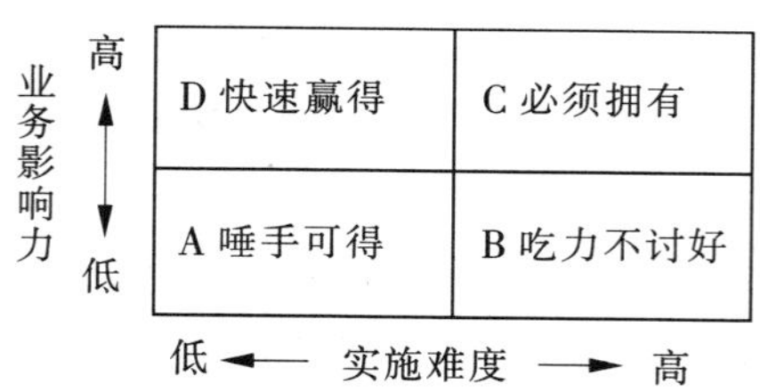

图 4-9 知识管理优先级矩阵

新基础(A)：该形式主要集中于现有战术环节的“知识应用”。大部分企业从这里起步，播下知识管理的种子，当进一步成熟时，有望进入“出色运营”形式。

理性实验(B)：该形式聚焦于对不太重要的业务过程领域的“知识创新”。这种实践一般应在“新基础”或有“出色运营”的条件基础上进行。

突破战略(C)：该形式集中于对业务非常重要的过程的“知识创新”，相对来讲是一种冒险性策略，一旦成功会给企业带来巨大的竞争优势。

出色运营(D)：该形式是“新基础”阶段的延伸，强调核心过程的“知识应用”，着眼于企业的知识转型。

对于价值矩阵的4个象限来讲，矩阵左半部着眼于“通过知识应用提高效率”；而右半部着眼于“通过知识创新创造新价值”。对于不同企业而言，对知识管理实施形式的选择是不同的，要视其在知识管理努力中的位置而定。但是，应该明确，知识管理实施形式不是也不应该是静态的。企业需要考虑当前什么形式最合适，而什么时候应该转为其他形式。

建立知识管理价值矩阵仅仅是走向成功的其中一环，企业需要建立一种更为精细的过程，知识管理的实施应该被分割成关键项目。为确定这些项目功能块的优先级，我们可以应用知识管理的优先级矩阵来说明(见图4-9)。

唾手可得(A)：在该象限内，项目具有一定的吸引力，称其为“唾手可得”，它们的业务影响力小，但执行起来容易。

吃力不讨好(B)：业务影响力不大，而实施难度却很高，属于“吃力不讨好”的类型。

必须拥有(C)：大多数成熟企业需要着手“必须拥有”的知识管理项目，它们业务影响力很大，但是执行非常困难。但如果企业已经实现了一些“快速赢得”并且积累了经验，那么可望更容易地执行那些“必须拥有”的项目。

快速赢得(D)：在该象限，既有高的业务影响力，又容易执行，属于最优先考虑的项目。

在具体的知识管理导入中，需要首先确定知识管理实施形式，将其在知识管理价值矩阵中定位；然后将该实施项目细分为多个功能块，并标定在知识管理优先级矩阵中；在此基础上，可以确定各模块间的关联，建立项目导入路线图并着手实施；在支持产品研发和创新的知识管理项目中，业务重要性高，而且实践创新性也较强，可以视为一种“突破战略”(见图4-10)。而在该知识管理项目中，又可划分出多个子功能模块，如技术文档管理、研发人员知识社区建设、智能辅助设计系统建置以及产品设计知识的挖掘系统等，视它们在业务影响力和实施难度两个方面的表现，将其标定在优先级矩阵的不同位置。如“技术文档管理”实施难度较低，而在产品研发中又不可缺少，所以将之定位为“快速赢取”；而“智能辅助设计系统”实施难度较高，但在现代产品研发中越来越重要，所以将之定位为“必须拥有”。

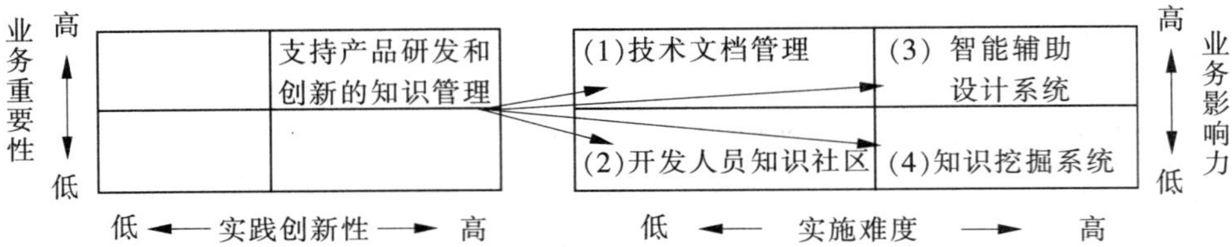

图 4-10 价值矩阵和优先级矩阵的应用实例

4.3.3 确定知识管理模式

在回答了“为何管理知识”和“管理什么知识”两个问题之后，现在的问题焦点就是“怎样管理知识”。这个问题的关键在于实现业务过程和知识管理模式的匹配。我们知道，知识管理只有将知识和各个业务处理过程紧密结合起来，使知识管理成为在业务过程中传输知识的工具，才能真正发挥效用，所以如何在业务过程中应用知识，如何使知识管理模式与具体的业务过程保持匹配是知识管理的重要任务之一。

在一个组织中有不同类型的业务过程，它们对知识的要求各不相同，有的是事务型工作，而有的则是知识密集型。如办公管理基本上是一种事务型的工作，注重流程的自动化，在知识应用方面主要强调文档、公文等显性知识的管理；客户服务相对于办公管理，对知识应用要求提高了，需要对顾客数据进行分析、挖掘，对顾客关系的全生命周期进行管理；而对员工培训、产品创新以及战略规划而言，它们的知识密集性也各有不同（见表 4-2）。

表 4-2 业务过程中的知识应用示例

业务过程	成功量度	知识应用
员工培训	教育水平、培训参与、技能水准	员工技能跟踪与培训，提高员工的知识和士气
客户服务	客户满意度、客户保持率、服务覆盖面等	顾客数据分析、服务模式改进、顾客关系改善
产品开发	产品成功率、周期长短、重复工作率	客户信息捕捉、并行协作设计、智能辅助设计等
战略决策	行业趋势分析、危机响应时间、竞争意识	宏微观环境分析、SWOT 分析、决策支持

由于不同业务过程的特点不同，造成了知识应用方式的差异，而这可以通对知识管理模式进行分析得到。对于知识管理模式，我们从其管理形式和知识类型两个维度进行分析，管理形式是指着重于对过程的管理，还是对内容的管理；知识类型则是指知识管理模式着重于已有知识的应用，还是聚焦于新知识的创新。这样，我们就可从这两个维度得到不同的组合形式，如图 4-11 所示。如对于那些倾向于既有知识内容管理的业务过程，比较强调知识的获取和定位，而对于既强调知识共享过程又强调知识创新的业务过程（如新产品开发），则需要营造一个良好的知识交流、共享和创新的环境。

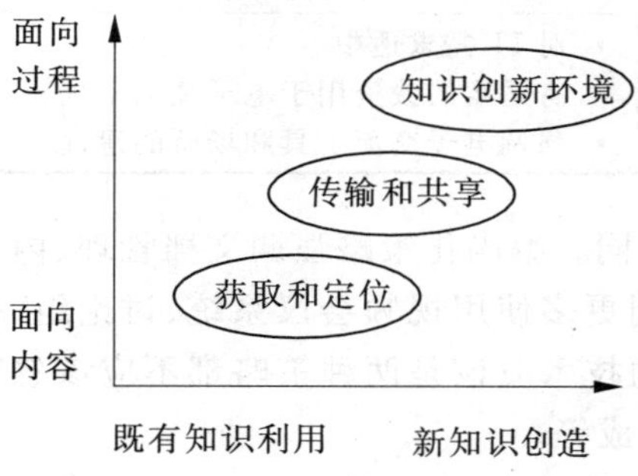

图 4-11 知识管理模式的两个维度表示

(资料来源:AMT)

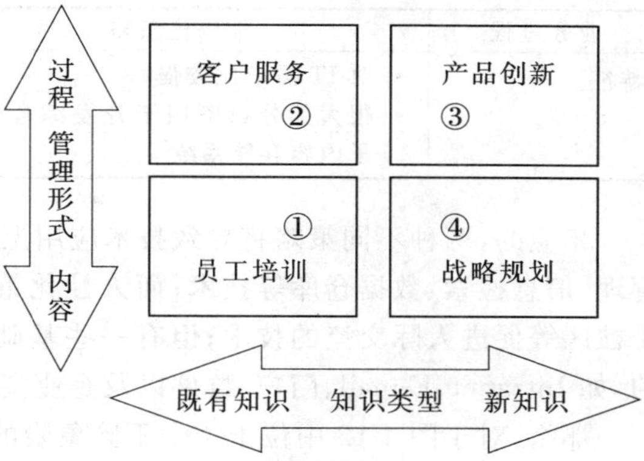

图 4-12 知识管理模式示例

同样,对于员工培训、客户服务、战略规划以及产品创新这几个业务过程,我们可以将它放入知识管理模式矩阵不同的象限,如图 4-12 所示。员工培训主要强调已有知识的传授,它主要注重于知识内容的获取,所以它放入第①象限是合适的;客户服务主要是基于相关客户知识,将特定的服务知识向客户传递的过程,它在知识类型上也多属于老知识,而在知识管理形式上比较强调和客户交互的过程,所以应处于第②象限;而产品创新则是一项复杂的知识创新性活动,它强调新知识的创新过程,所以应处于第③象限;而战略规划决策相对于产品创新,同样是一种知识创新性活动,但它在知识创新形式上并不注重过程,而主要看重内容,所以应处于第④象限。这样,我们就可以根据业务过程的具体特征,将之与不同知识管理模式相匹配,为不同的业务过程寻找合适的知识管理解决方案提供了一种思路,而接下来的问题就是针对位于不同象限的知识管理模式采取什么样的技术手段。

学者 Hansen 等人(1999)从技术角度,将知识管理策略分为编码化策略和人性化策略。两种策略的目标与特点如表 4-3 所示。编码化策略强调将知识编码并存储于知识库中,为员工方便地查取和使用;而人性化策略聚焦于协助人们进行隐性知识的交流而不是存储知识,核心是通过直接的个人交流实现知识共享,但同时并不排除建设相应的电子化文档管理系统(如核心专长管理系统、专家目录等)。

表 4-3 知识管理的编码化策略与人性化策略

业务过程	编码化策略	人性化策略
知识管理总体思路	开发一种电子化的知识内容管理系统以实现知识的编码、存储、分发和使用	开发一种人员网络使个人隐性知识能够得到交流
目标	将人和编码化的知识连接起来	促进个人隐性知识的共享和交流

续表

业务过程	编码化策略	人性化策略
特征	• 对 IT 需求比较强 • 很大部分投资用于开发综合的电子内容存储系统	• 对 IT 需求适中 • 有适度的投资用于电子文档系统 • 强调电子交流工具和场所的建设

相应的，两种不同策略将导致技术应用上的不同。编码化策略强调文档管理、内容管理、信息检索、数据仓库等技术；而人性化策略则更多使用视频会议系统、讨论组、电子社区等促进人际交流的技术；但有一些基础性的技术应该是两种策略都不应该忽略的，如 Intranet、E-mail、门户、群件以及企业应用集成等。

那么，对于图 4-12 中位于 4 个不同象限的知识管理模式，从管理形式看，注重知识内容的，较强调编码化策略，而看重知识交流过程的，则适合采用人性化策略；从知识类型上来说，那些更多地使用既有知识的，需要采用编码化策略，而强调创造新知识的则更适合人性化策略。这样就得到了知识管理模式四个象限和知识管理两种技术策略之间的映射关系，如图 4-13 所示。如"员工培训"适合采用编码化策略，以实现电子文档式的教育和培训；而"客户服务"和"战略规划"需要实现编码化策略和人性化策略的平衡，是一种综合性的应用；而"产品创新"强调新知识的创造过程，需要充分实现研发人员之间的知识交流和思想碰撞，所以适合采用人性化策略。

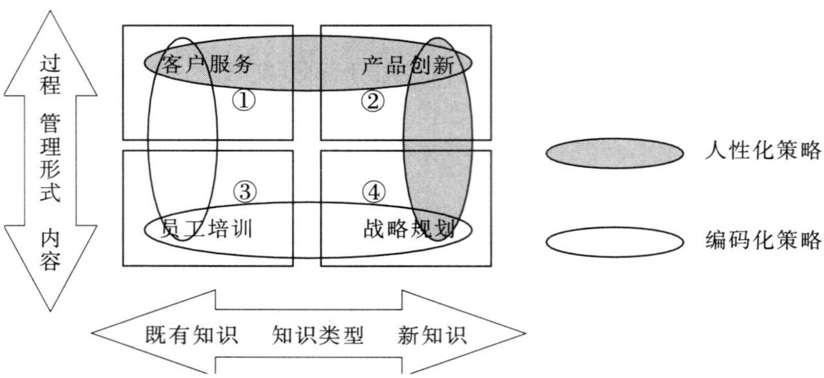

图 4-13 知识管理模式与知识管理技术策略的映射

在阐述了知识管理的导入策略之后，需要强调一点：对于"为何管理知识"、"管理什么知识"以及"怎样管理知识"这三个问题，不存在永恒不变、普遍适用的标准答案。各种策略、方法可以帮助组织理清认识问题、解决问题的思路，但仅仅依靠它并不能得出答案，还必须从企业的实际出发才能得到问题的正确解答。

4.4 知识管理战略的评价

4.4.1 知识管理战略评价的意义

组织实施知识管理战略的最终目的是为了获取长期竞争优势，通过知识管理战略激发员工知识获取和知识共享热情，实现个人知识向组织知识的转化，从而增加组织整体知识存量和知识价值，同时提升员工工作效率，增强团队合作精神，促进组织知识创新、技术创新，形成核心知识和核心技术，使组织在竞争中拥有强大的竞争优势，并具有可持续发展的前景。

知识管理战略评价是知识管理战略的一个重要环节，任何战略的执行如果没有对其进行绩效评价就无法形成有效的反馈信息，无法知道该战略或策略的执行效果，例如方向是否正确、对组织有哪些好的影响以及出现了什么问题等。没有反馈，就不能及时改正或完善战略，也便失去了战略的意义。

知识管理战略是一个复杂的系统工程，它的实施需要组织结构、文化、业务流程、信息技术等多方面共同合作，所以知识管理战略评价可以及时发现问题，帮助组织管理层有效分配资源，做到物有所值、人尽其才；可以及时发现知识管理战略、策略、操作层面的问题，完善知识管理；有利于组织完善激励机制，将评估与激励相结合，有助于激发员工和团队的积极性和主动性，不仅可带来个人知识水平的提高，同时也可促进组织知识价值的提升。

4.4.2 知识管理战略评价的原则

知识管理战略评价是一个新的领域，目前仍处于探索阶段。由于知识管理是一个复杂的系统工程，作为核心的知识又具有多样性，这就给知识管理战略评价带来了很大的困难，特别是涉及隐性知识的绩效评价。虽然目前对知识管理尚未建立标准战略评价体系，但是我们在进行知识管理战略评价时应遵循如下原则。

(1) 定性方法和定量方法相结合的原则

组织知识管理战略评价不仅要使用客观性的定量评价方法，还要与定性评价方法相结合。因为知识管理战略中非常重要的核心能力一般是难以量化的隐性知识部分，如：组织的创新能力、员工的团队合作精神等。所以必须要将定性方法和定量方法相结合才能得到正确的评价结论。

(2) 目标评价与过程评价相结合的原则

通常人们重视对目标的评价而忽视对过程的评价。在组织知识管理战略评价中，既需要对知识管理战略总体绩效进行评估，也要对其过程进行绩效评估。因为在知识的识别、获取、存储、传播、转移、整合、应用、测试、更新和创新的过程中，涉及很多可变因素，如人员的调整、技术更新等，都会给知识管理战略的实施带来影响，通过过程评价，便于及时获得有关进展情况，发现战略实施中出现的问题，采取积极有效的措施加以修正，确保战略目标的实现。

(3) 财务指标与非财务指标相结合的原则

知识管理战略实施效果习惯上考虑的是财务绩效，这是组织知识管理战略绩效的最直接反映，它的变化情况体现了知识管理战略给组织带来的价值变动。但是，除了财务绩效以外，知识管理战略绩效是通过间接的非财务指标影响最终的财务性指标。例如：客户满意度、知识型员工的忠诚度等，这些因素都直接影响组织知识结构，影响组织竞争优势的形成。所以，在进行知识管理战略评价时不能仅仅考虑财务指标，还要结合非财务指标，才能反映真实情况。

(4) 内部绩效和外部绩效相结合的原则

知识管理战略评价不仅在组织内部比较预期目标和实际实施效果之间的差距，还需要和组织外部的竞争对手进行绩效比较。因为组织不仅要和自己的过去相比较，更主要的是与竞争对手实施知识管理战略的效果进行比较，才能评估出本组织知识管理战略实施的真实绩效，有利于清楚了解竞争对手，查找差距，制定合理、有针对性的策略，同时也可以向竞争对手学习，获取新知识以及促进本组织的知识管理战略。

4.4.3 知识管理战略评价的工具——平衡计分卡

鉴于传统绩效评价标准的缺陷，20 世纪 90 年代美国哈佛大学商学院教授卡普兰与复兴全球战略集团总裁诺顿在与 12 家组织进行了为期一年的绩效管理项目研究后，设计出了平衡计分卡。

1. 平衡计分卡的含义

平衡计分卡(BSC)，是一种通过财务、客户、内部运营和学习与成长四个维度指标以及它们之间相互驱动的因果关系，展现组织的战略轨迹，并对四个维度的指标进行平衡计分，从而实现组织综合性绩效评价的管理工具。

两位设计者希望组织能有长远的战略眼光，除了关注财务表现之外，必须同样重视非财务方面的组织运营能力；除了关注内部因素外，还应关注影响组织战略的外部资源与环境；除了关注短期目标，也能兼顾长期发展的必要；除了关注最终结果外，还应关注最终结果的执行动因。即他们认为那些影响组织战略成功与否的关键要素，应该在组织绩效评价体系中得以体现，以改善传统绩效评价标准的不足，并引导组织绩效向战略目标的方向发展。

2. 平衡计分卡的内容

BSC 从四个维度评价组织绩效，帮助组织对所有具有战略重要性的领域进行全方位的思考。

（1）财务维度

组织财务维度的指标通常包括资本利用率、现金流和项目赢利性等，这些指标可以显示出组织的战略及其执行是否正在为最终经营成果的改善作出贡献。因为组织在经营过程中，只有从股东及出资人的立场出发，才能满足投资人和股东的期望，才能取得组织立足与发展所需的资本。所以，财务维度是平衡计分卡的焦点，也是其他 3 个维度的出发点，是所有其他方面目标和衡量指标的最终鉴定，更是战略的归宿。

（2）客户维度

组织客户维度的指标通常有客户获得率、客户保持率和客户满意度等，这方面的衡量可以使管理者们通过客户的眼睛来看组织，从时间、质量、性能、服务和成本等方面关注市场份额以及客户的需求和满意程度，并根据客户需求的变化做出快速反应。因为在市场供过于求和客户的个性化需求日渐明显的今天，客户才是组织利润的源泉，组织只有更多地关怀客户并为其传递和创造更多的价值，才能为组织的战略执行提供市场保障。

（3）内部运营维度

组织内部运营维度的指标通常有生产周期、合格品率、新产品开发速度等，这些指标可以报告组织内部运营的效率，关注组织获得更好绩效的过程、决策和行动领域的持续优化，特别是对客户满意度有重要影响的组织流程的优化。因为所有客户的满意和财务目标的实现，都要归功于组织内部运营活动的高效和有序。组织能否在内部运营方面超越竞争对手，将会在很大程度上决定组织在激烈的市场竞争中所处的地位。所以，运营维度相关指标的实现是组织战略有效执行的内部保障。

（4）学习与成长维度

组织学习与成长维度的衡量一般涉及员工的能力与激励、培训和技能、信息系统的能力等，注重该方面的衡量可以创造一种支持组织革新、成长的氛围和机制。激烈的全球竞争迫使组织必须不断提高其向客户和股东提供价值的能力，学习与成长就如同大树的树根一样，是所有养分、支撑和成长的本原，正是它们造就了美丽的枝叶和繁花。所以说，学习与成长维度的创新方案和行动，是组织战略执行的知识保障。

3. 平衡计分卡的优势

BSC 的 4 个维度之间的内在逻辑关系，实际上是一连串的假设问题：如果组织有出色的员工，那么服务和质量就会提高；如果服务和质量提高了，那么客户的忠诚度就会提高；如果客户的忠诚度提高了，那么资产回报率就会提高。BSC 中每个维度的指标，都是向组织传达战略意义的这个因果关系链中的重要一环。它强调每种策略背后的因果关系，通过客户维度、内部运营维度、学习与成长维度评价指标的完成，从而实现最终的财务目标，即：学习与成长解决组织长期生命力的问题，为组织执行战略提供知识保障；组织内部运营能力的提高可以为客户创造和传递更多的价值，是实现组织战略强有力的内部杠杆；客户是组织利润的源泉，高度的客户满意及忠诚度是组织实现战略的市场保障，只有客户满意才能产生组织良好的财务效益，即战略的归宿。

由此可以看出，平衡计分卡是一个可以在短期利益与长期利益之间、外部角度（股东与客户）与内部角度（内部运营和学习与成长）之间、所求的结果与这些结果的执行动因之间、定量衡量（财务）与定性衡量（客户、内部流程、学习与成长）之间进行战略平衡和绩效综合评价的管理工具。它避免了传统绩效评价方法的缺陷，并且将绩效评价这个原本单纯的对员工进行评价的工具提升成了帮助组织执行战略的工具，把组织的绩效评价和战略执行有机地联系起来，让两者顺利地实现了对接。因此，平衡计分卡的出现，使组织拥有了一个可以全面统筹组织战略、客户关系和市场能力、内部运营流程、员工学习与成长、财务目标等关键要素的有效管理工具。

4. 作为知识管理战略评价工具的平衡计分卡

BSC 成功地将战略融入知识管理绩效的评价体系，从财务、客户、内部运营和学习与成长四个维度考虑影响组织知识管理绩效的因素。组织首先制定自己的知识管理战略目标，利用公司 BSC，结合组织外部环境和内部因素的分析，依次建立部门 BSC、小组 BSC 和个人 BSC，将知识管理战略目标细化为一系列可衡量的和具有因果关系的评价指标，并与浮动薪酬挂钩。

这样，利用 BSC 进行绩效评价，就将组织的知识管理战略、客户争取与维系、内部运营流程和员工学习与成长联系在一起，能够鼓励所有员工积极、成功地执行组织的知识管理战略，使组织知识管理战略转化为从上到下的一致行动。BSC 发挥了传统绩效评价方法所不能起到的作用，实现了短期衡量与长期衡量、内部衡量与外部衡量、所求结果的衡量和结果的执行动因的衡量、定量衡量和定性衡量之间相互平衡的绩效测量与评价；能使组织对自身的关键能力和不足有更清晰的认识，帮助组织及时发现问题，分析实际绩效达不到预期目标的原因；能用量化的指标追踪跨部门、跨时期的知识管理绩效变化，帮助组织及时考核与评价知识管理战略执行的情况，并根据需要及时调整战略目标和相应的评价指标，达到动态评价与静态评价的相互统一；它把远景目标转化为一套系统全面的业绩评价指标，能够提供与所有员工奖励体系相结合的可度量的基准，反映绩效与报酬的对等承诺，在不同利益相关者之间形成战略平衡，激励员工为知识管理战略的执行作出更大贡献。因此，平衡计分卡实现了让绩效评价体系更好地为组织知识管理战略实现服务的目标，是一种与组织知识管理战略相融合的绩效评价工具。

本章小结

1. 目前知识管理研究者尚未就知识管理战略达成共识。一般意义上的知识管理战略是指组织将内外部有价值的知识视为最重要的资源，通过一系列策略和方法来实现有效管理，从而提高组织知识创新能力，形成并保持组织的核心竞争力。

2. 不同知识管理流派持有不同的知识管理观，从而产生了不同的知识管理战略流派。

- 依据战略管理研究的基本观点以及 Ronald Maier 和 Ulrich Remus 的研究成果划分——基于资源观的知识管理战略流派、基于市场观的知识管理战略流派和基于流程导向的知识管理战略流派。
- Michael Earl 提出的三个流派——技术流派、经济流派和行为流派。

3. 哈佛大学 Morten T. Hansen 提出了两种知识管理战略模式：编码化战略和人性化战略。美国生产力与质量研究中心(APQC)提出了六种知识管理战略模式：以客户为重点的知识管理战略、员工职责战略、智力资产管理战略、知识转移战略、技术创新和知识创造战略、知识管理的经营战略。

4. 组织知识管理战略的分析包括组织知识管理现状评估和组织知识管理差距分析。

- 知识管理现状评估——包括两个方面：组织知识资源现状和知识管理的能力现状。
- 组织知识管理差距分析——包括组织知识缺口分析和组织知识资源战略的选择。
- 制定和选择合适的知识资源战略——基于知识欠缺选择知识创新战略；基于知识冗余选择知识转移战略；基于知识吻合选择知识保护战略。

5. 组织知识管理战略制定包括知识愿景的确定、优先试点的选择以及确定知识管理模式三个方面。

- 组织应从服务企业整体战略和有利于创造业务价值出发，将知识愿景和业务愿景紧密结合起来。企业战略是一种对未来的总体蓝图的规划，而为达到这种愿景，还需要一系列具体的业务目标来支撑。着眼于企业核心的业务目标，通过知识管理可以有效地支持企业关键绩效指标的实现，从而确保企业战略部署的达成，最终帮助企业实现总体的战略目标。
- 在确定总体知识愿景的基础上，需要选择知识管理的优先试点项目。一般来讲，试点项目应遵循以下几条原则：①针对业务重要的部门或过程；②试点能够有可见的成效；③试点能够有足够的资源保证；④试点得到的经验能够移植；⑤试点能够对知识管理原理进行有效验证;⑥试点能够充分利用已有的知识。在满足以上几条原则的基础上,可根据知识管理的价值矩阵和优先级矩阵来对知识管理项目的价值及其实施难度进行判断,并以此为依据来选择具体的知识管理项目切入点。

- 知识管理只有将知识和各个业务处理过程紧密结合起来,才能真正发挥效用,所以如何使知识管理模式与具体的业务过程保持匹配是知识管理的重要任务之一。对于知识管理模式,从管理形式和知识类型两个维度进行分析。管理形式是指着重于对过程的管理,还是对内容的管理;知识类型则是指知识管理模式着重于已有知识的应用,还是聚焦于新知识的创新。学者 Hansen 等人(1999)从技术角度将知识管理策略分为编码化策略和人性化策略。

6. 知识管理战略的评价。

- 评价的四大原则——进行知识管理战略评价时应遵循:定性方法和定量方法相结合的原则、目标评价与过程评价相结合的原则、财务指标与非财务指标相结合的原则、内部绩效和外部绩效相结合的原则。
- 评价的工具——平衡计分卡。组织首先制定自己的知识管理战略目标,利用公司 BSC,结合组织外部环境和内部因素的分析,依次建立部门 BSC、小组 BSC 和个人 BSC,将知识管理战略目标细化为一系列可衡量的和具有因果关系的评价指标,并与浮动薪酬挂钩。它从财务、客户、内部运营和学习与成长四个维度来考虑影响组织知识管理绩效的因素。

思考与讨论

1. 什么是知识管理战略?它与传统的组织战略有什么区别和联系?
2. 知识管理战略有哪些基本流派?各流派研究的重点是什么?
3. 什么是编码化战略?什么是人性化战略?这两种知识管理战略模式有什么区别?
4. 在 APQC 的知识管理战略模式中,不同层次的战略模式之间的关系是什么?
5. 目前,国内外应用编码化战略和人性化战略的典型企业分别有哪些?
6. 请结合具体企业的实例来说明知识管理战略制定的过程。
7. 如何利用 SWOT 分析法来确定组织的知识缺口?
8. 组织如何根据自己所具有的知识来确定其在知识资源竞争中的位置?
9. 一般来说,组织的知识缺口会存在哪三种情况?组织应该如何根据这些情况来选择合适的知识管理战略?
10. 为什么要对知识管理战略进行评价?评价需要注意哪些问题?

11. 如何才能做到客观、准确地评价组织的知识管理战略？

12. 什么是平衡计分卡？它对组织的综合性绩效评价包括哪些维度？

13. 作为知识管理战略的评估工具，平衡计分卡与其他的评估工具相比，具有哪些优势？

14. 分组讨论案例 6，并写出讨论报告。

案例 6

AT&T 的知识管理战略

1. 公司背景

AT&T 公司成立于 1885 年，公司的来源可以追溯到 1876 年贝尔发明电话这一颇具影响力事件。公司自成立以来，始终致力于改革、质量以及服务。AT&T 公司既是历史悠久的传统产业，也是成功转型至知识型产业的一个重要案例。为了发展知识型产业，1996—1997 年，该公司花了近两年的时间建构开发了 6 个知识社区，来服务全球超过 2600 家以上的组织客户。但是，两年的时间仅仅是一个起步的阶段。

2. 战略规划

对于像 AT&T 这样历史悠久的大公司来说，任何变革都是非常困难的，何况像整个组织的大变革。AT&T 公司充分认识到了问题的难度，首先考虑到了公司的整体战略，全新的知识管理体系应该是为公司的整体战略服务，应该有助于实现组织持续向知识型组织的过渡。因此，从一开始 AT&T 公司的高层领导对这个项目的重要意义认识非常充分，并且给予了重大的支持，公司任命了担任全球服务营销的副总裁 Pat Traynor 来全权负责此事，可以说 AT&T 公司建立知识管理系统走的是从上到下的路线。

开始时，Pat Traynor 提出了一个"业务转型的计划"，该计划确立了建立组织"知识社区"的目标，即让"知识社区"成为整个公司的知识管理系统的基本单元。为了应对公司相关产业技术变革的迅猛速度，保证员工分享信息与知识的能力，Pat Traynor 选择了产品/服务作为"知识社区"的基础，而不是选择单纯的产品或者市场。这样一来，在 AT&T 公司形成了 6 个大的"知识社区"："无线通信社区"、"组织网络社区"、"资料社区"、"视讯中心社区"、"国际服务社区"、"客户业务经理社区"。开始时，知识社区的主要成员由全球 50 个营业处的专业人员组成。

3. 战略实施

在 AT&T 公司，"知识社区"是一个全新的概念，要向其他人解释这种全新的理念是非常困难的，而且大部分的人也不大相信“知识社区”能给他们带来的改变。为了保证变革能够得到顺利的实施，Pat Traynor 决定继续推行从上到下的路线，为每一个社区配备一位专业的知识库的编辑人员，同时还专门委派了一个全职的负责人来确保工作的开展以及项目小组间的有效沟通。

AT&T 公司的“知识社区”建立总共经历了三个主要的阶段。

(1) 创办时期：该时期也被称为“个人计算机阶段”，主要是通过个人计算机来提高员工的工作效率，通过电子邮件加强彼此间的沟通和协调，让更多的人能够亲自体会到知识管理系统带来的变化。主要活动包括建立知识社区、招聘知识社区的成员。可以看做是内部的“市场导向”活动，该时期已经有了初步的知识共享，但是此时由于成员间时间和权限的差异，以及整个社区资源的不足，成员间知识资源竞争大于共享。

(2) 分享时期：主要活动是学习计划、整体的规划会议、各种社区管理与知识分享的讨论会，属于“社区导向”的活动。正是在这个时期，AT&T 公司改变了从一开始就推行的上层路线，因为 Pat Traynor 发现“知识社区”要想持续地运行下去，必须让所有的社区成员不断地进行沟通、讨论，技术发展的速度是如此的快，以至于没有人能够单独处理问题，而客户的问题和需求又是那么的多，传统的员工培训方法根本来不及，Pat Traynor 想到了让更多的人参与进来——利用基层来发展社区，放弃原计划的由公司领导的社区发展的理想，开始建立“自给自足的知识社区”。依靠员工间的互相帮助来直接解决彼此所提出的问题，自由分享经验与知识，还大大提高了对客户的响应速度。

(3) 合作时期：主要是指确立“自给自足的知识社区”的方案后，加强员工间的同行互助、经验的传承，建立并强化社区的愿景，即“知识社区”就是大家自己创业的园地，让“知识社区”的员工像组织家一样来管理社区。

4. 建立互动的知识库

知识管理体系的建立离不开 IT 技术的支持，AT&T 公司为了保证“知识社区”的顺利运行，建立了 IKE (information & knowledge exchange)系统。同时这也体现了公司对“自给自足的知识社区”的支持，Pat Traynor 一般不参与“知识社区”的日常管理，但是保证给社区提供足够的物质支持。

IKE 既是 AT&T 的知识库，也是 AT&T“知识社区”运行的支柱。每个社区的全职的编辑人员，在和各个相关的专家讨论沟通之后，过滤、刊载、公布最有价值的信息，以此作为“知识社区”运作的知识基础。在 AT&T，几乎所有的员工每天都要至少使用 IKE 两次，早上上班时进入 IKE 系统，下班前再使用一次，每天平均花在 IKE 系统上的时间约有 1 个小时。

“知识社区”和知识库建立起来后，AT&T 设法让二者互动起来，即把一些日常的工作搬到社区里来进行，通过知识库确保相互间的联系和沟通。从 AT&T 的一次合资业务中我们可以看出，某个周末，当传来 AT&T 与英国电信合资的消息后，AT&T 的 6

个“知识社区”立刻开始活动。开始时，组织的领导人通过IKE网站上的电子邮件与电话会议与专家们进行沟通，同时其他的员工都可以通过IKE系统参与相关问题的讨论。消息宣布不到一个星期，经过每天的电话会议和IKE系统知识库的不断更新(平均每两个小时更新一次)，各个“知识社区”都做好了相关的知识的访问准备，并对全球各地新的业务提出新的营运计划，其间行动的协调、速度与正确反应几乎是完美无缺的。

以往，一个规模这么大的企划案，光研究、准备时间就得花上好几个月甚至更长的时间，而现在，通过IKE及“知识社区”，全球各地区超过10 000名的经理人员可以迅速拿到精确的信息，从新闻稿到分析报告再到外界环境的反应，全部都可以从知识库系统获得。

从上面我们可以看到，AT&T的IKE所涵盖的内涵远远大于知识库的内容，还包括专业的编辑、领导与协调者、远程会议、电子邮件等行政工作的支持系统，而更重要的是它本身既是“知识社区”的支柱，同时反过来，各个“知识社区”的成员又是IKE的依靠，二者相互依赖。

5. 开放的“知识社区”

优秀的知识管理系统，不仅仅是开发利用内部员工的知识，还要善于利用外部的知识，在这方面，AT&T也是非常出色的。AT&T通过进一步开放“自给自足的知识社区”，使其成为开放的“知识社区”，成为了业界利用客户知识的典范，并且顺利将知识管理延伸到“客户知识管理”，其主要工作就是得到客户的需求信息，即使客户经常不会很清晰地知道自己的需求或不善于表达自己的需求。

通过开放“知识社区”，AT&T甚至在某些方面可以建立起“一对一的营销”，首先，通过“知识社区”的划分建立确定的目标客户群，然后通过客户进入“知识社区”与客户建立起一种互动的学习关系。在IKE系统中有一个“热门信息”(hot zone)网页，其中一个重要的内容是“问与答”(Q&A)，不仅为内部的员工提供必要的资料，同时还是联系外部客户的一个重要的窗口。

第5章

组织知识的生产

本章要点

- 知识管理流程的概念
- 组织知识定义的主要方法和工具
- 组织外部知识获取的主要方法
- 组织知识创造的方法与工具

组织要共享和利用知识，首先要知道自己拥有哪些知识，哪些知识可以从外部获得，哪些知识需要开发、创造，这些过程统称为知识的生产。因此，组织知识的生产是知识共享和应用的基础。

5.1 组织知识管理流程

知识管理流程是指知识管理导入过程中的关键步骤。组织在确定知识管理战略方向后，接下来就是针对组织知识的知识缺口、核心能力、价值命题和竞争优势等有价值的知识进行管理，即知识管理流程。其目的在于将存在于组织内外的员工或群体隐性的、片断的和私有的知识以最有效的方式，转化成组织中最具价值的智力资产，进而提升组织的竞争优势。

5.1.1 知识管理流程的不同分类结构

知识管理流程有哪些步骤？从哪里开始？哪个步骤应该先做？有无固定的顺序？在此方面学者各有不同的看法与分类。

1. 知识管理流程的步骤

知识管理流程步骤依据划分的详细程度、局部活动整合方式的不同有许多不同的分法，但其实质讨论的活动内容与目标差异并不太大，如表 5-1 所示。

表 5-1 知识管理流程的不同结构

提出者	步骤数	主要分类
DiBella 和 Nevis (1998)	3	获取、传播、利用
Wiig(1993)	4	创造与获取、编辑与转化、传播、利用与价值实现
Arthur Anderson 顾问公司和 APQC(1996)	7	定义、收集、适应、组织、利用、分享、创造
Beckman(1997)	8	定义、获取、选择、存储、分享、利用、创造、销售
本书	5	定义、生产、加工与存储、共享、利用

2. 知识管理流程的顺序

虽然知识管理流程的步骤大致上有其先后顺序，例如，先有知识的生产（创造和获取），接着是存储和共享，最后再产生利用与销售。但实际上有许多步骤是同时发生，几个步骤间也会重复循环(Beckman，1999)。例如，创造后共享，共享后又创造，存储后共享，共享后经过创造又存储等状况。因此，这些步骤之间，实际上并没有固定的线性顺序，也没有一定的源头。

本书为了方便介绍，仍然以知识管理存在的顺序来说明知识管理的流程，即从知识管理的“战略→定义→获取→创造→共享传送→利用→存储”的顺序说明。

5.1.2 组织知识生产框架

根据知识管理战略的观点，知识管理最重要的目标就是要弥补战略上的知识缺口，即通过上一章中对于知识管理战略的分析达成战略目标，组织必须清楚定义下列问题。

- 我们需要哪些知识？（知识管理战略）
- 我们目前有哪些知识？（内部知识的定义）
- 我们还缺乏哪些知识？（知识缺口）
- 目前在外部有哪些是我们所需要的知识？（外部知识的定义）
- 我们如何有效地获取外部已有的知识？（知识获取）
- 自己如何创造？（知识创造）

总之，组织知识的生产包括识别组织已有的知识、从组织外部获取所需的知识和创造组织战略上需要的知识。这个关系可由图 5-1 来表示。图中明确了知识缺口与知识定义（或称识别）、知识获取及知识创造四者之间的关系。

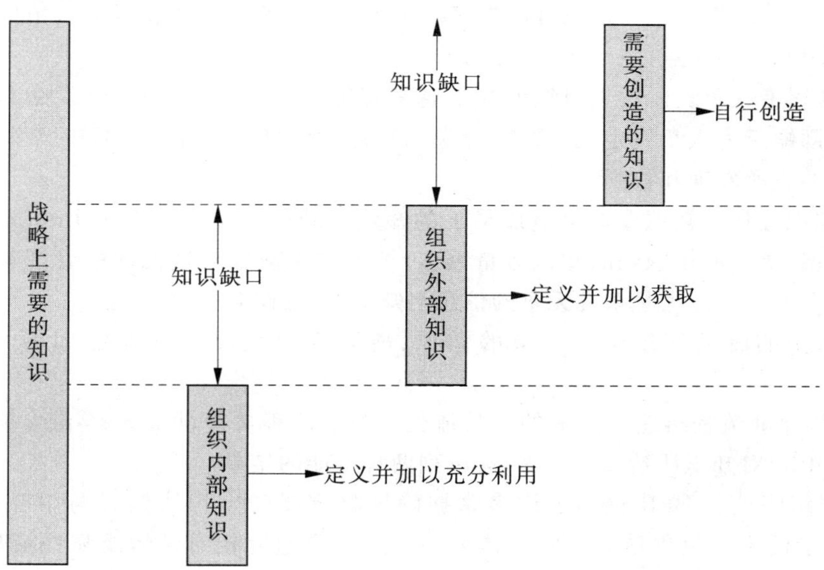

图 5-1 知识缺口与知识的定义、获取与创造

5.2 组织内部知识定义

组织的知识定义(knowledge identification, KI)是指组织为了获得需要的重要知识,以及有效利用已有的知识,必须清楚知道并明确标识其内、外部存在的重要的知识。例如:

(1)组织内部目前拥有哪些知识?哪些经验?结构如何?在哪里?哪些员工拥有?哪些群组团队拥有?

(2)如何找出组织外部有哪些是组织需要的重要知识或新涌现的知识?这些知识在哪里?需要通过哪些渠道寻找?

组织只有清楚地定义组织重要的知识,才能有效地利用知识,避免知识的流失和重复开发。

5.2.1 目前组织知识定义存在的问题及其后果

1. 目前组织知识定义存在的问题

目前,一般组织不太清楚现有内外部存在着哪些是对自身重要且有价值的知识,究其主要原因有以下几点(Probst et al.,2000)。

(1)缺乏专人负责。由于组织的分工越来越细,知识的结构越来越复杂和精细,如果组织内部缺乏专人负责定义、收集、筛选和整合知识,那么,组织内部知识很难为需要相应知识的人所发现和找到。

(2)知识爆炸。知识爆炸会造成员工的知识超载(overload),由于 Internet 等信息技术的发展,员工所接触到的知识数量繁多,组织如果缺乏对这方面的管理与筛选,那么员工将会迷失在庞大且杂乱无章的信息与知识中,反而会起到反作用。

(3)人员的流动速度快。人员的调派、离职都会让原本存在已知的知识永远流失。

(4)因企业流程再造所造成的人员流失。企业流程再造(business process reengineering,BPR)对知识所造成的损失,有下列两种可能的结果。

① 因组织施行 BPR 解雇了许多掌握隐性且重要的知识协调者与中介者。BPR 的重点在于使企业流程精简,因此,体力、脑力、反应速度相对较慢及显性流程贡献不大的资深员工常是一个被裁员的对象,但他们却常拥有非常重要的隐性知识。例如,团队成员如何组成,如何与其他部门配合,如何与组织经营理念、文化配合等非常重要的协调与中介的隐性知识,一旦流失,那么后来的流程与方案的进行会遭受到很大

的打击。

② 因组织施行BPR而解除了大部分的后备力量(back up)与备用人手(duplicate)。在BPR之下，常将组织原来内部具有同样或重复能力、知识及专长的员工，视为不需要和浪费而率先裁掉。因此，一旦在任员工离职，则无法通过其他后备人手保存现有的重要知识，以致知识完全流失。

(5)各自为政。由于扁平化组织、网络型组织、自主性团队、授权(empower)员工和决策下放等分散式管理思潮风行，而使各团队自主管理、各自为政，彼此间缺少协调沟通和集中管理。因此，各分布式团队间对彼此有哪些特殊专家，有哪些重要的知识就很难通过整合的方式进行定义和了解。

(6)群组知识的动态性与内在性。相对于个人的知识，群组知识包括成员间共享的价值观、彼此协调的方式、专家经验、人际关系等内在的、难以掌握的知识，团队经常是临时性、动态性的组织，成员经常变动，一旦团队解散后便很难再找得到人。因此，群组知识非常容易流失。

2. 组织内部知识缺乏定义的后果

我国台湾学者林东清从以下3个层面总结了组织内部知识缺乏有效定义会产生的后果。

(1) 在战略层，组织无法了解知识的缺口。即使从组织知识战略上已确认了重要核心知识的方向，但如果不清楚自身目前存在哪些知识，仍然无法知道组织未来需要获得或创造哪些重要知识。

(2) 在作业层，知识重新开发造成浪费。由于不清楚组织已存在哪些知识，常会浪费许多人力、物力及财力等资源重新开发已有的知识。

无法快速有效地解决问题。当员工面临重要问题时，由于无法及时获取过去最优秀的经验与知识作为指导方向，只靠员工凭感觉试验，或只从有限的人际关系中道听途说，误用内容质量不够健全的知识，从而降低解决问题的质量。

(3) 在资源利用层，无法充分发挥并利用已有价值的知识。因为不清楚组织内部拥有哪些优秀、有价值的知识、技能、专利、智力资产及专家，因而闲置浪费了这些重要的人才与资源，以致未能善加利用而赚取利润、提升竞争优势或打击对手。

人才的错误评估与配置。组织如果不清楚哪些员工拥有哪些有价值的技能、知识，而只凭年薪、职位评估其价值，则对于一些拥有重要隐性知识，例如能促进团队协调合作、担任各部门中坚力量、传送重要知识，以及了解组织重要的历史文化典故等隐性知识的精英，则很可能因其他因素而忽视，甚至错误地解雇了这些人才。

5.2.2 组织内部知识定义的主要内容与目标

管理学家Probst等人(2000)认为知识定义具有以下重要原则。

(1)知识的定义要有选择性:根据知识战略的指导,组织只需针对有价值的某些核心知识进行了解与定义,而不需全面展开,以避免员工产生知识超载,以及组织发生什么事都做,但什么都做不好的情况。

(2)组织的内外部知识定义同样重要:除了上述的内部知识定义外,组织也要重视外部知识的典范转移,以SWOT模式分析自己现有的知识,并利用标杆学习明确自己与外部相比较下的知识缺口和不足之处。

1. 组织内部知识定义的主要内容

对于组织内部有哪些重要的知识必须清楚了解,管理学家Brooking(1999)列举出下列四大类组织需要拥有的关键知识(critical knowledge)。

(1) 员工的知识

每位员工需要具备的知识:知识大部分存于员工的脑海里,因此,每位员工各有哪些技能、专长及深入程度如何,组织都应清楚了解与定义。

谁最适合担任这个工作:每个员工的专长不同,在不同的人员、事件、时间、地点和物品等环境与工作的特性下,哪个员工最适合担任这个工作也是组织需要明确了解的。

员工的知识规划:为了使员工更好地成长,员工需要进行哪些培训或岗位轮换。

(2) 团队的知识

团队的集体知识:每个问题的解决大都依靠团队共同协力完成而非只有个人。所以,许多问题解决的经验与教训都存储在团队里而非个人。要以团队为单位定义员工应该掌握哪些知识也必须由成员共同讨论整理而成。

团队的最佳组合方式:团队应该如何组成才能使合作绩效最高,向心力与执行能力最强。对于成员彼此间的协调、沟通、配合默契也是组织需要清楚了解的,若发生类似“早知这两位经理无法沟通、互相不信任,就不应把他们凑在一起了”的情况,将会对组织造成深远的影响。

(3) 工作的知识

重要工作的相关知识:某位关键员工的离职而没有人知道如何有效地执行这个工作,加上知识的积累与重获(recover)需要很长时间的积累才能形成,因此,组织必须清楚了解并定义这些工作相关的知识。

工作成功的知识:例如,这项工作在组织内如何进行才最容易成功?每个组织的经营观念、价值观与文化不同。因此,每项工作的执行程序、方式这些事关重要的隐性知识也是组织要明确了解的。

(4) 组织的知识

有效解决问题的知识:当组织面临一个难题时应如何解决才最有效,组织面临一个重要的问题时应如何筹建危机处理团队,解决问题的程序与资源应如何设计和配置,这都是组织内部非常重要的知识。

组织重要的价值观、哲学与文化：任何组织都有着不同的历史、经营哲学和文化，这些理念会影响工作进行的方式是否被组织所接受。因此，组织应该清楚定义这些内隐的知识，让员工不会因违反组织文化而犯错或失败。

最佳实践：组织内部的最佳实践是组织重要的知识资产，定义出这些最佳实践，并在组织内部共享，对新员工培训、提高类似问题解决效率、组织文化的形成等都具有重要的意义。

2. 组织知识定义的主要目标

除了定义上述四大类知识外，学者 Brooking(1999)认为，在组织知识的定义方面组织应达到下列目标。

(1) 在静态的定义方面

① 定义知识的位置：知识组织内存在哪些重要的知识，包括员工、项目团队、工作流程及组织整体。

② 定义最佳实践：组织内最优秀的能力在哪里？谁最精通某些领域的专业？对于一些流程有哪个团队绩效表现最佳？组织内的最佳实践在哪里？

③ 相关文件与知识的获取：快速找到与某些议题相关的文件、蓝图、案例等各种知识存储的媒介，通过信息技术的支持，组织内的员工应该即时找到所需要的文件等资料。

④ 人际关系的了解：知道谁在哪个团队内可充分合作，因为每位员工的个性、心理特征都不同，因此，组织必须就其特征不同而善加利用，了解哪些人组成团队将合作愉快并发挥正面作用。

(2) 在动态的追踪与更新方面

① 追踪知识的流失：组织必须清楚哪些重要知识或经验会随着某位员工的离职而流失，并要确认有无后备的人手。

② 了解知识的流程渠道：整个组织应该明确掌握知识的流动种类，以及存在哪些正式与非正式的知识流动网络，又有哪些知识中介者，以及每个员工如何通过中介者或自己的人际网络寻找或学习所需的知识。

③ 追踪新能力：追踪及定义组织获取的新能力，要了解哪些员工最近受过哪些训练，引进了哪些能随时更新的知识存量。

3. 知识定义的重要原则

管理学家 Probst 等人(2000)认为知识定义具有以下重要原则。

(1) 知识的定义要有选择性：根据知识战略的指导，组织只需针对有价值的某些核心知识进行了解与定义，而不需全面展开，以避免员工产生知识超载，以及组织发生什么事都做，但什么都做不好的情况。

(2) 知识的定义内外部都很重要:除了上述的内部知识定义外,组织也要重视外部知识的典范转移,以 SWOT 模式分析自己现有的知识,并利用标杆学习明确自己与外部相比较下的知识缺口和不足之处。

5.2.3 组织内部知识的主要定义方法与工具

组织利用哪些方法或工具定义内外部的知识,综合学者(Steward,1997;Davenport 和 Prusak,1998;Brooking,1999 和 Probst 等,2000)的意见,其主要方法体系如图 5-2所示。

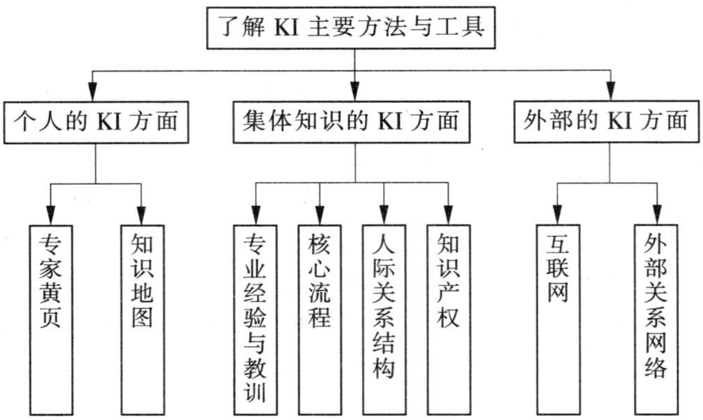

图 5-2 组织知识定义方法与工具体系

1. 个人知识的定义工具

包括两种主要的工具——专家黄页和知识地图。

(1) 在员工技能的定义方面

在员工技能的定义方面,是指专家目录或专家黄页(电话簿),主要记录了组织最常碰到的问题(what)、组织内外部最优秀的问题解决专家(who),以及这位专家位于哪里(where)和如何联系(how)。

(2) 在知识资源的定义方面

在知识资源的定义方面,可以用知识地图(knowledge map)来说明。

① 知识地图的定义与类型

知识地图是企业知识资产的指南,能协助使用者快速且正确地找到所欲寻找的知识。知识地图仅指出知识的所在位置或来源,并不包含知识的内容,其所联结的信息包括了人员、程序、内容以及它们之间的关系。

知识地图的类型主要有三种。

概念型(conceptual)——依据主题或概念所组织而成,只包含了描述性知识,即静态的 know-what 知识，主要描述某个事实或概念。

流程型(process)——依据活动流程所组织而成，包含了叙述性知识与程序性知识，程序性知识属于动态的 know-how 知识，主要描述某事的处理过程。

职称型(competency)——依据人员与知识间的关系所组织而成，也包含了叙述性知识与程序性知识。

企业的知识地图可能为其中一种类型，也可能包含了两种以上，不同的类型具有不同的功能与目的，应视其需要来决定。

② 知识的形态与来源

主要有三种，且各有不同的来源。

其一，显性知识，存在于文件、数据库、档案、书籍等一些外部储存体中，概念型知识地图的知识来源多为显性知识。

其二，隐性知识，存在于知识工作者的头脑中或一些难以分享的储存体中。流程型知识地图的知识来源包含了显性知识、隐性知识以及专家知识。

其三，专家知识，很多动态的流程尚未完全文件化，流程中各部分的专家知识，可能散落在各部门、企业、文件、人员间。职称型知识地图的知识来源多为专家知识。

③ 知识地图的呈现方式

知识地图的呈现方式有许多种，概念型与职称型的知识地图通常有三种适用的呈现方式，分别是阶层式(hierarchies)、分类式(taxonomies)和语意网络式(semantic networks)。而流程型的知识地图，其呈现方式则包括：企业流程图、认知流程图、推论引擎、流程图等。

④ 所支持的工作

不同类型的知识地图，适用在不同的工作性质上。概念型的知识地图，可以用来协助网站浏览、搜寻检索、主题学习、分类编目等工作。流程型的知识地图，则适用在最佳实务(best practice)的确认、问题的判断、制造作业、工程设计等工作。而职称型的知识地图，通常用来协助企业寻找合适的人员来组成项目团队、线上社群，或进行远程教学等。

⑤ 知识地图的制作

组织如何规划知识地图共有下列几个主要步骤(Probst et al. ,2000)。

a. 找出重要的核心流程：例如，客户关系管理(CRM)等组织重要的核心流程。

b. 找出与此流程相关的知识与专家，包括 CRM 相关的文件、资料库、知识库、专家和顾问。

c. 找出连接方式：对这些知识与专家设定索引与指标(index)，利用索引和指标连接人与知识的关系。

d. 利用图标：整合设定好的知识资产与专家，将其与相关流程相连接，并且制定图示(即知识地图)。

e. 设立分布式随时更新机制:每个知识地图应该有一个拥有者负责主导知识的正确性与更新性。

⑥ 案例:微软知识地图规划分析

有人把微软比作全世界最大的脑力压榨机。在这座知识工厂里,盖茨带领着员工使微软成为有史以来最具价值的知识创造型企业。

为了让这一群知识精英能够合作无间,微软的 IT 团队花费了相当多的时间和精力,建构起一套敏捷的知识管理系统,微软的人员"知识地图"可以说是这套知识管理系统的最佳代表之一。

这张"知识地图"是 1995 年 10 月开始制作的。当时,微软的信息系统小组开展了一项"技能规划与开发计划"。他们把每个系统开发人员的工作能力和某特定工作所需要的知识制作成地图,以便协助公司维持业界领导地位的能力,同时让员工与团队的配合更加默契。微软的这一计划分为五个主要阶段:为知识能力的形态与程度建立起架构,明确某特定工作所需要的知识;为个别员工在特定工作中的知识能力表现评分;在线上系统执行知识能力的搜寻;将知识模型和教育训练计划结合起来;对于员工的知识能力,微软采用了基础水准能力、地区性或独特性的知识能力、全球水准能力和普遍性能力四种知识结构形态来评估。

当管理者想为新专案建立团队时,他无须知道所有员工中谁符合工作条件,而只要向这个系统咨询就可以了。微软推动"知识地图"的做法,表现出公司管理阶层重视知识,并支持知识的交流。"知识地图"不但使员工更容易找到所需的知识,也表明企业知识属于企业全体而非个人。

知识地图只是一种运用工具,重点是企业应正视知识管理这个议题,将散落在组织内的知识整合起来,予以有效地管理与维护,让员工能够充分地存取、分享与再使用这些知识。在知识经济的时代,唯有不断累积与创造智能资本,才能维持企业的竞争优势。

(3) 应注意的事项

在制造专家黄页或知识地图时,必须注意以下三个问题。

① 知识定义必须有选择性和限定范围,不能全部一起施行,要具有成本和效益的概念。

② 必须注意员工个人的隐私权:专家黄页或知识地图内容不一定越多越好,如果侵犯到个人隐私权,员工可能只提供一些不重要或错误的信息,那么专家黄页或知识地图的功能就无法体现。

③ 知识地图是动态的,企业必须指派专人负责知识地图的维护与更新,才能发挥知识地图的最大效益。例如,某位员工离职后,公司很可能会失去部分知识资产,或是当某位员工接受了某个课程的培训后,公司的知识资产会增加,这些情况都会使得知识地图的联结与关系发生变化。另外,企业应保留过去不同时期的知识地图,以观察企业知

识资产与知识需求的变化。

2. 组织集体知识的定义

(1) 集体知识的基本概念

集体知识(collective knowledge),是指存储在集体团队内,由成员通过彼此商量、互相贡献、相互作用和共享,而产生一种具有整体性和不可分割的知识。例如,一个知识管理执行非常有效果的团队,其间包含了成员间良好相互作用的网络关系、游戏规则、共享的价值观、文化,以及团队执行任务的特定流程等。集体知识并非各个成员间所有知识的总和,而是一种通过共享、头脑风暴所创造出来的 1+1>2 的效应,这就如同结构资本及顾客资本,是隐藏在团队工作流程、管理制度与文化之内,员工带不走的知识。

组织的竞争优势常依赖其是否拥有难以模仿的竞争核心能力,而这些核心能力本质上就是一种隐性的结构资本,即集体知识,其对于组织的重要性远大于某几个知识丰富的个别员工。例如,根据 Bontis(1999)的研究,人力资本必须通过结构资本的形成才能影响企业绩效,如果拥有丰富知识的员工不努力工作,对工作没有任何贡献,那么其对组织是不会产生任何绩效的。

集体知识也由于牵涉的成员个人知识间的相互作用和共享,并产生综合效果,且具有不可分割性,再加上成员的流动,因此相较于个人的知识更为隐性、复杂、没有结构,较难定义及搜索。综上所述,集体知识具有不可分割性、集体共有性、容易流失性、效应性和内在性等特性。

(2) 集体知识的主要定义法

组织的结构资本或集体知识最佳的存储地方包括组织的核心流程、组织的专家经验、组织内的知识产权和组织内的非正式人际网络结构。

① 组织核心流程知识的主要定义方法

组织核心流程(core process)知识定义的主要方法是能力地图(competence map)的使用。由于流程是个很复杂的综合体,牵涉许多的活动、人员、角色、管理、工作方式及各种不同的专业与知识,因此要定义和记录这种类型的集体知识,就需要更复杂的知识地图,"能力地图"就是其中一种。

"能力地图"是 Hoffman-La Roche 制药厂为了记录过去团队专家的经验,改善新药申请上市的流程所开发出来的一种定义流程知识的工具。它以核心流程为中心,定义出整个流程相关的重要议题和它们之间的关系。下面举例说明。

- 重要专家:最懂整个流程的专家是谁?
- 重要知识:这个流程有哪些重要的相关知识、文件、表格和蓝图?在哪里可以找到?
- 重要方法:有哪些与此流程相关的重要的里程碑、执行的步骤和方法?
- 重要教训:这个流程过去最容易失败的地方在哪里?如何特别注意?需要哪些知识?需要向谁请教?

- 重要成功因素：这个流程最主要的成功因素在哪里？应该如何掌握？要由哪个有经验的专家来负责？

除了定义上述重要议题外，还需要归纳和整合它们之间的关系。例如，专家与知识、知识与流程步骤、流程步骤与教训及成功因素等，并且要将其用电子化形式整理和存储。由上述可知，这个工具包含了团队显性的知识与隐性的知识。

② 项目经验知识的定义法

项目团队是指组织为了完成一个偶然的、全新的、单一的和非例行性的任务而临时组成一个团队，在任务达成后此团队随即解散。这是目前一般公司最常运用的一种组织结构和工作执行方式，而项目的成败也常常对组织的生存产生很大的影响，因此这种集体知识便更显重要。

项目知识之所以不容易定义与记录，其主要原因如下。

- 项目团队是临时组织：任务达成后随即解散而使集体知识随着员工的离去而流失。
- 项目单一性、偶发性、非例行性：由于不是每天例行的工作，因此与此相关知识的记忆不深刻，在此单一任务完成后，成员很快就会遗忘了过去的经历。
- 成员来自各地：尤其是跨国团队，若解散后人员分散于世界各地，更难以整合其经验。

学者 Davenport 和 Prusak(1998)主张应该以故事的方式说明项目执行上的经验及教训，而不应以结构化的资料库(DB)或表单作存储。以故事说明案例的主要优点有下列几项。

- 清楚地了解案例完整的来龙去脉：易于记忆并值得回味。
- 高度的人性化：感性地描述情节，并能与员工日常生活经验密切相关而使员工易于产生共鸣，比抽象、生硬的资料库(DB)、表单更吸引人。
- 不受结构限制：对复杂的知识可以无限制地说明清楚，不像格式化的资料库、表单那样受格式的限制。

例如，Mckinsey 咨询公司为了避免后来执行项目的成员重蹈覆辙而建立一个支持项目的知识管理工具，称为快速反应网络(rapid response network)，除了以故事的形式描述过去项目所获得的经验与教训外，其主要功能是，项目结束后要求成员记录此次项目所获得的经验与教训；有需求的员工可以随时得到所需的相关报告，以及遇到问题时可以随时找到这方面的专家。

(3) 组织知识产权与无形资产的定义

组织内存在许多有价值的部分，如专利权、品牌、商标和许可证，这些是组织拥有的集体知识，却常常未被妥善管理。这样做面临的主要问题包括：无法评估其目前具有的价值潜力，没有切实充分利用以增加组织的收益，未检讨或更新未来可能利用的情况。例如，Dow Chemical 与 IBM 就因为重新检讨、定义及管理这些无形资产而获得相当大的收益。

(4) 定义组织的非正式人际网络结构

① 非正式人际网络的基本概念

非正式人际网络，是指组织员工不管是个人执行工作，或因群体合作组成团队，当其遇到问题时都常常会利用私底下、非正式的咨询对象与沟通网络获取知识。这是组织最重要的集体知识与行动的创造来源，它对组织运作绩效的影响比正式的组织结构更普遍，也更重要，但这个重要的议题却很少有组织去了解。

管理学家 Krackhardt 和 Hanson(1994)提出了非正式人际网络的概念，希望以此来了解组织内的员工如何通过非正式的网络进行沟通、咨询及获取所需要的知识。

② 3 种重要的非正式人际网络

两位学者认为通过下列的询问与分析，组织可以构架出 3 种非正式人际网络。例如，你每天与谁讨论？你每星期至少一次会向他咨询有关工作上的问题吗？有哪个同事的工作你只要一天的准备时间就可以接手？当你谈到工作上的问题时，你认为谁会保密？

针对上述这些问题，Krackardt 和 Hanson(1994)结构出下列 3 种非正式人际网络。

咨询网络(advice netword)：咨询网络是指组织成员间互相请教所构成的知识传递网络。从这个网络中可以发现，当组织有问题或需要某种知识(信息)时，最受认同及喜欢请教的专家是哪一位。

信任网络(trust network)：信任网络是指组织成员间的信任关系所构成的网络。由信任网络图可以了解员工们对于一些敏感性问题最信任且彼此会联合作战的“死党”是谁。信任网络图所要引申的是，如果要组成团队，应该如何寻找彼此信任的成员，而切勿将彼此猜忌的成员组合在一起。如果彼此钩心斗角，即使具有再好的个人知识与能力也会耗损在斗争上，这样会影响整个团队的绩效。

沟通网络(communication network)：通过了解员工每天谈话的对象和频率构架出员工间沟通网络。

③ 非正式人际网络的引申与利用

从上述 3 种非正式人际网络的分析，组织可以定义出以下问题。

找出私底下大家最信任的人；找出私底下大家最常请教的专家；找出私底下缺乏团队精神、孤立的人，以及找出私底下常一起讨论、合得来的人。

除了可以找组织内的专家外，更有价值的是可以帮助组织有效地组成内聚力强、互信程度高的团队，这是专家成功最重要的基础。因此，人际网络的定义在知识管理上非常重要。

5.3　组织外部知识定义与获取

组织为了解和弥补战略的知识缺口，除了寻找内部已经存在的知识充分利用外，还要快速有效地找出外部环境存在着哪些需要的重要知识，以及这些知识存储的位置和如何获取。

5.3.1 组织外部知识定义概述

组织为了实现对外部环境的快速反应，必须快速找出组织外部有哪些是组织需要的重要知识或新涌现的知识，并知道这些知识在哪里，需要通过哪些渠道寻找。

1. 组织外部知识定义的意义

外部知识的定义包括对环境的了解、分析与学习等问题。对组织外部知识缺乏有效定义，将产生以下的后果。

(1) 无法了解外部环境的重要变化。组织如果不清楚外部有哪些产业上重要的、新的技术与知识，无法及时发现新经营典范的转移，或了解哪些重要的知识急需引进，则很容易被新时代的竞争方式所淘汰。因此，组织对于外部环境，例如政治、经济、社会与技术等方面应投入相应的注意力。

(2) 组织无法分析本身知识的SWOT。组织如果不清楚外部新知识出现后所产生的机会与形成的威胁，不了解自身在知识资源上的优势与弱势，那么在以知识为竞争武器的21世纪必将面临很大的危机。

(3) 组织无法有效进行标杆(benchmarking)学习。标杆学习是以产业内最卓越的组织为标杆，了解组织自身与标杆之间的知识缺口，以弥补该缺口作为组织中最优先进行的工作与方向。

2. 组织外部知识源

外部知识的主要来源如图5-3所示。在图中说明的是组织能够接触到新知识的各种主要渠道，组织必须密切地与这些单位或渠道保持高频率的相互作用才能了解整个产业与技术的动向；不能闭门造车、耗时费力地研发出外面已证实没有效用或早已可以在市场上低价取得的知识和技术。

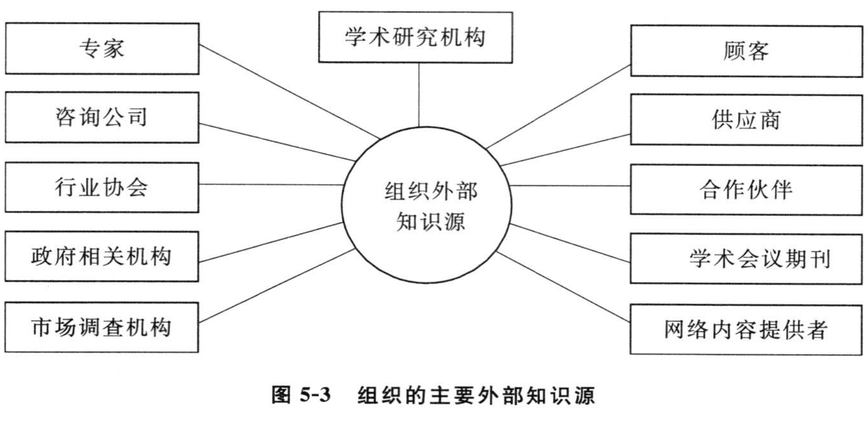

图5-3 组织的主要外部知识源

5.3.2 组织外部知识获取的主要方法

知识的外部获取是指组织通过外部市场的采购、战略联盟的合作或与相关团体间非正式地交流而获得外部有价值的知识。外部知识的获取对组织而言,依其关系密切程度大小,可分为网络获取、调研、公开市场采购、非正式合作互惠交流和正式战略联盟五种主要方式。

1. 网络获取

互联网已经成为人类最大的知识资源库,并成为人们获取知识的最重要的和首选的途径。"(国)内事问百度,(国)外事问谷歌"几乎已成为知识型员工的一种习惯。企业可通过互联网获取关于人才、产品、技术、市场、政策等各方面的知识。目前,企业可以利用以下工具从互联网获得知识。

(1)搜索引擎:通过输入关键词获取相关网页或文档。基于语义的内容和多媒体搜索技术已经取得重要的进展,随着内容和多媒体搜索引擎的成熟,信息和知识搜索的查全率和准确性将会更高。

(2)网络沟通:通过在BBS、聊天室或主题虚拟社群交流或征集问题答案而获得所需要的知识。

(3)Web挖掘:利用统计方法和/或人工智能技术从网页抽取信息,经分析综合后形成所需要的知识。

(4)个性化知识服务:根据用户的兴趣特征和历史行为,利用软件技术为用户推送知识。

2. 调研

调研仍然是组织获取外部知识的一种重要手段。调研对象包括文献调研和实地调研;调研的方法主要有问卷调查法、访谈法和联合会议法。调研法所获的信息通常是比较准确的,但是获得的信息量有限,成本较高。

3. 公开市场采购

通过自由市场的价值机制,通过招聘专家、企业并购、知识外包和购买相关的知识产品等方式进行采购。

(1) 招聘专家

即招聘拥有所需知识的专家。

优点:组织在知识获取的速度上更加快速,不需要浪费很多的资源和时间培训人才及自行研发外部已经存在的知识。

缺点:新招聘者与现有员工间可能会不愿意合作。

应注意的重点:要招聘拥有差异性专长的员工,即招聘具有不同文化、不同背景和价值观的员工,因其差异性较大,可以借此促使团队用不同的观点来思考问题,也可以挑战组织过时、僵化的行事成规。例如,有些公司在招聘新人时,会特别挑选与目前团队成员的性别、教育背景、个性和人格特质不同的人。

(2) 企业并购

并购拥有知识的企业是企业获取知识最直接的方法之一，但在并购的过程中可能会出现下列问题。

① 人员流失

组织在并购时需要注意人力资本是否会流失，要明确知识到底存在于哪里。例如EL Product 日光灯公司在 1998 年收购 Grimes 公司，是为了获得高质量电灯生产的知识，但因 EL Product 日光灯公司在并购过程中的经验理念与条件无法令老员工满意，致使许多老员工相继离职，造成整个流程团队的技能变质，无法恢复过去优秀的生产能力，而导致最后全面失败。

② 生态改变

组织在并购时因组织企业文化与生态的改变会使得知识无法生存。因为知识、员工、环境三者是一个有机的关联体，每种知识只能生存在它所适合的环境下，若在并购时破坏、改变了组织生态，就会使原有的知识无法生存。例如，并购后的领导方式、互信文化、团队精神、薪酬制度、工作气氛和公司的价值观遭受巨大的改变时就会使原有的知识消失。因此，在并购之后要有效地维护原本生存的环境才能避免破坏原有知识的生命力。

③ 文化冲突

并购时新知识常常因为文化、利益等因素而很难融入老公司，原因有以下两个。

老员工排斥新员工：如果新知识较为优秀就会产生威胁或利益冲突的状况，而使老员工排斥新员工。

被并购者排斥并购者：并购者若有征服者的心态，并企图以新的文化和制度改变公司，则被并购者会产生抗拒的心态。

总而言之，并购的关键成功因素(CSF)包括下列几点：正确地搜索与评估所需的知识；保护原有的环境与文化；保留重要的专才，以及平稳调和新旧文化与知识。

(3) 知识外包

知识外包(outsourcing)，是指通过合约的签订由承包单位负责研发所需要的知识，主要包括以下两种。

① 产学研合作

由公司财务支持研究单位换取研究成果的应用权。例如，Hoeschst 制药公司支持麻省医院在分子生物学上的研究以研发新药，等到将来产品研发成功后取得优先应用权。

② 顾问咨询

组织对于自己缺乏的知识，可以通过签约的方式由顾问公司提供咨询来获取，但也会产生以下问题。

忽略知识转移：由于知识常常在专家撤回而消失，那么许多公司完全忽略了知识的转移，只求当时能解决问题，即对于建议而非知识本身有兴趣，在下次碰到类似的状况时当然还是不会解决。所以在寻找咨询公司时，不仅要解决当时的问题，同时知识也要转移。例如，在合约中注明顾问所提出的知识需要通过训练或必须是经过结构化整理以形成文件的形式进行转移。

员工抗拒：当咨询公司以强势、优秀和先进的新技术进入公司时，容易使员工产生贬抑的感觉，由于双方背景和文化不同也常会产生冲突。

(4) 购买相关的知识产品

购买相关的知识产品(acquire knowledge product)主要包括以下几种方式。

① 购买知识产权

例如，购买专利、授权及特许加盟权(licenses and franchise)，这种方式可以快速弥补知识缺口，利用市场已经得到证实有效的知识产品。

② 购买设计蓝图

购买产品的设计蓝图也是一种能够快速获取产品的方式。例如，1982 年日本工程师偷窃 IBM 电脑的设计蓝图快速设计出领先 IBM 上市的产品(最后被判罚了 3 亿美元)。

③ 逆向工程(reverse engineering)

组织可以通过对产品、信息系统等成品的拆解了解其内部整体设计结构及所使用的模组或零件组合的方式。例如，某家电公司对三个主要对手的优势产品拆解后，了解其内部的设计构造，并综合了这三种产品的优势，自行设计创造出成本更低、质量更佳的家电产品。

4. 非正式合作互惠交流

除了购买外，组织也可以通过非正式的人际网络关系和外部相关者进行知识交流，其主要方法有下列几种。

(1) 与顾客的知识交流

① 焦点团队(focused group)

由组织内重要的顾客组成焦点团队，以便深入讨论并提供产品及市场需求的知识。

② 网络虚拟社群(virtual community)

提供良好的意见沟通渠道。例如，由企业主导，在网站上组成顾客的虚拟社群，鼓励顾客提供与产品相关的意见与重要知识。

实地了解：企业通过实际观察进一步了解顾客的作业流程、工作方式，如何使用企业的产品，其经营的关键成功因素是什么，并在现场直接与顾客讨论，使得双方不只是短暂的交易关系，而是一个密切配合、交流知识的生命共同体。

CRM 系统的运用：通过 CRM 系统与顾客进行即时的、相互作用的在线协同设计，搜索反馈信息、建议及抱怨，并利用信息技术分析顾客的采购行为。

向早期使用者学习：早期使用者指的是一些具有冒险性、喜欢尝试的顾客，由于其在产品早期上市时便率先使用，因此常会发现产品的瑕疵、问题、创新及有效的使用方式等。因此，通过与这些顾客的密切联系，组织可以在早期就获取许多有关产品使用的珍贵知识。

(2) 与供应商的知识交流

① 供应商参与实践

例如，日本丰田汽车公司在知识交流方面的做法是：丰田汽车公司组成供应商协会，只有愿意共享最佳实践的供应商才能加入，加入的成员要开放工厂让其他供应商参观，每日共享各公司的新做法。丰田汽车公司60位工程顾问被派驻到各供应商，合作发展最佳实践，并通过轮岗共享和扩散最佳实践。丰田汽车公司投资各种供应商，董事在公司与供应商之间轮岗促进交流新知识。这个做法可以达到上下游共享知识，供应商同业公开讨论共享知识，各公司共享战果，把供应商当作创新的伙伴，使供应商依赖形成的生命共同体。

② 在线协同商务(collaborative commerce)

是指供应链的上下游伙伴之间利用Internet在线实时地合作。主要包括：协同设计(collaborative design)、协同规划/预测(collaborative planning/forecasting)、协同销售/销售(collaborative marketing/sales)等，合作的伙伴可以通过这些在线协同的机制快速地交流知识和信息。

5. 正式战略联盟

组织可以通过正式长期合约的关系、入股、合资等方式与其他组织进行正式长期的知识共享、交流和合作。这种战略联盟的合作关系使双方分别提供并共享各自专长的知识，创造一个共赢的关系，这是21世纪专业分工网络型组织最主要和最普遍的现象。

(1) 战略联盟的基本概念

战略联盟是指双方(或多方)为了造成双赢的战略目标，通过正式的协议，彼此贡献并共享双方的资源利益共同体。战略联盟根据其正式化与密切程度的不同，分为长期合约关系、网络型组织、入股和合资，越靠后者的关系密切程度越高，如图5-4所示。

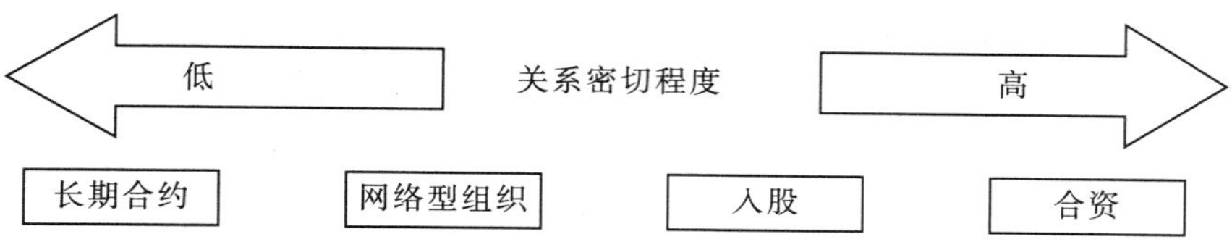

图5-4 策略联盟的不同联结方式

网络型组织(network organization)，是指通过正式的协议，多家组织为了某特定产品的销售或服务的提供彼此分工合作，整合成一个虚拟式的组织。例如，Dell公司整合全球各地的电脑零件供应商、制造商、货运公司和维修公司经营电脑产品的销售与服务。这种因产品销售的成败影响所有相关的成员所形成的联结方式称为生命共同体的关系。关系密切程度只限于合约项目上合作的长期合约型，因为除了合约项目外，其余方面各方都不相干。

（2）影响战略联盟知识交流效果的重要因素

联盟型的知识交流失败的案例远超过成功的案例，主要影响因素如下。

① 交流知识的特性

知识的重叠性(overlap)：合资共同创新产品的双方在专长技术上的知识如有重叠部分，就容易加速双方在共享知识时产生交集，并进行知识的交流共享。

知识的互补性(complementary)与差异性(cross-citation)：重叠性与差异性两者目标是相互冲突的，因为若重叠太多会降低创新，而差异太多则在交流时会产生问题，因此双方应注意基础层次的重叠性与应用层次的差异性，两者要保持适当的平衡。

② 双方背景的相似性

除了知识的特性外，交流的效果也需要注意双方的背景，原因如下。

知识的内在性：双方原有专长的知识常具有隐性、复杂性、专门性(specific)和经验性，因此，不是客观外化的标准化知识。

共享的背景与认知结构：越是隐性的知识，双方背景(即为社会资本理论的认知侧面)越相似就越容易吸收。背景包括双方组织的文化、管理制度、知识的处理程序和决策方式等。此外，双方的认知结构、思考方式和语言越相近，就越有助于彼此知识的交流与吸收。

③ 双方交流相互作用的特性

除了知识的特性、组织背景的特性外，另一个影响交流效果的就是双方相互作用的特性(即社会资本理论中的关系侧面)，包括以下几方面。

互信与承诺的程度：双方都愿意忠实地实践合约上的义务，为对方的利益着想，相信对方的承诺。在此种氛围中，双方有价值的知识才会充分地提供出来。

投机的行为：如果双方都只想吸收对方有价值的知识，而不想提供或隐藏自己的核心技术部分，就只能交流一些没有价值的知识，无法达到双赢。

泄密的行为：双方为了本身的利益泄露了对方的知识机密，则会产生彼此不信任、投机或隐瞒的恶性循环。

④ 双方私利与共同利益的平衡性

双方的知识交流合作都会产生以下两种利益。

单方的私利：是指某一方从另一方得到知识后，私下对自身的技术、研发与产品创新的水准进行提高，以及竞争优势提升所产生的单方面利益。

共同的利益：是指因为战略联盟合作后，双方通过知识的共享共同创造出来的共同利益。例如，合资共创的新产品所产生双方可以共享的利润。

而在战略联盟的合作中，通过知识的共享所形成的私利与共同利益比例(也就是私利同共同利益的比率)如果过高,那么某一方就会为了获取大量的私利而采取投机行为。反之,如果双方创造新知识的获利潜力,远超过任一方私下吸收新知识所创造出来的价值时,则双方都会忠实地执行合约所规定的合作事项,而较少有投机行为。

⑤ 双方战略联盟的密切度

从有股权的相互合资关系到只是长期的合约关系,如果双方的关系越密切,以及承诺程度越高,与只有长期合约的联盟相比,其知识交流程度与效果都将更佳。

⑥ 合作对象与知识对象的合适性

主要的考虑重点包括:双方要能定义并选择出对自己最有价值的知识和存在的确实位置,以及是否为对方所拥有;双方要能清楚地评估对方在这方面的能力、知识的深度与广度,以及质量、口碑如何;双方要能选择出与自己最能够合作愉快,且能产生默契与信任的好伙伴。

⑦ 合作时间的长短

刚开始的合作,由于双方对新知识与技术的市场不熟悉,彼此也没有合作的经验,还未产生信任,因此,常常以关系密切程度低的合约方式试探对方,合作范围仅只限于条款,其他行为则不受限制。等到双方合作配合一段时间,彼此产生互信与默契后便会进行更为密切的合作方式,投入更多的资源进行共享,知识交流的深度与密度,以及互补和综合效果都将随之提高。

5.3.3 组织外部知识获取的主要优缺点

1. 组织外部知识获取的优点

(1) 速度快:对于已经存在的外部知识将提高获取速度。例如,许多管理咨询公司已经有非常好的业务流程重组、知识引进管理等经验,相对于由内部自行学习、创造和开发,组织外部知识获取将可能大幅度缩短时程。

(2) 质量好:由于专业分工,造成知识质量及专长上各有差异,例如 IBM、HP 等信息公司的电脑知识,无论战略、信息技术结构和引进方法都是其专注经营的核心能力。因此,创新性、突破性和质量方面较其他企业优秀许多。

(3) 成本低:由于经济规模与成本的差异,专业组织由于提供知识服务或销售的顾客较多会形成规模经济使成本分摊。例如,许多大型咨询公司所提供的在线知识库投资巨大,一般的组织虽无法自制,但可以通过订阅而廉价取得。

(4) 能力强:相对于专业厂商,某些知识需要长期的经验积累和大量的人力、物力及财力的消耗,而许多组织自身并不具备这种能力。

(5) 避免闭门造车:如果组织都只是由内部创造知识,久而久之,在欠缺外部新知识的刺激下,员工、团队间的思考模式和参考结构会逐渐僵化,形成集体盲点(collective

blind spot),即只选择自己熟悉、习惯的解决方案,而忽视一些重要的外部知识。

2. 组织外部知识获取的缺点

(1) 组织失去创新的能力:组织太过依赖外部知识的获取会因此丧失了创新的文化、动机与能力,而永远成为跟随者,无法形成以创新产品来达到先占市场的优势。

(2) 打击内部员工的士气,产生冲突:在打击士气方面,员工无法提升创新、研发的能力与潜力,这种外来和尚会念经的现象会影响其自尊心、工作满意度与士气。因此,内部员工会对外来的知识产生很大的抗拒,造成误用和抗拒学习等冲突问题。此外,也会有内部员工看不起外来知识而不愿学习的情况。

(3) 适用性与整合问题:每个知识的产生都与其他特殊的组织文化、经营理念及团队合作方式有关,尤其是一些较为隐性的知识更难以作有效地移植。例如,日本的销售知识与技巧很难有效地移植到美国;许多咨询公司常将制度、标准、套装的知识一成不变地引进组织,而大部分遭受到失败的命运。此外,外部知识与内部既有的知识,由于彼此根本的思考哲学与基本假设都不同,如何使两者有效地整合成为一大难题。

(4) 核心能力与差异化的问题:根据核心能力理论每个组织都必须掌握比别人更佳、更有价值及难以模仿的核心能力,如果这些能力是组织无法自行创造的,仍须依赖外部取得,组织就无法掌握主导产品未来的创新,从而产生差异化的优势。

(5) 组织吸收能力的问题:根据吸收能力理论(Cohen 和 Lerenthal,1990)并不是每种外部植入的知识组织都有能力吸收,组织本身是否具备扎实的相关知识吸收新知识是对组织的一大考验。许多优秀的外部知识的引进,会因为接受者的"消化不良"而失败,或者在知识的深度与广度上与原来的理想相差甚远。

(6) 交易成本的问题:组织为了获取外部有用的知识,投资许多资源寻找合适的对象、协调沟通、监控对方的合约履行并防止对方投机行为等,尤其在知识复杂时,更需要花费大量的监控和协调的交易成本。

5.4 组织的知识创造

组织知识创造,是指除了由外部获取所需的知识外,组织内部的个人、群体及整体,通过各种不同的方法(包括创意、实验、教育培训、谈论及互动等)增进、强化原有的知识,或创新开发原来不存在而对组织有价值的新知识。

5.4.1 组织知识创造的分类

组织知识创造的分类方式很多,下面介绍三种重要的分类方法。

1. 个人知识创造和集体知识创造

(1) 个人知识创造：是指员工个人通过学习培训、个人的创意或直觉，以及相互的讨论所产生的新的个人隐私与显性的知识和技能。

(2) 集体知识创造：是指通过员工间的互动、分享和谈论，进而产生存储在群体团队或作业流程中不可分割的集体知识，不属于任何特定的员工。

个人知识好比树根，而集体知识就如同树干和树叶，前者自身必须转化成后者才能形成组织的价值和对外竞争力。

2. 产品、流程和社会人文的创新

Nonaka 将组织内部知识的创造概括为产品创新、流程创新和社会人文创新。

(1) 产品创新，即利用新知识创造出新的产品(服务)。

(2) 流程创新，即利用新知识创造出更有效率的新流程。

(3) 社会人文创新，即利用新知识改善组织的文化、管理、士气及合作精神，提升人文方面的效果。

目前组织知识的创造最注重产品创新(如设立 R&D 部门)和流程创新(如 BPR)，不太重视社会人文创新，这是只重视有形资产而不重视无形资产的另一个例子。

3. 隐性知识的创造和显性知识的创造

隐性知识的创造包含认知与技能两种元素。认知元素是指人类的思维模式，即在其脑海中的参考框架、价值观、基本假设及自我观点等，这种创新主要是由分析中学习(learning by analysis)。技能元素指的是手艺、技能及专有权等，这种知识的创造主要是由“干中学”(learning by doing)和培训，并借由自己实际经历才能体会到的知识。

显性知识的创造：组织通过隐性知识的外化可以创造出许多有价值的蓝图、信息系统及方式计划，这些都属于显性知识的创造。

5.4.2 组织知识创造的重要理论

最著名的知识创造理论是野中・郁次郎的 SECI 模型，该模型在第 2 章进行了介绍。此外，组织知识创造的学习理论和 Leonard-Barton 的组织核心知识构建模型在学术界具有重要影响。

1. 组织知识创造的学习理论

组织知识的创造有两种主要方式，一种是已有知识的充分利用；另一种是新知识的探索。

在既有知识利用方式下，组织采用的是单循环学习模式，即通过“干中学”的经验学习，但这并不会挑战工作设计背后的价值观、基本假设与思维模式，仍然是在既有的经营哲学与理念的指导下进行体制内的改革，这种改革是渐进式的，而不是突破性、跳跃式的改革，例如全面质量管理(TQM)。

而新知识探索的主要目的是组织不断地追求自我超越，以具有突破性、跳跃的方式成长，希望在产品与技术上的创新方面不断领先对手、领导产业，形成对手难以跟上的竞争优势。组织的学习方式主要是通过理论的演绎、归纳，并由分析中学习或直觉创意寻求具有突破性、根本性的新知识与新方法，挑战既有的经营模式与工作流程上的基本假设、价值观与诠释框架。

两者的主要区别如表5-2所示。

表5-2 新知识探索与既有知识利用的比较

特 性	新知识探索	既有知识的充分利用
战略目的	创新、先占优势、领先对手	既有知识资源的充分利用
组织的学习方式	双循环学习模式	单循环学习模式
适合的情境	动态的新兴产业	静态的稳定产业
实施的重点	冒险挑战的文化	流畅的知识管理流程和弹性
优点	难以模仿的创新先占优势	成本低、风险小、成效快
缺点	风险大、成本高	报酬低、进步有限、过时技术

在产业经济与竞争方式的交流中，有两个谈论科技的改变与组织适应学习的重要理论：一个是学习曲线理论，另一个是范式转移模式。前者为单循环学习和既有知识充分利用的典型代表，后者为双循环学习和新知识探索方式的典型代表，现分述如下。

（1）学习曲线

学习曲线(learning curve)是1930年由一群飞机制造厂商所发现的，它说明了当积累产量增加一倍时，飞机制造成本反而下降30%(只是原来的70%)，且学习效果会以复利的方式像滚雪球般越滚越大，即当飞机产量增加两倍时，其成本因累进学习率(learning rate)的效果，而下降为原来的49%。这种成本下降的主要原因是工人、管理者、销售人员和顾客都会将以往的经验和积累的专有技术，更有效地运用在下一次的生产上，达到熟能生巧的目的。当然，这种现象也会随着时间的演进和资源与技术的先天限制而递减，如图5-5所示。

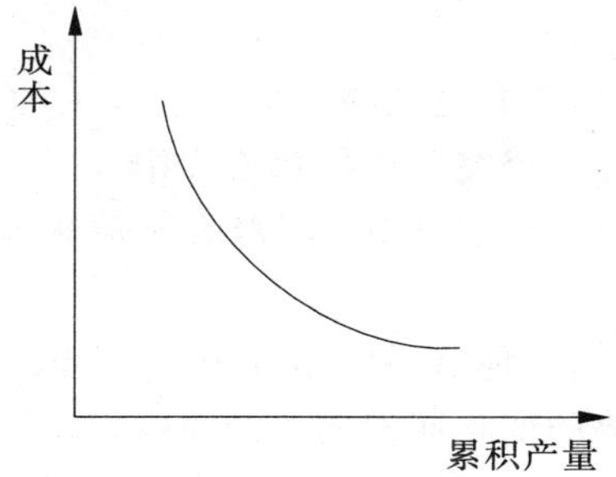

图5-5 学习曲线(示意)图

学习曲线理论的特点如下。

- 单循环学习：学习曲线描述的是在同一作业流程基础下，不断学习和改善运作的效率，并非挑战目前流程的存在价值。
- “干中学”：学习曲线是由相关人员从实际工作中学习改进，并非理论上的创意。
- 各企业效果不同：每一个产业甚至每个企业的累进学习率都不相同。在相同的时间内，要由企业本身员工的素质、企业的知识基础和学习能力来决定。
- 各种不同的效果呈现：学习曲线的效果各有不同。如降低成本、缩短生产时间和提升品质等方面。例如，半导体随着时间的演进，在产品功能和品质方面越来越好，而成本价格越趋降低。

(2) 范式转移

① 范式转移的基本概念

范式转移(paradigm shift)是传统的营运模式被具有突破性的新模式完全取代的一种现象，它是一种非连续性(discontinuity)、跳跃式的转换，不同于一般的学习曲线是在同一曲线内连续性的效果改善，而是跳到另一个学习曲线。企业的“范式转移”就是企业面对外部环境、科技的突破性改变，企业对其经营产生一种本质上的新假设，包括组织结构、文化、科技、管理、员工、生产、市场、价值及顾客关系等各方面的重新定义。

学习曲线说明了企业的经营会因为所拥有的经验越来越丰富、员工的技能知识越趋成熟，而使整个组织流程越具有效率。但范式转移强调的是不同学习曲线的转换。如图5-6说明了信息传递技术的范式转移。刚开始传递信息是依靠马车进行，此时的竞争优势决定于驿站的多少和马匹的品质。在这个学习曲线中，所有的竞争者比较的是马匹及驿站的优劣，但是当有突破性的科技产生时，整个范式便向下移动。例如火车发明后，刚开始或许由于成本高、使用者少、技术未成熟，不具有经济规模，所以其成本和效益比值不如马车，但当火车的发展日趋成熟后，范式逐渐向下方移动，马车的经营模式便永远无法与火车相比。同样，当电报发明后，以火车传递信息能力便无法与电报相比。

② 范式转移的特性

- 双循环学习：范式转移并非是在同一学习曲线上的单循环学习，而是挑战、跳离原来作业流程到另外一个突破性的新流程中。
- 创意研发而不是“干中学”：“干中学”着眼于原来流程的改进，而不是跳跃式的创新。
- 杀手应用：范式转移是一种杀手应用(killer application)，即新科技成熟后，旧科技由于赶不上新形势的变化而遭淘汰的命运。

③ 范式转移的启示

对企业而言，范式转移最重要的启示是在原来经营模式的某一点上，必须注意新技

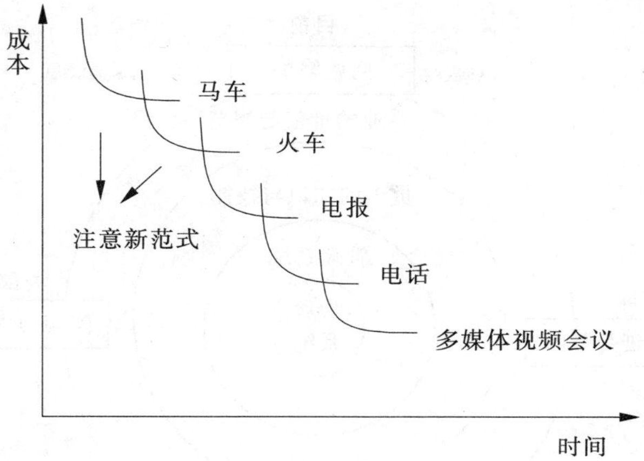

图 5-6 信息通信技术的范式转移

术的产生。以上例子说明，如果没有注意到火车的出现，还停留在马车这个经营模式上求改善，那么当范式向右下方转移时便永远无法赶上，即企业的经营模式应居安思危、先知先觉，公司内要有一个科技雷达（technology radar），随时注意新范式的可能产生及生存的危机。许多企业常沉溺于目前成功的安乐状态，而忘记了下一波新技术范式来临后，目前的经营模式是永远无法赶上的。一个典型的例子是手表工业，1950—1960年，手表是瑞士机械表的天下，市场占有率大约是60%～70%。后来有位瑞士人发明了石英表，但是瑞士钟表业没有注意到这种范式转移，仍然停留在原来机械表霸业的学习曲线上，力求往右下方移动，而忽视这个跳跃、转移的新机会。这时，日本的钟表业注意到这个范式转移，认为这个将来一定会取代机械表，因为它具有更精确的品质，因此日本把整个机械表的事业转移到石英表上。结果，到了1970—1980年，日本成功地取代了瑞士钟表的霸主地位而达到市场占有率的70%。

2. Leonard-Barton 的组织核心知识构建模型

知识管理的著名研究者 Leonard-Barton（1995）研究组织如何建立知识和核心能力时，提出了如图 5-7 所示的组织知识构建模型。此模型主要描述组织采用如何面向内部、外部、目前和未来的 4 种知识创造方法来建立核心能力，这 4 种方法要视组织不同背景和需求来平衡发展。同时，组织也要配合这 4 种背景的发展形式提供合适的环境。

（1）组织核心能力的内涵

核心能力是指组织内的一种特别的知识、技能，通过这种知识和技能，组织协调其内部的各种生产技巧并使组织的多项技术能够融为一体。核心能力是组织竞争优势的重要体现。

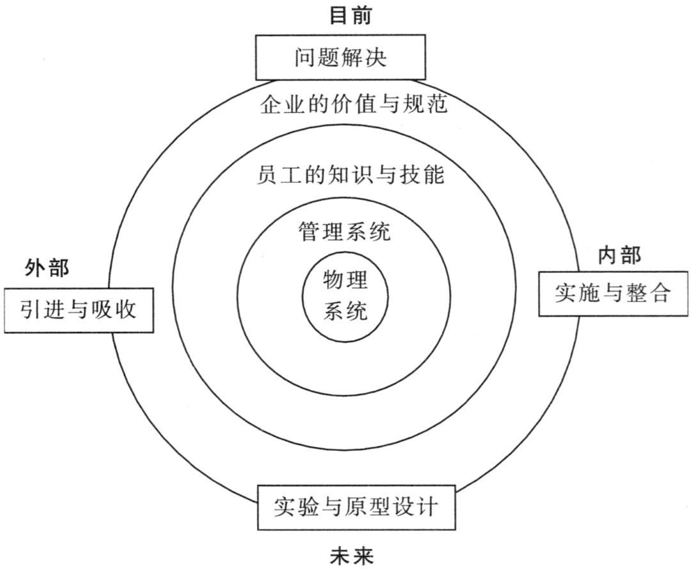

图 5-7　组织核心能力与知识构建模型

（资料来源：Leonard-Barton，1995）

如索尼公司的微型化技能、飞利浦公司的光媒体技术都可以称作是这些公司的核心能力。核心能力强调的是一种技术融合，如把无线电设备设计在一个小芯片上，这个理论知识本身，并不能保证公司拥有生产比名片还要小的微型收音机的生产技能，为了具备这一技能，卡西欧公司还必须融合微型化、微处理器设计、材料科学、超薄型精确包装等知识诀窍，并把这技能运用到微型卡片计算器、袖珍电视机和数字手表中，从而形成了自己的核心能力。

组织核心能力具有以下三个鲜明的特征。

① 核心能力必须能为组织提供接近各种市场的潜在机会。

② 核心能力应该能够满足顾客对最终产品的要求。

③ 核心能力应是竞争者难以模仿的，因为它是多项技术和生产技巧的复杂融合体。

(2)核心能力的组成

核心能力由 4 个相互作用的方面组成：物理系统、管理系统、员工的知识与技能、组织的价值观与规范。

(1)物理系统

物理系统即有形的技术系统，是指体现显性或隐性知识的软件、硬件及其他技术设备和生产过程。物理系统是组织有形的知识资产，它不随着员工的流动而流动，而且，还可以通过申请专利得到保护。

有形技术系统是否能成为组织核心能力的一部分，取决于该行业竞争的基础是什么。技术系统可以形成组织暂时的竞争优势，也可以成为组织永久的优势。例如，美国航空公司的计算机订票系统最初就成为该公司的一大竞争优势，直到其他公司拥有了各自的计算机订票系统，这时该技术系统由核心技能的角色退位于"必要"技能。

组织专有知识所形成的数据库可能构成组织核心技能的永久组成部分。如福特汽车公司收集了多年来的测试数据，这些数据进入计算机模拟系统可以加快产品的概念测试。这一模拟系统是一个刚进入汽车行业的组织难以模仿的，即使是现有的竞争者也无法获得这些数据。因此，福特公司模拟系统成为公司的车辆设计的核心技能。

(2)管理系统

管理系统是核心技能最不明显的组成部分，它用来指导组织资源的收集与分配。管理系统包括组织的激励机制、教育培训项目、职业升迁道路的设定等。一个好的管理系统能够激发员工的积极性。

(3)员工的技能与知识

组织员工的技能和知识基础应该既广又深。知识和技能有三类：科学知识(或称公共知识)、行业特有的知识、组织特有的知识。这三类知识的可传递性依次减少，科学知识是人人都可以接近的，行业特有的知识则是通过行业内的专家、咨询顾问、供应商等来传递的，组织特有的知识则往往难以复制。

(4)组织的价值观与规范

知识管理的价值观与规范会影响员工的认知。例如企业的价值观认为关系很重要，自然就会积累和创新有关顾客关系的知识。又如，如果企业认为知识共享行为是有价值的、重要且必需的，则这种共享行为便会通过规范而得以贯彻执行。

组织所形成的价值观、协同组织的管理系统(如激励机制)，保证了组织可以获得所需的技能，在此基础上为组织构建所需的知识基础。

上述4种核心能力中，越外层的越为隐性，影响力也越大，越属于基础性的范畴；越内层的则较为显性。例如，组织有好的知识管理价值观和规范，才会产生重视知识的员工；形成支持知识管理的管理系统，以及能够设计出支持知识管理的技术系统。因此，建立核心能力时，不可本末倒置，只重视外显的实体系统，而忽视基础的组织价值观和规范。

3. 组织知识创造的4个主要模式

如图5-10所示，Leonard-Barton认为，组织主要通过下面4种方式创造并建立核心知识。

(1)目前知识创造方法：问题解决

问题解决法是指组织通过发明或共享一种崭新的、有创意的且具有效率的方法来解决当前的问题时，能产生新的知识。即当组织为解决一个问题时，会利用各种已有的能力和知识进行思考或创新解决的方法，经过不断地尝试和学习后，就会发展出一套新的方法或知识。例如，企业面临员工无法有效地解决顾客问题时，就不断地研究，开发出一个专家系统，使所有的员工可以获取知识库中的重要法则，进而快速地解决顾客问题，这就开创了一个新的问题解决方法。如果企业在实施该措施后效果不错，那就证明创造出了一个新的知识。

(2)面向未来的知识创造方法：实验与原型设计

实验是指组织为了研发新知识不断进行试验的过程。例如一家制药公司为了研究一种新药持续地进行各种配方的实验。

原型设计是指组织通过原型设计快速、成本低的优点对新产品进行实验和开发，建立研发新产品的能力。例如，汽车公司要实验一款新型电动汽车，研发部门对原型车评估不同的设计方案和商品化的可行性，另外通过不同的原型设计与评估，公司可以找到最合适的方案进而创造出新的知识，建立公司未来开发新款电动汽车的能力。

(3)外部知识创造方法：引进与吸收

引进是指组织通过招聘外部专家、购买专利权、取得授权、人员的外部培训或在网上获取外部的新知识。

吸收是指组织通过从外部研究单位、咨询公司或战略合作伙伴的合作项目中吸收对方的知识。例如，组织和咨询公司合作实施 ERP 项目，并从中吸收实施 ERP 战略的相关知识。

(4)内部知识创造方法：实施与整合

组织可以通过项目的实施来获取经验等核心知识，也可以通过创意整合已有的各种知识，进而产生新的知识。

5.4.3 个人知识创造的“分析中学习”模式

管理学家 Merali(2001)认为新知识的探索主要是人类思维抽象化的能力。例如，逻辑的分析能力和直觉创意的能力定义新的思维模式，称为“分析中学习”(具有突破性，以挑战目前知识框架的学习模式)；而知识的充分利用则是在目前知识框架下的“干中学”，即在经验中，通过学习曲线效果，学得教训及改善，以及更有效率的工作方式，并不会挑战原来工作方式后的假设。两种模式的分类框架如图 5-8 所示。

1. 个人的创造性思考与知识创造

1) 创造性思考与创造力的概念

创造性思考是指人们利用各种新的、突破的、非传统的、遥远的和不相关的角度扩大思考空间，跳离传统思考的框架寻求新的解决方案。这种突破习惯与传统而去发现解决问题的“新”方法的能力称为创造力。

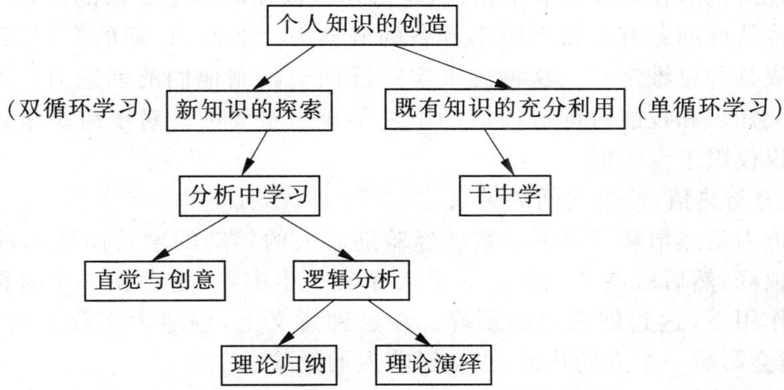

图 5-8 个人知识创造的主要模式分类图

创造性思考是个人产生新知识最主要的方式，不管是创造出具有突破性的新观念，还是巧妙地将既有知识做创新性的组合(动态能力理论)，都能脱离旧有的窠臼而产生新知识。因此，这是员工创造知识的主要源泉，组织有必要极大限度地激发员工的创造力。

2) 影响员工创造力的主要因素

影响员工创造力的主要因素主要有个人特质、支持创意的环境和所受的训练等。

(1) 个人的特质

下面分析个人的创造力与个人智力、知识结构、热情和冒险精神等方面特质的相关性。

① 智力与创造力的关系

人们往往容易产生这样的观点，就是创造力随着智力的增长而增长。实际上，一些研究却揭示了完全不同的观点：创造力与智力的正相关关系存在一个临界点，在这点以内，一个人智力越高，就越具有创造力，但超过这一点，当一个人的智力已经足以应付工作，这种相关性就不复存在。在某个岗位上，人们的创造力往往是等同的。对于一个企业来说，如果它所雇用的员工胜任目前的工作，那么他们智力的高低并不表明其创新潜力的大小。

美国芝加哥大学 1962 年的一项研究发明，在智商为 120 以上的人中，智力与创造力没有必然的联系，Paul Torrance(Minnesota University)对学龄儿童所做的类似研究也得出了相同结论。加州大学伯克利分校的 Donald Mackinnon 教授所做的研究也得出了相同的结论：在企业环境下，在某种智力水平之上，人的智力与创新之间没有联系。

因此，我们可以认为：一旦一个人的知识力水平达到其工作所要求的程度，在其工作范围内，他的创造力与其他人没有什么分别。

② 创造力与相关领域知识的关系

在任何领域，要具有创造力，需要在该领域有一定的专业技能。然而，太多的专业知识也会阻碍创造力。

专家往往对他所在的领域非常精通，容易理解该领域其他专家的观点，他们对其所在领域的某些特殊问题有着新手所不具备的洞察力。然而，长期的专门领域的工作容易让他们形成某种思维定式。这种思维定式反而会限制他们的创造力。因此，具备其他领域的相关知识和技能对创造性活动来说是相当重要的。对于组织来说，组织的创新活动不能仅仅限于专家们。

③ 创造力与热情、经验之间的关系

人的创造力是热情和经验的函数。经验随着人的年龄的增长而增加，而热情在30岁左右达到顶峰，然后就逐渐减弱。一个人在其一生中，一定存在一个时期，在热情与经验的共同作用下，达到创造力的顶峰。在这种意义上，创造力实际上与工作环境有关，因为环境会影响一个人的热情，也会影响人的经验。

实际上存在这样一种情况，当一个人在他并不年轻的时候，进入一个新的、毫无经验的工作领域时，却突然迸发出创造力。一个很好的例子是，肯德基上校在他的晚年——65岁时以一张105美元的支票为起点，开创了肯德基快餐，而此前他曾在古巴当过兵，做过铁路消防员、保险推销员以及气垫船操作工。也许正是由于这项新的工作，激发了他的热情，从而点燃了他的创造力。

所以，我们可以得出结论：两个有相同年龄的人，由于其经验和热情的差异，其创造力也可能有较大的差异，因此，一个人的年龄并不能说明创造力的大小。

④ 创造力与冒险精神的关系

喜好冒险与创造性行为之间有着紧密的联系，只有勇于冒险、勇于失败，才会有创造性的表现。但在组织条件下，这种论断并不完全正确。有些具有创造力的人确实具备这种特点，然而大多数人在现实生活中都是理性的，更愿意把时间花在现金收益的项目中，而不愿意一味地冒险。

(2) 支持创造的环境

组织应该建立一种有利于激发员工创造力的环境，包括如下几方面。

① 在组织结构方面，建立开放、分权的组织结构，架设良好沟通的渠道，使各种观念可以流通。

② 在组织资源方面，给员工提供时间、空间、设备等方面的条件，支持他们从事创造性的实验。

③ 在组织文化方面，创造并支持冒险与不同的组织文化，重视个人创造与集思广益，并允许幽默活泼的工作气氛，且相信人人都可以产生新的创意。

④ 在组织薪酬制度方面，员工可以尝试失败并免受处罚。了解创新通常很难立竿见影，组织应给予适度期限，关心目标是否完成，同时也重视意外发现。

2. 从直觉中获取知识

直觉是一种最隐性的知识，而且具有无可替代的价值，但由于理性社会讲求的是客观、显性、有明确逻辑和证据，认为这种形态的知识才具有说服力和行动力，因此直觉的这种隐性知识常被认为是没有依据、胡乱猜测、无法提出证据而常遭忽视，然而直觉并不是没有根据的，其价值可以由以下几点来说明。

（1）人类的大脑发展潜力远大于我们所能清楚明确描述的部分。

（2）许多知识无法以明确且理性逻辑来描绘其因果关系。

知识与知识之间的关系错综复杂并互相影响，关系方向不一定，时常同时会有多重因素影响着其他因素，并有回馈的关系。因此，人类如果以目前的逻辑观念来描绘它们之间因果关系，是无法清楚说明的。

（3）人类常会以模式的方法存储及匹配（match）复杂的知识。

对于上述复杂的现象，人类常常以类似一幅图像的类型方式整体地存储印象与知识，并在下次碰到相似的情况时，撷取出过去的这幅图像进行匹配，如果相似度高，则可以判断应该出现的后果。

其实，这些都是过去习惯用整幅不可切割的画作思考的方式，而不是以类似手册（可系统化分解）的方式存储知识，再通过经验类型的匹配和判断的结果做出决策。

3. 逻辑分析：知识理论的归纳与演绎

相对于上述创意的自由联想，另外一种产生知识的方法则属于理性逻辑分析（logic analysis）的方式，而这也是形成与发展一般理论最主要的方式。它有两种主要的知识产生方法，即归纳法和演绎法。

（1）知识的归纳法

归纳是指从一个复杂、模糊和结构不清的实际现象中，经过反复的思考，将这些大量的复杂的资料予以分类、概念化和整合，以发现它们之间重要的类型而加以分类，或以少数几个重要概念来描述其因果关系的框架。例如，战略大师波特从企业所面临的复杂的外部竞争压力环境中，将其最主要的压力归纳分类为“五力”（供应商的讨价还价能力、购买者的讨价还价能力、新进入者的威胁力、替代品的威胁力和竞争对手的威胁力），形成了著名的竞争力理论，这就是一个重要的知识创造。

如果知识不经过归纳的过程，那么这些复杂、隐性、大量而且结构不清的实际现象将很难描述、传递和与别人分享。因此，将复杂的现象归纳成简单的概念是一种非常重要的知识创造的手段，也是知识“外化”（externalization ）（Nonaka，1994）最主要的方法。

（2）知识的演绎法

演绎法与归纳法刚好相反，归纳法是由复杂的实际现象整合成几个抽象程度高的简单概念而形成通用性的一般理论。演绎法则是利用一般的理论，并利用逻辑推导的方式创造新知识来预测并解释一些特殊性的事实现象。

5.4.4 个人知识创造的“干中学”模式

1.“干中学”模式的基本理论框架

学者 Merali（2001）以“行动—认知循环模式”（the action-perception cycle model）来

说明行动与知识创造(学习)的关系,如图 5-9 所示。

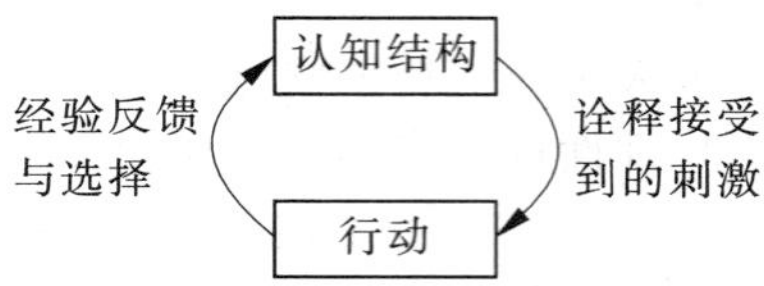

图 5-9 行动—认知循环模式

认知指的是人类对外部环境的一种知觉能力。当外部环境对人类产生刺激时,人类会通过所知觉到的刺激与思维模式(或称诠释框架,interpretative framework)相对应,即由诠释框架进行选择、评估及计划应该采取的行动。而在行动结束后,个人会将行动所得到的经验,经过筛选后归纳出一些重要的信息,通过认知更新、改善自己的诠释结构,学习到新的因果关系的知识,以便能帮助自己在未来把这件事做得更好。

2. 由“干中学”创造知识的实践做法

学者 Brookings(1999)认为“干中学”包括以下两种主要学习方法。

(1) 在“干”中学习

如前所述,员工即使有了观念性的显性知识,但必须把这些抽象隐性的观念应用到实际的工作环境上,才能由“干”中清楚了解每个细节和每个观念的实际应用。

(2) 全身接触的学习(learning by full body)

除了“干”之外,通过其他感官的感受和运用也同样可以学到新知识。各种感官的利用效果因人而异,但根据统计,知识的接受者在吸收的程度上会有所差别。教育学专家提出如图 5-10 所示的 7 个分类。

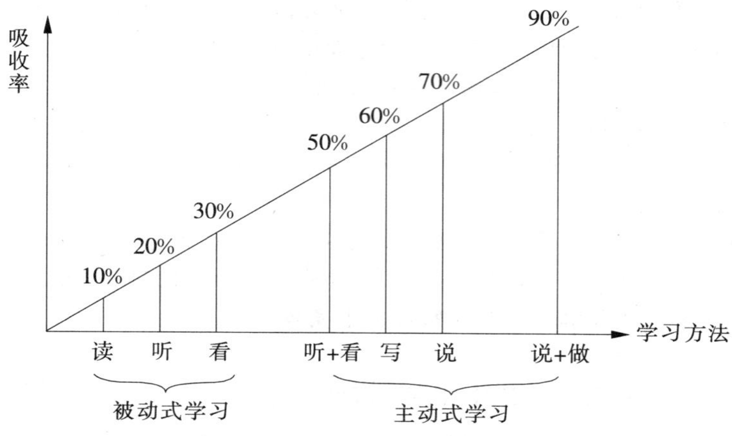

图 5-10 不同的学习方法与吸收程度

由图 5-10 可见，人们只能记住所“读到”的 10%。例如，由资料库或公司的知识库中所读取的知识，可以记住其中的 10%。能记住所“听到＋看到”的 50%。例如，小木匠观察老师傅如何制作桌子，老师傅在制作过程中也会把细节的动作告诉小木匠，有哪些步骤是特别注意的。能记住所“说过＋做过”的 90%。例如，信息部门在导入 ERP 时，团队彼此沟通整个 ERP 项目应如何进行，或是在项目进行中实际遇到困难时应如何解决，大家提出来进行谈论，并且按照所提出来的方式执行，从这些互动与实作中获取经验和教训。

5.4.5 群体的知识创造

知识除了个人学习外，对组织而言更重要的是群体知识和组织知识，本节将先谈论群体知识创造的方法。

1. 协同知识创造

协同知识创造是指一组人为了一个共同的任务或目标而一起工作的知识创造模式。项目团队就是一种集体知识创造的方式。此外，开源软件开发、基于网络的协同创意产品创作、极限编程等也都是协同知识创造的例子。

2. 师徒制的传承

师徒制的传承方式对学徒而言是一种重要的学习新知识的方式，其基本特征与一般对员工的培训不同，具有下列特性。

(1) 以个人为重点。重点在学徒个人整体智能的发展而不是某一特殊技能，即以个人为重点。

(2) 量身订做。每个学徒都是独一的个体，所以，师傅会以量身订制、因材施教的方式来指导，而不是采取一视同仁的培训方式。

(3) 全方位指导。师傅的带领是全方位的指导，包括工作技能、知识教育、工作文化规范和价值观等内在与外在的知识。

(4) 潜移默化的功能。由于长时间密切地互动和相处，学徒常能在潜移默化中吸收师傅隐性的知识和风范。

3. 员工间对话网络

从员工彼此的对话和谈论产生出新的知识是人类最普遍使用的知识创造的方法。员工间的对话可以避免个人盲点，产生综合效果并提升知识的广度，形成彼此间隐性知识的外化。通过互动谈论可以将个人隐性的知识通过对话的分享和观念的澄清产生共识，进而创造出组织可用的显性知识。

4. 头脑风暴

这是群体谈论时作为构成突破性创意的主要方法，主要特性如下。

- 利用个别不同观点对所有成员进行多角度刺激。
- 鼓励具有突破性的创意。
- 方案越多越好，越具有突破性的越好。
- 任何人不得对任何创意有任何的批评和阻碍。
- 会议中任何人都一律平等。
- 必须由有经验的主持人维持会议流程的顺畅。

5.4.6 组织的知识创造方法与机制

组织的知识创造，是指以组织为单位发展知识创造的机制，并从中获取新的知识。根据知识管理的核心能力与知识构建模型，组织知识创造有以下四种方法。

- 解决目前问题产生新知识。
- 通过实验与原型设计创造新知识。
- 通过实施的经验和既有知识的整合创造新知识。
- 通过引进外部知识和吸收得到新知识。

除了上述这些方法外，整合学者 Probst(2000)、Davenport 和 Prusak(1998)以及 Nonaka(1994)等人的意见，得出几种主要知识创造的机制，如表 5-3 所示。

表 5-3 组织创造知识的机制与方法

组织知识创造的机制	主要特性和目的
设置专门研发的单位	负责知识创造的单位，目的在于研发新的技术
强迫多样化的融合	利用异质团队的组合机制刺激新的创意和知识
对环境压力的适应	利用压力威胁的紧张感避免核心僵化，并借此刺激不断地革新和创造新知识
组织的记忆	利用过去成功的经验、培训学习的存储来吸收创造知识，降低重蹈覆辙的成本
战略方式模拟	利用未来环境变化的模拟了解并创造出能够有效对应的战略和知识

下面分析组织知识创造的各种机制的主要做法与思考重点。

1. 设置专职研发的单位

组织为了创新应设立专职的部门负责，包括一般的 R&D 部门或研究中心。例如，Xerox 公司内有名的 Palo Alto 研究中心(Palo Alto Research Center，PARC)。组织还可以自设大学，例如 Motorola 与 McDonald 的企业大学。以 R&D 主导组织知识的创造会有以下几个重要的议题。

(1) R&D 方式合作的问题

知识经济时代，即使组织设有 R&D 部门也不应该总抱着凡事自己来，什么都做的心态，仍然要有与外部企业团队进行联盟、外包或专业分工的想法。例如，思考不同分工程度的合作方式，如图 5-11 所示。

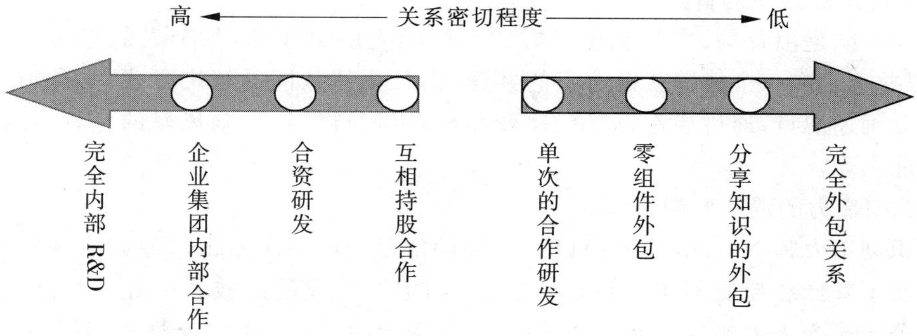

图 5-11　R&D 不同自制与外包程度的光谱图

(2) R&D 部门的方向问题

R&D 部门是由自主性很高的专业人士组成的，一般很难强迫和控制，组织只能创造一个良好的环境支持其创新。因此，R&D 创新的方向经常和组织的知识方式不同，无法配合。例如，某汽车厂商的 R&D 部门常常研发出自认为非常有创意、别出心裁的车款，但往往却是市场上难以销售的车种。

(3) R&D 技术转移的问题

由于 R&D 部门不同的工作特性，使得它与使用单位沟通和认知上的差异变成知识转移最大的问题。例如，Xerox 公司的 Palo Alto 研究中心在 1970 年推出 GUI 接口失败的主因便是 R&D 与营销部门双方产生了隔阂，缺乏共通的语言和价值观，而使双方沟通不良。过于突破的新观念常无法使业务单位了解其重要性，继而忽视不采用。最后 Apple 公司的工作人员在拜访 Xerox 的 Palo Alto 研究中心之后，对 GUI 的概念感到很吃惊，反而移植了这个设计概念，作为设计 Apple PC 的界面而大获全胜。相反，Sharp 公司的 R&D 部门、使用者部门与高层委员会三方面充分合作、沟通与分享新发明，R&D 部门人员经常亲自到基层和最终使用者谈论，整个团队非常重视新发明的评估、沟通、转移和利用，因此，其 R&D 技术转移非常成功。

2. 多样化的融合

多样化融合(variety and fusion)是指组织在组成团队时，成员应该具备相当的背景差异性(variety)，其主要原因如下。

(1) 创新的本质需求

创新最重要的是应从各种不同的角度来思考，脱离原来习惯的思维模式。因此对于任何团队而言，如果长久都是由背景相同的老员工所组成，那么，这种习惯成自然且僵化的团队，由于观念同质性高，很容易形成共识的盲点，也很难从不同的突破角度来看待问题。

(2) 可避免共识的盲点

由于团队是由背景、专长和思考方式不同的人所组成的，每个人的思考模式都不同，所以并不存在一个能够获得大家的共识，而且全体认同的解决方式，必须通过每位成员各自阐述观点，通过谈论、辩论、比较和整合后，再经过头脑风暴的过程，创新的知识才可能出现。

(3) 创造力的混乱原则

知识创造大师 Nonaka(1994)以创意性的混乱(creative chaos)原则来说明组织的目的不在于降低和控制不确定性，而是在不确定性与混乱的威胁中寻求创新的机会。他认为公司投入人力的复杂性与多样性，必须等于问题本身的复杂性和多样性，即越复杂模糊的问题，越需要多样化的团队共同解决。例如，松下自动面包机的设计团队，就整合了电饭锅部门(计算机控制专长)、烤面包机部门(电暖炉经验)和咖啡机部门(螺旋马达知识)这 3 种不同背景的成员，共同集思广益设计简单好用的自动面包机。

3. 对环境压力的适应

对环境压力的适应是指组织为了创造知识，必须时刻让员工感受到环境对组织存亡所构成的威胁，员工才能兢兢业业地努力创新。其主要原因如下。

(1) "无敌国外患者，恒亡"：组织常常处于急迫存亡的危机下，才会有"退此一步，即无死所"的这种彻底改革的觉悟与决心。因此，为了能持续地学习进步并不断创造新知识，组织必须常常居安思危，才不会因松懈懒散而成了龟兔赛跑中的兔子。

(2) 越艰难的环境越产生出优秀的人才：越能在困难、激烈竞争的考验下存活下来的企业，越能产生他人难以模仿和超越的竞争能力。

(3) 核心僵化的危机：核心僵化，是指成功的企业经常会错误地认为过去成功的经验对未来的适用性而固执地继续执行已不合时宜的传统方法，即企业会固守过时的成功之道，因此，有学者警告成功是赢家的诅咒。例如，麦道飞机公司的 CEO 说过："改变一家岌岌可危的公司很难，而要改变一家外表看起来很成功的公司则不可能。"此外，迪吉多公司与王安公司的失败是因为，安于过去非常成功的经营模式而不想改革，以至于不能适应环境的改变而失败。20 世纪 60 年代以后，成功的德国汽车业在面对日本车所带来的新挑战时，非但不正视，而且不认为是威胁，不改变过去成功的模式加以适应，因此遭受了重大挫败。

在这个方面为了提高组织知识创造的原动力，有以下主要做法。

(1) 企业应在危机来临之前，先灌输员工危机意识，预防真正危机的发生。例如，由企业内最了解本身竞争方式和 SWOT 的人组成假想的竞争对手，或假设有新进入者攻击本身来发现自己的威胁与弱势。又如，HP 公司故意制造假想的威胁培训公司的适应方式与反应能力,假设公司发生庞大竞争对手的进入:公司发生天灾;新产品完全失败,以及政府对公司不友善等。

(2) 愿意学习而且能够吸收新知识的员工是公司适应环境的重要元素。企业可有以下做法:优先雇用能彻底接受改变的员工,以及鼓励员工轮换,休学习假,接触大量性质迥异的新知识。

4. 构建学习型组织

学习型组织的突出特点是从自身发展中学习和向外部学习。从自身的发展中学习包括在业务流程中实时记录活动中产生的知识、吸取过去的经验与教训以及通过数据挖掘从历史数据中获得新知识。

(1)在业务过程中学习

在组织的业务活动中,许多员工会发挥自己的创造性,产生许多处理业务活动的技巧、新方法、新工艺等。学习型组织要善于动态保存员工在业务流程活动中产生的知识,并集中管理,以便在以后的业务中共享。在制度和技术的支持下,工作流管理与知识管理集成为该问题提供了解决方案。

(2)吸取并吸收过去的经验与教训

吸取过去的教训是组织避免重蹈覆辙、从失败中学习和创造知识最重要的手段。对一个项目组而言,如何将过去的经验通过所有成员的坦诚讨论,再以故事和案例研究的方式整理出来,创造出组织重要的知识(或称组织记忆),是组织最主要的学习与知识创造的方式。

(3)从业务数据中挖掘潜在的知识

现代企业大多积累了大量的业务数据,包括客户、销售、产品、采购等数据,这些数据是企业知识的宝库。利用数据挖掘技术可以发现蕴涵在其中的企业经营和决策知识。例如,为了能够准确了解顾客在其门店的购买习惯,沃尔玛对其顾客的购物行为进行购物篮分析,想知道顾客经常一起购买的商品有哪些。沃尔玛数据仓库里集中了其各门店的详细原始交易数据。在这些原始交易数据的基础上,沃尔玛利用NCR数据挖掘工具对这些数据进行分析和挖掘。一个意外的发现是:跟尿布一起购买最多的商品竟是啤酒!既然尿布与啤酒被一起购买的机会很多,于是沃尔玛就在其一个个门店将尿布与啤酒并排摆放在一起,结果是尿布与啤酒的销售量双双增长。

(4)引进、消化吸收再创新

组织知识创新除了自主原始创新外,引进、消化吸收后再创新也是一种行之有效的方法。例如,中国北车股份有限公司坚持自主研发与引进消化吸收再创新的有机统一,根据中国轨道运输发展的要求和国内外相关产品技术发展状况,在货车、城轨地铁、机车、动车组方面分别选择了不同的产品创新路线。货车方面,以自主研发为主,产品技术达到世界先进水平,部分指标世界领先;城轨地铁方面,以集成创新为主,适应了城市轨道交通快速发展和产品多样化、高品质要求，实现了产品和技术向国外输出；机车、动车组方面，在自主研发基础上，引进消化吸收再创新，具备了批量制造国际先进水平的大功率机车和高速动车组的能力。

作为本章的总结，表 5-4 给出组织知识获取和知识创造的几种途径及其特点。

表 5-4 组织知识获取和共享中的学习过程及特点

知识获取与创造的途径	来自(组织内/外)	显性　　隐性
干中学	内	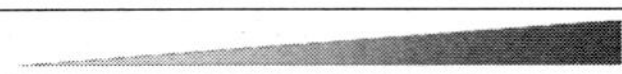
通过用户和生产者的沟通	内/外	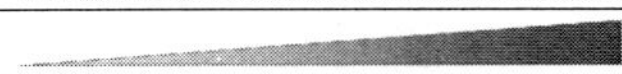
通过生产与营销的沟通	内	
通过知识溢出学习	外	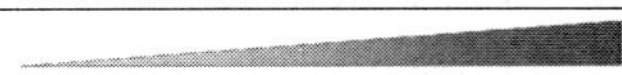
通过技术发展过程学习	外	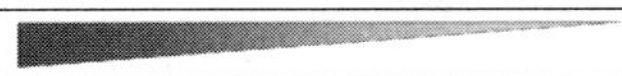
通过对国外经验学习	外	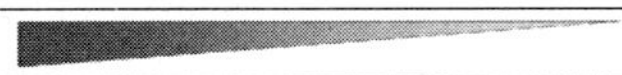
通过培训学习	内/外	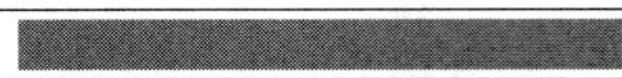
通过兼并与系统集成学习	内/外	

本章小结

1. 知识管理流程是指知识管理导入过程中的关键步骤。本书把知识管理的流程定义为“战略→定义→获取→创造→共享传送→利用→存储”。要注意的是知识管理流程的步骤大致上有其先后顺序。例如，先有知识的生产(创造和获取)，接着是存储和共享，最后再产生利用与销售。但实际上许多步骤是同时发生的，几个步骤间也会重复循环。

2. 组织知识的生产包括识别组织已有的知识、从组织外部获取所需的知识和创造组织战略上需要的知识。组织只有清楚地定义内、外部的重要知识，才能了解组织知识的缺口，避免重复开发的浪费，避免已有知识资源的闲置，了解组织所处的外部环境和有效地向外部标杆学习。

3. 组织内部知识的定义主要包括员工个人知识、团队知识、工作知识和组织知识的识别，其目标是明确组织内部有哪些知识和知识流动情况。

4. 个人知识定义的主要工具有专家黄页和知识地图。组织的结构资本或集体知识最佳的存储地方包括组织的核心流程、组织的专家经验、组织内的知识产权、组织内的非正式人际网络结构。

5. 知识的外部获取是指组织通过外部市场的采购、战略联盟的合作或与相关团体间非正式地交流而获得外部有价值的知识。组织的外部知识源非常广泛，包括供应商、客户、合作伙伴、咨询机构、互联网、各种学术机构与媒体等。

6. 组织知识创造，是指除了由外部获取所需的知识外，组织内部的个人、群体及整体，通过各种不同的方法（包括创意、实验、教育培训、谈论及互动等）增进、强化原有的知识，或创新开发原来不存在而对组织有价值的新知识。组织知识的创造有两种主要方式，一种是已有知识的充分利用；另一种是新知识的探索。

7. 个人知识创造有两种模式："分析中学习"和"干中学"。除了个人学习外，对组织而言更重要的是群体知识和组织知识。群体知识创造的方法主要有师徒传承制、员工间对话网络和头脑风暴等。

8. 组织核心能力与知识构建模型指出，组织知识创造有4种方法：解决目前问题产生新知识、通过实验与原型设计创造新知识、通过实施的经验和既有知识的整合创造新知识和通过引进外部知识和吸收得到新知识。组织知识创造的主要机制有：设置专门研发的单位、强迫多样化的融合、对环境压力的适应、组织的记忆和战略模拟等。

思考与讨论

1. 什么是组织知识管理的流程？
2. 什么是组织知识的定义？
3. 组织为什么要重视知识定义？目前存在困难是什么？
4. 组织知识定义的目标是什么？
5. 在个人层面上组织知识定义有什么主要工具？
6. 什么是知识地图？怎样制作组织知识地图？
7. 什么是集体知识？怎样定义组织的集体知识？
8. 外部知识获取的方法有哪些？
9. 外部知识获取有什么优缺点？组织获取外部知识要注意些什么？
10. 组织知识创造有哪些类型？
11. 个人知识创造的模式有哪些？试对它们进行比较分析。
12. 全体知识创造有哪些方法？
13. 小组讨论：组织知识创造的方法和机制。
14. 分组讨论案例7，并写出讨论报告。

案例7

埃森哲公司的知识管理

作为《财富》全球500强企业之一的管理咨询、信息技术和外包服务公司，埃森哲是全球领先的企业绩效提升专家。凭借丰富的行业经验、广泛的全球资源和在本土市场的成功实践，埃森哲帮助客户明确战略，优化流程，集成系统，引进创新，提高整体竞争优势，成为绩效卓越的组织。

埃森哲在49个国家设立了分公司，员工逾152 000名。2006年8月31日结束的财政年度净收入为166.5亿美元，《财富》全球500强企业中2/3以上是它的客户。

1. KX的巨大力量

在全球任何地方，一名埃森哲(Accenture)的新员工不会因环境陌生而无所适从，一切将从KX黄页开始。KX，Knowledge Xchange，埃森哲的知识管理系统，被称为“全球知识共享网络”。KX黄页提供多种查询途径，是查找信息最便捷的方式。通过KX黄页可以迅速找到所需资料库，加入到个人工作站中。资料库种类繁多，内容丰富，全球同步，随时更新。资料库包括图书库/实务帮助、论坛、行业分析及其他等类型，可以按照不同市场/行业和/或服务领域分门别类。

点评：实际上，这个看起来只是资料检索的例子并不能很好地吸引软件企业的眼球。但是如果你深入了解埃森哲建立这个资料库的过程和原则，才能真正体会到这个资料库的作用。

KX实现了对策略、人员、流程和技术的充分结合。明确的全球知识管理策略：认为知识资本是公司最宝贵的财富之一，知识管理工作具有战略意义；知识管理的战略意图是成为将思想转化为商业价值的引擎；知识管理的具体任务是创造、获取、综合、分享、使用信息、见解和经验，以达成埃森哲的商业目标。

全球分布高素质知识管理专家：知识管理被视为不可或缺的业务实践；知识管理工作由全球知识管理总裁领导并管理；全球各地区共分布着543名知识管理专业人员；知识管理专业人员具有专属职业发展模式；公司为知识管理专业人员提供专门课程。

全球运行标准化知识管理流程：管理知识资本的标准流程被设定为知识获得、内容审核、知识归档；知识分享的标准流程已深入到业务开发、项目执行、质量保证等业务流程中。

全球知识管理以先进技术架构为依托：KX系统建立在Lotus Notes平台上，并辅以网络工具；所有员工都配备个人电脑；全球47个国家110个办事处共有75 000个Lotus Notes用户；全球执行标准化工作站配置和技术基础架构；全球300个Lotus Notes服务器上装载着数以千计的资料库；实现全天候(24×7)技术支持。

点评：在策略的指导下依托技术架构，调用专业人员，执行标准化流程。知识管理，看起来就这么简单。如果瞄准了技术架构的商机，一个有效的知识管理体系对软件企业而言可以一石二鸟，内外兼修。

KX能够提供业务文档、业务管理、专业研究、培训学习、沟通交流及外部资源6大功能。这些功能有力地支持着来自不同市场/行业(通信和高科技产业、金融服务业、政府机构、产品制造业及资源产业)和服务领域(企业策略与业务架构、客户关系管理、供应链管理、财务绩效管理、人员绩效管理、业务解决方案、解决方案运作、信息技术研发及创业服务中心)的员工。

例1(提供业务文档功能):某埃森哲工作人员需要查找有关银行知识管理方面的项目经验,如何操作呢? 首先,从KX黄页中找到金融服务业知识库(FS knowledge source),进入查询方式界面;然后,输入限定性关键词(bank/knowledge management),执行查询功能,获得全部相关内容名单;最后,在名单中选定所需文档题头,便可直接打开,或者可选择由系统发送至个人电子邮件箱中(order)。

例2(提供业务管理功能):某项目将在美国纽约开工,需要一位具备某专项技能的人员,而当地该类专家缺乏,在这种情况下可以进行全球人员调配。eScheduling网站是公司进行项目人员调配的途径,它包含着全球所有员工的最新个人简历,说明他们所在地点、项目经验、技能/专长、教育背景、所获培训和专业资质等,以备项目负责人检索。同时,eScheduling提供双向沟通功能,员工可以自由发表对于项目人员调配的意见和建议。

例3(提供业务管理功能):项目结束后,项目负责人将对项目团队中的所有人员进行表现评价;员工上级将据此进行该员工的半年、年度总评。这些都可通过知识管理系统提供的相应功能实现。

点评:对于软件企业而言,业务管理将实现开发流程的可控性,专业研究和培训学习可以普遍提高员工的技术水平,外部资源的开发利用是市场销售人员不可或缺的得力工具。

综上所述,埃森哲咨询公司的成功很大程度上得益于其强大的知识管理系统。

2. 共性:以人为本

知识管理不等于信息技术。信息技术提供解决问题的手段,而不是解决问题本身。没有一个涵盖全局的业务环境,没有在长远战略指导下的流程、人员和技术的整合,知识管理轻则无利,重则有害。应该从人的行为角度来看待知识管理。知识管理的成功有赖于人的行为,为了有效地支持人的行为,所有与业务战略环境因素有关的问题都必须对待。

考察知识管理的人的行为框架由内及外地涉及个人、组织、业务、策略、环境等各个层次。以埃森哲为例,知识管理如何应对这些问题呢? 在个人层次上,知识分享已经植入该公司的学习程序,以便使所需的技能做到潜移默化。认识到知识分享是个人和组织成功的关键,是推动知识分享的主要动力。公司领导的决心和表率作用,以及对员工分享知识的考核和激励,强化了这个动力。在组织层次上,该公司的员工组成面对行业的、跨不同能力部门的项目小组。正是这些小组使用和创造了公司的知识资本。全球的知识管理团队以其分工明确的方式支持这些小组。对这些小组的业绩考核的关键指标中包括知识分享。在公司知识分享已成为源远流长的文化,因为今天提供知识的人就是明天需要知识的人。在业务层次上，员工通常需要远离办公室，在客户的场所工作。这种业务要求决定该公司需要在全球范围内传送最佳做法，以及为此所需要的技术。每一个项目小组都需要在公司已有的集合的知识基础上去搭建新的建筑，而不需要再去发明流程。在策略层次上，把咨询顾问个人的技能、知识、经验和公司累积的知识合起来加以利用，以推进客户价值的策略方向，决定知识管理的方式。在环境层次上，该公司认识到客户不断地全球化，需求更为复杂和多样，创新所需要的时间比以前缩短，新的技术使全球通信变得更加方便，该公司的知识管理系统必须要对准这些因素。

点评：在组织层次上，咨询公司与软件企业的组织结构何其相似！是否可以借用同样的知识管理方式达到知识分享的目的呢？

3. 个性化：有据可依

考察了企业所处的业务战略环境以后，领导者还需根据本企业的业务性质认清实施知识管理所面临的特殊挑战。

工作的相互依赖程度和工作的复杂程度决定着业务性质，我们可以梳理出四种不同性质的业务环境，即综合模式、事务模式、协作模式及专家模式。每一单个的业务环境都面临独特的知识管理的挑战。领导者需要选用不同的知识管理策略来应对这些挑战。

点评：人的行为是知识管理成败之源，而对于业务环境的四种模式的划分，恰恰为归纳人的行为提供了一条捷径。

实施知识管理项目的框架包括规划、执行、协作、赋能和评估五个方面。规划，即将知识战略和经营战略结合起来，以创造明确的价值；执行，即与业务流程相结合的知识流程；协作，即得到所有层次的认同和承诺，并将其与广泛的企业文化结合起来；赋能，即利用现有的平台和业务举措，并与其紧密结合；评估，即制定有效的激励机制，以期达到预想的目标，把评估标准与激励内容和系统目标结合起来。

框架的每一个方面都有其专门的内容。

(1) 知识战略：描述与经营战略的整合，识别价值创造机会，量化价值建议和收益模型。

(2) 流程架构：核心业务流程与核心知识管理和内容管理流程的结合。

(3) 人力运行架构：包括组织结构、能力模型、文化考虑和管理模式。

(4) 内容架构：对信息模型、合理的内容结构、分类、实际内容储存、确保内容流动性的安全模型以及搜索和浏览功能进行描述。

(5) 技术架构：对解决方案的关键性功能构成进行描述，对产生这些功能的产品和应用软件进行描述，形成软件选择的基础，对逻辑和物理的构建进行描述。

(6) 商业运行模式：用来监控、评估知识管理能力及运行过程的成功性的评价标准、目标及平衡计分卡；描述那些确保项目和长期成功所需要的激励和矫正行为。

(7) 推进的步骤：详细说明业务能力如何实现，包括收益模型、实施、交流，变革与项目管理等内容。

从流程上看，知识管理包括知识的产生、整理、分享和散发四个方面，每个方面都有相应的信息管理系统进行支持。

点评：埃森哲的知识管理系统对于软件企业而言是一个参照，其方法是否适合软件企业的实际操作还需要斟酌。一个世界一流的咨询公司为自己打造的解决方案能够给你带来什么启示？

4. 知识管理的核心要素

要使个人知识变为组织知识，达到共享知识的目的，“协作”和“群体”应该成为知识管理的两个核心要素。“协作”是一种自然的社会技能，人们凭借协作取得靠个人的力量所不能取得的成就。协作产生于共同的目标、价值、需求、理想、追求或兴趣。“群体”指正式或非正式指定的、通常是自发组织的员工的群体。它们之间拥有互补的知识，对组织内部的特定问题、流程和业务实践有共同兴趣。因为企业文化因素、竞争压力和人的天性，分享知识在很多时候会遇到阻力。领导者应该找到鼓励改变企业文化的途径，来推进协作，达到分享和转移知识的目的。但协作有赖于某种形式的“依托”。企业内部的群体有助于协作的开展。如果得到恰当的支持，群体能够在组织内部形成小块的“领地”。紧密的相互沟通是群体的重要特征。

第6章

组织知识的加工、存储与访问

本章要点

- 组织知识存储的概念、必要性和流程
- 组织知识存储的方法与工具
- 组织知识的选择与过滤
- 组织知识的加工与提炼
- 现行知识的存储:知识库
- 知识的访问策略
- 隐性知识的存储管理

组织对已有知识的妥善保存和传递是非常重要的。例如，美国福特公司第一代金牛(TAURUS)汽车的销售成绩非常成功，但由于其成功的经验没有记录存储下来，使得第二代金牛的设计和销售团队无法获得这些珍贵的知识而失败。相反，瑞典的SKANDIA公司由于完整地记录了兴建分公司的相关知识，使得第二次建立分公司的时间和成本只有第一次的1/12。可见，组织如果忽视了重要知识的纪录和存储，那么，它损失的成本将相当惊人。因此，在知识管理中，组织不仅要定义、获取和创造珍贵的知识，更要将这些珍贵的知识保留存储下来，以便充分地利用并发挥更大的价值。

6.1 组织知识存储概述

1. 定义

许多学者从不同的角度提出了知识存储的含义。知识存储就是对组织已获得的知识进行编码和整合(Davenport 和 Prusak，1998)以及有效的组织(Arthur Anderson，1996)，使知识保留(Probst et al.，2000)下来。综合这些概念，本书采用如下的定义：

知识存储是指组织将有价值的知识经过选择、过滤、加工和提炼后，存储在适当的媒介内，并随时更新和维护其内容和结构，以利于需求者更加便利、快捷地访问，获得有效的知识。

根据上述定义，可以得出组织知识存储要考虑的重点如下。

(1) 选择性：只存储有价值的知识。对于存储成本高于生产成本的知识无须保存。

(2) 知识的加工：为了确保和提升所存储知识的质量和便于用户访问，知识在存储前，需要进行加工和提炼操作，包括编辑、编码、分类、索引及摘要等。

(3) 不同的存储媒介：不同的知识有不同存储方法。例如，显性知识存储在纸张和电脑中，而隐性知识存储在个人、团队和组织的大脑、文化和流程中。

(4) 方便用户访问：知识存储结构的设计必须要让用户能按照最方便和最有效的方式快速地访问。为用户提供方便、快速的检索机制。

(5) 知识的更新与维护：存储的知识必须动态更新，以确保知识的有效性。

2. 组织知识存储的必要性

基于下面的理由，组织必须重视知识的存储。

(1) 存储已有知识，节约知识的重复开发成本。知识是组织投入成本所获得的提升组织优势的重要资源，从成本分摊的观点看，知识不应该用过一次后就被忽视和遗忘，而是越利用，知识的相对价值也越高。

(2) 知识的积累是知识创新的基础。根据学习创新能力理论的观点，当组织积累越多的知识，就越容易吸收、学习新知识和创造新知识。

(3) 知识容易流失，需要及时保存。员工的离职、退休、死亡以及遗忘，项目团队在完成任务后解散，或者组织在推动业务流程再造(BPR)后成员的流失和变动都会让原来存储不健全的知识流失。

(4) 凭借知识的存储可以降低重复开发的成本和重蹈覆辙的损失。

3. 知识存储的流程

知识存储包括知识的选择与过滤、知识的加工与提炼、知识的存储与检索、知识的更新与维护4个基本步骤，如图6-1所示。

(1) 知识的选择与过滤

知识的选择就是从组织运作所产生的大量知识中，决定保留哪些知识，并过滤出有价值的知识。

(2) 知识的加工与提炼

组织运作中产生的粗知识可能存在许多错误、矛盾和不一致的地方，内容结构也可能过于冗长和难以理解，因此，需要对这些初步知识进行净化、标识、索引、排序、标准化、整合、重新分类和注释等加工提炼工作。这个步骤的主要目的是为了提升知识的质量，包括知识的准确性、有用性、方便性和易于理解性。

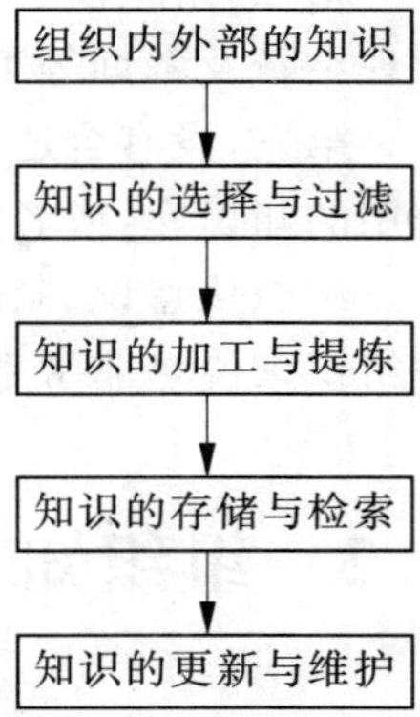

图6-1 组织知识存储管理流程

(3) 知识的存储与检索

将加工后的知识以适当的结构存储在合适媒介中，并设计多元的索引和分类目录，以便用户方便检索。

(4) 知识的更新与维护

许多存储在知识库中的知识可能随着时间变得不合时宜或失去存储价值。因此，需要按照不同的知识特性，定期或不定期地进行更新、重新分类、淘汰并另外增加的工作，以维护知识库的时效性。例如，可以根据用户对存储在知识库中知识的点击率和评价，决定知识是否淘汰。

4. 组织知识存储的主要问题

组织知识存储涉及员工个人和组织两个层面的问题。

(1) 在员工个人层面

首先，员工没有养成记录存储的习惯。员工没有意识到记录、保存知识的重要性，或组织在工作流程设计中没有要求员工将新发现的具有价值的知识记录下来。当然，员工也不会主动保留。

其次，员工没有意愿去存储。即使员工了解知识保留的价值，但是，为了积累和保持个人知识的优势，员工并不想将自己知识完整地存储到组织的知识库中，尤其是非常独特、隐性且非常有价值的知识。

(2) 在组织层面

在组织层面有如下几个主要原因影响知识的存储。

第一,组织忽视知识存储的重要性。许多组织还没有把知识管理作为管理的重要议题,在进行各种改革战略时,还停留在质量、成本和生产力的改善方面,而忽视了知识的价值。

第二,组织没有专门的人负责管理知识存储。组织如果没有专人负责记录、分类、管理更新及咨询等工作,那么就因缺乏责任归属,而使知识质量不佳,可用性不高。

第三,没有合适的技术支持。组织没有方便的知识存储技术支持工具,如组织没有公用的知识库,或者知识库与业务系统相脱离,员工记录知识不方便。

组织从意识、制度和技术上全方位地重视知识的存储,使员工养成知识存储的习惯对组织来说是非常重要的。

6.2 组织知识存储的方法与工具

组织知识存储主要有三大媒介:员工个人、团队和组织系统。

1. 员工个人的知识存储

(1) 在职员工的知识存储

对于在职员工,存储其重要的知识应有下列几个重要的方法。

- 利用知识黄页或知识地图定义出具有重要知识的员工。
- 鼓励并支持员工对重要知识的记录、存储与共享。
- 保留具有核心知识资源的员工,防止其流失。
- 通过师徒制的建立存储重要的知识。
- 加强员工间的协作与交流,促进知识的社会化。

对组织而言,一味强调个人知识存储是不够的,更重要的是要建立相关的制度、文化和方便的技术工具,为个人知识存储提供良好的组织和技术环境。

(2) 离职员工的知识存储

对于即将离职的重要员工,组织可采取下列措施存储重要知识。

首先,对离职员工知识的外化。当一个具有重要知识的员工即将离职时,组织应该安排包括主管及其下属和一位知识搜索专家进行深度、开明、融洽及其具有建设性的访谈,将这位员工所掌握的重要显性知识(包括文件、协议、系统流程)和隐性知识(重要的项目经验和教训)仔细明确地记录下来。例如,Skandia National Lab 公司就利用录像和录音的方式进行访谈和知识存储。应了解重要员工离职的真实原因,组织也可以通过此种信息或知识的获取亡羊补牢,以降低员工的离职率。

其次，要建立离职员工的人际网络。对于具有重要知识的离职员工，组织可以通过下列的方式建立双赢的合作机制存储知识：聘请其兼职回来处理特殊的事件，以及维护那些年纪稍长或退休员工之间密切联络的人际网络。

上述方式的成功与否都依赖于员工平常对公司的向心力与忠诚度，以及公司对待离职员工的态度。

2. 群体的知识存储

(1) 群体知识的重要性与存储的问题

由于组织许多重要任务的规划和执行都是通过委员会开会和项目团队的合作方式来执行，而且，这种集体知识是隐藏在群体内，是不会随员工离职而流失且也难以模仿，因此，是组织重要的竞争优势来源。由于群体间的相互作用牵涉许多人际沟通、领导、协调、团队默契协同合作，因此，这种集体知识较动态，且为隐性知识，相对于员工个人知识更加难以存储。

(2) 群体知识的主要存储形式

① 团队开会记录

群体的许多知识都是通过会议的方式产生的，成员通过对某项议题不断地进行讨论、辩论和头脑风暴等方式，大都对问题有更为广泛切身的体会。因此，整个会议中不仅蕴藏了许多专家的精辟见解，也说明了整个决议或解决方案的来龙去脉和组织最重要的因果考虑。例如，一个项目团队讨论是否要自行开发还是外包开发一个大型信息系统，其中，成员们从不同的角度搜索来各种证据和资料，以评估各种方案的成本和效益，并深入讨论组织的 SWOT、外部的压力和内部的核心能力等，最终做出决定。在整个讨论过程中，成员们花费了很多精力搜集资料，分析并归纳各种内、外部因素，所以，这些都是组织应该存储的重要知识。团队知识存储的主要效益包括：

- 当组织下次面临相似的问题时，有充分的资料可以参考，不用重新在信息的搜索与分析上投资。
- 对于没有参与会议的成员与部门，可以通过这项记录让他们清楚地了解决策的过程与思考的重点，并能马上进入状态。
- 可以借此了解组织的历史，形成一种组织的记忆，并且了解一些重要流程设计或决策背后的原因与诠释结构。

② 项目总结报告

项目团队在结束一个重要的任务以后，应该将此次执行结果获得的经验与教训完整地记录下来，作为下次执行团队重要的参考和学习资料。一个完整的项目总结报告包括项目背景、项目过程和执行分析三部分。

- 项目背景包括垂直背景（项目相关的外部环境、组织战略、结构、文化、技术及员工认知）和水平背景（与项目相关的历史背景与现状）。

- 项目过程通常按时间顺序进行描述，包括何事、何人、何时、何地、为何，而不只是数据库中的静态描述。
- 执行分析是以本身经历的观点来分析整个执行过程的行动，并诊断方案执行的有效性，记录重要的经验和教训，作为后续团队改进的参考。

③ 虚拟社群

分散的成员为了实现一个共同的目标，或为了完成一项共同的任务，通过互联网或无线通信网上的各种工具，以同步或非同步的方式进行交流、讨论。对于这种支持隐性知识外化的群体讨论方式，组织也应该有专人来整理与分析这种知识。

3. 组织系统的知识存储

组织的知识隐藏在各种流程、制度、规则和信息系统中，外化的知识大都存储在手册、文件、公文、会议记录、ISO 文件、设计蓝图和协议等各种文件中。组织的知识存储有下面几个重要的管理要点。

(1) 知识的自动存储应尽量地自动化和电脑化

- 利用自动化的电脑辅助设计(CAD/CAM)软件存储设计蓝图。
- 利用产品开发管理(product development management，PDM)软件自动记录存储与整个产品开发生命周期相关的知识与信息。
- 利用计算机辅助软件工程(computer aided software engineering，CASE)自动记录并存储信息系统分析与设计文档。
- 利用工作流(workflow)软件自动记录并存储工作流程设计的规则和工作流程执行过程中产生的数据、信息和知识。
- 利用项目管理软件自动记录并存储项目管理中主要的流程文档与报表。
- 利用群组决策支持系统(group decision support system，GDSS)自动记录和管理会议的主要议题与内容。
- 利用专家系统(expert system)将专家解决问题的方案与规则自动记录并存储下来。

(2) 善用文档管理系统，形成无纸化管理

组织内有许多的公文、表格、手册、协议和蓝图等文档，组织应将这些内含丰富知识的文档，以文档管理系统支持其记录、存储、分类、索引和检索，形成一个无纸化的办公体系。

(3) 建立及维护一个高质量且易于使用的知识库

这是知识管理中最重要的一环，组织除了对上述传统的知识文档记录、存储外，更要主动、有目标地搜索、定义、选择并筛选对组织核心能力重要和有价值的各种最佳实践，以良好的结构设计让用户可以方便地在适当的时间采集到量身定做的适当知识。

(4) 建立活跃的实践社群

实践社群(community of practice)是活动的知识储存体，是组织中最多方面与最具

活力的知识资源以及组织认知与学习能力的基本形式。因此，组织应该提供资源，鼓励组织相关知识领域的实践社群的发展，并安排专人有系统、有结构地整理存储社会成员交流中所显现出来的许多珍贵知识。

本节上述各种知识存储方式可归纳如图6-2所示。

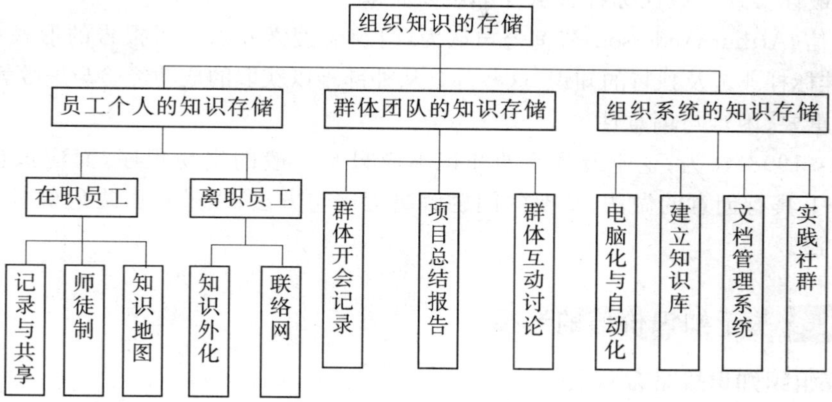

图6-2　个人、群体、组织的主要知识存储方法

6.3 组织知识的选择与过滤

由于人类信息和知识处理的能力有限，对于过量(overload)的信息和知识，人类不仅处理能力递减，而且会引起人们无所适从的反面效果。因此，信息与知识的量的不足与超载都不利于人类的决策质量。例如，SUN-Micro就曾经遭受到信息决堤的问题，全公司每天产生150万封的电子邮件，平均每个人会收到120封，且大部分是与工作不相干的邮件。这种情况会使员工对于传递来的知识感到不耐烦甚至反感，因此会对其忽视，大幅度降低知识传递的效果。

知识系统的知识达到一定量以后，知识内容的边际效用递减，知识和垃圾的差别往往只在一线之间。因此，组织在对知识进行存储前，要对知识加以评估，过滤掉那些价值不大、存储成本高的内容。

6.3.1 基于知识特性的选择

即使对于企业的核心流程，也不应该把所有相关的知识都记录存储下来，学者们认为需要存储的知识须具备下列特性。

(1) 创新、独特且具有潜力

Zack(1996)认为,所存储的知识都应该具有创新性和独特性,并在未来有被利用的潜力。对于组织必须具备的普通的、基本的知识,是组织必须具备的,其创新空间非常小,无法引导组织提升竞争优势的价值,因此,不值得额外地投入资产进行存储。

(2) 最佳实践或最佳标杆且从外部难以获取

安达信(Arthur Anderson)咨询公司认为,组织应搜索并以分析报告的形式存储最佳实践、最佳标杆典范及独特的知识,这些都是从外部难以获取的成功经验与失败教训。

(3) 重要、困难与创意性

Davis(1998)认为,企业最重要的知识不应只是一般的交易程序,而应该包括一些困难任务上具有创意的做法、重要的问题解决程序与方法,以及在面临危机时有效的协调处理方法。

6.3.2 基于知识价值的选择

1. 在组织知识战略方向上

组织知识管理的投资应该有战略上的重点和方向,例如,针对价值命题、核心能力和SWOT的知识缺口等,都是指导组织知识选择的方向。此外,Steward(1997)也提出了下面两种管理法则。

2. 市场交易导向型的知识选择

此法则的基本观点是:用户愿意付费的知识才有价值,即有存储的价值。例如,日本富士通公司为工程师开发了一套知识管理市场系统。在系统内,生产知识的供应者为所提供的知识定出价格,搜寻者若找到所需知识,按下购买键,价格就会出现。该价格包括传递与处理费用,费用由知识搜寻者所属部门负担,知识供应者所属部门则得到销售收入。软件商Fosys也开发了类似的知识市场网站。员工可以提供研究报告或项目心得等知识商品,网站专家负责评估接获的知识商品,如果是合适商品就公开发行。知识使用者必须支付知识货币,知识供应者与专家会获得知识货币作为酬劳。该货币可以兑换现金或奖品。

知识市场机制,可以避免知识需求的无度和浪费,也体现了“用户愿意付费的知识才有价值,才值得搜集和存储”的原则。

3. 成本效益的分析原则

当组织决定是否要存储某一个员工、程序或案件的知识时,可以用成本—效益分析法进行决策。

(1) 由决策的效果来估算知识的价值

例如,通用汽车公司要求经理人说明进行重大决策时是依据哪些知识来做决定的,由这个决策成功所获得效益来评估所用知识存储保留的价值。反之,对于失败的决策所产生的损失成本也可以反向评估其失败的原因是缺少了哪些知识,而由此就可以导出这些损失成本,就是这些相关知识的价值。原则上对重大决策越有帮助的知识,价值越高,就越需要妥善地存储。

(2) 由员工的离职估算知识的价值

可以用员工离职对公司所造成的损失来衡量员工所拥有知识的价值。例如,员工离职后可能造成的问题及其损失的知识价值估算方法如下。

- 造成对外人及网络的中断,估算因此而使人物执行时间增强和绩效降低的成本。
- 使得项目团队找不到需要的知识,估算因此而决策质量降低所发生的损失。
- 使得项目团队失去了成熟的特殊专长,估算因此而导致该团队生产运作困难所发生的成本。
- 由于这个人离职而丧失相关的人际关系,导致顾客的流失,评估因此而带来的损失。

原则上,对于任何战略上组织的重组或如 BPR 的推行等,都应该思考有无流失重要的知识,并制定成本效益分析来计算其机会成本,不应该只考虑短期的、有形的成本和生产力。

6.4　组织知识的加工与提炼

为了确保知识的质量,选择了的知识在存储之前必须经过多个方面的加工与提炼,以提升知识的正确性、知识的价值和知识的方便性。图 6-3 给出了组织知识加工与提炼的框架。

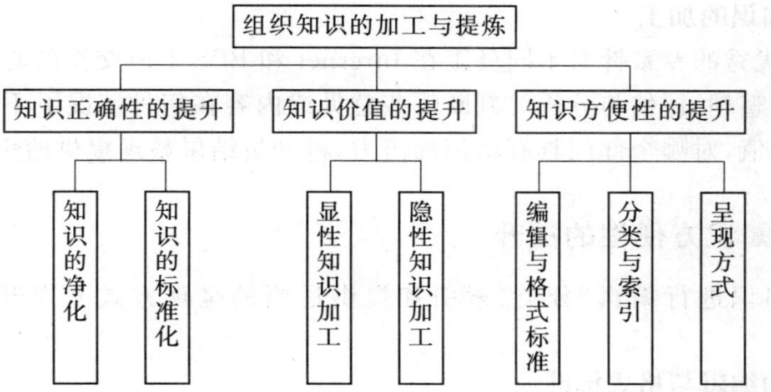

图 6-3　组织知识加工与提炼的框架

6.4.1 知识正确性的提升

知识的净化与标准化方面的工作主要是设立专人或建立机构负责检查所获得知识的正确性，主要目的在于解决下列问题：

- 知识上的矛盾与冲突：如不同来源的知识在内容上不一致，甚至相互矛盾。
- 知识上的不一致与重复：如不同来源的知识涉及的术语、度量单位不一致。
- 知识上的错误：如知识内容错误或知识的背景不适合。
- 知识的时效性：如原来正确的知识，随着时间和背景的变化不再正确了。

例如，当存在不同生产线或项目团队获得最佳实践与组织既有的知识有矛盾冲突的现象时，或者两个信息系统产生的数据不一致时，或者某些知识的利用并不适应本公司的文化或理念时，都要对知识进行净化(cleaning)、汇总与整理后才能进行存储工作。此外，还可以建立一套适用于全公司共同标准的关键名词与用语，即知识的标准化。为了避免企业内部不同部门、不同知识背景的全体员工、企业外部的合作伙伴和客户在交流中产生歧义和误会，企业应该对相关领域的名词、术语进行标准化定义，以利于大家在共同标准上共享知识。

6.4.2 知识价值的提升

提升知识的价值是指提升知识的附加值。

1. 显性知识的加工

对于一些设计蓝图、财务报表、程序手册等显性知识，由专家在这些结构化的知识上加以注解：有何含义，该如何应用，并提出分析看法。例如，Monsanto 公司对于数据库中的一些金融资料，由金融财务专家为这些资料标注所代表的外部环境变化的含义，以及对本公司的经营有什么影响，让用户从这些文件中获得更有价值的知识。

2. 隐性知识的加工

例如，由优秀的专家针对不同员工在 Internet 和 BBS 上所交换的心得、意见和所提供的知识进行整理、评估与分析。判断哪些意见或内容在何种情况下不能使用，在何种情况下最有价值，对哪个部门具有增值的潜力，将分析结果整理提供给用户参考。

6.4.3 知识方便性的提升

通过对知识进行编辑、分类、索引和提供适当的呈现方式来提升知识使用的方便性。

1. 知识的编辑与格式标准

由于外部搜集来的知识在结构、写法和格式上各有不同，为了方便用户的阅读，应有专人进行标准化格式的编辑，使得每一个报告文件都有标准的格式。例如，报告的主题、摘要、关键词、图表的格式和文件的标准内容结构等，并尽可能将结构不好的内容编辑成精简和严谨的文章结构。

2. 知识的分类和索引

由于企业知识种类繁多，涉及不同的顾客、产品、流程、市场及应用，因此，应该设计多元的分类结构与索引，例如，企业知识可以提供按部门分类、按流程分类等，用关键词、主题、时间等建立索引，以利于各种不同需求的使用者都能够方便、快速地找到他所需要的知识，也是决定用户是否愿意使用知识的重要因素。

3. 知识的呈现

不同特征的知识呈现方式应有所不同，同一知识也可以用不同的方式呈现。例如，可以以文本、数学公式、图形、表格、动画、语音、视频等形式呈现。因此，对于特定的知识提供合适的媒体丰富度，使其能更丰富地传递所要表达的内容，也应该有专家设计知识呈现的界面。

6.5　显性知识的存储与管理：知识库

组织知识管理中核心的一个工具就是知识库。组织利用这个工具存储、传递和共享重要知识，让有需求的用户快速获得存储的知识，实现有用知识可以重复利用的目的。

6.5.1 知识库的概念

企业知识库是一个集知识的获取、分类、组织、存储、转播、维护、共享于一体的智能知识处理系统，该系统能自动或通过人工的方式获取针对某一组织主题的知识并按一定的模式进行分类、编码，能对各种结构和类型的知识进行集中或分布存储，能为用户提供良好的知识共享环境并能动态地对其中存储的知识进行即时的更新和维护，从而辅助企业知识管理的实施，是企业知识管理的核心技术工具。

学者 Jovanovic(1998)指出知识库内主要存储的对象包括下列内容。

影像：图像与录像信息。

音频：录音信息。

文章：包括平面文本(flat text)与超链接文本(hypertext)。

数据：关系数据库。

文件：包括表格、报告、图形和图表。

案例：项目报告。

规则：专家系统内的指示规则。

对象：面向对象数据库所存储的对象实体。

流程：包括主要步骤、流程所用资源、角色、绩效的评估等。

模式：包括决策模式、系统仿真模式等。

6.5.2 知识库中知识的属性

为了便于知识的重用，知识库中的知识应以对象化、模块化的方式存储，即应将复杂的知识分割成许多单一的、独立的知识单位（knowledge unit）。用户在知识库中查找知识单位时，主要是基于文本字符串的匹配，因此，每个公司必须定义自己的一组知识属性（也称为标签），来对知识库中的知识单位进行标识。Tiwana（2001）建议一个知识单位的内容利用下列几个属性来标识。

1. 活动属性

活动（activity）属性用来说明给定的知识单位的相关活动。例如，一个 CAD 设计蓝图是属于产品开发活动，而顾客的建议或投诉文件则是属于产品营销的活动。这种属性的值必须定义在最前面，而且值之间不是互斥的。即相同的知识条目可能归于两种或更多的类别。例如，计算机测试相关的知识可能在测试、质量控制、容错分析等活动中都有用。

因此，组织必须有一个明确的活动和流程模型，定义组织有哪些重要的活动。也许在开始时这个模型并不完美，但是，应尽量在开始时就努力去做，在以后的发展过程中逐步完善活动属性值的集合。

2. 域属性

域（domain）属性标识知识单位所属的学科主题领域。例如，网站设计技术是属于电子商务的主体领域，而神经网络设计要点是属于人工智能的领域。

组织可能已经有一个由专家知识和技能领域所构成的广泛的域，但是，要注意域的定义不要过于微观，域必须定义在集合的水平上。如果组织还没有定义这样的域，就必须制定该标准，让员工明确他们的域是什么，并考虑词汇上的匹配性，以避免域名相互重叠。

3. 形式属性

形式（form）属性用来定义知识单位的物理表示形式。这个属性的定义是十分灵活的。可以用一个基本的值的集合来定义。例如：

- 纸张型的
- 电子的
- 隐含的或内在的知识
- 指针（例如，指向以前曾经解决过该问题的人等）

➢ 文本(文件、文档、电子数据表等)

➢ 多媒体(声音、视频磁带等)

如果组织的有关信息是以其他形式存在的,用户可以扩充上述形式类型列表。指针属性类似于员工技能数据库的概念。在员工技能数据库中,如果搜索"Web 数据库集成的专家",那么所有与之匹配的员工的详细信息将会在列表中给出。当公司的办公地点比较分散时,或当公司员工很多时,这种指针尤其有效。例如,一个给定属性的搜索可能帮助在亚特兰大的顾问找到一个在柏林办公室知识渊博的顾问。

4. 类型属性

类型(type)属性明确地说明了一个知识单位的呈现形式,如手册、备忘录、最佳实践、项目报告群体讨论内容、新闻稿年度财务报表等。Tiwana(2001)给出了该属性的一个基本的取值集合:

➢ 程序文件　　➢ 时间表　　➢ 失败的报告

➢ 指南　　➢ 最劣实践报告　　➢ 成功的报告

➢ 原型　　➢ 最佳实践报告　　➢ 新闻发布报告

➢ 手册　　➢ 注释　　➢ 竞争情报报告

➢ 参考书　　➢ 备注

从这些基本值开始,以后可以逐步加入本公司可应用的其他相关知识类型。类型属性的值也可以在多个公司之间标准化,例如,你的公司和你的供应商建立共同的知识类型标准。

5. 产品和服务属性

产品和服务(product and service)属性用来说明此知识单位相关的产品和服务。例如,某一客户分析报告与某智能型手机产品相关,某知识管理现状调查报告与知识管理咨询服务相关。

6. 时间属性

时间(time)属性用于标识该知识单位创建或修改的时间,其主要作用在于方便用户了解该知识的时效性和设定搜索范围。

7. 版本属性

版本(version)属性用于说明这份文件知识单位是否是最新版本,或原始版本。因为有许多技术文档或报告是经过多次修改的,应该让用户了解目前使用的是哪一个版本。例如,Word 文档会自动打上时间、作者和版本标签。

8. 位置属性

位置(location)属性指明该知识单位现在存储在什么地方(物理位置或逻辑位置)。例如,某客户关系管理分析资料目前存放在销售部门的资料柜中,某设备的维修专家的联系方式是什么。

9. 作者属性

作者(author)属性是指该知识单位的作者、负责人或部门每个知识都有创建人、负责人或部门,该属性有利于用户有问题时可以联系相关负责人,或负责人应该负责该知识的质量与更新维护。

表 6-1 对描述知识单位的属性进行总结说明,在最后一列中,以知识单位"知识库框架结构的最佳实践"为例,给出了各属性的取值。

表 6-1 知识属性说明与举例

属性标识	说　明	属性值举例（知识库框架结构的最佳实践）
活动	活动属性将组织活动和知识单位相关联	知识库的建立
域	域属性是指知识单位属于哪个专业技能和主题领域	知识管理、资料库、内部网
形式	形式属性描述了相关知识单位的物理特性(纸、电子、多媒体、正式、非正式隐性、启发)。每一个知识单位都可以具有多个知识属性,它们也可能有重叠	文档
类型	类型属性说明了给定知识单位所在的文档类型。例如,明确的类型属性包括程序、手册、指南、时间表、最好的实践、备注、出版发行物、年报、竞争情报	手册
产品和服务	这个属性描述了特定的、理想的、非重叠的与知识单位相关的产品或服务	组织知识管理的导入
时间	时间标识标记对象创建的时间,用于标识知识的时效性和减少检索时间	2006/4/18
版本	标识知识单位的版本	Version 2
位置	说明知识单位的大约物理位置或逻辑位置	知识管理项目团队文件管理系统
作者	标识知识单位的创建者或负责人	Amrit Tiwana

6.5.3 知识的自动分类

对于网络或组织内成千上万的文件,为了便于使用者访问,应如何分类存储?根据什么分类准则?利用什么技术实现?

文本挖掘(text mining,TM)是根据文件中主要词语(term)出现的不同权重寻找出文本中的语义和结构特征。基于文本挖掘的知识文件的分类主要有两种方式:聚类

(clustering)分析和分类(classification)。

1. 知识文件的聚类分析

知识库内文件数量惊人,很难以人工的方式将类似的知识文件区分、整合成不同的类型,以方便用户快速地搜索到相关的重要文件。知识文件的聚类分析是一种计算机自动归类技术,其主要步骤如下。

(1) 文件特征词语的抽取

由计算机软件将文件内主要的特征词句抽取出来(例如一篇新闻稿件中的人、事、时、地、物等),去掉一些主语、介词、形容词和副词等之后,再将文件转换成数十或数百个主要的词语,称为知识文件的特征词汇集。

(2) 词句权重的设置

根据词句出现的位置、频率和距离而给予其不同的权重因子。例如,一篇文章中,"成本控制"出现的频率非常高,而且时常出现在内容摘要中,因此,"成本控制"这个词的权重就会非常高。相反,在同一篇文章中,"企业文化"的出现频率很低,也没有出现在摘要中,也常常是"企业"与"文化"分得很开,不是同时出现(两个词距离很远),在这种情况下,"企业文化"的权重相对而言就很小。

知识文件的特征词汇集的每一个词语标上权重因子后,就形成了该文件的特征模式。

(3) 文件的聚类

文件聚类分析是对文件的特征模式进行比较,将模式相近的文件聚集成群。例如,对历届积累下来的研究生学位论文,可以按照其出现的最主要的词语汇集成群。而这个群体可以由专家为其命名一个最适合的主题。这种学位论文的聚类方法,比传统的按毕业生的所学学科分类更合理和准确一些,因为,许多论文是跨学科的论文。

2. 知识文件的分类

知识文件的聚类分析强调的是自动利用知识文件内容的重要词句和权重进行归类,而知识文件的分类则是利用人类专家事先定好的分类结构,由手工或电脑自动将新输入的知识归类到最适当或最类似的类中,其主要步骤如下。

(1) 专家制定分类结构

专家根据组织的业务领域将知识分为几个类型。例如某管理学院将管理科学与工程专业的硕士学位毕业论文分为运作管理、信息化、物流管理、项目管理等类别,并定义了各类别的基本特征。

对于人工分类,由专家阅读知识文件,比较文件与各类别的特征,根据主观判断,将文件归入到最相近的类中。

(2) 机器学习

对于机器自动分类,首先用电脑从分类好的文件中找出主要的词句,并按照出现的频率、位置和距离基于各种不同的权重构成每一类文件的特征模式，称为标准模板。

(3) 模式匹配与分类

由文本挖掘软件自动搜索出新加入文件主要的词句与权重，并将其特征模式与原有已分好的各类型的特征模式进行匹配，找出最佳的匹配组合，并将其归类。例如，新加入论文的特征模式与物流管理的标准模板最吻合，那么，该论文就会归入到物流管理这一类。

基于文本挖掘的知识自动分类技术，可快速地进行知识分类，从而节省知识入库的时间。

6.5.4 组织知识的更新与维护

知识库本身具有生命周期，建立后将会随时间而成长，达到某个程度后，则会因为知识库的存量过于沉重和内容过时而不适用。因此，为了随时保持知识的质量，知识库必须随时更新，对此，组织可以有以下做法：

(1) 知识的内容与结构要随环境改变而改变

(2) 要由专人负责知识库的管理和维护

维护的工作主要包括：

- 删除过时的知识内容。
- 将不常用但仍有使用价值的知识传送到第二线的存储设备。
- 定期检查知识的重复性、不一致性及时效性等问题。
- 按照新环境的需求，重新对知识进行分类与整理。

(3) 依据知识特性的不同，设计不同的更新与查看操作

- 使用寿命较长，以及重要和较为机密的知识(如公司的竞争战略目标、产品功能描述、ISO 文件等)，则应该采用较为正式查看操作。
- 如果是动态的和随时更新的在线群体讨论，以及不易查看的内容，应有专人对其完整的内容在事后进行监督、评估和整理。
- 因各地分公司产品和市场的不同，经营的动态性和生命周期也有所不同。因此，各种不同生命周期的产品，其相关知识也需要用不同的时间间隔进行查看与重组。

(4) 知识利用要有评估机制

- 利用每个知识单位点击率了解知识的利用率。
- 由知识单位间连接路径的使用情况了解用户的使用习惯和思维模式。
- 根据专家和用户对知识质量的评价，随时整理和了解其质量及实用性的变化情况。

• 经常性地进行问卷调查，了解用户对知识库的意见与建议。

6.6　知识的存储与访问策略

6.6.1　组织知识存储策略：虚拟知识中心

1. 组织知识中心的概念

组织知识库及其运作机制和服务体系的联合就形成了公司知识中心。知识中心强调的是组织拥有的所有知识库，它对于公司知识用户来讲是开放和透明的，开放意味着员工可以访问组织所有的知识库，透明意味着员工不必关心知识库的具体物理位置，对员工来讲其所访问的知识库就如同在本地主机上一样。

组织内部拥有众多的业务部门，这些部门业务内容可能相差很大，地域上可能相当分散，各部门的知识库构建技术也可能千差万别，很容易形成一个个"知识孤岛"，从而造成公司内部知识流的不畅和知识资源的相互封闭，影响员工对知识的获取和利用，所以必须将其统一地联结起来，并通过合适的技术和管理机制使所有员工都可以透明地访问组织的知识资源，从而，推动组织知识管理工作的发展。

组织知识中心的技术系统是一个"虚拟中心"，它并不是文献管理时代的图书馆那样一个物理上的建筑物，不是体制上的一个组织机构如技术管理时代的计算中心或信息中心，也不是信息资源管理时代 CIO 对信息资源的集中控制，它是一个个知识库的联合和相互联结而形成的网络，各个知识库的建设维护责任和管理权仍归各个业务部门，只不过快速的数据传输、强大的检索软件和统一的用户界面使员工觉得这个网络就如同一个单机数据库一样。知识中心的构建如图 6-4 所示。

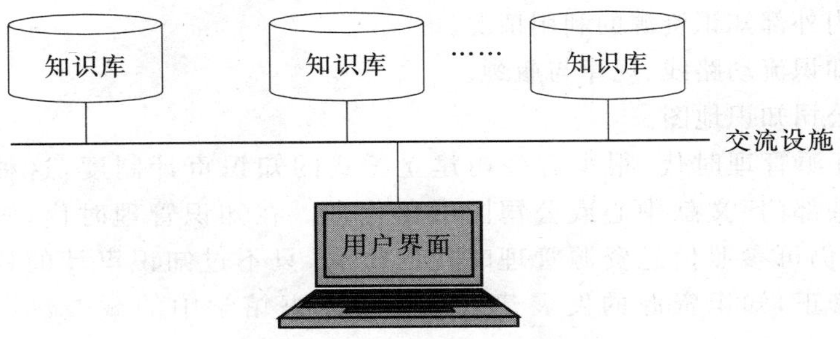

图 6-4　公司知识中心示意图

2. 组织知识中心的职能

组织知识中心在组织知识管理中扮演关键角色，它负责组织知识的存储、组织和评价，是组织的知识收集、加工和处理中心，并向组织员工提供各种相应的服务。在组建组织知识中心时，必须对以下问题做到心中有数：

- 组织的知识资源是什么？在什么地方？
- 谁在利用组织的知识资源？谁创造了它们？为什么创造或不创造？
- 知识的创造需花费什么样的代价？会带来什么样的收益？

具体来说，公司知识中心的职能包括以下几项。

(1) 管理职能

负责公司知识资源的收集和传递，明确组织内各个业务单位或职能部门围绕公司核心竞争力而产生的知识需求，针对这种知识需求进行知识地图绘制工作，并在知识文档(knowledge profiles)的基础上进行过滤工作。

知识中心的主要业务工作首先是建立内部知识源和外部信息源的指南，并揭示知识之间的相互关系，这称为知识地图。在知识地图的基础上，需要某一特定知识的员工不仅能够通过知识中心同特定的内部知识源或外部信息源取得联系，而且能够直接与组织内相关专家取得联系，这种人际之间的联系一般而言会导致内部网上专家讨论组的形成。

(2) 知识审计(knowledge audit)

知识中心必须承担相应的监督职能，负责监视组织知识的重复利用或创造，并在知识的流通统计工作中运用全面质量管理(TQM)方法(这称为知识审计)。具体包括如下内容：

- 确定公司、业务单位和员工个人的知识需求。
- 确认创造的知识并评估其价值。
- 确认隐含知识并评估其价值。
- 调查公司知识资源供给与知识需求之间的差距。
- 评价内外部知识资源的利用情况。
- 调查知识流动路线、规律与瓶颈。
- 绘制公司知识地图。

在信息资源管理时代，很少有公司建立正式的知识审计制度，这种工作一般均由研究与信息部门、文献中心或公司图书馆代理。在知识管理时代，知识审计工作的方法、工具仍可参照信息资源管理时代的做法，只不过知识审计的评测指标体系要作适当的修正，知识资源的发展建设应参照图书馆学中的藏书建设理论与方法进行。

组织知识中心的职能如图 6-5 所示。

如果要将传统的由研究与信息部门、文献中心或公司图书馆承担的知识审计工作移交知识中心，则上述几个部门必须注重其所收藏的“灰色文献”如报告、学位论文、电

图 6-5 组织知识中心的职能示意图

子讨论清单及其他公开性较低的文献的管理，以防在移交时遗失上述文献。

也就是说，组织知识中心的主要任务是实现各知识库的无缝结合，管理评测知识的运行规律和运行效果，确保知识在公司内部的最大化利用。

6.6.2 知识的搜索

用户对于所需要的知识如何通过搜索机制进行查找？如何找到适量且相关的文件？对于存储在 Internet 或知识库内成千上万的文件，用户搜索文件的方法主要有两种：面向文件的搜索和面向内容的搜索。

1. 面向文件的搜索

该类搜索主要利用关键词和全文检索的方式，对比用户输入的关键词与知识库内的关键词（或全文），看是否符合。面向文件的检索可分为以下两种类型。

（1）传统简单型

在传统简单的关键词检索中，会列出所有出现关键词的文件，但一般都会造成信息超载现象，即查找出数量多且太多不相干的文件，效果不好。

（2）按相似度排序

许多搜索引擎都可以依据用户所输入的词汇集（不止一个）对知识库内的文件进行全文检索，找出与该词汇集相关的所有文件，同时按照词汇集出现的频率高低、相关词汇距离的远近和位置的重要程度对搜索到的文件进行排序，并可以根据其符合的状况（例如所有词汇都同时出现且频率与权重都非常高）提供相似度等信息，让用户优先找到最相关的文件，不需要从头到尾逐一浏览。

2. 面向内容的搜索

基于关键词的文件搜索，无法分辨出不同词汇间自然存在的重要相关性，即词汇的语义（semantics）结构，如图 6-6 所示。

如果用户以“企业信息系统”作为关键词进行搜索，那么知识库内有许多深入描述企业的事务处理系统、管理信息系统和决策支持系统或许多描述企业信息化的文章，会由于关键词不符合而找不到这些相当重要的文件。为了防止上述的缺失，于是就有了

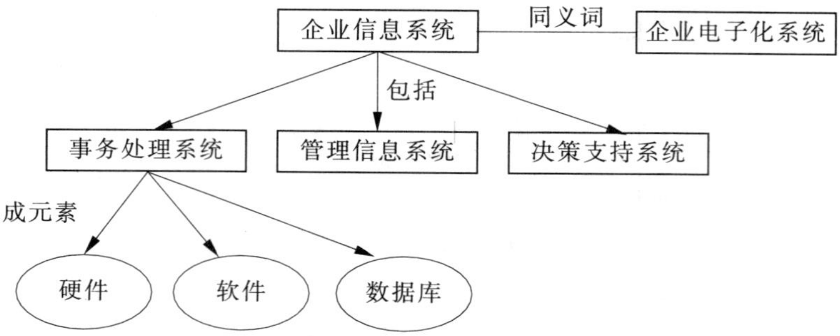

图 6-6 语义图示例

面向内容的搜索技术，其主要的理论基础是知识本体(ontology)和语义网络，因此，也称为基于语义的内容检索。面向内容的检索还存在一些技术上的困难有待解决，目前，尚无成熟的工具可用。

6.6.3 知识的推拉策略

从知识库中获取知识有知识推(push)和知识拉(pull)两种方式。知识推式策略是指由组织主动地将其认为相关的知识推送给相关的员工；知识拉式策略是指组织建立知识库，由员工按照自己的需求主动获取(拉)其所需的知识。

学者 Steward(1997)在比较两种策略时，认为组织不要把信息或知识硬塞给员工，把一些与员工工作无关的或员工不感兴趣的信息塞给员工，会造成信息过载，而引起员工对知识的忽视和反感。Steward 认为应该推行拉式策略，即员工有需要时，由其主动采集相关的知识。HP 等许多公司采用拉式战略，它们认为，员工采用拉式策略的效果比使用推式策略更好，而且动机性更强，满意度也高。

在我们的实践中，常采用“推、拉相结合，以拉为主，推为辅”的战略。一方面，员工可以主动访问组织知识库，拉取自己所需要的知识；另一方面，根据员工的注册信息和访问知识库的历史行为信息挖掘员工的知识兴趣，当知识库更新或添加了与用户兴趣相关的新知识时，系统会推送一些知识库更新信息给用户，让用户知道知识库中尤其感兴趣的内容。

推式策略在知识订阅系统中也是非常有用的。当用户在现有知识库中没有找到自己所需要的知识时，可以向知识库预订他所需要的知识，当知识库添加了用户预定的知识时，知识库会在第一时间将该知识推送给订阅者。

6.7　隐性知识的存储与管理

6.7.1　员工个人层面的隐性知识管理

与显性知识相比，隐性知识具有个体性。波兰尼(1958)在其著作《个人知识》中对隐性知识作深入分析的过程中得出"所有的知识最终都是个人的"结论。我国经济学家张维迎也指出："企业最重要的竞争力是看这个企业在多大程度上积累了具有现实互补性的知识，而在这些知识和经验中，80%都是深藏于员工内心的隐性知识。"

因此，组织(学习型组织)应该重视员工的个人知识管理，并通过各种人才的合理组合(即"互补性")来实现组织目标。个人知识管理与组织的知识管理是既相互独立又相互依存的统一体，正如实践社群与正式组织之间的关系一样，这要求组织巧妙地去引导、管理，如同对待实践社群一样。

1. IT 技术在知识管理中的应用演进

个人计算机作为强大的信息处理设备，配合互联网络中源源不断的资源、方便的检索、便捷的沟通与交流，这一切都为知识管理提供了诸多便利，以至于一度让大家误以为 IT 技术本身就是知识管理。

而今，人们对于技术在知识管理中的作用有了更为科学的认识，并且已经开始关注技术对于隐性知识发生、发展与管理的支持作用。E-Learning 研究者毛向辉对信息技术在学习与交流中的作用进行了很好的概括，给出了从 20 世纪 60 年代至今，技术所能提供的计算特征、知识特征以及认知特征的相互关联着的演化过程，如表 6-2 所示。

表 6-2　IT 技术在知识管理中的应用演进

计算特征	计算性	媒体性	远程性	社会性
应用模式				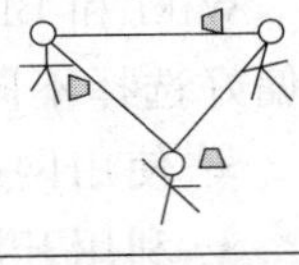
知识特征	显性重复	显性加强	显性↔显性	显性↔隐性
认知特征	记忆	感知	资源、沟通	情景、协作
时间	20 世纪 60 年代	20 世纪 80 年代	20 世纪 90 年代	21 世纪

随着社会经济发展对知识创新及知识迅速更新的新要求，使得隐性知识备受关注。与此相适应，学习理论的发展，认知主义大行其道，建构主义被人们所熟知，人们更多强调在社会情境中、在交互协作中建构知识意义。

IT 技术的发展也适应了(或是推动了)这种知识特征和认知特征,社会性软件(social software)正逐渐进入人们的视线,如 QQ、MSN、Weblog、Wiki 等之类的应用为个人层次的隐性知识管理提供了有用的工具。

社会性软件是基于互联网络,使得人们(包括知识工人)能与自己关心的专业领域、兴趣爱好、人员保持同步联系、互相交流与共同发展的各类应用软件(或系统)的统称。Blog 是近来较为流行的一种个人隐性知识管理的社会性软件。

2. Weblog 与个人隐性知识管理

Weblog,简称 Blog,直译含义是网志或网络日志,是网上的一种日记体形式。它的使用极为简单,使用者可以轻松享受专门的 Blog 服务提供商提供的免费服务,只需要去注册一个用户,花五分钟时间就可以建立一个个人的 Blog,而后按日期、按类别记录和检索自己的心得、灵感、创意、思想、心情,等等。相同专业领域共同主题的 Blog 之间,可以相互引用或相互评论,从而构成一个 Blog 群组。不仅如此,利用新闻聚合工具软件(类似于 Outlook 的功能),可以从预先设定的 Blog 站点自动搜集新的内容并集成在一个界面中提供给读者进行阅读。

Blog 对于隐性知识管理的重要性在于它作为一类社会性软件,使知识工人能与自己所关注的领域、专家保持同步联系、协作交流。基于 Internet 的 Blog 所创造的这种环境本质上是一个个更广阔、边界也更为模糊的实践社群。

Blog 与企业知识管理的融合就是 K-log,目前已经有很多公司发布了此类工具软件。例如,Userland 公司开发的 Manila 能够帮助企业建立内部的 Blog 社区,从而鼓励员工记录自己的所思所想,并形成相互交流、讨论的氛围。

总之,无论从个人知识管理层面,还是组织层面,类似于 Blog 的社会性软件的应用会给隐性知识管理带来诸多便利,知识工作者及组织管理者都应该根据组织的知识管理战略推行这些系统的应用。

3. 利用 Wiki 进行知识管理

Wiki 和 Blog 同样都是现在比较流行的个人知识管理工具。每个人可以根据自己的偏好选择不同的 Wiki 工具,比如:

- 使用网站提供的 Wiki 服务,如 PBWiki
- 利用开源软件自己架设 Wiki,如 MediaWiki
- 离线的一些 Wiki 化的工具,如 WikidPad

Wiki 用来进行知识管理可以很好地建立个人的知识体系。同时 Wiki 非常适用于知识的共享,既可以分享给别人,也可以让其他的朋友来一起帮助你。但由于使用 Wiki 编辑内容时不如 Blog 方便,所以有些用户不喜欢使用 Wiki。

在线的工具和离线的工具各有优势:在线的工具可以让使用者随时随地访问,更新自己的知识库,但是编辑上有些麻烦,需要上网,需要浏览器;离线的工具在编辑上更加方便，但是，需要随身携带自己的电脑。

6.7.2 隐性知识库的整理与存储

组织存储知识时，应该先清楚了解这种知识是否适合利用结构化的工具进行存储。虽然将员工隐性知识外化后存储有利于全公司员工共享，使其价值提升，但如果强行将难以显性化的知识一味地存储在数据库、表单、规则、程序和蓝图中，反而由于这种知识表达不够清楚、丰富度不够，让用户产生不信任、看不懂、误解以及无法吸收等问题，浪费了公司的资源。因此，组织应在存储前，先判断哪些知识需要存储在结构化的知识库中，而哪些知识只要支持其对话讨论，而不需要显性地存储。

知识库按知识的呈现方式可以分为显性知识库与隐性知识库。隐性知识库，如电子论坛，即对某一领域有兴趣的实践社群通过 Internet 或群件(groupware)对动态、特殊背景的隐性知识进行互动、讨论，彼此共享知识。其主要存储的整理方法有以下几种。

1. 整理与清洗

对于群体在公共论坛上的问答、补充和注解等随时涌现出的知识，应有专人负责将同一主题或作者的意见以出现的先后顺序为线索整合起来，并设置各种主题、作者或日期的检索方式，让使用者可以方便地针对某一主题(例如，知识库的设计)快速地找到所有相关意见。

由于在论坛自由交谈是没有结构的，没有人可以强制和限制对话的主题，因此，许多不相关的主题会同时出现在对话中，因此，必须有专人进行整理，对内容进行精简、摘要、编辑、提炼并删除没有价值的内容等。

2. 与现行知识库的整合

主要包括以下两个重点。

(1) 隐性连接显性：在讨论中，电子论坛可以方便地采集显性知识库内相关的产品、技术、文件及蓝图等知识，辅助互动讨论。

(2) 显性连接隐性：显性知识库应连接相关的、经过加工、提炼和整理后的电子论坛的内容，将其当成一个重要的辅助知识。例如，关于某一品牌知识库管理系统的产品，在其电子论坛上许多使用过的成员交换了许多意见，这些内容就应该纳入或连接到显性知识库的知识库管理系统中。

3. 知识库的设计实例

美国孟山都(Monsanto)公司是一家化学公司，营业额超过 100 亿美元。2000 年公司通过导入知识管理，在整个供应链上降低 25%的成本、实现 100%的交货率。孟山都公司对于其知识库存储管理的重点工作可以用以下几点进行描述。

(1) 公司将现存知识(信息)分成显性知识(可结构化)和隐性知识(不可结构化)。

(2) 知识管理体系提供不同的搜索、记录、存储和传递不同类型的知识。

(3) 将结构化知识存储在数据库中,使全球3万多名员工通过网络和软件自由地访问。

(4) 非结构化的知识以较人性的方式存储在主页和舆论坛(lotus notes)中,防止过于僵化的结构破坏隐性、动态及特殊背景的知识特性。

(5) 建立全公司共同标准的关键词,这是因为全球性和地区性差异,建立包括产品、物料、客户等全公司共同标准的关键词定义,避免沟通出现误会和错误。

(6) 显性知识库内容的加工应有具体的应用。例如,对于数据库内的一些金融资料,由专家加注运用方法、具体含义、对公司有什么重要性等说明。

(7) 非结构化知识的加工,即对于隐性知识由专门人员进行评估,及分析该知识的内容与哪些部门有关?其内容质量与重要性是什么?并将分析结果置于网站上,供用户参看。

本章小结

1. 知识的存储是指组织将有价值的知识经过选择、过滤、加工和提炼后,存储在适当的媒介内,并随时更新和维护其内容和结构,以利于需求者更加便利、快捷地访问,获得有效的知识。

2. 组织知识存储主要有三大媒介:员工个人、团队和组织系统。

3. 在职员工个人知识存储的方法有:利用知识黄页或知识地图定义出具有重要知识的员工;鼓励并支持员工对重要知识进行记录、存储与共享;保留具有核心知识资源的员工,防止其流失;通过师徒制的建立存储重要的知识。存储离职员工知识的主要方法是:对离职员工知识的外化和建立离职员工的人际网络。

4. 群体团队的知识存储方法是:团队开会记录、团队项目总结和群体互动的讨论版。

5. 组织系统的知识存储方法是:使用自动化软件;善用文档管理系统,形成无纸化管理;维护高质量的知识库管理系统;建立实践社群。

6. 组织在对知识进行存储前,要对知识加以评估,过滤掉那些价值不大、存储成本高的内容。

7. 为了确保知识的质量,选择了的知识在存储之前必须经过多个方面的加工与提炼,以提升知识的正确性、知识的价值和知识的方便性。

8. 组织知识管理中核心的一个工具就是知识库。组织利用这个工具存储、传递和共享重要知识,让有需求的用户快速获得存储的知识,实现有用知识可以重复利用的目的。知识库中的知识是经过选择、加工提炼后的知识。知识库本身具有生命周期,建立后将会随时间而成长,达到某个程度后,则会因为知识库的存量过于沉重和内容过时而不适用。因此,知识库的维护与更新是知识管理的重要任务。

9．最常用的知识的访问策略有知识搜索和推拉策略。面向文件的知识搜索（关键词检索和全文检索）是目前主要的知识搜索方式；面向内容的搜索（基于语义的搜索）查全率更高，但是，实现上要困难一些。知识的推策略和拉策略各有优缺点，在使用时要针对具体应用将两者结合起来。

10. Weblog、Wiki、公共论坛等社会软件的应用，为个人隐性知识的管理提供了重要的工具和手段。组织要重视员工个人隐性知识的管理与存储。例如，对于群体在公共论坛上的问答、补充和注解等随时涌现出的知识，应由专人负责将同一主题或作者的意见以出现的先后顺序为线索整合起来，并设置各种主题、作者或日期的检索方式，让使用者可以方便地针对某一主题（例如，知识库的设计）快速地找到所有相关意见。

思考与讨论

1．试述组织知识存储的主要步骤。
2．试述组织知识存储的主要原因与问题。
3．试述组织知识存储的主要分类结构。
4．什么是知识地图？知识地图的作用是什么？
5．员工个人知识存储的主要方式有哪些？
6．群体团队知识存储的主要方式有哪些？
7．知识加工和提炼有哪些主要活动？
8．分析知识自动分类的两种主要技术是什么？有什么区别？
9．比较知识推式策略和拉式策略的优、缺点。
10．讨论：如何防止因为员工离职而造成的知识流失？
11．分组讨论案例8，并写出讨论报告。

案例 8

明基——人走了，把知识留下

明基利用企业的信息化优势，对企业内外的显性和隐性知识进行统一处理和管理，通过传播、共享等方式，最大限度地积累企业的智力资源。

IT行业是人才高速流动的行业，老板们发现不能奢望自己培养出的人才一辈子留为己用，而较高的专业知识要求，又注定了该行业员工离职给企业造成的成本很高。在这种情况下，明基集团采取了最务实的做法：让人才在职的时候充分发挥自己的潜力，在离职的时候把项目所需的技术、累积的经验、信息与知识成果留下。

欲善其事　先利其器

明基拥有一个强大的内部局域网，通过局域网，每名员工都可以进入一个学习平台——知识管理体系(KM系统)，员工可以在此自由交流。比如，一个刚刚进入明基的员工不仅可以在这个系统里找到简单的"入门指南"，知道自己需要做什么工作，也可以把前辈的经验直接复制、付诸实施；如果员工不是苏州(明基总部所在地)本地人，他甚至可以在这里找到苏州当地的风土人情介绍，还可以了解到马路对面饭馆的鱼香肉丝其实不太好吃。

在平时的工作中，员工给老板汇报、发送文档都是通过KM系统上传到公司资料库中，然后再由系统转给老板，这样一来，所有的报告文档都留了下来；同时，老板还会表扬平时主动上传其他资料的员工，以鼓励大家分享自己的知识。对于一些提供信息资源的员工，公司甚至给予实际的奖励，以此提高员工的积极性。

以明基手机事业部为例。中国台湾省、内地和圣地亚哥三地的研发人员，通过知识管理的平台汇总在一起。三地的研发人员，1 000多名员工可以在同样的知识平台分享彼此的经验。明基公司在中国内地有30多个销售分公司，这些分公司的销售管理工作怎么做呢？明基把内部最新的产品知识、经销商培训的过程以及成功的方法，复制在知识管理系统的某一个目录上，而分公司的销售人员则把自己的工作心得、经验放在该目录中。明基对此还采用了量化管理。比如在知识管理系统平台上设立风云榜，哪个部门阅读多少篇，每个月都有排名。又如部门使用知识管理情况报表——哪怕员工买了三星的手机，回来以后还能把对这个手机的一些心得与大家分享。以2003年为例，明基集团全年有效知识发布158 596篇，这说明员工非常愿意在这样的氛围下，将其专业知识分享给大家。

人走茶不凉

每个部门在KM系统地图上都有自己的分支，所有在该部门工作过的员工的工作文档、报告、模板、客户资料都在这里留有记录，新进员工马上就能接手，过去员工在工作中遇到的问题和解决办法、心得等很多也被分享出来，为后来者提供借鉴的依据。久而久之，员工都习惯去KM系统上分享自己的新思想、新知识。人力资源部门更从知识管理体系中获益良多。明基集团内事业部门、分公司众多，3万多员工的常规、非常规培训名目繁杂，通过知识管理体系，人力资源部门把培训工作的成果积累下来，更可在各部门进行讨论、交流和分享，大大提高了知识传递的效率。

员工每进行一项工作，创造一些价值，明基都要求他把知识分享出来，这就等于把他的脑袋留住，然后再鼓励他创造更多的价值，继续学习。现在，明基的员工已经把知识分享作为习惯。知识管理体系建立、健全后，弥补了大多数员工的流失对公司造成的无形损失，并把这种损失降到最低。而且这种在公司内部形成的学习氛围和分享氛围，使任何新进员工可以融入公司，创造价值。

第7章

组织知识的共享与转移

本章要点

- 知识共享的概念、目的
- 组织知识共享的主要障碍
- 组织知识共享的方式
- 组织知识共享的驱动力
- 组织的最佳实践转移模式

知识共享(knowledge share)与知识转移(knowledge transfer)是组织知识管理议题中最重要，也是最困难的一个。从知识的价值层面看，组织知识必须通过共享才能使其效应扩大，通过转移才能更好地重用。从管理层面来看，知识不应该是静态的存量(stock)管理，更应该注重的是动态的流量(flow)管理。然而，由于知识就是权力，是个人或团队工作的核心资源，很难要求员工无私地贡献。因此，就知识管理的其他流程而言，这成为组织知识管理所面对的最大挑战。知识共享与转移(主要是最佳实践转移)，两者的含义很相似，两者在许多议题与思考上经常被互用。但相比而言，前者属于没有特定对象的自由交流共享，后者属于有目的、有特定对象、较正式地由组织主导知识的转移。

7.1 组织知识共享概论

知识共享是指组织的员工或内外部团队在组织内部或跨组织之间，彼此通过各种渠道(例如讨论、会议网络和知识库)进行交换和讨论知识，其目的在于通过知识的交流扩大知识的利用价值并产生知识的效应。

7.1.1 组织知识共享的原因

组织知识共享的主要原因可以从三个方面进行分析：知识的本质、组织的绩效和现代的组织结构特点。

1. 知识的本质

(1) 知识的非物质性

物质和能量是守恒的，因此不可以被放大共享；而知识是可以复制的，通过多个副本同时发挥作用而实现其共享放大。例如，一个大饼 100 人共享，则每个人分得很少。但是知识如果由 100 个人共享的话，所产生的效用则是一个人独自享有的 100 倍。而且，知识也不会因多人共享而磨损或产生折旧，不会降低其原有的价值。

(2) 知识共享的杂交效应

不同知识的交流会碰撞出新的知识，异质性(heterogeneous)越高的知识越可能产生出新的知识。例如，信息技术加上脑神经医学的知识可以形成类神经网络系统(artificial neural network)。

(3) 知识共享绩效的“指数”增长效应

Arthur Andersen 咨询公司提出了一个在知识管理领域中非常普遍流行的“公式”：

$$K=(I+P)^{s}$$

其中，K=knowledge

I=information

$+$=technology

P=people

S=share

上式的主要意义为，组织知识存量的多少取决于以下因素。

- people：组织内部员工本身拥有技能和知识的程度。
- information：整个组织内存储的信息和知识的丰富程度。
- technology：组织内支持知识创造、存储、传递的信息技术结构品质的优良程度。
- share：员工之间的信息与知识有否利用信息技术达到共享的极大化程度。

要指出的是，上式只是知识管理要素的一种形象的表示方式，目的是说明知识共享对组织知识绩效的贡献是非常大的，并不具备严格的数值意义。

再以英国石油公司的 64 个团队为例，一个团队发现一个提高生产力的最佳实践，如果不共享，其效果只有 1；但如果通过共享，效果就可以发挥到 64 倍，再加上共享了彼此互补的知识，而产生 1+1>2 效应，效应后再乘以 64 倍，通过这种不断的良性循环就会促成知识效应的“指数”增长效应。

2. 组织的绩效

(1) 知识不共享会造成重复开发的浪费。由于组织内时常对已经发生且已取得的知识和经验没有传递与共享，当另一个部门发生类似问题的时候，就可能浪费这些宝贵资源重复地开发相同的知识。

(2) 知识不共享会造成重蹈覆辙的损失成本。组织内如不共享经验教训，那么当另一个单位碰到相同难题时，很可能由于没有预先获知其他单位的经验教训而重蹈覆辙，产生不必要的损失。例如，福特汽车公司第一代的金牛(Taurus)汽车运作得非常成功，但由于没有保存、传递与共享这方面的数据，使得第二代的团队找不到第一代所累积的经验和教训，只有一切从头摸索，不仅浪费重复开发成本，更不幸的是无法获得之前的经验与教训而导致失败。

3. 现代组织结构特点

(1) 组织的全球化。例如，Verifone 公司就有 2 000 个员工散布在 90 个国家，因此，到处都有最佳实践的提供者和需求者。这种知识共享的关键性就远远大于传统集中于一个公司厂房的区域型企业。

(2) 网络型组织、专业分工团队的形成。由于未来的组织已不像单一组织从头到尾掌握产品的开发与销售,以及整个产品生命周期的工作与知识,而是每个组织只负责专业化的一小部分,因此产品的销售成败必须依靠负责每一个环节的组织成员们快速地共享彼此的知识,才能产生共赢的结果。反之,如果各个部门都不共享或是共享得不够确实充分,那么整个组织的知识管理的运作都将失败。

4. 组织知识共享的杠杆效益

(1) 加速时间的杠杆效益

组织可以利用强烈、冲击较大和风险高的企业流程再造(BPR)加速产品上市的时间,也可以利用比较温和但同样有效的知识管理加速员工之间、团队之间和部门之间的知识共享,并通过各部门的协调合作加速产品上市的时间。

(2) 提升品质的杠杆效益

组织可以利用全面品质管理(TOM)达到第一时间就做对(first time right)的品质效益。然而,知识管理则可以通过教训学习的共享有效地达到在第二时间一定对(second time right)的品质效益。

(3) 顾客满意的杠杆效益

第一线员工通过知识共享可以快速获取全公司最好和最新的顾客,以及产品和问题解决的最佳实践,即全公司有效地实现知识共享,客服人员集合了全公司所有相关的最优秀员工为顾客一人来服务,发挥了更高的杠杆效益。

(4) 形象一致性的保护

例如,一流的顾问公司为了追求全球一致化和高品质的服务,就必须做好知识传递与共享的工作,否则,各个子公司没有最佳实践的共享,将使其品质相距太大,而会破坏公司的形象。

7.1.2 组织知识共享的机理

组织知识共享通过组织各层次之间的知识转化而实现。野中郁次郎(Nonaka)的SECI模型被认为是知识共享过程方面最具影响力的模型。

一个组织中,通过个体知识转化为组织知识再延伸到组织以外。而同时,组织通过学习、吸收外部知识,增加组织知识存量,再被个体所吸收,如图7-1所示。从图中可以清楚地看到,组织知识共享的过程是由两个知识转化的循环过程构成的。一个是组织内部知识转化的循环,完成了组织内部的SECI过程。另一个是组织内、外部之间知识转化的循环,完成了组织内、外部之间的SECI过程。而在这两个过程中,无论是对于组织还是个体而言,都会有知识增量,知识共享产生知识创新。

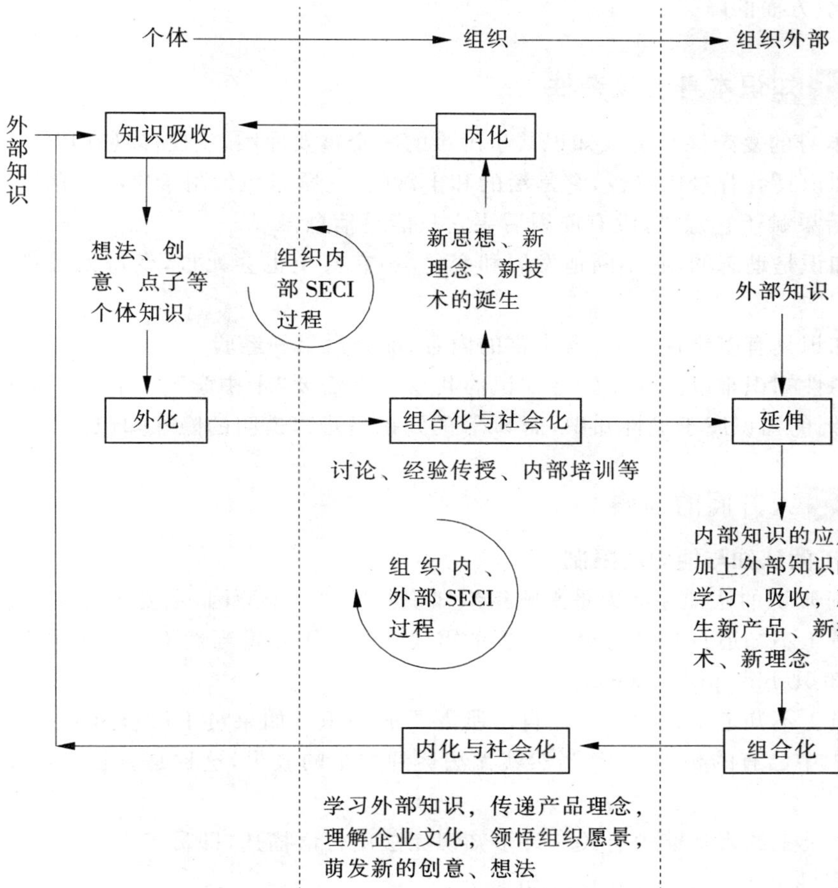

图 7-1　组织知识共享模型

7.2　组织知识共享的主要障碍

由上述可知知识共享对组织的效益很大，然而为什么目前一般组织的知识共享效果不明显呢？根据统计，现在企业一般的知识都只掌握在少数几个人手里，共享的状况极不普遍，且有大于 50％的知识资产（例如专利）因为没有充分共享而被荒废，没有产生应有的价值。知识共享的主要障碍存在于如下三个方面。

- 知识本身的复杂性。
- 人方面的障碍。

- 组织方面的障碍。

7.2.1 知识本身的复杂性

知识本身的复杂性是造成知识共享困难的一个重要原因，主要体现在以下几点。

(1) 知识具有背景依赖性，它是活的和丰富的，它紧紧地依附于事物的前因后果(背景)，前因后果赋予它意义，没有前因后果它只能是信息。

(2) 知识是动态的，它不断地发展和变化着，它甚至也会死亡，变得无关紧要，而最终被抛弃。

(3) 知识具有多维性，它包含丰富的内容、前因后果和经验。

(4) 隐性知识难以共享。隐性知识的共享通常需要"干中学"。例如，一般而言，人类只有20%的知识属于显性知识，而80%的知识是难以道明的隐性知识。

7.2.2 人方面的障碍

1. 员工的认知与能力的限制

员工对知识的认知和能力是影响组织知识共享的一个原因，主要体现在以下几点。

(1) 员工不知道自身具有组织需要的重要知识。不知道当然不会想去共享，这称为被隐藏的知识(hidden knowledge)。

(2) 员工不知道组织内已存在自己所需要的知识。如果员工没有事先搜寻或是无法寻找组织中已有的相关知识，当然就无法达到共享的效果，这种是盲目(blindness)的问题。

(3) 与员工的表达能力有关。许多知识无法用言语描述，即员工知道的比能用言语表示的更多(know more than we can say)。

(4) 以言语描述的部分比实际了解得更多(say more than we know)。这种情况下会产生夸大、失真、随意猜测的偏差知识，反而形成负面效果。

(5) 对于他人所传授的语意无法意会。这是接受者吸收能力的问题，或者陈述者失真模糊的问题。甚至可能是知识本身隐性的问题，这样也达不到共享的效果。

(6) 单一僵化的眼界(tunnel vision)。永远以自己最熟悉、最专长的知识解释任何问题，即工具箱里只有一把铁锤，而把世上所有的事物都看成铁钉，这种偏差会形成排斥新的、不兼容的知识，而只有利用原有的知识。

2. 员工的心理因素

学者O'Dell和Grayson Jr.(1998)认为即使员工知道存在某些有价值的知识，但会因为下列的态度和看法而不愿共享。

(1) 自我中心过重，永远以自我思考为重点，凡事都是"我认为……"，很难也没兴趣听取别人的意见。

(2) 过于骄傲。例如,20 世纪 70 年代,德国汽车制造工程师根本不屑了解日本汽车的制造技术,以致后来遭受到很大的冲击。

(3) 不信任。是指彼此之间缺乏既存的人际关系,员工间由于彼此不认识、没有互动经验因此不信任或不尊敬而不愿意也不敢共享彼此的知识。例如,对于许多道听途说的知识,人们不敢相信和利用。

(4) 自我价值的保护。传统组织的员工认为知识是权力的来源,谁拥有知识,谁就拥有专家权力,就可以获得资源、影响别人,所以不愿意因为共享知识而丧失权力。

(5) 工作安全感。在传统的组织中,员工认为如果掌握了知识就可以提升对公司的贡献,尤其当组织推行 BPR 裁员时,具有特殊专业知识者就不容易被裁员。

基于这些种种工作安全感上的考虑,无形中加大了知识共享的障碍。

7.2.3 组织方面的障碍

1. 组织系统障碍

组织系统障碍是指存在于组织结构、制度、管理实践以及评价系统中的障碍因素。如果组织中只是告知人们要彼此共享知识,而不是在系统上给予支持和鼓励,那么组织内部的知识共享就一定不会成功。知识共享的主要组织系统障碍如下。

(1) 薪酬制度。在传统的组织中,只要员工具有完备的知识并且工作绩效良好,那么组织所给予的奖金或升迁的幅度也较高,但对于员工是否乐意接受知识的提供和共享并不列入考虑之中。由于奖赏考核会直接影响员工的行为表现,因此具有知识的员工更不愿意共享。

(2) 没有充分的资源。知识管理需要资源的投入,而许多组织恰好缺少充分的时间、金钱、计算机网络系统以及其他管理资源来促进知识的共享。

(3) 没有共同语言。员工之间彼此共享知识的一个重要基础就是要有共同语言,彼此相互理解。而有些公司的员工彼此不了解对方所做的工作,不同的部门有不同的工作描述方式及分类和记录的标准。这种不同的语言阻碍了部门之间的沟通,即使他们愿意分享知识,但是缺乏连接彼此的桥梁。

(4) 忽视对隐性知识的共享。这种组织并不反对分享知识,然而组织只重视对显性知识的传播,忽视对隐性知识的共享。组织通过建立完善的数据库,运用相应的计算机平台,使员工能够进入并获取那些已记录在案的知识,而对于那些体现在员工头脑中的知识、经验,由于难以记录,往往会被忽视。隐形知识(包括人的经验、判断、知觉)转移的成功同样对组织起着非常关键的作用。

(5) 只注重表面的技术,而没有追求知识共享的实质。企业只是在平时的工作流程基础上，运用信息技术，如在线聊天室等，对技术本身寄予厚望。实际上，技术只是“使能器”，关键在于观念和业务流程的根本改变，在旧的工作基础上运用信息技术未必能产生新的工作结果。

认识到阻碍组织内部知识共享的因素，企业知识管理的首要任务就是要试图改变、消除这些障碍。

2. 组织文化障碍

O'Dell 和 Grayson Jr.(1998)将阻碍知识共享的组织分为以下四大类。

(1)“聚敛”型组织

大公司往往有囤积资源或人才的倾向，这种倾向表现在组织内部，就是指组织中的个人或部门或业务单位为了追求自己绩效的最大化，把自己所拥有的信息和知识收藏起来，防止其他人拥有。在这种斗争、对立和竞争的企业文化下，当然不可能有员工愿意共享自己的知识，尤其是对于价值较高且难能可贵的隐性知识。

(2)崇尚创新型组织

在许多大企业，特别是咨询公司和以研究为主的企业，往往过分提倡创造独一无二的产品或服务。这些企业中的员工崇尚发明，而不看重对现有技术的改进。这种企业文化容易造成过分强调自主创新，认为吸收和借用别人的思想是一种不好的行为，会贬低自己的创新能力，因此，凡是不属于自己的发明(not invented here,NIH)就不去用。

实际上，组织应该只关心知识是否能提升组织价值，而不需了解其出自何处，而且不应该浪费巨资发展外部已经存在的知识。例如，通用电气(GE)公司在1996年从摩托罗拉公司学到了6个标准差(six sigma)的知识，经过消化利用后，1999年利用这个转移来的品质提升战略，帮助GE公司产生了20亿美元的利润。

(3)买书型组织

买书型组织(buy-the-book company)的组织文化具有以下特色。

① 不清楚隐性知识的存在或价值：认为购买显性的专利文件、书籍和蓝图是唯一可以获取新知识的来源，于是只依赖显性知识，而忽视了隐性知识。

② 只重视外在的知识管理设备：只注重利用最佳的信息技术、数据库和知识库存储与共享等显性于书面的知识，而不注重员工间隐性知识的交流。但实际上，许多重要核心知识都是隐性的知识，这是组织推动知识共享必须注意的。

(4)随意附加型组织

随意附加型组织(the bolt-it-on company)认为，只要员工在日常工作上附加一些知识共享的工具，例如在线聊天室，知识共享效果自然就会出现。但实际上，知识管理不是在旧有的流程与工作上随意附加一些工具就可以成功的，仍须思考组织文化、信息技术、员工认知态度与知识管理的流程设计等，这样整体规划才能成功。

7.3 组织知识共享的主要方式

人们通常把知识共享的方式分为正式和非正式两类。

7.3.1 正式方式

1. 正式的网络

正式的网络(formal network)是组织通过管理系统由上而下传递、指示,或由下而上汇总、呈送与工作、任务相关的正式信息和知识。例如,一般由组织主导的教育训练课程,或主管将战略规划的观念用正式会议的方式或渠道传达给下层,或第一线员工将市场与消费者的意见与信息用撰写报告的方式上传给主管。这是一般组织知识共享最普遍例行的渠道。这种方式适合于显性知识的共享。

2. 师徒制传承的传递和共享

师徒制传承是指资深的员工(师父)以资历较浅的员工(徒弟)个人整体的智能与技能发展为焦点,而不是以某一特定的知识为目标,密切地通过日常工作的讲解、示范进行教育和训练。例如,日本钢铁公司正式鼓励这种制度与团结关系。B. A. H 顾问公司也将辅导资历较浅的员工的绩效列入考核目标,这是最有效的知识共享渠道。由此可见,对于某些复杂、细致和隐性的知识无法经过外化成为系统共享,但通过密切的师徒制传承却可以成功地共享。

3. 知识库的建立

是指组织通过知识外部化的过程,将有价值的文件、蓝图、案例、经验和教训等知识通过分类整理后存储在某一特定点上,利于员工获取及利用。

4. 知识展览会与知识论坛

知识展览会与知识论坛是指由组织主导,在特定的时间与场所,对于领域的重要知识召集相关知识团队和与之相关的需求单位共同聚在一起,自由交流共享知识,这是较为结构化的知识交流场合。例如,致远顾问公司举办知识展览会,由 30 个民间顾问、研发单位共同参与,各自推销自己的专长与知识(信息),知识供给团队和需求团队自由地互动交流。这种知识共享渠道的特点是通过知识展览会与知识论坛的方式,没有任何正式组织和固定流程,可以随心所欲聊天,享有充分自由的谈话时间。但这种知识共享渠道也有缺点。例如,某一大型科技公司聚集了 300 位资深经理,举办一场为期 3 天的具有规模的知识交流会议和报告讨论,日程安排非常紧凑,结果使得参与人员疲于赶场听讲(被动式学习),缺乏时间自由互动、认识与聊天,因此造成知识无法共享。

7.3.2 非正式的方式

1. 非正式的知识共享方式

相对于人们在正式学习环境(教室、学校、有组织的培训与 E-Learning 计划、脱产培训)中学习显性知识,人们往往在非正式学习环境中观察别人的做法、向别人请教、试误法(trial-and-error),或只是与行家在一起工作,从而学得隐性知识。

Capital Works 调查了数百位知识工人,他们获得知识的各种途径所占的比重如图 7-2 所示。

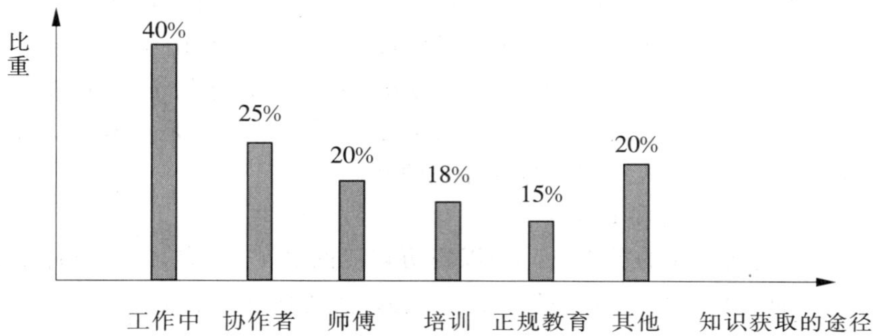

图 7-2 不同学习方式的作用

非正式学习不容小视,人们在工作中习得的知识有 80%来自于非正式学习,而人在其一生中习得的知识也有 80%甚至更大的比重来自于非正式学习。不仅如此,组织的非正式学习与隐性知识管理有着密切的关联。非正式学习环境是知识创新、隐性知识验证、传播与管理的天然土壤,因为:

- 作为隐性知识,不能用文字完整表达,通过示范、行为,适当的场景、共同的实践最有利于隐性知识传播、发展。
- 在非正式学习环境中,人们在工作或消遣的同时有意或无意地共同完成体验与认知过程,这与隐性知识所要求的传播、发展环境相合。

非正式知识共享方式包括非正式网络、实践社群和非正式场所等。

非正式网络是指员工之间通过私下关系,例如,沟通网络、咨询网络和信任网络,通过非正式的职权关系进行自由、非正式的沟通讨论并共享知识。

知识网络(或称实践社群)是指组织内由那些兴趣、专长相同的员工所自行组成的以知识共享为目的的实践社群(practice community)。成员们经常自动地通过 Internet 讨论共享某一特定领域的专长知识。例如,针对电子化、知识管理、TQM 和 BPR 等主题组成讨论社群。

非正式场所即一般所指的茶水间与谈话室文化，是指员工通过在非正式场所（例如茶水间、谈话室、午餐餐厅、员工休息室、自助贩卖机前及走道等）不期而遇的对话，产生知识交流和共享的一种方式。学者 Davenport 和 Prusak（1998）认为，自由闲谈是员工发掘自己所知，进而与同事共享、创造组织新知识的主要过程，这种头脑风暴比员工孜孜不倦地坐在固定的位置上辛勤地工作更有意义和效果。当企业面临难题时，员工会很自然地聚在一起讨论问题、共享解决方案，这是非常重要的知识来源。例如，微软亚洲研究院设有谈话室，鼓励员工在上班时间与同事沟通一会儿，不限任何议题地随机沟通，这种方式所产生出来的创意很多是在讨论中无法达到的。虽然茶水间的自由闲谈能激荡出新知识，但也有缺点：

- 并不一定可以找到急需的知识；
- 重要的知识无法有效地传给最需要的人。

此外，能否成立非正式场所要视企业文化对于什么是实质有效工作的认定。例如，IBM 公司 CEO J. Akers 在进行 BPR 时，就要求员工不要在茶水间闲逛，回去努力工作，不要逃避工作，这种 CEO 的理念当然会阻碍知识流动。

2. 营造组织中的非正式的知识共享环境

组织通常将大部分的精力与资金花在为员工营造正式的学习环境，无论是通过教室里的面授、脱产的培训还是 E-Learning 的形式，公司按照其战略与业务，衡量员工的职业胜任力，将组织好的课程与培训计划付诸实施。

而对隐性知识管理，公司需要对这种常规的做法进行反思，需要更多关注组织中非正式学习环境。如何促进、鼓励非正式学习环境，使之创造出期望中的价值，有一些做法值得我们去借鉴。

为了支持组织中的非正式的知识共享——

- 企业需要为员工们留出一定的时间；
- 需要提供员工聚集、休息以及闲聊的场所；
- 鼓励跨部门之间的聚会与交流；
- 在组织内外寻找各个业务领域的专家，公诸于众，以便使员工们在遇到问题时知道去征询谁的意见，等等。

这些方法的使用能有效地促进组织内非正式学习的顺利开展。同时，组织也有必要帮助员工提升其学习技能——

- 帮助他们去了解人的认知过程；
- 帮助他们认识共享、协作、交流对于知识建构的重要性；
- 鼓励他们反思；
- 帮助他们分辨显性知识与隐性知识，等等。

这些方法对提升员工的学习技能大有裨益。另外，组织需要有意识地去创造支持非正式的知识共享的组织文化。如：

- 将学习能力写入到职位描述中；
- 发表支持非正式的知识共享的声明；
- 为非正式的知识共享提供资金支持，等等。

实践社群是非正式学习环境的一种重要也是卓有成效的形式，已经被广泛实践、被总结成较系统的理论，也有丰富的案例供人们研究。

鼓励员工进行个人知识管理，员工的个人知识管理是组织非正式学习环境的有机组成部分。

IT 技术作为建构非正式学习环境的技术要素，为隐性知识管理提供了许多可资利用的工具，尽管知识管理的规划与 IT 技术无关，但是不容置疑的是 IT 技术所构成的便捷的交流环境为知识(隐性知识)管理提供了诸多便利。

3. 实践社群——非正式知识共享的典型形式

作为一种较为流行的以非正式形式共享组织知识的机制——实践社群(communities of practice，CoP)能有效地管理组织的隐性知识，是组织中非正式学习的一种重要而卓有成效的形式。

《实践社团：学习型组织知识管理指南》一书较为系统、全面地介绍了实践社群，作者在对戴姆勒·克莱斯勒、麦肯锡、壳牌石油和世界银行等案例进行研究的基础上，提出了有效的管理知识、驱动公司战略的实际模型和方法；描述了实践社群的基本元素、七大原则、潜在缺陷；并且还说明了认识实践社群创造的价值及围绕社群制定知识战略的方法。

“实践社群是这样一群人，他们有着共同的关注点、同样的问题或者对同一个话题的热情，通过在不断发展的基础上互相影响，加深在这一领域的知识和专业技术”。在实践社群的结构模型中有三个组成要素：定义专业知识的领域、由人员构成的社区、成员间共同进行的实践活动。

实践社群与组织中的其他结构形式有别，其目的是创新、扩展、交流知识，发展成员的个人能力或兴趣；成员凭兴趣自愿加入或退出；实践社群的边界模糊；对社群和专业技术的热情、承诺、身份认同感是社区凝聚力的来源。

实践社群的管理要注意平衡下列诸对要素。

① 干预还是放任自流？组织的管理者既要通过资金、时间等的资源培育、引导实践社群，又要保证实践社群的非正式性。然而，社区的非正式性会时常因其贡献、地位变化而受到威胁。组织的高层领导和社群的协调员在干预与放任自流之间必须保持微妙的平衡，而这种平衡经常会因为实践社群的自身演化而被打破，因而适时的、动态的调整是必需的。

② 社群的公共空间与成员的私人空间？社群的协调员需要既保证社区公共空间的

正常运作，又能顾及成员的私人空间。鼓励不同程度的参与，并允许参与程度的动态变化；鼓励一对一的交流；通过合理的日程安排以统一社群的活动等措施也有助于平衡这两个要素。

③ 价值导向还是兴趣导向？社群对于成员及组织的价值是社区能够持续繁荣的保证，而保持成员的兴趣、成员对社群的熟悉感与认同感是成员活动的源泉。如何将二者有机地统一起来，是社群在其发展过程中需要时刻关注的话题。

④ 保密还是泄密？实践社群不受公司从属关系的束缚，不排除会出现跨组织边界的、企业与企业之间、企业与研究机构之间的实践社群，作为一个正在发展中的创意，需要在社区中进一步锻造，但社群是否会成为创意流失的地点？这值得人们去关注，推迟编码或适度编码会有一定的作用；如使用简短的语言、缩略语、PowerPoint 等，使得只有了解公司的业务与战略的人才能完全理解文档的意思。

⑤ 内部观点与外部观点？实践社群在某个领域内的专属感有可能导致"学霸"情绪。如何平衡内部观点与外部观点，在发展对社群内部的领域知识体系的同时，不时引入、吸收外部观点，才能避免由于人性的缺点而引起的社群的自恋性、边缘性和派别性等消极因素。

7.3.3 汉密顿咨询公司的隐性知识共享及启示

很多年前，汉密顿公司的知识管理系统已经处于领先地位，它们建立起了覆盖全球的基于 Web 的企业内联网(Intranet)系统——知识在线(KOL)。借助这个系统，公司内部商业咨询部门的 3 500 名咨询人员可以与全公司所有领域的专家进行交流，以便获得有关业务培训、市场营销、案例研究等方面的知识。这样大大促进了公司员工之间的知识和经验的共享。现在汉密顿公司商务咨询部门中 62％的员工每月都要访问 KOL。国际数据公司的研究结果显示，汉密顿公司在知识管理项目上的投资回报率高达 1 400％。

1. 汉密顿的知识共享理念

在汉密顿公司原有的企业文化中，崇尚个人成就，漠视彼此之间的合作，知识被当作与同事们比较的个人资本。针对这样的情况，汉密顿没有对原有的公司文化动大手术，而是采取渐进的方式，以一些激励的措施驱动个体隐性知识的显性化。

首先，对个体的激励要到位。在系统设计中突出咨询人员的贡献，使他们获得相应的成就感：在知识库中，提供知识的咨询人员的名字十分醒目，轻轻一点就可以很容易地查到某位员工对知识库的贡献；知识文档与提供者的简历相链接，使得公司内的每个员工都能够知道谁贡献了这些知识。这样，KOL 成为宣传个人成就的一种途径，在很大程度上抵消了人们对它的抵触情绪。此外，为了鼓励咨询人员积极思考，创造出新知识,公司对参加“创新小组”的咨询人员提供优惠条件,员工对知识库的贡献还计入“员工年度评定”中。

其次,强调知识比技术重要。汉密顿的知识管理系统在采用 Intranet 技术时,追求的原则是充分利用现有技术、简单化,而不是一味地追求技术的先进。KOL 系统 80% 的硬件是由公司已有的技术支持的。汉密顿公司副总裁兼 CIO 沃尔特斯的看法可以代表汉密顿公司在技术方面的务实态度。他说,“知识管理可不是火箭技术,没必要搞得那么复杂。我们目前采用的技术比以前的客户机/服务器系统成本更低,更容易维护”。在知识管理项目中,投资最大的部分不是技术,而是知识库的内容,即知识本身。汉密顿公司一年用于 KOL 技术方面的开支为 25 万美元,而用于内部管理(尚不包括创造内容的开支在内)的开支却高达 75 万美元,远远超过技术开支。KOL 知识库的内容定期进行更新和补充,每个月大概增加 100 个文件的新内容,以保证它对使用者具有长期的吸引力。

2. 汉密顿隐性知识挖掘方式

在汉密顿,知识库中的知识主要通过两种方式创造出来。第一种方式是在公司内部有一个称为“信息事业部”的机构,由 80 位信息专家组成。每当咨询人员与客户的会谈结束后,这些信息专家就会与咨询人员及时交流情况,共同寻找和整理对公司的业务具有意义的经验和教训。在这个过程中,咨询人员主要负责提供研究报告及其他材料充实 KOL 知识库,而信息专家的职责主要包括:确保新加入的内容具有高质量;把加入数据库中的新知识与旧知识有机结合起来;对新文件编制摘要,等等。

第二种方式是“创新小组”。创新小组由咨询人员组成,通过相互交流与分享某个特定领域内的知识,努力创造出新知识,以充实汉密顿公司的知识资本。这样的创新小组在汉密顿公司内有十多个。专业化是创新小组的特色,每个创新小组都有独特的研究领域。例如有一个小组主要研究商业重组,而另一个小组主要研究知识管理本身。虽然创新小组的成员们经常奔波于世界各地,但这不会影响小组的活动。他们利用 KOL 系统的网络进行讨论,在共同讨论之后,把思想形成文字,然后添加到 KOL 的知识数据库中。但是他们并不是简单地把专业知识直接放入系统中,而是把公司内所有员工的详细履历及专长放在知识库中。通过查履历数据库,使用者可以迅速找到他们所需要的专业人才,并且直接与专家联系以取得帮助。这种指向专家而非指向知识的查询方式,迫使 KOL 的使用者去联系专家,而不仅仅是查到资料就万事大吉。事实上,两种方式是有一定程度的结合的。

3. 汉密顿知识共享的启示

对于像汉密顿这样的具有大量的高级人力资本存量的知识型企业来说,挖掘组织内部个体身上的隐性知识,把握住这部分知识的价值所带来的投资回报率是相当惊人的。但是,依附于个体身上的隐性知识是知识型企业的主要价值来源,但本身具有不稳定性，它们并不从属于企业，企业只能以“租赁”（即雇用）的形式获得它们。所以，当这些知识还存在于企业中的时候，组织就应该尽可能地去挖掘。汉密顿就是以简单的技术网络为基础，主要通过对员工贡献知识价值的肯定，配合相应的激励措施，包括给予精神上的成就感和物质上的收入来挖掘员工身上有价值的知识，并且鼓励创造新知识。这是值得国内的很多知识型企业学习和思考的。

7.4　组织知识共享的驱动力

对于一个想要实施知识共享的企业来说，首先应该有一个良好的驱动知识共享的环境，具体说就是要有知识共享的文化，有知识网络的环境和个体共享理念的导入。其次，组织对于知识共享的过程应该有制度的保障；有了制度的保障，就要考虑对企业中个体进行知识共享的激励和约束，包括物质激励、精神激励和考核约束，这些是驱动个体进行知识共享最直接的手段。

7.4.1 知识共享中个体角度的驱动

1. 环境驱动

当组织中的个体都不愿意共享或者说组织中没有共享的氛围的时候，那么文化、环境和理念的导入是关键，我们将这三方面的因素统一归为环境激励。

文化是首要因素。这种情况下，组织领导层首先要倡导和建立鼓励知识共享和创新的文化，形成自上而下的组织文化渗透。知识共享的推动，早期主要通过领导人行为、行政命令、利益诱导、引入培训的形式。这时必须依赖文化制度的配合，通过改变组织领导体制、组织机构和管理制度，使员工形成自愿的共享观念。建立共享性的组织文化是一个漫长的过程，组织管理层应该从自身做起，加强与下面员工的交流，循序渐进地建立新文化。

其次，完善内部知识网络，营造有利于知识共享的环境。有利于知识共享的知识网络应该使员工能够轻松地进入知识库，自由地利用电子邮件、电子公告栏、内部电子论坛和技术图书馆，获取对业务活动有价值的信息，及时提供自己的感想和经验体会，并与其他人员自如交流。知识共享也需要组织拥有完整的信息管理系统，出版组织内部刊物、定期公布组织内重大信息、定时召开通报会、公布组织经营状况、建立组织系统知识平台等。网络技术不一定要最好的，但应该是最实用的，其中知识的质量才是最重要的。

最后，培植新的思想观念和价值取向，形成自然而然的共享行为。传统上认为共享是一种损己利人的事情，实际上共享可以实现交流者之间的双赢，包括员工和组织。人具有创造知识的无穷能力，而知识不同于传统的资产，它只有在共享的同时，才会不断地增长，知识被越多的人共享，知识的拥有者就能获得越大的收益。在知识交流中，如果员工为了保证自己在组织中的地位而隐瞒知识，或者组织为保密而设置的各种安全措施给知识共享造成了障碍，对组织的发展都是极为不利的。认识到这一点最为关键。

当然观念的转变要循序渐进。传统企业文化崇尚个人成就，漠视和逃避合作，视个人对知识的掌握为个人资本，这种长期以来形成的观念不可能一下子改变。所以文化的变革应该渐进，突然的变化得到的结果可能是消极应付。

2. 激励驱动

环境驱动之后，可能组织中已经有个体愿意合作共享，而有的个体还是出于经济利益的考虑，或者出于自身在组织中的地位威胁考虑，不愿意参与共享。这个时候相应的物质激励或精神激励是关键。有效持久的知识共享不可能在组织中自发地实现，一套外在的完备的激励机制是推动知识共享的保证与动力。

同时，知识共享过程也可以看做是知识拥有者之间的交易行为。知识共享之所以能够发生，是因为这种交易能够为交易者带来收益，而激励制度的落实就是增大员工的个体收益，组织有必要为了这种交易行为制定一些合约性质的制度。

这里的激励措施包括物质激励和精神激励。下面的激励措施中前三项是物质激励，后两项属于精神激励。

(1) 知识薪酬的支付：将能比较确定其收益的知识成果与员工的远期收益联系起来，通过增发薪水来激励企业员工。特别是对于咨询公司而言，员工的收入通常分为固定收入和项目提成两部分。项目提成就是企业给予员工的远期收益，通常要等到被咨询企业的项目运作正常并取得起色之后才支付。

(2) 知识股权期权的给予：将收益比较准确，并且主要在远期实现的知识成果与员工的远期收益联系起来，通过给予股权期权的方式来激励企业员工。

(3) 知识带来的晋升：对于那些既取得了较大知识成果，又具有较强管理能力，并且对经济利益的刺激不太敏感的员工采用晋升、晋职的方法来激励，以使他们取得更大成果。

(4) 知识署名：对于那些取得了较大知识成果，对经济利益的刺激不太敏感，但对名望非常重视的员工采取知识署名的方法来激励。比如以员工的名字命名某种工艺、某种营销经验等。这样既可以让被命名的员工深受鼓舞，也可以激发其他员工的精神追求。这方面，国内的海尔集团是做得很不错的。

(5) 知识培训：对于那些取得较大知识成果，对经济利益的刺激也不敏感，但是比较重视进一步深造的员工，采用知识培训的方法来激励。同时这也是外部知识内部化的方法之一。员工在接受深造后，更容易有新的知识成果产生，从而形成一种知识成果的良性循环。

有了激励措施，当然要有相应的惩罚措施，譬如说知识淘汰制度或者降级制度。对于那些不能实现企业知识管理目标或者不愿意知识共享的员工应该建立起淘汰制度或者降级制度。比如可以采用年终出考卷的方法，考卷的内容为本行业的新知识和本企业或本部门的知识成果，如果第一年落在倒数 5%之内予以黄牌警告，降一级；第二年又落在倒数 5%之内予以红牌警告，再降一级；第三年若还落在倒数 5%之内则予以辞退。这样，既给后进者机会，又给每个人以压力。

3. 考核驱动

将知识共享纳入到考核中，让个体既受到考核的约束，也能因考核得到激励，这也是知识共享驱动机制中的一个重要的驱动力。事实上，将知识共享融入到绩效考核制度里面，与企业绩效和核心价值一致的行为是影响个体行为强有力的因素。

所谓知识共享的考核体系，就是通过对知识共享态度、过程、成果等进行评价，以此作为依据，与个体的薪酬相挂钩，与个体在组织中的发展相联系，与实际工作绩效相联系，真正起到督促个体积极共享知识的目的。例如，著名的 IBM Lotus 公司在对其职工进行总业绩评价时，知识共享的考评便占了 25%的份额；ABB 公司在对管理人员进行评价时，不仅依据他们业绩的优劣，而且还考察其在决策过程中所使用的知识和信息。

知识共享的评价指标体系是知识共享考核制度的核心，常用的指标包括如下几个。

（1）知识共享的态度。知识共享的态度可以从参加知识交流会次数、主持技能培训的次数、提出建议被采纳的次数，以及上级、同事和下级的主观评价等方面进行考核。

（2）知识绩效。员工若是申报了知识成果，上级领导和相应知识管理人员应对其真实性和有效性进行审查评定，确定其业绩和效果。这个指标与企业利益直接联系了起来。说到底，知识的共享必须要为组织服务。

（3）知识创新成果。知识共享的最终目的是知识创新，不断地将创新知识运用到企业中去，以增强组织的核心竞争力，所以知识创新成果指标也成为知识共享的重要考核指标。

（4）团队业绩。这种以小组或部门为考核单位的做法，有利于激励组织成员将自己个人的知识与技能贡献出来与他人共享，有利于不同专业背景的知识员工围绕共同目标协同作战。

7.4.2 知识共享中知识角度的驱动

1. 打破知识排他性采取的补偿措施

存在于个体头脑中的隐性知识被认为是个人价值的体现，而且这些知识与其在公司中的地位和待遇紧密联结在一起。通常企业员工用自己所掌握而别人尚未掌握的知识来体现自身价值，不愿意与其他人共享知识，如果把知识传授给他人，就会影响他们工作的稳定性和个人利益。同时，隐性知识的形成，是个人的经验、对事物的感悟和深层次的理解等方面的长期积累和创造，是投入了巨大成本的。员工在知识共享问题上，会对垄断利益与补偿利益进行比较，选择其中的高额者。为了保障知识拥有者的利益，企业就应制定相应的补偿制度，并且使补偿额度高于垄断利益，用利益来驱动知识共享。

2. 推动隐性知识共享的对策

隐性知识的共享一直是知识管理的一个难题，基于案例的培训和案例推理是目前比较有效的方法。网络和信息技术的发展，也为组织提供了学习交流、隐性知识显性化的平台。但是隐性知识的管理目前还没有操作性很强的解决方案，对隐性知识进行管理的支撑工具还缺乏较为深入的研究。

野中郁次郎教授发现，员工工作中会用隐性知识加工信息，产生显性知识并传授给同事，和同事一起把显性知识汇总并在产品或服务中体现出来。

隐性知识显性化的关键，是要为隐性知识流动、转化、创新和应用提供和创建良好的机制、体制、文化氛围、各种有利环境和技术条件等。可以从以下几个方面分析。

(1) 促进隐性知识流动、转化、创新的高效机制的建立。隐性知识的挖掘、流动、转化、共享和创新等管理问题并不是简单的技术问题，建立完善的激励机制和文化氛围极为重要。建立"按知识贡献分配"的激励制度，用物质利益来驱动，同时以精神激励满足员工的成就感和尊重欲，对推动员工隐性知识交流与共享十分重要。

(2) 管理机构和组织体制的改革与创新。由于我国大多数企业对隐性知识的重要性和复杂性认识不够，所以管理机构的改革势在必行。可根据自身的具体情况，设立知识主管、知识分析师等专职管理人员，组建知识管理体系。企业知识管理体系的主要职责之一是使隐性知识显性化。

(3) 现代信息技术等相关手段的充分利用。每个组织在建立自己的知识库、内部网络的时候要充分考虑怎样便利于隐性知识的共享。让员工在做完每一个项目之后，可以写下自己的感受、经验和最佳实践方案，存储到讨论数据库中，以利于大家的交流和共享。同时对每一个项目都要进行编码，便于查阅。现在很多知名的咨询公司，在Internet上应用专家系统，加快了专家隐性知识显性化的速度。除此之外，借助软件工具，总结员工技能、经验和诀窍等，在一定程度上也能加快隐性知识交流、共享与创新的进程。对于大多数难以编码的隐性知识，有效办法是建立"寻人数据库"、"知识地图"专家网络系统等，让员工迅速找到拥有某种隐性知识的对象。还可以通过视频工具使分处两地的人像面对面一样地进行交流，消除空间距离所造成的障碍。

在把某些隐性知识转化为显性知识的过程中，需要采用恰当的表达方法和工具。隐喻性文字、象征性语言、演绎、推论、模型和头脑风暴会议等是用来表达人们经验、技巧、直觉和灵感等的有力工具。图片、视像、多媒体等也是隐含性知识表达的重要工具和手段。对部分可显性化的隐含性知识应尽量模块化。

隐含性知识显性化绝对不是简单的技术问题,关键是营造一个以人为本、鼓励知识交流、共享和创新的知识主导型企业文化。建立"自觉合作"、"自觉交流"、"自觉共享"的价值观,促进员工主动交流、共享与创新知识。在组织内创造一种信任、合作和深度会谈的精神,对于这种组织文化的形成至关重要。

7.4.3 知识共享过程中的制度保障

1. 分类化与标准化

为了使组织的知识更好地共享和应用,组织应该建立知识分类制度与知识标准化制度。组织知识的分类既要根据岗位、专业分类,更要按照局部知识和全局知识,常规知识和特殊知识等进行分类。局部知识指的是在组织的一个班组、一个部门应共享的知识,而全局知识则是指组织所有部门都应该共享的知识。常规知识指的是经过实践的检验已经很成熟的知识,可以进行编码进行标准化处理,建成知识库以利于计算机处理的知识。将常规知识标准化,有利于计算机处理和员工共享。特殊知识指那些因突发情况出现而需要运用到的知识,对于这种知识的归纳整理,也有助于组织扩大自己的知识范围和组织内部的知识交流。知识型组织中,受空间、时间、经费等资源的限制,组织和个体都必须强调"适时、适当学习",也就是说要围绕自己的业务进行学习。

2. 文档积累与更新

组织文档的积累与更新很普遍,然而大多数组织都没有将其制度化和规范化。只有部分组织编制年鉴或年度汇总材料,一般都比较厚,有的还一年比一年厚,这都是由于没有将组织的文档积累与更新形成制度的原因。建立文档积累制度,就必须有具体的知识管理人员将组织的技术诀窍、最佳实践整理成文字材料,将组织的经营战略和优秀的营销方法与技术整理成材料,予以分类存档,以便供组织员工共享。这一点在知识型组织尤为重要,因为知识型组织的知识存量本身就是相当大的,如果没有相应的积累和更新,那就是知识拥有者不知道将自己的知识输入到哪,知识需求者不明白去哪找想要的知识。这方面,汉密顿公司通过由自己专门的专家组,专门对组织中新进的知识进行梳理,对过去的知识进行更新,永远保持知识库的精炼性。

3. 外部知识内部化

组织如何将外部专家和学者的知识转化为组织内部的知识?从经济学方面的角度看,将所有的人才集中于组织肯定是不经济的。所以建立外部知识内化机制,订立长期、中期乃至短期的规划,按照计划定期请专家来讲解、培训最新的业务技术、管理技术和经营思想,并且将外部专家所传授的知识加以整理成规范的文档,定期更新,成为组织内部可共享的知识，这样，组织获得外部知识就会既有规划，又能以一次投入，永久受益、全员受益。

4. 知识型项目的管理

知识型组织中，业务更多地以知识型项目为主，它依赖于人的智慧和创新能力，对规定的时间和场地的依赖倒在其次。所以，对于知识型项目，更重要的是强调人本管理和目标管理，而不是过程管理。强调目标管理，就是要求在规定的成本和时间内完成既定的目标，而不必要求在整个过程内要严格遵守组织的规章制度，比如打卡、坐班等。知识型项目的激励机制不但要考虑即期激励，还要考虑远期激励，并且根据项目风险的增加增大远期激励的比重。这是因为，有些项目的收益目前不一定能显现出来，这时组织往往会低估项目的价值，而项目参与人员一般会高估项目的价值，如果采用远期激励比如股票期权和远期分红等手段，充分考虑委托人与代理人利益的相容性，则项目实施就会顺利得多。

5. 宽松的知识交流机制

知识运行机制很重要一点就是要建立知识宽松交流的机制和宽松交流的环境。相比环境而言，机制的建立对于企业来讲更为迫切。比如圆桌会议机制、午餐会议机制、周末企业发展沙龙机制等都是可以具体操作的制度。有些智力型企业为每个部门固定一个时间举行圆桌会议，会上自由交流，没有主宾之分，只需要指定的知识管理人员作记录，并加以整理。有些则比较重视午餐时间的开发，午餐时分，指定一个专门的人员交流其所拥有的知识和技术，而其他人则边吃午餐边听演讲，待大家吃完后，再给演讲人提些问题，由演讲人或知识管理者加以整理。有的组织定期搞周末企业发展沙龙，既有利于上下级的沟通，又有利于员工们献计献策。还有组织之间定期搞董事长沙龙等。像这样的只要制度化，并且给定一个宽松的情境，都会取得较好的效果。

6. 创新失败宽容机制

知识共享鼓励创新，而创新是有风险的，不可能每一次创新都能成功。创新成功了有奖励甚至是重奖，创新失败则需要一个比较好的处理机制。然而，要将创新作为组织竞争力来源的一个重要因素，就必须建立起鼓励创新的激励机制，要建立创新的激励机制，除了有创新成功奖励机制外，还应该建立起创新失败宽容机制。

要建立创新失败宽容机制，就应该对各个岗位和职位予以定级，根据不同的级别规定允许失败的项目数、时间和经费规模。在上述范围内允许失败，超出范围的失败是不受支持的或者是要受到惩罚的。这样，由于在一定范围内的失败可以被宽容，组织员工创新的积极性就会非常高涨，创新意识就会非常强，自然，创新成果也会随之增多。除了限定宽容的范围之外，创新失败宽容机制还要求失败者将失败的原因进行分析，整理成相应材料，供其他人参考。这样，就将主观上不愿意看到的失败客观上规范起来，纳入有效管理的范畴，同时找寻失败原因，为后续的成功奠定基础。

7.5 组织的最佳实践转移

知识转移与知识共享的概念相当接近，广义上都是指给不同的人提供不同的知识，并通过知识的外化、共享及互补产生出对组织更有价值的集体知识，即将人力资本经过社会化转换成结构资本。在狭义上，知识共享比较强调非正式(偶发性)、水平式(非组织主导)、自由式(无特定目标与对象)和个人平等式(无特定提供者或接受者)的学习。知识转移比较强调由组织主导、较正式、有明确知识目标，以及提供者与接受者有明确的流动方向类型的知识流动。

7.5.1 最佳实践的基本概念

1. 最佳实践

在知识管理研究中有一个非常重要的研究领域，就是最佳实践转移(best practice transfer)，其主要的核心概念是将组织内执行某项任务获得成功的团队，把其所获取的有价值的知识和经验转移给执行类似任务而绩效不佳的其他团队，以实现知识共享，价值呈指数增长的效果。

学者 O'Dell 和 Grayson Jr. (1998)对最佳实践的定义是：某种在其他地方执行得非常成功且适合本单位，值得引进和采用的一些经验、知识或工作方式。最佳实践可以分为以下 4 个层次。

(1) 好的创意(good idea)：是指未经证实，但直觉上感到一种对组织能够产生效益的创新思想。

(2) 好的实践(good practice)：证实成功的一项技术、方法、程序或流程。

(3) 地区最佳实践(local best practice)：是指在组织内相类似的单位中，经过实践被证实是最好的某一项技术或流程。

(4) 产业最佳实践(industry best practice)：是指组织内某项技术或流程在产业内被认定为绩效最优，是产业内的一个标杆(benchmark)。

2. 组织最佳实践转移的主要类型

组织在进行最佳实践转移时，由于对象、任务、背景和知识形态的不同会有许多不同类型的共享方式，学者 Dixon(2000)根据决策树将其分为下列五种：连续性转移(serial transfer)、相似性转移(near transfer)、差别性转移(far transfer)、战略性转移(strategic transfer)和专家性转移(expert transfer)，如图 7-3 所示，并对这五种方式提出了主要的管理原则。

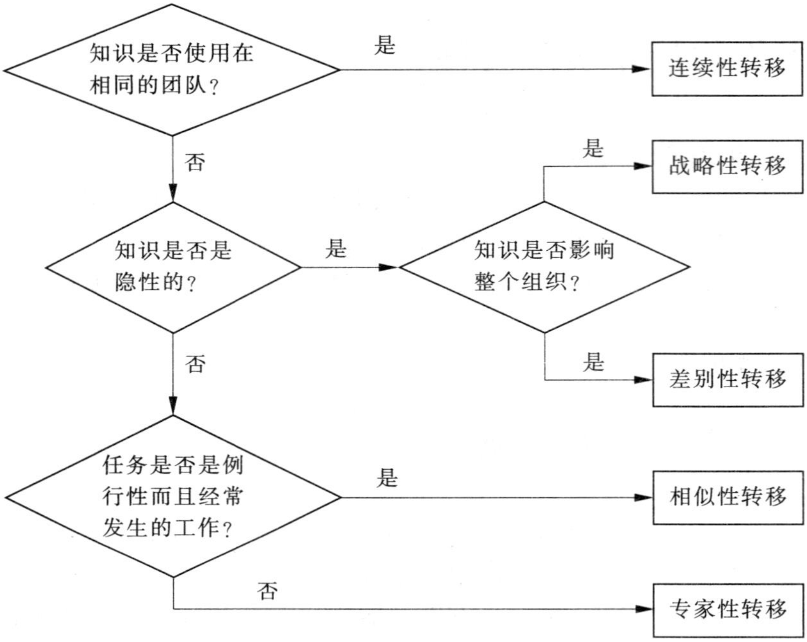

图 7-3　最佳实践转移不同类型的决策树

7.5.2 连续性转移

1. 连续性转移的定义

连续性转移是指同一团队在某一背景下执行任务后将所获得的经验或教训予以存储和记录，以此作为下次在类似背景执行任务时可以运用。连续性转移的优点在于，避免组织重蹈覆辙，浪费成本，以及提升组织执行任务的速度与质量。

例如，某一软件公司的项目团队，协助某一政府部门开发了财务管理信息系统后，从中所得到的经验、教训和关键成功因素，以及如何配合政府部门特有的规定与思维方式等知识在项目结束后，通过所有成员的参与讨论，而将其清楚地分析、整理并记录下来，当下一次开发类似的信息系统时，就可避免重蹈覆辙，可以快速找出最有效地进行方式，这样做可以事半功倍。

2. 连续性转移的主要特性

- 知识的来源者(source team)和接受者(receive team)：属于相同的团队，即由组织自行创造及利用。
- 任务与背景的相似度：两次任务虽发生的时间与场所背景不同，但任务类型相似。

- 任务的特性：虽非例行性，但仍时常发生。
- 共享知识的类型：显性与隐性都有，但主要知识是实践中的工作经验和教训学习。

3. 连续性转移的重要指导原则

连续性转移所用的方法是利用小组会议融合团队的显性与隐性知识，这种会议需要遵守以下一些重要原则。

（1）会议的制度化。为了执行知识管理战略，要将创造、记录、整理和共享项目知识的检讨会议变成工作的一部分，不可或缺。

（2）会议要简短扼要。开会时间不要太长。例如，Bio-Tech 生化公司称其为站立会议（standing meetings）。

（3）每位成员都要出席。团队中每位成员必然都要负责某些工作，承担某些责任，为了全盘多角度、多观点地了解情况，成员应全体参加。

（4）会议气氛。应该要有建设性、客观性和融洽性，不要有人身攻击、破坏性批评、隐瞒和庇护等行为。

（5）会议重要性的宣布。目的是让成员了解会议对知识保存和转移的重要性。

7.5.3 相似性转移

1. 相似性转移的定义

相似性转移是指某一执行例行性工作的团队，将其在工作中所获取的显性知识予以记录、存储，并转移给执行工作范围类似的另一个团队使用。例如，福特汽车公司共有 37 个工厂，其中位于亚特兰大厂的装配线员工发现了一个可以快速地在 10 秒钟内完成刹车系统安装的程序，并将这项新技术转移给在芝加哥分厂同样装配线的员工，使其比原来安装刹车系统的程序减少 15 秒钟的时间。

2. 相似性转移的主要特性

- 知识的提供者与接受者属于不同的团队。
- 任务、背景相似。
- 任务的特性是例行性。
- 共享知识的类型是显性知识。

3. 相似性转移的重要指导原则

（1）由接受者主导

① 尊重接受者选择的自由：任何知识的共享与利用都必须是接受者在自主意愿下接受才能善加利用。如果是由组织高压强迫，或使用者违背自主意愿被迫执行，就不能达到真正的效果。

② 接受者自行决定转移的内容与方式：在哪个时间、使用何种媒介、转移哪些内容

和双方如何讨论等方面皆应由使用者主导，组织不应做太多的干涉。

（2）利用适当的媒介

① 充分利用信息技术和网络：利用速度快、成本低的企业内部网络、因特网、电子视频会议和群件传递给分处世界各地的团队。

② 面对面沟通的重要性：许多知识的共享，必须先使彼此相互了解和信任后对方才有动机、兴趣和信心接受外来知识，而不能只依靠信息技术的界面。

③ 以推的方式主动传送：对于一些筛选出来的重要知识，经过谨慎评估和验证后，组织可以利用推的方式，主动传送到有用的相关单位，避免使用者因为不知道有好的知识存在或找不到而丧失了学习的机会。但应注意的是，知识应定位在重要、相关和量少的基础上，不可以产生信息超载现象，而使员工在遭受太多垃圾信息空袭后，再也不愿意看传来的信息。基于这项考评，福特汽车公司的最佳实践传递，规定每周只传5～8项最佳实践。得州仪器公司的自动工作警告系统，每月只发送一次最佳实践，且经理人只需要花几分钟时间就可加以运用。

（3）明确易懂的知识

① 知识报告必须简短：相似性转移中各团队的工作内容和背景很相似，因此无须长篇大论进行背景介绍。例如，致远顾问公司的最佳实践知识库，员工只需要花大约10分钟的时间就可以将相关数据汇总送至知识网站，使浏览的人同样感到轻松容易。

② 知识库目标要明确：组织如果规划出整个组织的最佳实践知识库，常常会造成员工产生信息超载的结果。因此，组织在设计时，要清楚地针对某些特定的主题和群组定义其范围，且范围不能太大。

（4）要监控成效

监控知识转移的成效有两种作用：一是可以验证知识来源者所提供的知识品质高低；二是评估接受者是否实际吸收了最佳实践的精神。

7.5.4 差别性转移

1. 差别性转移的定义

差别性转移是指某个团队将其处理某偶发性任务所获得的隐性知识，提供给组织另外的团队在不同背景下执行相类似的偶发性任务时使用。例如，新西兰一个开凿海底隧道的团队，将其隐性知识通过各种互动媒介，传递给波士顿一个当地开凿海底隧道的团队。

2. 差别性转移的主要特色

- 知识的提供者和接受者属于不同的团队。
- 任务相似，但执行的背景环境不相似。

- 任务的特性不是例行性的，但经常发生。
- 共享知识的类型是隐性知识。

3. 差别性转移的主要指导原则

(1) 注意双向互惠的交流

知识的提供者和接受者在交流知识时，提供者可以和接受者一样，在互动中吸收到更多的新知识。因此，团队间不管扮演何种角色，都要有这种教学相长的认知。

(2) 原有的知识要经过适合当地特色的转移

一定要根据本身不同的背景将知识提供进行适合当地特色的转化，使其能符合接受者的使用要求。这种转换工作有两种做法：由接受团队自己主导知识的修改和调整，提供团队提供辅导和协助或由提供团队来主导，在经过深入的了解与分析后决定如何转化或提供何种适用的知识给接受团队。

(3) 充分利用"活"的知识库

人类在传递或共享知识时，相对于结构化的知识库有以下优点。

① 可随机应变：人类可以随机应变地立即响应偶发性的问题，而知识库却只有固定的内容与法则，如果超出此范围则无法回答。

② 有丰富的常识：人类有丰富的常识，可以广泛获取知识联想、推理、引喻并回答问题。例如，医生除了治疗某种疾病的法则外，还拥有非常丰富的医学、病理、药理和人体解剖等各种医学常识，可随时视情况参照引用。相反，知识库上除了内部特定的经验及法则外，对其他方面的知识则一无所知。

③ 精确与量身定做的回应：人类可以依据对方的需求而量身定做解决方案，让接受者获得最符合其需求的知识。

④ 友谊与信任感：人类可以通过交谈与互动，让对方产生熟悉感、亲切感和信任感，而更有助于交流的动机。

⑤ 快速激发创意：人类可以针对新问题的刺激，在第一时间内激发出新的创意和知识，修正答案或响应问题。

(4) 知识共享互动要有合适的名称

有时员工由于自尊心会抗拒外来优秀的知识，因此，如果方式不好可能会伤及员工的自尊心。因此，组织应该设定一个知识共享的正式流程，并赋予该流程正当性与义务性，选取一个适当的名称，使大家都可以借此教学相长，角色也要设定成人人平等，不要有提供者与接受者等清楚的阶级划分，在组织文化上要强调只要可以提升绩效就可以。

7.5.5 战略性转移

1. 战略性转移的定义

战略性转移是指某些团队具有战略性知识可以影响整个组织经营的集体知识，由专家整理提供给另外一个团队在不同背景下执行相类似的战略性任务所需时使用。例如，某个组织的团队成功地并购了一家研发公司，6个月以后，组织的另一个团队利用前述的经验、教训与知识指导在另一个场所并购的公司。

2. 战略性转移的主要特色

- 知识的提供者与接受者属于不同的团队，并且知识由特别的专业团队编写。
- 背景不同，但任务相类似。
- 任务的特性虽然足以影响整个组织，但却是非例行性的且不常发生。
- 共享知识隐性与显性都有，但以隐性为主，且其属于战略面而不是程序面，故范围较广且复杂度及模糊度更大。

3. 战略性转移的主要指导原则

(1) 高层管理者要定义所需要搜集与转移的战略知识

由于战略性的知识具有前瞻性、多元性、复杂性和模糊性，开发的成本很高。因此，高层管理者必须定义对组织最有价值的核心领域，而不是搜集所有的战略。例如，英国石油公司开发的知识库知识资产就仅锁定了几个最重要的战略性议题，如新市场的开发、组织的重整、合资战略联盟和新渠道的开发等战略议题。

(2) 要由专家搜集和整理战略性知识

战略性知识不像操作性、程序性的结构知识，其范围广泛、复杂、多元、模糊且是非结构性的知识，开发这种难度高的战略性知识，如果没有学过知识的搜集、编码、分类、归纳、解释及撰写是不能胜任的。因此，这些重要和困难的知识都要由专家搜集、整理与撰写。

例如，英国石油公司就为此成立一个中央知识管理团队，由受过知识分析训练的知识专家到发生事件的地点实际利用所学的专业知识，用科学、客观、严谨的原则实地观察，访谈当事人，并搜集各种文件和记录，将整个事件的前因后果、背景、主要事件及影响因素经过解释、分析、归纳，最后编写成一个内容客观、可靠、详细的案例书。其主要内容包括：企业背景、指导原则、相关专家名单、相关文件与记录等。

(3) 资料的搜集要实时而不是事后

由于战略事件的知识错综复杂，当事人在事后也许离职或遗忘，因此对于战略性知识的搜集应在当时、当地实时进行，以免事后由于人类本身认知与记忆的限制使得事件真相无法客观、正确地显现出来，这与上述结构知识可以事后整理的特性较为不同。

(4) 以接受者的需求为焦点

对战略性知识的接受者最大的问题并不在于找不到 know how，而是不知道自己要找什么。例如，对自己未曾碰过的一种战略联盟问题应如何进行？在这种情况下，由于接受者是第一次遇到，自然无法了解还需要哪些知识，因此，这种知识不像上述几种是由知识提供单位所主导，再包装整理成一个有价值的知识产品，而应以知识接受者的需求为焦点，这意味着战略性知识不可能是一个固定的产品，而是需要不断地互动、相互了解以产生一个量身定做的知识。例如，英国石油的知识专员就会与接受者合作，通过面对面的讨论与互动逐步地协助接受者了解问题，并定义出有价值的知识，协助其做出决策并学习新知识，以及指导其利用知识等，这样，使用者才可能实际吸收到这些隐性的知识。

(5) 整合多元意见

战略性知识具有模糊、多元和非结构等特性，因此，不可能存在一个单一、正确和客观的最佳实践。战略性知识的搜集要注意以下几个重点。

① 多重来源搜集：是指搜集包括不同特性员工的正反面意见，以及不同层级职位、部门，与不同利益关系等多方面的意见来源，相互印证其数据的客观性与可靠性。

② 多重方法搜集：是指通过文件、访谈、观察和问卷等各种方法进行搜集，并将各种方法相互印证。

③ 多人分析：如果一个人分析会有个人的偏见，而多人分析则由于不同的角度和视点，因而不会有偏见。通过整合多元意见所呈现的知识更加可靠、客观和可信。

7.5.6 专家性转移

1. 专家性转移的定义

专家性转移是指一个工作团队在执行例行工作面临一个超越其知识范围的问题时，主动寻求组织内的专家提供专业知识的协助。例如，某一公司技术人员寻求如何增加某一过时监视器的亮度，组织内不久就有七个具有相同专长的专家提供解答。

2. 专家性转移的主要特色

- 知识的提供与接受者属于不同团队。
- 知识背景相类似，但任务形态不一定相同。
- 任务的特性是例行性，但不经常发生。
- 共享知识的类型是显性知识。

3. 专家性转移的指导原则

(1) 善用信息技术

如 BBS、Intranet、E-mail、Groupware 和电子论坛等。

(2) 电子论坛要有划分清楚和明确的主题

如果电子论坛上的主题不明确，提出的求救信息过于庞杂和大量，或许多都是不相干的，久而久之，专家们就不想浏览并处理这些信息。

给相同背景的专家发布请求与回复的信息，在用语上要精简扼要，不需长篇大论地描述问题完整的始末。

（3）电子论坛要得到支持和监督

① 要有专人负责：例如，致远顾问公司就设有知识总管一职专门负责管理电子论坛。

② 确认每个请求都有回音：如在某段时间内对于某个问题没有回音，负责人员就要设法解决，否则石沉大海，以后员工就不会有提出问题的动机。

③ 将回复建档处理：经过筛选、分析及整理所有电子论坛上的问题与回复后，将这些有价值的知识归档处理，并分类或设定关键词以利于搜寻。

（4）鼓励不同程度的参与

这种利他性的自愿行为较难使人有动机参与。因此，组织应通过薪酬制度、奖励甚至考绩加分的方式，鼓励各种不同程度的参与。

（5）需求拉动式的知识

电子论坛的好处是能针对问题拉动最直接相关的知识。即需求拉动式的知识，而不是使用者利用搜索引擎，耗费大量时间在成千上万个内容数据库中找寻所需的知识，这种大海捞针的方式结果常是找到的数据相当庞杂或相关性低，甚至根本找不到。

上述五种转移方式以其主要特性的不同归纳如表 7-1 所示。

表 7-1 五种转移类型及其主要特征的比较

转移类型 主要特征	连续性转移	相似性转移	差别性转移	战略性转移	专家性转移
知识的提供者与接受者	相同团队，时间不同	不同的团队	不同的团队	不同的团队，由专家记录	不同的团队，没有特定的对象
任务与背景的相似性	任务相似，背景不同	任务、背景都相似	任务相似，背景不同	任务相似，背景不同	任务不相似，知识背景相似
任务的特性	非例行，但常发生	例行性且常发生	非例行，但常发生	非例行，不常发生，但影响很大	例行性，但不常发生
分享知识的类型	显性和隐性皆有	显性	隐性	以隐性为主	显性
案例	软件团队系统开发经验的自我存储，以利于下次利用	同一公司不同汽车装配厂组装刹车系统最佳实践的转移	新西兰海底隧道团队将建设海底隧道的知识转移给波斯顿海底隧道团队	战略性收购知识，不同背景的转移，顾问公司将知识管理导入战略转移给公司的另一团队	相同领域的网络专家通过信息技术等各种界面获取反馈

本章小结

1. 知识共享是指组织的员工或内外部团队在组织内部或跨组织之间,彼此通过各种渠道(例如讨论、会议网络和知识库)进行交换和讨论知识,其目的在于通过知识的交流扩大知识的利用价值并产生知识的效应。

2. 组织强调知识共享的原因主要是:知识共享可增大组织存量;知识共享可以减少重复开发的成本;现代组织的全球化、网络化特征更加需要知识共享。

3. 组织知识共享的过程是由两个知识转化的循环过程构成的。一个是组织内部知识转化的循环,完成了组织内部的SECI过程。另一个是组织内、外部之间知识转化的循环,完成了组织内、外部之间的SECI过程。而在这两个过程中,无论是对于组织还是个体而言,都会有知识增量,知识共享产生知识创新。

4. 组织知识共享的障碍主要来自知识本身的复杂性、作为知识共享主体的人的认知能力和心理因素以及组织的制度、文化等方面。

5. 组织知识共享的方式包括正式和非正式方式。正式方式主要有培训、师徒制、知识库和知识展示会等方式;非正式方式是隐形知识共享的主要方式,非正式知识共享方式包括非正式网络、实践社群和非正式场所等。实践社群是一种重要的非正式组织知识共享方式。"实践社群是这样一群人,他们有着共同的关注点、同样的问题或者对同一个话题的热情,通过在不断发展的基础上互相影响,加深在这一领域的知识和专业技术"。

6. 对于一个想要实施知识共享的企业来说,首先应该有一个良好的驱动知识共享的环境,具体说就是要有知识共享的文化,有知识网络的环境和个体共享理念的导入。其次,组织对于知识共享的过程应该有制度的保障;有了制度的保障,就要考虑对企业中个体进行知识共享的激励和约束,包括物质激励、精神激励和考核约束,这些是驱动个体进行知识共享最直接的手段。

7. 知识转移与知识共享的概念相当接近,知识共享比较强调非正式(偶发性)、水平式(非组织主导)、自由式(无特定目标与对象)和个人平等式(无特定提供者或接受者)的学习。知识转移比较强调由组织主导、较正式、有明确知识目标,以及提供者与接受者有明确的流动方向类型的知识流动。

8. 最佳实践是指某种在其他地方执行得非常成功且适合本单位,值得引进和采用的一些经验、知识或工作方式。根据对象、任务、背景和知识形态的不同,组织最佳实践转移可以区分为连续性转移、相似性转移、差别性转移、战略性转移和专家性转移5种类型。

- 连续性转移是指同一团队在某一背景下执行任务后将所获得的经验或教训予以

存储和记录，以此作为下次在类似背景执行任务时可以运用。

- 相似性转移是指某一执行例行性工作的团队，将其在工作中所获得的显性知识予以记录、存储，并转移给执行工作范围类似的另一个团队使用。
- 差别性转移是指某个团队将其处理某偶发性任务所获得的隐性知识，提供给组织另外一个团队不同背景下执行相类似的偶发性任务时使用。
- 战略性转移是指某些团队具有可以影响整个组织经营的战略性集体知识，由专家整理提供给另外一个团队在不同背景下执行相类似的战略性任务所需时使用。
- 专家性转移是指一个工作团队在执行例行工作面临一个超越其知识范围的问题时，主动寻求组织内的专家提供专业知识的协助。

思考与讨论

1. 什么是组织知识共享？
2. 组织为什么要注重知识共享？
3. 组织知识共享可以获得什么好处？
4. 组织知识共享存在哪些障碍？
5. 知识共享的正式方式和非正式方式哪个更重要？为什么？
6. 组织应该怎样建立知识共享的环境？
7. 什么是最佳实践？
8. 知识共享和知识转移有什么区别？
9. 小组讨论：分析企业中员工知识囤积的原因，并提出解决方案。
10. 分组讨论案例 9，并写出讨论报告。

案例 9

Wachovia 银行的知识共享

Wachovia 是美国第四大银行，拥有 10 万员工和数千个营业网点。4 年前，它与一般的传统公司没有什么两样：员工的智慧和信息无法分享，需要的信息难以找到，公司的内部网也是 1 200 多个网站的大杂烩。

今天，该公司通过知识管理系统和网络实现了知识共享，各业务部门公布知识管理的过程与信息，以利于部门内外员工从中获益。

该公司实现知识共享的过程分为三个阶段。第一阶段为“知识桌面”，这个应用由

Documentum 公司的文档管理系统与协作工具以及一个以 Yahoo 搜索为模型的搜索引擎组成。它允许呼叫中心的员工访问部门知识库。实现这一阶段需要两个先决条件：一是要建立详细的公司分类表，这样能以非常具体的方法给信息命名并加索引；二是要围绕需求进行文化的转移，实现信息共享。

第二阶段是在分部门的基础上将 20 000 个用户收进“知识资源中心”。每个部门资源中心包含一个知识资源小组，该小组每月聚会一次，改进或重新设计公布和检索信息的过程，以保证员工都给予配合，以确保知识库不断成长。

第三阶段是“知识交换”，它将系统扩展到整个公司。为了让信息易于分享，该公司引入了复用度的概念，所有大的文档都被分成一块块能由别人使用的对象。例如，法律文件末尾正式的精印刷标记就是一个对象，由法律部门输入知识库，供整个公司在文档上使用。如果这个正式的标记有变化，法律部门负责修改知识库中的对象，届时所有员工马上就能更换成新版本。

该银行在此项目的开发过程中最大的挑战是如何处置已有的 1 200 多个网站。他们没有扼杀掉这些网站，而是将它们融入知识共享的过程。重要的业务信息通过一个验证过程，加入 Documentum 库；其他的内容，如排球比赛的日程安排等，则移到微软的 CMC 库。两者的外观完全不同，便于用户识别。

在项目的开发过程中，Documentum 公司帮助该银行解决了很多问题，如一份文档要保存多长时间、文档没有用时如何处理、文档版本如何控制等，同时还要解决文档的处理路线，跟踪文档是谁写的、谁改的、谁批准的，另外还有安全等一系列问题，Documentum 公司都参与解决。

第8章

知识管理的技术

本章要点

- 知识管理技术的概念
- 知识管理技术的构成
- 知识管理软件的结构和主要功能
- 微软的知识管理体系的构成和特点

人类自古以来就有知识管理观念和行为存在。早在6万年前，克罗马侬人（Cromagnons）就有了历法的记载，他们从过去的经验中找出了时令与野牛、大角鹿和赤鹿迁徙模式的关联，这种知识忠实地记载在洞窟壁画的28种刻痕组合上，因此，他们可以利用前人的经验与智慧有效地在适当的时机捕获到猎物。由此可见，人类很早就有了知识管理的行为，可是过去传统的组织一直没有积极进行知识管理的推动，一直到了1990年以后，组织知识管理的观念才在几个先导者（如Wiig、Nonaka、Sveiby、Vander Spek、Steward等人）的倡导下开始发展起来。这期间的差异就在于技术的发展使人类实施知识管理变得容易了。如果员工与组织寻找、沟通、共享和获取自己所需要的知识非常困难，必须花费很大的心力，而且效果也不佳，那么，他们就很难有推行知识管理的意图与行为。

在因特网、群件、数据仓库、搜索引擎、智能代理等技术尚未被普遍利用之前，员工想要大量存储非结构化的知识，或者想要在茫茫知识大海中搜索，获得有用的知识，快速地利用多媒体传递知识，以便在世界各地全天候学习并共享知识，都是不可能的事。因此，在信息管理时代，传统企业只能注重管理信息系统（MIS）的数据处理，对于复杂的或无法结构化的知识管理则无法有效推进。

20世纪90年代后期，随着全球因特网的普遍化，再加上其他支持知识管理的信息技术的成熟和推广，企业认识到作为企业重要资源的知识的存储、检索、传递变得轻松容易了！这时，才积极推行知识管理的工作，形成了21世纪初知识管理的大潮。因此，知识管理能付诸实行，信息技术的进步和其对知识管理的有效支持扮演了非常关键的角色。

8.1 知识管理技术概述

8.1.1 知识管理技术的概念

知识管理技术是指生产、存储、提炼和传递知识的技术，如传统的编辑出版技术、发行技术和基于计算机技术的现代信息技术等。本课程中，只讨论基于现代信息技术的知识管理技术。

知识管理技术不同于数据管理技术和信息管理技术。数据管理技术以数据为管理对象，指那些能够协助人们生成、检索和分析数据的技术，如数据仓库、数据搜索引擎、数据建模工具以及可视化工具等。信息管理技术是指能协助人们更好地处理信息的技术，如自动化信息检索与查询系统、初级的决策支持系统、地理信息系统、文档管理技术等。无论数据管理技术还是信息管理技术均无法把握知识的丰富性和知识背景的复杂性。

知识管理技术是在数据管理技术和信息管理技术的基础上,针对知识的特性而开发的一些具有特殊功能的、能够协助知识管理人员和知识工作者进行知识生产、存储、提炼和传递的技术,是现代信息技术在知识经济时代的新发展。数据管理技术和传统的信息管理技术是整个知识管理技术体系中的重要组成部分。所以我们将知识管理技术定义为:能够协助人们生产、存储、提炼和传递知识的基于计算机的现代信息技术。

8.1.2 知识管理技术内容

计算机网络技术尤其是 Web 技术是知识管理技术的基础,知识库技术与群件技术在知识管理技术体系中占有突出地位,因为知识库技术以一种先进的方式组织公司的知识资源,并能为员工提供个性化的检索服务,而群件技术对知识的生产与交流提供了重要的手段,其实质是网络技术与数据库技术的结合。

网络技术、知识库技术和群件技术相结合,能大大提高知识管理技术基础设施的性能,这是知识管理技术的一个主要趋势。

美国 IBM 公司将知识管理技术分为以下几大类。

(1) 商业智能技术(business intelligence,BI)。指旨在描述业务流程,能够对所获信息进行综合并进而改善组织决策,包括数据挖掘技术(data mining)和数据仓库技术(data warehousing)、联机分析处理技术(OLAP),以及其他能从存储的数据中提取有价值知识的先进技术。

(2) 知识发现技术(knowledge discovery)。包括能从文本源中提取知识的文本采掘技术(text mining)和能依据人与信息之间的关系描述知识的知识地图技术。

(3) 知识搜寻技术(expertise location)。指能够发现、编目并提供公司决策所需的公司内部最佳经验的技术。

(4) 协作技术(collaboration)。指能够使员工共享他们的信息、经验、专长及知识的技术,这种技术能进一步丰富员工的隐含知识并促进创新。

(5) 知识传递技术(knowledge transfer)。指能够扩展知识与技能传递的范围的技术,这种技术使虚拟团队能在相当高的组织水平上进行工作,而不必考虑其成员的地理分布。

目前已有很多处理显性知识的技术可供选择,但能有效管理与处理隐含知识的技术尚不多见,这是今天公司在知识管理技术方面面临的最大挑战。但是切记,知识管理技术并不是一项技术,而是一个技术体系,包括的技术内容异常繁多;它又是多种信息技术的集成,这些技术结合起来形成知识管理系统,能像一个完整的系统那样提供相应的知识管理服务,满足每一个员工的知识需求。

8.1.3 知识管理技术架构参考模型

上节阐述了知识管理IT技术的基本要素，在知识管理系统规划中，技术方案的确立不仅仅要考虑知识管理系统本身的技术，如内容管理、协作技术等，还需要考虑网络架构模式、界面风格、网络传输方式、知识库规格等诸多方面的技术因素。所以，这里将提供一种技术架构来作为构置和建立知识管理相关技术的参考，而知识管理的各种技术工具仅属于该技术架构的特定层次，在应用中还需要根据具体的技术需求来做出选择。

事实上，并没有任何一种技术产品能够单独包容知识管理的所有功能。

知识管理系统的技术架构参考模型包括七个层次，如图8-1所示，即界面层、存取层、协作智能和过滤层、应用层、传输层、中间件/集成层以及存储层。

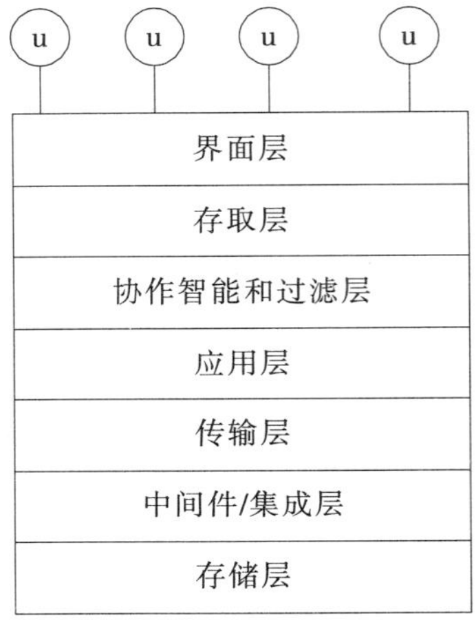

图8-1 知识管理技术架构参考模型

界面层　负责将内容以简单的方式呈现给用户，该层组件屏蔽了背后传递信息的复杂程序，也为文件、电子邮件、行事日历等提供了一致的外观。界面层的最新发展趋势是门户技术的应用。

存取层　是存取组织内信息和知识的网关，如防火墙、安全以及认证都属于这一层次。

协作智能和过滤层　是主要的智能技术应用层次，它能够过滤信息、搜索知识，并实现知识个性化。人工智能工具、神经网络、专家系统、案例推理系统以及智能代理等在这一层次都能够找到很多的用武之地。协作智能和过滤层的智能技术和界面层的门户技术相结合，能够创造更人性化的智能门户。

应用层　是技术架构的核心层次，也是知识管理各种功能应用的集中体现。这一层次可以包括内容管理、商业智能、协作工具、E-Learning等各种技术，该层也是最需要根据企业具体需求进行灵活定制的层次。

传输层　也可称为网络层，包括了企业内部的Web部署、电子邮件、文件传输技术等。

中间件/集成层　是实现知识管理系统集成化应用的关键层次，它要能够有效整合数据库、传统应用系统、文件系统等各种来源的信息和知识。

存储层　是存储信息和知识的所在，它并不局限于特地为知识管理系统设置的知识库，还包括业务应用系统以及遗留系统等。

上述的技术架构就如同建立在现有网络基础之上的技术联盟体，如果说企业网络构成了基础设施(infrastructure)，那么可以说七个层次的技术架构就是建立在基础设施之上的信息构架(infostructure)，为实现知识管理提供了坚实的技术基础。

8.2　知识管理技术体系

知识管理技术的基础结构如图 8-2 所示。图中的箭头表示系统必须支持的商业过

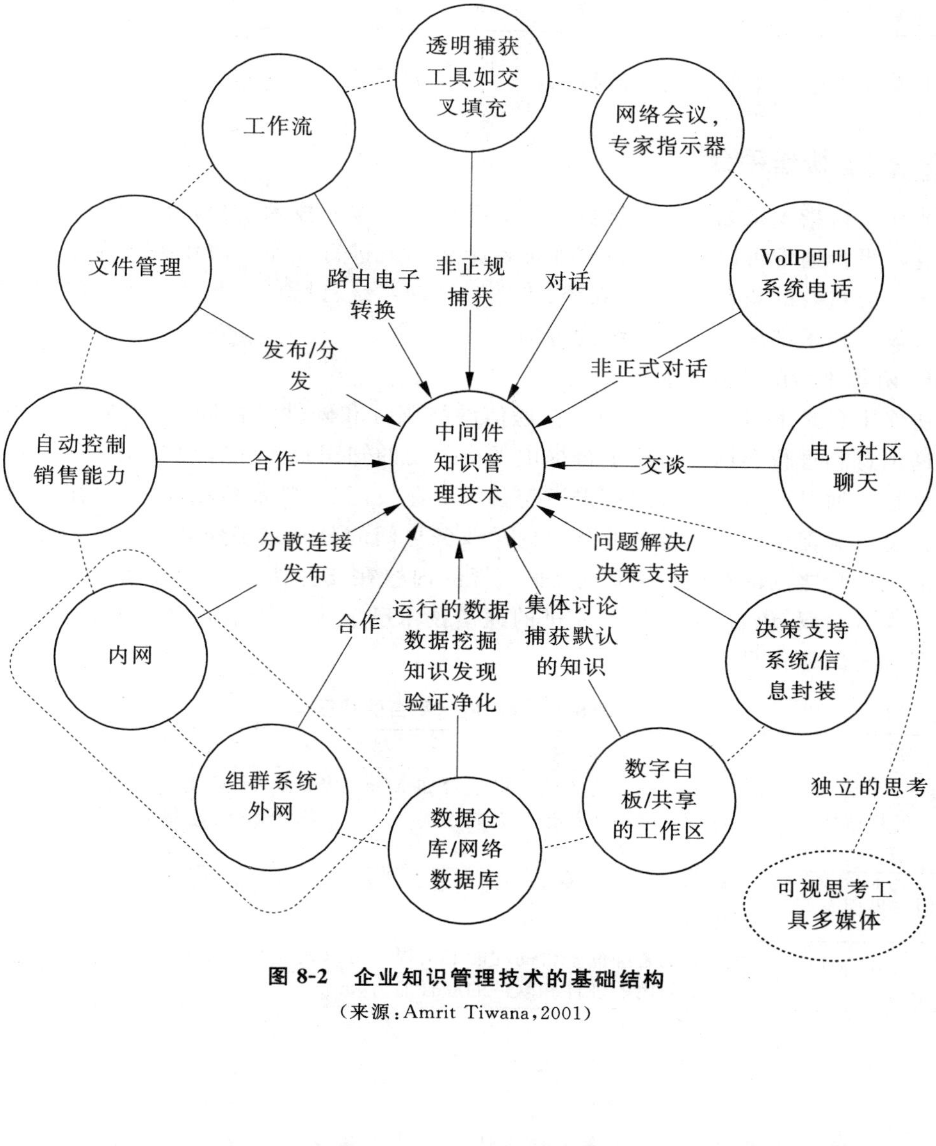

图 8-2　企业知识管理技术的基础结构

(来源：Amrit Tiwana，2001)

程，圆圈表示促进这些活动的技术成分组成。这些技术最终实现5个目标：知识的创建、封装/组装、提取、验证和应用。支持这些目标的对应技术列在表8-1中。

表8-1 5个主要知识目标和相关的技术

知识目标	相关的技术
创建	分布式决策支持系统(DSS)、访问记录、数据库、多媒体
封装/组装	信息提炼器、网络发行、推进式传输、WAP、模式匹配
提取/查找	基于知识的协作平台、智能代理、元搜索机制、数据挖掘工具
沟通/应用	网络化的、多信道、结构化一非结构化的客户知识管理系统
重新使用/验证	支持知识库、讨论数据库、等级制度、非介入式历史捕获装置

下面讨论框架中的一些关键技术。

8.2.1 协作平台

协作平台指支持知识工作者执行任务及协同工作的技术平台，包括网络、软件和硬件。这些平台通常可以借助因特网保证跨距离的人进行合作。协作平台在知识工作者中担当十分重要的角色，像群件系统、工作流管理系统、讨论区、共享工作空间、交流室、视频会议等技术都属于协作系统的范围。

1. 协作平台的主要特征

协作平台是**KM**系统的核心。在通信网络服务和硬件的协同下，人们通过协作平台传递消息和进行会话。协作平台提供了将公司的知识资本和客户知识转化为数字资本的途径。通过联合非正规通信渠道与参阅专业技能(如技能数据库、专家定位器)，传统的信息资源促进了在单独的业务之内及业务之间的分布式工作和合作。当放松对系统的潜在用户之间的社会约束以后，非正规的内容在支持协作平台方面变得越来越重要了。电视会议、语音、多媒体等先进的通信技术已成为高效**KM**平台的特征。表8-2描述了理想的协作平台。

表8-2 理想协作平台的特征

要　求	描　述
可移植性	必须允许不同的计算机平台如Macs、Windows PC、UNIX工作站、WAP设备、PalmOS系统进行无缝连接。可以使用Web浏览器中的HTTP和Java满足该项要求
用户界面友好	使用Web浏览器作为前台有利于建立一个简单、友好且易于使用的用户界面
可升级性	在不显著降低平台的性能的前提下可以允许用户数量呈指数增长。它是平台中采用的硬件和软件的综合能力

续表

要　　求	描　　述
集成性	平台必须能够支持现有技术、设备以及数据。使用基于Web协议的软件转换器可以达到此目的
用户个性化	满足终端用户的个性化要求，包括界面的定制、使用的不同设备以及个人偏好等
安全性	系统必须高度安全，包括设备、网络、软件、数据等层次的安全
结构灵活性	必须能够同时支持结构化数据（如数据库记录）和非结构化数据（比如视频片断）
在所有信道之间保持协议的高效性	平台中使用的数据传输协议必须能够根据任何时间的信道带宽自动调节，而且必须提供多用户的联系和访问信道
技术成熟度	平台必须相对成熟。网络可能会有大的花销，但是若考虑到技术的成熟度会发现这还是非常合算的
培训代价	培训用户的花费应该合理。由于网络浏览器是大多数用户都熟悉的工具，所以用它作为系统前台的培训代价比较低
项目的可分解程度	平台应支持项目分解。项目本身必须可以分解为多个模块，并且每一分解阶段都可独立存活
实施代价	网络业务的市场特征是竞争激烈，因此可以选择有价格竞争力的基于网络的工具、服务、软件和服务器硬件/软件/空间。但是，如果从头开始建立系统，那么开发的实际代价可能会较高
实施时间	实施时间受到技术复杂度和技术熟悉程度的影响。由于可以利用大量的开发工具，因此，基于网络的项目实施时间可能较短
开放式结构	平台必须具有开放式结构，而不应采用封闭式结构

2. 群件系统

群件是帮助群组协同工作的软件。一般包括电子邮件、文档管理与工作流应用等几大部分。由于实现了对非结构化信息的管理和共享，群件对组织来说就意味着一种高效的协同工作解决方案，从而成为知识管理的基础技术之一。目前著名的群件产品主要有IBM Lotus的Domino/Notes、Novell的GroupWise和Microsoft的Exchange。

群件产品与Internet相结合使其威力更加强大。移动计算的功能使得它不但支持公司员工之间的协作、信息交流和工作进程协调，而且还能方便地支持成员间的问题研讨和知识共享，从而使工作组成员可以真正高效地协同工作，并极大地释放了通信、协作与协调的力量，成为公司知识管理的一个基础技术和有效工具。

群件从功能上必须满足3C要求，即满足通信（communication，个人或组织间的信息传递）、合作（collaboration，工作团队中的信息共享）及协作（coordination，业务过程自动化与协调)的要求。

3. 工作流管理系统

工作流就是业务流程的计算机实现。工作流管理系统用于在商业流程中捕捉知识,负责将文档按照预定的流程在适当的时间发到相关人员的手里。许多公司采用纸张表单,手工传递的方式,一级一级审批签字,工作效率非常低下,对于统计报表功能则不能实现。而采用工作流软件,使用者只需在电脑上填写有关表单,会按照定义好的流程自动往下跑,下一级审批者将会收到相关资料,并可以根据需要修改、跟踪、管理、查询、统计、打印等,大大提高了效率,实现了知识管理,提升了公司的核心竞争力。其主要功能如下。

流程管理:提供流程自定义、流程跟踪、流程监督等功能。

报表管理:提供流程统计、报表分析、报表定制、通用表单数据接口等功能。

用户管理:提供用户、角色与工作关系管理、组织结构图、多级角色管理等功能。

系统管理:提供角色管理、权限分配、工作关系管理等功能。

4. 内网和外网

内网和外网是建立在因特网协议(如 HTTP、TCP/IP)和相关的网络技术上的不同信息系统。它们使商业伙伴高效地共享资源,如信息交换、合作、记账、电子货币的转账和供应链的管理、文件交换、对话、商讨等。这项技术通常称为虚拟专用网络(VPN),如图 8-3 所示。所谓虚拟专用网,就是借助于因特网构建安全的私有网络的技术。利用特殊协议(隧道协议),通信双方的计算能够模拟私人线路进行数据交换。

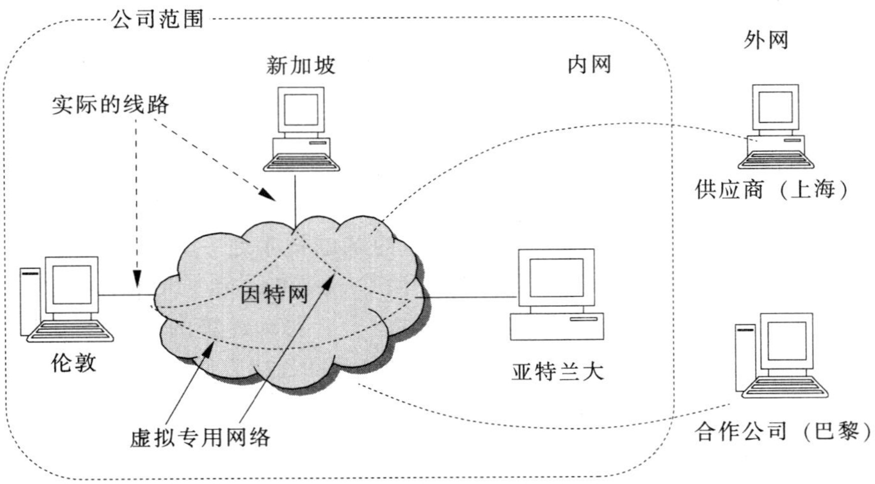

图 8-3 内网和外网使用公共网络建立经济、稳定、安全的信道

当这些虚拟网络建成后，组织仅需支付访问因特网的费用。用于连接组织内部系统的虚拟网络称为内网(Intranet)，用于连接外部组织(如供应商、商业伙伴)的虚拟网络称为企业外网(Extranet)。图 8-3 显示了如何使用内网连接分布在伦敦、新加坡、亚特兰大的商业部门，而不需花费令人生畏的网络构建费用。连接还扩展到了位于上海的供应商和位于巴黎的合作公司——全部通过因特网进行连接。内网和外网独立于操作平台，并且不受私有性协议或技术的约束。随着商业环境和功能的演变，用于开放网络的工具和设施接受必要的改造后都可以引到内网和外网之中。因此用户使用网络浏览器访问这些系统，不会发生只能在某一特定位置才能访问网络的现象。这种全球化的企业对企业的连接速度是前所未有的。在内网和外网之间传送的数据要转换到开放的信息高速公路，因此必须将安全问题考虑在内。建造内网和外网的快速应用开发工具通常都强调了安全设计的特征。

8.2.2 内容管理

各类文档和 Web 网页是显性知识的容器，其中蕴涵了大量的组织特有的知识财产。实时地、不受地域和组织形式的限制获得基于文档内容的知识，正是知识管理的一个主要目标。

1. 文档管理

文档管理的职责就是有效地组织和规划文档，使文档的获得、归类、查找和提取更容易。文档管理的最终目的就是成为知识管理体系的一部分，与其他的因素构成完整的知识管理网络体系。

文档管理系统对不同来源、不同格式的文档进行有效的管理。其主要功能如下。

文档的组织：根据企业具体情况决定采取集中式文档管理或者分布式文档管理。

文档的检索：利用各种检索技术达到对文档的快速、有效检索。

文档版本管理：能够对文档的所有历史版本及其更改历程进行保存，以供查阅。

文档的元数据管理：提供对文档目录、摘要、作者、创作日期等文档元数据的管理。

存储管理：实现应用模块层与数据存储层之间的数据传递，将数据格式转换成为数据存储层的模式。(提供保存用户对文档的意见、评价等功能，以及由发布、审核、权限设置，一直到文档过期检查，能结合工作流程工具，自动进行对文档的创作、修改、删除等功能)

归档管理：对组织的文档进行分类、归档。

签出/签入(checkout/checkin)功能：对共享文件夹或文档库中的文档，取出一个副本作为自己的工作复件(签出)，并在这个工作复件上进行自己的工作，完成更改后再将其签入到这些文件夹或文档库。

例如，Lotus Domino.Doc 是一个文档管理的解决方案，赋予架构在 Lotus Notes 和

Domino 环境上的知识管理以高性能，使得在整个组织之内的每一个用户都能够使用这些文档。它支持文档的分布管理，并可以处理一个文档的整个的生命周期——创作、评阅、批准、分发和归档。它利用了 Domino 的强大的复制、可扩展性、灵活性和安全性的功能。

2. Web 内容管理

目前，以 Web 页面作为知识传递的载体应用日益广泛，对知识管理系统的性能有着重要的影响，因此增强 Web 内容管理功能非常重要。知识管理系统具有统一的信息门户、庞大的用户群，并且需要有针对性地个性化管理每个用户的需求内容，因此需要强大的 Web 内容管理功能。

内容管理模块是位于 Web 前端（Web 服务器）和后端办公系统或流程（内容创作、编辑）之间的软件模块。内容的创作人员、编辑人员、发布人员使用内容管理模块来提交、修改、审批、发布内容。这里指的"内容"可能包括文件、表格、图片、数据库中的数据甚至视频等一切想要发布到 Internet、Intranet 以及 Extranet 网站的信息。Web 内容管理工具类似于文档管理模块，它主要负责 Web 文档的发布流程管理、文档之间的超链接管理，以及不同设备的访问显示控制等。

内容管理还可选地提供内容抓取工具，将第三方信息来源，比如文本文件、HTML 网页、Web 服务、关系数据库等的内容自动抓取，并经分析处理后放到自身的内容库中。

随着个性化的发展，内容管理还辅助 Web 前端将内容以个性化的方式提供给内容的使用者，即提供个性化的门户框架，以基于 Web 技术将内容更好地推送到用户的浏览器端。

8.2.3 非正规的知识网络

1. 非正规的知识交流技术

一些非正规的技术方案支持协作者之间的知识共享，表 8-3 详细列举了这些技术方案可以改善的活动。

表 8-3 技术应用和非正规交流的改善

技　术	改善的活动
网络协作工具	网络查询可与语音呼叫最大程度地结合起来；网页可以实时地传给客户；无代理支持的呼叫可传递给公司代表以获得实时的处理
交互式聊天	直接与代理人进行交流。利用网络访问记录捕获客户交流记录中的信息
智能代理	智能软件代理可以监督客户的访问记录，并根据数据访问模式进行代理的初始化设置
电子社区	客户可以查询讨论记录以获得以前已经出现的问题的解决方案
智能路由	计算机电话集成技术（CTI）根据客户要求、客户历史、代理技术、表述能力为到来的队列进行智能寻址

专家指示器和多媒体是两项可促进知识共享的重要技术，虽然它们不能正规地表达或编辑知识，但能够清楚地说明问题。

2. 专家指示器

协作式知识平台除了发布信息这一基本功能外，还可以在遇到知识系统不能解答的难题时向专家求教。专家指示器就是指向真正掌握相关技术的专家的指针，如黄页、技术目录、自动知识路由等。指针所指范围可在组织内部（如在本地或国外部门的员工），也可在组织外部（如顾问和研究员）。可用三种方法实施该指针：

- 将上下文作为参考进行网络数据库的搜索。
- 收集相关知识目录（如文件）作为链接。
- 自动智能路由系统可以自动判断员工或客户查询的关键字是否与专家介绍匹配，并自动调整查找范围。

3. 多媒体

多媒体在知识管理系统中的价值在于它能清楚地表达用大量文字性表述无法表达清楚的事情。这些无法表述清楚的非正规内容可以用声音文件（通常为 Real Audio 或 MP3 格式）、图片和视频片断（如产品介绍、形状、颜色等）进行描述，并且可以附加在其他知识目标、记录、交易和讨论之上。基于网络的、实时的、分布式的合作可以保证小组成员及时地与许多其他合作者交换信息，或者在会议中与他人共享运行在一台计算机上的应用程序。每个人都可以看到共享的信息，并可控制和实时编辑共享信息。此外，还可借助其他工具，如电子白板、数字笔等，能够不需要额外增加与会者的工作就透明地捕获非正规内容。想法图和可视思考工具（如 Inspiration，www.inspiration.com）和想法管理器（www.mindmanager.com）可进一步发挥多媒体的功能，捕获并组织独立的或综合的想法，以便日后共享、发布、传递、打印、交换或用电子邮件进行发送。许多用于 Mac 或 Windows 的工具，如概念画笔（www.conceptdraw.com）还可以电子图表的共享形式对概念和想法进行动态表述和处理。

8.2.4 网络会议、电子社区与 VoIP

非正规的交流中包含了大量知识，这些知识可通过非正规的讨论和会谈得到广泛的共享和应用。网络会议可将身处各地的与会者集合到虚拟会场中，就像在同一间会议室那样处理事务、共享信息。

电子社区是指包括论坛、讨论组、聊天室、博客等形式在内的网上交流空间。同一主题的电子社区集中了具有共同兴趣的访问者，参与电子社区的成员可以共享观点和经验，从中受益的电子社区成员还可以留下反馈信息并发表评论，鼓励进行广泛的信息和知识交换（我们称这种概念为社会交换理论）。

例如，Amazon. com 是一个电子商务社区，客户可以在这里共享其观点和经验，并发表评论。Amazon. com 可以告诉评论者有多少客户认为能够从他们的评论中获益、他们的贡献等级以及他们属于哪个购买圈。

社会交换理论（social exchange theory）的含义是：只要社区成员认为他们的努力能够从其他成员那里得到回报，并且他们的贡献赢得了他人的尊敬，那么他们就会一直成为这个社区的忠实成员。例如，Amazon. com 为贡献最大的 500 名评论家设立了“最佳 500 名评论家”的奖项。

电子社区（e-communities）可以存在于本公司员工、伙伴公司员工的任何内部组织之中。电子社区区别于传统社区之处就在于它们可以促进实时、双向的交流，当然这种交流也可以异步进行。微软的 NetMeeting、Caucus、Web Crossing、讨论数据库、RE-MAP、Optimus、微软 Messenger 以及 AOL Messenger 都属于此类工具。

8.2.5 搜索

没有有力的搜索工具，将无法找到有价值的、可记录的知识，或是指示器无法追踪分布在整个行业内的确定知识。常见的基于关键字的搜索机制具有一定的局限性，因此，①不能从过多的信息中缩小范围；②需要以搜索范围为代价进行关联排列；③不能敏感地察觉用户的意图和与搜索有关的信息。

知识管理需要个性化的内容过滤工具。个性化内容过滤是根据内容（如图像、视频、声音、文本等）对条目进行分类的过程。利用统计性知识算法可确定相关的内容类型，自动提炼和获取内容，并自动更新客户特征库。这些工具可以主动从简单的注册、添加书签、浏览器的模式中收集客户的喜好。Marimba、Netscape、BackWeb、Pointcast 都能够提供个性化的内容过滤工具。

1. 搜索策略

知识管理系统中，通常使用五种搜索策略：元搜索、分层目录式搜索、标志特征搜索、内容搜索、联合搜索。表 8-4 描述了这些搜索策略。

对于任何一种策略组合，通常都能找到商业软件的插件。

表 8-4 搜索和提取给定内容时采取的 5 种策略

搜索策略	描　　述
元搜索	基于元目录、关键字和特征标签的搜索方式，能缩短正确定位的时间。通过提炼和拒绝弄清用户的意图
分层目录式搜索	以固定的分层目录组织知识条目，用户可以利用链接寻找正确的知识单位。经常使用超级链接的方式
标志特征搜索	判断文件和指示器的标志是否与用户输入的标志相匹配。根据相关程度对搜索结果进行排列

续表

搜索策略	描　述
内容搜索	根据匹配效率选择与查询术语、关键字、字符串最匹配的内容，是一种低效、缓慢的搜索策略
联合搜索	结合上述的两种或两种以上策略，进行并行处理。提高多种类型信息的回收质量

2. 加速搜索

尽管前面介绍的搜索和提取策略是直接使用于显性知识的，它们也可用来提取隐性知识。如果指示器、技术指导和员工黄页得到了很好的维护，它们会为用户（内部或外部）提供最相关专业技能。尽管它们本质上不能通过隐性的专业技能进行搜索，但是可以通过指示器或与之相关的信息源进行搜索。

标志特征搜索的工作方式是搜寻定义的特征而不是从知识体中查找关键字。比如，一份报告可以附上几个可供搜索的特征：

- 创建和最后一次修改的时间；
- 可能阅读、批准、修改文档的用户；
- 文档的大小等。

对于企业的知识管理系统，可以用知识的属性（如相关活动、工作域、形式、产品和服务、时间和位置等，见表 6-1）来给知识打上标记，以加速知识的搜索。

除了具有较高的搜索和提取效率，良好的用户界面可以使用户非常轻松地使用该系统。表 8-5 列出了一些设计指导。

表 8-5　用户界面设计的考虑因素

考虑因素	在接口设计中的应用
功能	可帮助用户快速、高效地完成他们的任务，并能轻松创建其他类型的界面
连贯性	在覆盖整个企业的系统中使用含义相同的菜单和按钮。在表述、访问、提取和使用信息的过程中保持一致
相关性	尽量用一个屏幕表达所有与用户的任务相关的信息，并将其他无关的选项隐藏起来。大量使用空白空间、行业术语，并使用超级链接挖掘深层次的知识细节
导航能力	使用站点地图观看在给定时间用户正在使用哪种业务，并使用一个连贯的导航系统进行消息综合、文件存储、提取和讨论
用户化	可以让用户将客户端的系统按照他们的兴趣进行客户化设计
持久性	交互式智能代理可以从用户的变化中学习，并记住这些变化。使用这种代理可以使系统记住客户的任何爱好

8.2.6 系统集成

面向知识管理的系统集成的目标是:①实现数据和信息的集成;②实现沟通渠道的集成。

1. 数据和信息的整合

中间件是任何以网络为中心的系统的黏合剂。“传统系统”一词经常用在主机环境中,它将传统数据与现行的新系统整合起来。许多公司使用 TCL/TK、知识查询模型语言(KQML)等捆绑技术将很难集成的主机数据源整合起来。除了还能整合“很不传统”的系统(由于新的电子商务系统的引入而降低了兼容性的系统,如电子传统系统)这一点外,中间件与传统整合技术非常相似。

捆绑技术(wrapper technologies)是能够使传统与更为流行的计算平台(如 Windows PC)进行数据转换的工具软件。大多数捆绑技术使用因特网协议作为中介。

中间件有简单型(为了完成商务活动将信息从一个系统传递到另一个系统的整合接口)的,也有综合型的。商家对信息集成的要求可能促使人们选择中间件。手工中间件的吸引力不高,因为由于商务需求、系统工艺的变化、软件的更新,它的稳定性不能满足实际要求。在使用内网的费用相对低廉且大量新信息的生成速度较快的情况下,设计良好的中间件可以将数据整合起来。使用中间件进行集成还有以下优点。

信息利用率:现有的传统或非传统的数据以及信息可以被集成到 KCRM 系统中。

自适应性:可使用插件模块支持新的数据格式和传送机制,为系统提供前所未有的可扩展性和自适应性。

自动跟踪:智能代理和网络搜索器可检查内部和外部的数据来源,一旦出现了新的内容,就会自动通知用户。

信息的混沌结构:实时的新信息自动内容集成和电子对话有助于从混乱的信息流中生成模式和结构。

技术的快速更新产生了新的信息源和无法预测的交流、信息传递、知识共享服务以及与之相关的需求,并且这一趋势还将继续下去。开放的结构可以整合新的传递方式、数据源及新技术。要保证现有系统与新系统的兼容性,必须采用开放的行业标准。为了具有开放性的灵活性,系统应该尽量向因特网协议靠近,并保证有大型数据库的支持,还要有开放的、能产生记录的应用程序界面(API),如表 8-6 所示。更重要的是,如果发现某个开放标准不受欢迎,要能够找出相应的替换方案。从根本上讲,基于开放标准的 KCRM 系统是能够跟上电子商务的发展步伐的。

表 8-6　能够提高系统自适应性的开放标准

协　　议	描　　述
目录访问协议	目录访问协议是存储合同和网络信息资源、注册网络客户和服务器、在目录中存放证书时采用的格式
点对点隧道协议	点对点隧道协议可以让网络协议在因特网 TCP/IP 协议中进行加密，这样可通过因特网实现私人协议网络之间的通信。该协议可让商家不需付费就使用基于 Internet 的全球网络
安全 MIME	安全 MIME 是使用户借助基于证书的加密和认证机制发送安全电子邮箱信息
虚拟卡	虚拟卡是存储和表达合同或注册信息时采用的格式
简单邮件传输协议和邮局协议	电子邮件协议。简单邮件传输协议和邮局协议
MP3	知识数字音频内容的音频流
RealAudio、H. 323、H. 324	视频会议协议
Signed Objects 指定目标	在自动发送确定的软件和文件时采用的格式

2. 沟通渠道的集成

在传统的商务和电子商务中，一些沟通渠道将公司与其客户、合作伙伴联系了起来。

以客户关系管理中的知识管理为例，这些信息——网络浏览器（HTML、ASP 等）、语音（电话、呼叫中心、交互式语音相应系统和 VoIP 界面）、无线手机设备（如基于 WAP 协议的移动电话）、便携式计算平台、直接联系地点（商店和邮件）和网络电视接口——被称为客户接入点。如图 8-4 给出了各种信息沟通渠道的集成框架，用户可以选择适合自己使用的信道。

与之相应的技术问题是如何无缝连接不同的计算平台，如 Macs、Windows PC、UNIX 工作站、WAP 设备和 PalmOS 便携式计算机。比较突出的问题是如何将覆盖所有接入点的信道和功能单元进行逻辑综合。经常出现在商店、银行和其他商业活动中的诸如“但是我并不能获得你的信息”、“系统无法让我为你提供服务”之类的响应通常说明信道集成和组织管理不够理想，这样的系统是不能应用到电子商务环境中的。要保证在售前和售后合同、订单、技术支持、问题解决及其他交互方式的业务流程中都能访问到特定客户的历史记录等相关信息，根据已知的客户知识，系统必须帮助商家确定在任何时间的特定条件下都能与客户联系的最适合的渠道。如果客户不在线，在线经

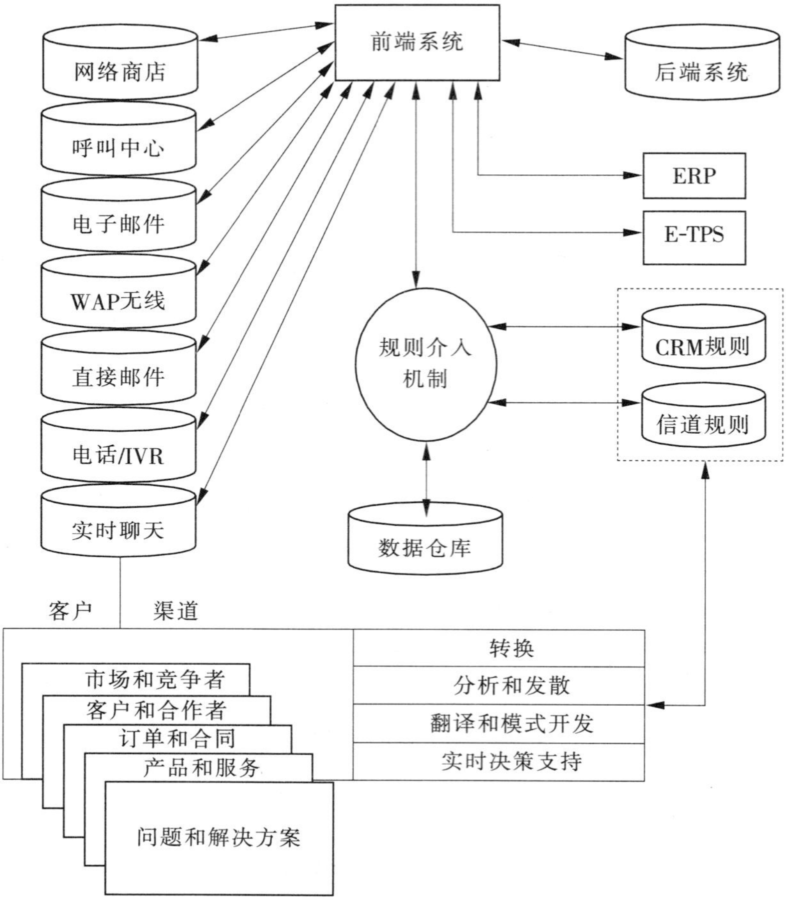

图 8-4　多渠道的信息和知识整合

纪人可以在股票跌落 70%以后通过邮件指导客户立即卖掉他的股票。最适合传递这种信息的方式可能是利用 WAP 支持的手机或寻呼机。

KM 必须在网络基础上进一步扩展，而且必须将重点放在客户的需求上——锁定客户、提高依赖程度并提高转变花费。此外，系统还需要将商业伙伴和联盟公司包括在内。在设计 KCRM 结构时，必须考虑到整合所有信道这一要求，并根据每位客户以前的联系方式选择特定的通信方式。

3. 企业知识门户

企业知识门户提供一个个性化的基于 Web 的用户界面，它使从外联网和内联网不同来源的信息都综合在一个屏幕上，为知识工作者提供一个获取相关信息的单一入口。

其具体功能如下。

(1) 单一的访问方式:所有的用户(雇员、客户和供应商)只需通过浏览器(或客户端)就可以通过单一的入口访问、抽取和分析他们所需要的知识。为用户提供访问多种类型信息的单一入口。无论信息存储在何处(如公司内部网络或 Internet)、信息的格式如何,信息门户都可以按照用户喜好的方式个性化地收集、展现这些信息,并能够由多种类型的设备(如 PC 的 Web 浏览器,或 WAP 移动电话上的浏览器)来使用。用户在访问不同的系统时不必进行多次登录及身份验证,只要登录一次,就可随处访问。

(2) 与信息系统集成:知识门户系统可以集成已有的系统,使用户可访问所有的信息。知识门户可以集成知识管理软件中的知识地图,也可以集成团队工作平台。根据用户的特定角色身份将相应的信息系统集成在用户的门户页面中为用户提供其所需的各种服务,方便用户使用,也有利于系统的统一管理。

(3) 个性化定制:每个使用知识门户系统的用户都可以定义自己的角色,选择门户上的页面,按照自己的工作需求来组织自己的工作场所,过滤得到自己所需要的信息。

(4) 信息推送:门户系统可根据用户在信息中心订阅的内容或管理员的指定将内容推送到用户界面,降低用户检索常用的信息的复杂性。

企业信息门户是一个平台框架,基于这样的系统基础结构,可以将企业今后的扩展服务方便地加入门户网站。这些扩展服务就是所谓的 Portlet。Portlet 是门户网站应用程序,用于显示特定的内容。

8.3　知识管理系统

知识管理系统主要是从技术角度对知识管理进行实现。知识管理系统是集成各种知识管理技术以实现知识管理过程和知识管理功能的复杂的技术系统。要剖析知识管理系统,首先还是要从知识管理的核心过程——知识生产、分享、应用以及创新出发。简而言之,知识管理系统就是要从技术上提供对知识生产、分享、应用以及创新过程的系统支持。主要表现为以下几点:

- 具有支持内部和外部信息、知识资源获取的通道;
- 具有存储知识的知识库;
- 具有支持获取、提炼、存储、分发以及呈现知识的工具;
- 具有支持知识工作者进行知识分享、应用以及创新的工具。

从以上几点出发,根据现代软件技术的三层设计架构,可以建立知识管理系统的过程模型,如图 8-5 所示。该模型包括三个层次:知识应用层、知识生产层以及知识资源层。

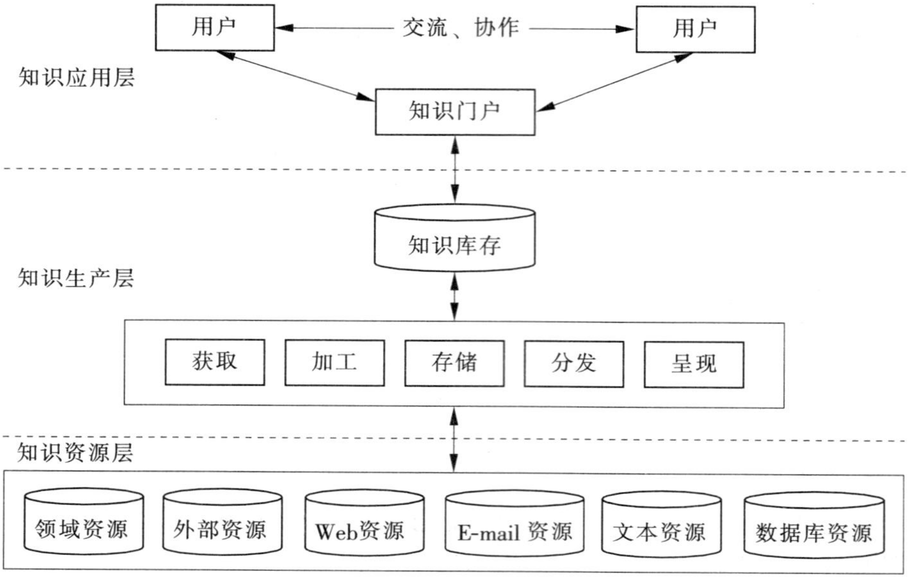

图 8-5 知识管理系统的过程模型

（来源：AMT）

知识应用层主要是通过知识工作者间的交流、协作实现知识分享、应用以及创新。在该层次，知识门户提供了知识工作者操作知识的界面，每个知识工作者都可以根据其工作对信息和知识的具体需求对其门户进行个性化定制。

知识生产层则主要从“对象”和“过程”两个角度描述了知识生产的过程，“对象”就表现为知识库存，它是“过程”的产品；而“过程”则具体包括知识的获取、加工、存储、分发、呈现等知识生产过程。

知识资源层表示了知识的来源，它包括内部知识资源和外部知识资源。在资源种类上又包括 Web 资源、E-mail 资源、文本资源、数据库资源、多媒体资源以及交易数据和业务信息（称为领域资源）等。

对应于这种知识管理系统的过程模型，可以建立知识管理系统的功能模型，如图 8-6 所示。同样，知识管理系统功能模型也分为 3 个层次，即知识应用层、知识生产层以及知识资源层。

知识应用层提供的功能主要是为了协助知识工作者进行知识分享、应用以及创新等活动，包括知识门户服务、搜索引擎服务、协作系统服务、学习系统服务以及商业智能服务等等。知识门户提供知识工作者个性化的界面以获得个性化的知识；搜索引擎服务能够提供多种类型的知识搜索方法，帮助知识工作者快速定位知识；协作系统服务则通过提供电子社区、群件、讨论组、电子会议等多种手段协助知识工作者分享知识；学习系统服务提供网络化的教育培训方式，使知识工作者可以随时随地获得定制的培训服务；商业智能服务一方面能够帮助知识工作者从信息中挖掘知识，另一方面可以协助知识工作者对已有的知识进行特定的分类、组织而创造出可增值的知识。

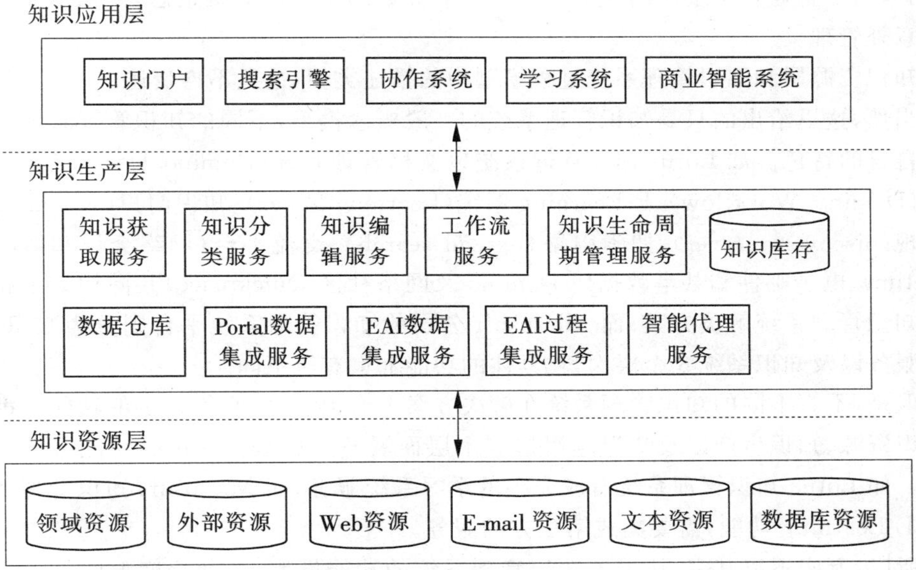

图 8-6　知识管理系统的功能模型

（来源：AMT）

知识生产层可视为知识管理系统的中间层，提供用以知识生产以及知识集成的中间层服务。在知识生产方面主要有以下几类服务：知识获取服务、知识分类服务、知识编辑服务、工作流服务以及知识生命周期管理服务等。知识获取服务提供知识调查和提炼工具，能够从数据中抽取规则、从文本中提取概念等；知识分类服务通过提供科学的知识分类方法，为知识地图的构造提供标准；知识编辑服务用以实现各种数据、信息、文档和程序的获取并提供创建知识的协作工具，如文档和网页制作工具、数据转换工具等；工作流服务能够保证在合适的时间，向合适的人发送合适的信息和知识，使知识能及时发挥作用；知识生命周期管理服务能够对知识内容的版本进行控制，如多版本控制、版本跟踪等功能。在知识集成上则有下列关键服务：数据仓库服务、Portal 数据集成服务、EAI 数据集成服务、EAI 过程集成服务以及智能代理服务等。数据仓库服务能够利用集中和分布的结构，将遍及企业内部和外部的信息资源加以整合，实现处理流程的相互联结和决策信息的交换；Portal 数据集成服务能够将不同来源的信息和知识呈送给统一的 Portal 入口，提供了便捷的知识访问手段；EAI 数据集成服务能够使知识管理系统有效整合来自核心业务应用系统如 ERP 系统中的业务信息；EAI 过程集成服务则在更高程度上实现了知识管理系统和业务应用系统的集成，使知识管理和业务过程紧密结合；智能代理服务是集成的更高阶段，使知识管理系统成为集成的实时智能系统，用以监控企业各个层次的业务过程。从业务数据中发现关键信息，并根据业务规则进行意外管理。

知识资源层和知识管理系统过程模型中的描述类似，这里不再赘述。

当然，这里给出的只是知识管理系统的一般概念模型，不同的知识管理系统平台会有其自身的特色。如 Lotus 知识管理系统以文档管理系统（Domino. Doc）、工作流管理系统（Domino. Workflow）、E-Learning 系统（Learning Space）、知识门户（K-station）、知识发现（discovery server）、搜索引擎（extend search）、交流平台（网络会议和即时消息 Sametime、电子邮件和共享数据库 Domino 及网络社区 Quickplace）共同构筑了相对完整的知识管理系统解决方案；而 Microsoft 公司的知识管理系统平台则分为知识桌面、知识服务以及知识系统 3 个层次，在具体的功能上也有所不同。

但是，不管不同的知识管理系统在解决方案上有何异同，它们提供的功能大都还是从知识资源、知识生产以及知识应用这 3 个层面展开。只是在提供的功能服务上有所侧重。如 Lotus 知识管理系统有较完善的学习系统服务，而 Microsoft 知识管理平台则没有 E-Learning 功能，需要集成第三方的服务。

所以，万变不离其宗，认识了知识管理系统的功能模型，某种程度上就等于掌握了知识管理系统的本质。这样，就可以更加从容地面对市场上众多的知识管理系统解决方案，而不至于“乱花渐欲迷人眼”。

8.4 微软知识管理技术架构

8.4.1 微软知识管理体系结构

微软及其商业伙伴为企业或组织提供了一整套实现知识管理的产品和解决方案。微软的知识管理解决方案由知识终端、知识服务和知识底层服务三部分组成，如图 8-7 所示。

1. 知识终端

知识终端是指面向知识管理终端用户的工具体系。微软知识终端以 Microsoft Office 为核心，它为用户提供进入组织所有知识资产的一道门户。它的特点在于用户可以通过他们熟悉的界面、操作方法来编辑和访问公司各类知识资产。它与微软公司的各

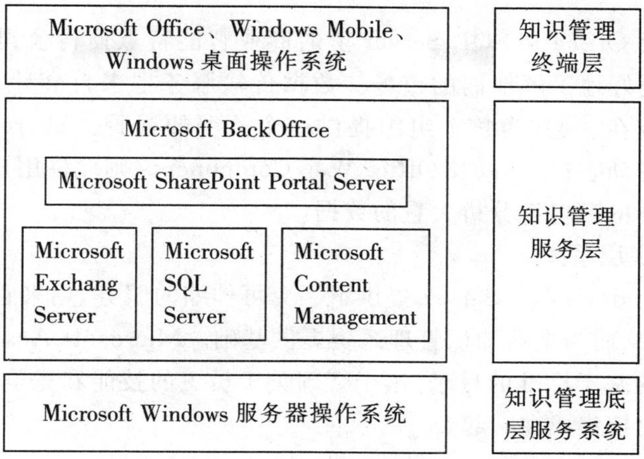

图 8-7 微软知识管理解决方案的体系结构

种服务器产品，如 Exchang Server、SQL Server 等紧密地集成，能充分保护企业已有的知识资产。同时，Microsoft Office 利用最新的 Internet 技术，可以把文档直接发送到企业 Intranet 上或者与 Intranet 上的其他用户进行协同文档处理。Microsoft Office 2000 以上版本具有动态地、直接地连接到数据仓库的能力，从而可以使其本身可用数据仓库的前端进行决策支持。

2. 知识服务

知识服务为组织的核心知识资产提供集中式的管理，并且支持知识的传递与跟踪。具体来说，知识服务包括下面三个方面。

(1) 协作、跟踪和工作流——跨越时间和距离，共享隐性知识

Microsoft Office 和 Microsoft Exchange Server 集成了合作的能力，这种能力可以让用户使用他们熟悉的生产工具一起实现创新。Exchange 和 Office 包含了像共享的日历和任务、在线讨论、创建应用软件，以及用主页文件夹来帮助小组之间合作之类的工具。

(2) 内容管理、捕捉、搜索和发送——把知识带给各个团队和社区

内容管理技术让人们去捕捉、整理并组织那些存储在中心仓库里的经验和想法，知识仓库里的内容能够无缝、直接地进入整个组织。Exchange、SharePoint Server 和 Office 结合在一起提供分类、发表，以及管理文件和内容等功能。微软的知识管理解决方案也支持围绕内容的工作流程，如版本管理、文档审批、邮件路由和锁定等。另外，通过 SharePoint Server 能够把个性化的信息发送至个人的工作终端，如桌面系统或移动设备。

(3) 商业智能

数据仓库以及 Office 和 SQL Server 里的商业智能特点使得公司里各个层次上的知识工作者都能更好地了解他们的市场。数据传输服务把来自会计、制造以及事务处理系统的信息集成在一起，为整个组织提供一个透明的视野。Microsoft OLAP Services、PivotTable 的动态视图，以及 Office Web Components 则允许用户容易在他们熟悉的 Office 或浏览器的环境里分析大量的数据。

3. 知识管理底层系统

Microsoft Windows NT Server 提供了一套可伸缩的服务，用来管理任何解决方案的所有核心元素，从而为企业知识管理系统提供基础。Microsoft Active Directory 服务提供一套集中式的基于标准的目录，用于管理关于员工的技能和竞争力的信息，并与基础标准的保密性直接集成在一起。

8.4.2 微软知识管理核心组件 SharePoint

Microsoft Office SharePoint Server 是一个将服务器功能组合在一起的套件，可以帮助组织更加有效地管理和共享商务信息与知识，同时简化员工在工作中的合作方式。

Office SharePoint Server 支持运行在互联网以及企业内部网、外部网上的所有 Web 应用，可以将当前各不相同的系统整合为一个单一的，容易部署、使用和管理的集成系统。同时，该软件还为用户提供了一个直观的、熟悉的界面。

Office SharePoint Server 2007 的功能涵盖 6 大核心领域。

1. 协作

Office SharePoint Server 2007 为团队提供一个共享信息/知识和共同工作的平台，可以让团队处理所有类型的、靠人来推动的流程，帮助团队：

(1) 通过协作的工作空间、整合的任务列表、共享的日程表、提醒和通知以及与 Microsoft Office Live Communications Server 2005 的整合与即时通信来提高团队效率；

(2) 利用文件工作空间，无论工作是处于在线状态还是离线状态，都可以进行写作、检查和进行文件发布；

(3) 通过框外模板、内容类型和新增的工作流程功能，可以优化业务流程；

(4) 支持博客、RSS、Wiki、调查和讨论，因此可以创建、获取和共享共有的知识。

2. 门户

建立在该企业级平台上的门户允许企业进行如下操作。

(1) 作为单个平台的一部分，从企业内部网内部和外部将内容整合在一起，并对其进行管理。

(2) 通过可以创建的复合应用程序进入现有的 ERP、CRM 和其他关键任务系统，从而将人们连接到关键的商务应用程序。

(3) 通过面向对象的功能,将人们连接到具有具体角色的资源。这些功能允许IT根据员工的需要,对员工可以看见的信息进行自定义,并对员工由于工作要求而需要访问的保密信息进行自定义。

3. 企业搜索

Office SharePoint Server 2007 可以让企业的员工、合作伙伴和客户,在庞杂的知识库中找到相关的内容,从而提高生产效率,减少信息超载。搜索功能允许员工进行如下操作。

(1) 利用各种各样的、范围广泛的因素调整搜索结果的关联程度,以便从具有结构的和不具有结构的数据源中迅速找到搜索结果。

(2) 通过强大的安全保护功能、完善的管理控制以及全面的监视、分析和报告工具,来确保合理性,同时保护知识产权。

(3) 利用搜索常用文件类型的功能,充分利用数据和专业技术资料。这些文件类型包括文件共享、Web 站点、SharePoint 站点、Exchange Public Folders、Lotus Notes 数据库、业务应用程序、关系数据库以及其他具有结构的内容。

(4) 利用社会网络功能,可以将关键信息与专业技术相连接。这些信息不仅可以使员工找到谁拥有他们需要的知识,而且能让他们找到联络人,以便更快地与那些掌握他们需要的知识的人联系。

4. 企业内容管理

Office SharePoint Server 平台中的企业内容管理功能,通过与人们熟悉的工具的整合,例如 Microsoft Office 系统,将内容管理扩展到组织内的每一个员工。企业内容管理架构可以帮助企业实现如下功能。

(1) 将共享内容按照一致的分类标准,综合到一个中央管理库中。利用 SharePoint Server 2007 提供的整合搜索功能,员工可以很快找到知识,并进行共享。

(2) 利用整合的记录管理、期限策略、审计跟踪和文件保持功能,满足合理要求和法律要求。

(3) 利用操作简单的内容写作工具、内嵌批准流程以及为企业内部网、外部网络和因特网站点(包括多语言网站)提供的单一部署与管理基础架构,对多个 Web 站点进行有效管理。

5. 商务流程与模式

依靠 Windows Workflow Foundation 的强大功能,Microsoft Office SharePoint Server 2007 为企业提供了一组有效的工具,帮助组织收集信息,并将信息作为组织的关键任务商务流程的一部分。具体有以下工具。

(1) 以浏览器为基础的新表格,具有 InfoPath Forms Services,该功能允许企业在普通浏览器上,或者在基于 HTML 的移动设备上填写表格,从而使员工可以连接到不使用 Microsoft Office InfoPath 2007 的组织。

(2) 使用 Microsoft Office SharePoint Designer 2007 创建定制的工作流程和互动、协作的应用程序,从而对任务进行处理。例如自动传送文件以便检查或者批准,向参加者发送电子邮件通知,对文件进行存档等。

(3) 组织员工可以使用 Microsoft Office 客户端程序内的整合工作流程和文件信息面板,直接从 Microsoft Office 应用程序内部启动工作流程,并随时掌握工作流程。

6. 商业智能

Office SharePoint Server 2007 可以让决策者在任何时间和任何地点访问最新的信息,并对其进行分析,无论是在桌面电脑上还是在 Web 上都能实现。该平台的商业智能功能包括如下几项。

(1) 基于服务器的 Excel Services,允许大范围共享电子数据表格,改善了关键商业数据和基于服务器的、可扩展计算引擎的可管理性和安全性,同时可以访问基于 Web 的互动用户界面。

(2) 互动商业智能仪表板将各种来源的商业信息组合在一起进行显示。这些信息来源包括动态的 KPI(关键绩效指标)、Microsoft Office Excel 2007 电子数据表格、Microsoft SQL Server 2005 Reporting Services 的报告和一系列商务应用程序。

(3) Report Center(报告中心)是一个新增的文件库,为组织单独提供一个访问各种工具的地方,例如报告库、数据连接库和仪表板模板等。

(4) Business Data Catalog(业务数据类别)允许信息技术部门通过员工已经进入的 SharePoint 站点,公开、访问或者共享位于业务应用程序中的数据。

本章小结

1. 知识管理技术是指生产、存储、提炼和传递知识的信息技术。美国 IBM 公司将知识管理技术分为商业智能技术、知识发现技术、知识搜寻技术、协作技术和知识传递技术。

2. 知识管理的技术体系中,基础的技术包括企业内网和外网、知识库技术、知识搜索技术、内容管理技术、协作技术和系统集成技术等。

3. 知识管理软件是知识管理技术体系中最核心的组件。知识管理软件设计采用现在流行的层次设计方法。知识管理软件通常被分为知识应用层、知识生产层和知识资源层。由于层与层之间相对独立,因此,知识管理系统具有很好的可扩展性。

4. 微软及其商业伙伴为企业或组织提供了一整套实现知识管理的产品和解决方案。微软的知识管理解决方案由知识终端、知识服务和知识底层服务三部分组成。

思考与讨论

1. 简述知识管理和信息技术的关系。
2. 主要支持隐性知识管理的信息技术工具有哪些？
3. 支持知识存储的信息技术工具有哪些？
4. 支持知识获取的信息技术工具有哪些？
5. 支持知识共享和传递的信息技术工具有哪些？
6. 知识管理软件为什么采用分层结构？
7. 查找资料，写一篇关于 IBM Lotus 的知识管理体系的论文。
8. 分组讨论案例 10 和案例 11，并写出讨论报告。

案例 10

一个咨询企业的知识管理系统解决方案

20 世纪 90 年代，管理咨询业进入中国。随着经济的发展，市场竞争的规范化，越来越多的企业希望管理咨询业能够帮助企业整合企业资源，优化企业流程，提高企业管理水平。在这种需求下，管理咨询业在中国拥有巨大的市场。与此同时，国际咨询公司也开始陆续进入中国市场，给本土咨询业带来了巨大的竞争压力。

1. 知识管理需求

咨询行业面向社会提供知识产品和咨询服务，是典型的知识密集型行业。咨询公司以项目形式向客户提供服务，并在一个项目周期中实现。在项目过程中，从挖掘客户需求到咨询项目完成，咨询顾问团队贯穿了整个过程。由于行业特点，咨询行业知识管理关注以下特性：

- 如何整合企业内部多年形成的知识资本；
- 面对项目如何快速搭建项目团队；
- 如何将存储于员工头脑中的隐性知识转变为显形知识；
- 如何使新员工快速获得专业知识技能；
- 如何向客户提供质量稳定的服务，以赢得长期顾客。

2. 建设目标

咨询企业的特点决定了咨询公司注重业务知识的整合、项目团队的搭建和知识传承。企业所期望的知识管理系统应该能够实现：

- 整合企业知识资本，提高知识的管理和利用水平；

- 支撑知识管理制度，将隐性知识沉淀到制度和技术层面上；
- 提供个人知识管理环境，加强员工培训，提高咨询团队水平；
- 勾勒知识地图，面对项目能够快速搭建反应团队；
- 提供质量稳定的服务以赢得长期顾客。

3. 咨询企业的知识管理系统结构

根据业务特点和建设目标，提出如图 8-8 所示的系统功能框架。

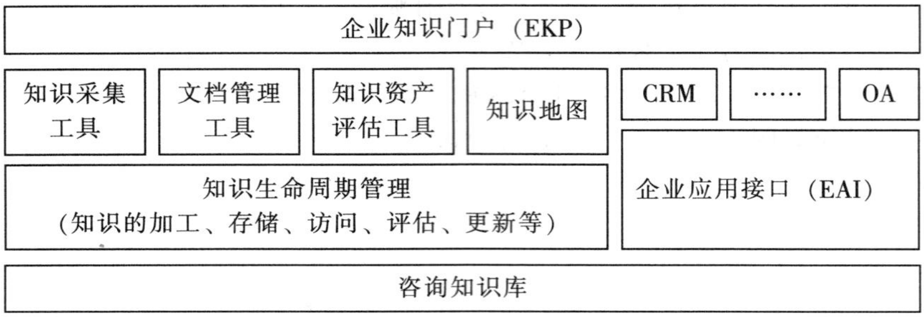

图 8-8　一个咨询企业知识管理系统功能框架

(1) 企业知识门户

对外提供统一的知识访问门户，对内提供可定制的群组知识门户和个人知识管理环境。在知识管理制度的保证下，沉淀隐性知识，同时便于新进员工快速掌握关键业务技能。

(2) 知识采集工具

全面的知识采集工具，同项目流程相结合，采集项目过程中知识增值活动。

(3) 文档管理工具

使用独有的文档元数据元素(knowledge metadata)，能够记录文档分类、摘要描述、文档来源和文档定义。内建文档树管理机制，清晰记录文档的使用状况。

(4) 知识资产评估工具

精确的、图形化的统计分析工具，帮助用户全面掌握企业知识分布与知识应用情况。

(5) 知识地图

内建的知识发现器对知识创建上下文链接关系，将信息放入视图中。

(6) 知识生命周期管理

整合工作流引擎，能够保存工作流程中产生的知识，并提供用户间学习工具，由系统提供的机制判别知识价值。

(7) 企业应用接口(EAI)

提供面向企业应用的企业应用接口,可与OA、CRM等企业信息系统无缝集成。

(8) 咨询知识库

构建咨询知识库,收录咨询行业具体业务案例,为咨询实施过程提供方法论支持。

案例11

某市移动公司的知识管理解决方案

1. 某市移动公司进行知识管理的迫切性

知识管理是管理的手段之一,实施知识管理的最终目的是提高企业核心竞争力,在激烈竞争的市场环境中谋求企业的长远发展。

今天很多业内专家都指出:电信业是未来新经济(或称网络经济)发展的基础和核心,是典型的技术与知识密集型产业和高投入、高产出、高就业型产业,涉及国民经济、社会发展和人们生活的方方面面,对其他产业的发展有着很强的带动作用。在全球IT业低迷的今天,中国的电信产业仍然呈现加速发展的势头。

虽然目前在中国移动通信业务市场上只有中国移动与中国联通两大运营商,但是随着中国加入WTO,在两年内开放增值业务,5年内开放基础业务,将会有许多新的运营商加入移动通信运营市场,竞争激烈程度将加剧。对国内移动通信运营企业来说,实施知识管理已经成为一项非常紧迫的任务。

- 快速响应要求知识管理,失去速度有时就代表失去客户,从而失去效益。
- 高效协作要求知识管理,共赢的环境中,高效协作才能赢得更好的信誉。
- 优质服务要求知识管理,知识管理能够提炼知识精髓,从而更好地服务于客户。
- 收益创新要求知识管理,知识管理能够基于积累、立足现实、创新未来。

国外运营企业进入中国移动通信业务市场主要以通过与国内移动运营企业相互合作的形式出现,成立中外合资运营企业,但它们的进入会带来新的经营理念和丰富的经营经验,对中国移动通信市场将会有很大的推动与冲击。

可以预见,未来电信运营商之间争夺的焦点必然会从网络和服务质量转变到信息和知识。在沟通和交流已经十分发达的今天,如果企业不能去积极主动地获取最新的知识的话,只能停滞不前,最终被淘汰。现在是这样,将来也更将是这样。

2. 知识管理战略

某市移动公司将其知识管理策略定位于"知识与最佳实践传递型策略",即注重现有知识的重用,力图提高现有知识的重复利用率,来提高组织的业务运行效率,提高员工的素质，为客户提供更加令人满意的通信服务。

公司知识管理的最终目的是增加公司的利润并提高公司的赢利能力，从总体上服务于公司的战略目标。但并不是任何知识或知识管理活动都能够达到这一目标，只有那些应用于关键领域的知识及其管理活动才能做到这一点。要想把知识转化为价值，公司领导层应该认真审视驱动自身业务发展的挑战和机遇，回答如下两个问题：

(1) 哪些知识对于本公司的生存和发展最为重要?

(2) 在哪些领域内共享知识和刺激学习最有利于公司业绩的提高和竞争力的增强?

也就是说，在推行知识管理之前，公司领导层需要确定公司业务重点，首先在公司的重点领域内进行知识管理工作。

该市移动公司知识管理重点领域包括两种类型。

一是公司内部成本最高或潜在收益最大的领域，在这些领域内推行知识管理，可以使公司较大幅度地降低运营成本或增加经营利润，从而使公司通过知识管理获得超常的回报。

二是公司的核心竞争力领域。公司的核心竞争力是指能够使公司为客户提供特别效用的独有技术和能力。对于所有的公司，在推行知识管理之前都应首先明确自己的核心竞争力在哪里，来自哪些关键部门。然后在这些关键部门推行知识管理工作，以期通过知识管理进一步增进公司的核心竞争力。

计费业务中心、网络优化中心、营销中心、市场经营部是某市移动公司取得竞争优势的核心部门。计费业务中心和网络优化中心是某市移动公司重要的内部支持部门，对某市移动公司内部 IT 系统和无线网络的正常运作起着关键作用。而市场经营部和营销中心则是某市移动公司获取销售收入的主要部门，负责进行经营分析、市场开发、营销管理和产品销售等工作。因此，选择首先在计费业务中心、网络优化中心、营销中心、市场经营部四个关键部门进行知识管理试点，有利于通过知识管理项目使某市移动公司获得最大收益。

3. 知识管理建设内容

通过对自身信息化建设的深刻认识，并在第三方咨询公司的帮助下，该市移动公司将其知识管理建设定位为一个知识门户系统，该系统的框架如图 8-9 所示。

知识门户是知识管理系统的用户界面，是用户访问知识管理系统的统一入口。企业知识门户对企业已有的内部及外部信息进行优化整合，使企业员工可以从单一平台访问、抽取、分析、存储在内容管理系统、实践社群，甚至是业务操作支撑系统(BOSS)中的大量知识。同时用户可以根据自己的需要定制个性化的界面。用户利用这个平台获得知识以做出合理的业务决策，并加以执行。知识门户系统通过及时地向用户提供准确的知识来优化企业运作，提高企业生产效率。企业知识门户实现了企业知识资源的一致访问。

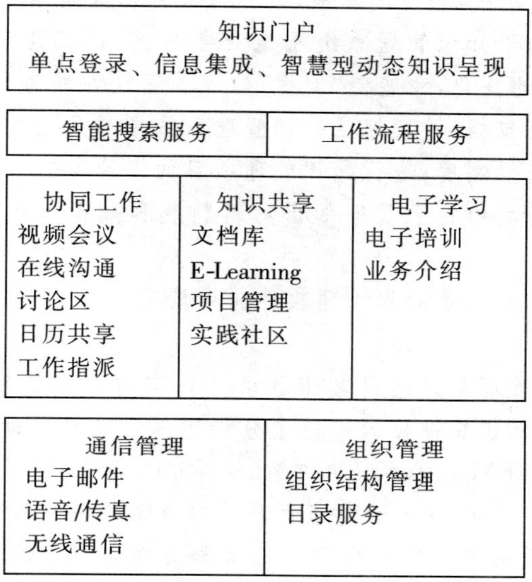

图 8-9　某市移动公司的知识门户系统框架

4. 实施步骤

该市移动公司知识管理系统的实施分为三个阶段：启动期、推进期和维护期。其中，推进期的工作量最大。

(1) 启动期。启动期中，员工初次接触知识管理的概念和软件，对知识管理软件的功能比较生疏，抵触心理较大。

启动期的工作包括：在计费中心实施软件；相关管理制度的发布；知识管理概念的普及；知识管理软件的使用培训；文档分类结构培训；工作流程的使用培训。

启动期成功的关键在于发布一套合适的知识管理制度。

启动期成功的标志是知识管理相关制度的发布和知识管理系统在计费中心的成功应用。

(2) 推进期。推进期中，知识管理系统开始在其他部门推广，员工开始大量使用知识管理系统，在使用过程发现许多与以前不同的流程，如果软件设计得不是十分完善，则会产生大量抵触情绪。

推进期的工作内容包括：知识管理软件在其他 3 个部门推广；数据初始化；进行知识管理软件评估；收集、整理新的需求，并迅速调整软件。

推进期成功的关键在于高层领导的持续的推动。

推进期取得成功的标志是知识管理软件在 4 个部门成功实施，知识管理软件可以支持各部门的业务工作。

(3) 维护期。维护期中，软件的功能、流程与业务已经基本吻合，员工也对知识管理软件比较熟悉。但是由于知识管理系统不是业务系统，员工还没有形成对知识管理系统的依赖，需要长时间的强化，才能使“使用”知识管理软件成为员工的工作习惯。

维护期的工作内容包括：持续地往知识管理系统中添加新的内容，包括最佳实践案例、工作文档等；实施激励制度；进行知识管理项目的评价等。

维护期取得成功的关键在于贯彻知识更新制度和知识审计制度，确保知识库中知识的有效、系统。

维护期取得成功的标志是知识管理软件成为员工开展业务的必需工具。

5. 系统实现

在项目前期，知识管理项目组对某市移动公司实施知识管理项目进行了可行性分析，并对市场上的各种知识管理技术进行了分析比较。通过搭建试验平台的方式，最终确定采用领先、成熟的 IBM Lotus 解决方案。

IBM Websphere Potral Server 内容管理　内容管理系统实现了企业级的分布式内容管理功能。内容管理系统中有十分详尽的文档分类结构，为计费业务中心等 4 个部门提供一致的内容、文档存放平台。内容管理系统可以通过知识门户提供一致的内容发布机制。通过内容管理系统，营销中心可以清晰、方便地管理每个大客户的文档，而每个中心的综合管理部可以迅速而简单地发布文档。

Lotus Domino. Doc 知识流程　知识流程系统是知识管理系统的基础模块之一，它在底层提供管理文档的流转的功能，使知识的载体，即文档在用户之间流转，实现文档的传阅和审批。知识流程系统可以应用于任何一篇文档，例如可以在项目管理平台上创建一个文档，同时将文档流转功能嵌入到该文档中。当文档保存时，系统自动将文档在预定义的用户之间传递。同时，使用者可以调整流程结构，满足业务处理的要求。通过知识流程系统，可以规范每个中心的业务工作流程，同时实现中心之间或内部的电子化公文处理。

Lotus Workflow 实践社群　实践社群系统为员工协同工作、分享经验、管理知识提供了强大的工具，为企业知识积累和共享提供了积聚点。计费业务中心通过实践社群系统完成项目文档管理，项目组在实践社群中共同探讨问题。网络优化中心则可利用实践社群共同讨论网络维护过程中出现的技术难题，并将其讨论的线索整理成为在线学习模块的电子教材。

Lotus Quickplace 在线学习　在线学习系统为了给员工提供更多有价值的培训，同时有效降低培训的成本，某市移动公司通过在线学习系统建立了一个先进的网络远程培训环境，通过这个系统，实现了所有员工无论何时何地都可以参与培训。

（资料来源：中国国家企业网）

第9章

知识管理的组织行为视角

本章要点

- 知识管理的组织行为问题分析的基本理论
- 组织文化与员工的知识管理行为
- 组织领导与知识管理
- 组织的激励体系与知识管理
- 组织结构与知识管理

知识管理是一项借助于信息技术而与人打交道的管理活动，处于一种知识导向型文化中的人的发展是知识管理成功的关键因素，组织内人际之间、团队之间知识流的管理是知识管理的焦点。知识管理必须生长在适合自己的环境里，在一个对知识管理不利的文化、领导、组织结构及技术下，企业可能不仅花费巨资，甚至还会挫伤今后发展知识管理的积极性。

9.1 组织知识管理的行为问题分析

9.1.1 组织行为学研究的内容

组织行为学是研究一定组织中人的心理和行为规律性的科学。它综合利用社会、人文、经济、政治学知识的系统分析方法，研究一定组织中人的心理和行为的规律性，从而提高各级领导者和管理者对人的行为预测和引导能力，以便更有效地实现组织预定的目标。

目前，组织行为学有四个研究领域：一是个体行为分析，主要研究作为组织或群体角色的个体的需要、动机、态度和行为激励；二是群体行为分析，主要研究群体动力、群体沟通与群体人际关系等问题；三是领导行为分析，主要研究作为动态活动过程的领导行为方式的选择及其效率分析，以及领导者的影响力、素质结构和领导决策的有效性；四是组织行为分析，主要研究组织结构对组织成员心理活动的影响，组织设计与组织变革的心理阻力及其克服办法，以及组织心理环境等问题。

9.1.2 组织知识管理行为分析的理论基础

组织知识管理行为问题分析的目的主要是为了解有哪些因素会影响员工执行知识管理的行为与绩效。这方面所利用到的理论结构是由组织行为学研究领域发展起来的。

1. 影响员工知识管理绩效的主要因素

学者 Blumbeg 和 Pringle(1982)认为影响员工工作绩效(例如知识转移)的主要因素包括如图 9-1 所示的 3 个方面。下面以知识管理进行说明。

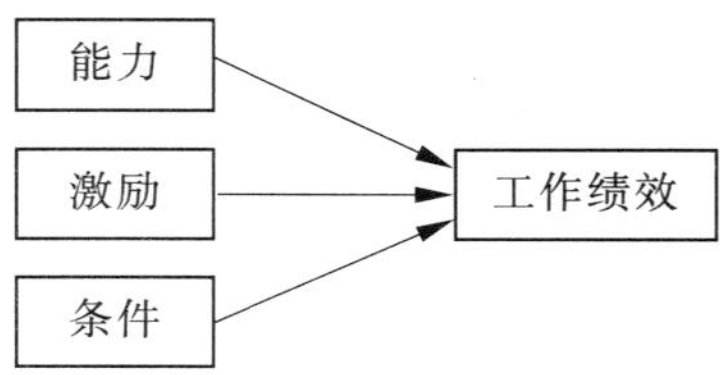

图 9-1 影响员工工作绩效的主要因素

(1) 员工本身知识管理的能力

例如，员工本身是否具备良好的知识和实践经验；是否会运用知识管理的信息平台，以及如何撰写结构完整、严谨的项目报告手册等都表示员工本身是否有知识共享的能力。如果员工本身缺乏这方面的专业知识及执行的能力，那么这时组织应着重于通过教育和训练提升员工执行知识管理的能力。

（2）员工本身知识管理的激励因子

如果员工本身具有执行知识管理转移的动力，但却缺乏动机和进取心，不认为这对自己的工作、升迁、名誉具有任何的价值时，他们是不会有执行的意愿的。此时知识管理的思考重点在于，如何形成一个有利于知识管理进行的文化、薪酬制度及遵循的方针。

（3）组织所提供的知识管理的条件

即使员工具有执行的能力及意愿，但如果组织没有提供他们所需要的时间、人力、物力和财力等资源，那么他们也无法有效地执行。

- 没有时间：组织没有额外提供特别的时间，却要求员工利用自己的时间。
- 没有工具：组织没有提供知识管理的信息平台和欠缺最佳实践的妥善存储，以及缺乏如电子视频会议或群体软件等支持转移的情况。
- 没有预算：知识管理的进行需要预算，如果组织不提供知识管理团队或给予员工足够的预算，那么各单位或个人不会自己出资协助公司进行知识管理。

2. 影响员工动机的主要因素

执行知识管理是员工的一种行为，组织的激励措施会影响员工的这一行为。此外，组织内部关于知识管理相关制度的许多设计或其他因素也会影响激励员工的作用。影响员工激励程度的主要因素如图 9-2 所示。

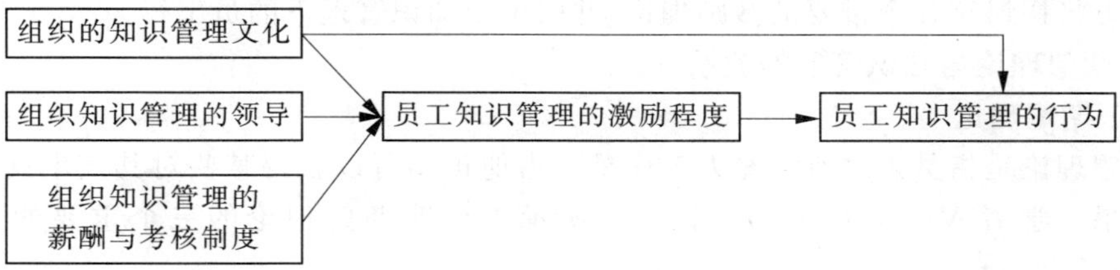

图 9-2 影响员工激励程度的主要因素模式

- 组织的知识管理文化：文化是存在于组织内部的意识规范，是那些受到认可与期望的行为成为了员工的习惯，因此，员工的行为与动机深受其影响，即员工不喜欢执行与组织文化相冲突的行为。
- 组织知识管理的领导：高层主管的价值观、战略方向、重要性认知及执行决心等都会影响员工的动机与行为。
- 组织知识管理的薪酬与考核制度：组织的薪酬或处罚、评估等方式都会强烈地影响员工的动机与行为。

以上三点会在下面几节来做详细的分析。

9.1.3 激励理论与员工的知识管理行为

研究员工动机的理论称为激励理论(motivation theory)。激励理论以如何通过满足员工的需求,驱使员工朝组织的目标努力工作为研究重点,主要包括三个要素。

(1) 努力:是指员工是否会在工作上尽心尽力。如员工是否尽心尽力地进行知识的创造。

(2) 组织目标:是指努力的方向。只有朝组织所期望的行为努力才是激励的目标。

(3) 员工需求:是指员工期待某种结果出现的心理状态。当员工执行某种任务时,对其结果一定有所期待,如果对工作产生负面期待,那么将无法满足员工的需求,此时员工将不会去执行。例如,某员工非常期待受到同事的接受与肯定,但如果他在项目检讨会议上说出其他同事的错误行为,虽有助于知识管理教训学习的累积,但他可能担忧是否将因此受到同事的排挤,即对他最重要的需求得到负面的影响时,他将不会去执行。

著名的激励理论主要包括下列几种。

- 期望理论(expectancy theory)
- 目标设定理论(goal setting theory)
- 激励—保健理论(motivation-hygiene theory)
- XY 理论(XY theory)

以下将探讨这几个重要的激励理论,并引申至知识管理下的员工行为。

1. 期望理论与知识管理的关系

(1) 期望理论

期望理论是指员工之所以努力工作是因为他预期可以获得某些对其产生具有吸引力的结果。学者 Vroom(1964)以图 9-3 所示来说明期望理论的三个重要的关联性预期。

图 9-3 期望理论模式

(资料来源:Vroom,1964)

① 努力与绩效的关联性

努力与绩效的关联性是指如果组织希望员工能够努力工作,那么必须使员工可以预期看到努力的结果。例如,员工努力地收集、整理、分析工作经验,但共享后被上司与同事认为是没有价值的,那么,这名员工下次就不会再致力于这方面的工作了。

② 绩效与报酬的关联性

绩效与报酬的关联性是指对于员工的良好绩效表现能否得到组织提供给这名员工所期望的报酬。例如，员工提供有价值的知识共享而受到高度评价与绩效时，但组织却忽视他的贡献或者只给予很小的报酬，那么在这名员工期望破灭后，下次就不愿意再提供知识的共享。

③ 报酬与个人需求目标的关联性

报酬与个人需求目标的关联性是指员工对于组织所给予的报酬是否符合个人所重视的需求程度。例如，员工分享有价值的知识，组织也肯定了他的贡献，但这名员工最重视的需求是升迁和奖金，组织却只是当众表扬并给予奖状，那么员工在期望破灭后就不会再致力于知识的共享。

(2) 基于期望理论的知识管理思考

从期望理论的引申中可以了解在知识管理的人性行为问题管理方面有下述的含义。

① 不要让员工工作没有绩效而徒劳无功，即让员工具备执行工作的最佳能力且方向正确。首先，组织应提供充分的资源(包括人力、物力、财力和信息技术)，用教育与训练提升员工执行知识管理的能力与效果。例如，训练员工如何撰写一份具有结构清晰、重点分明的项目检讨报告。其次是让员工清楚地了解组织知识管理的核心焦点，以及哪些是最有价值的知识，不要让员工错误地忙了半天，反而创造一些组织认为缺乏显著贡献的知识。

② 有功必赏：员工努力地实现了高绩效的知识管理工作时(无论是知识的创造、共享及利用)，组织一定要清楚、明显地描述并表扬其贡献。否则，员工辛苦努力却没受到组织的任何注意与肯定，以后就不会再进行知识共享。

③ 符合员工需求的报酬：根据马斯洛(Maslow，1954)的需求层次理论(hierarchy of needs)，每个人由下而上有五个层次的需求。

- 生理需求：例如饥饿、口渴等生理上基本的生存需求。
- 安全需求：是指身心免于受到伤害的需求。例如，工作的安全、保障、不被裁员及不受伤等。
- 社会需求：是指感情的归属，包括被人接纳、友谊和人际关系等。
- 尊严需求：包括内在的自尊心、自主权、成就感及外在的地位、名声、受到他人尊敬等。
- 自我实现需求：是指个人内心最高理想的实践。例如，个人的自我超越、个人潜力的最大发挥与实践个人最终的理想，或能无私地奉献社会等。

马斯洛认为每个人在不同的职业生涯时期，其需求层次会随之往上提升，而且每个人的层次也有所不同。因此，组织在设计知识管理行为的报酬时，最好能了解员工最希望获得的报酬是什么？是加薪的生理安全需求，还是肯定表扬其专业能力的尊敬与自我实现的需求。有些拥有高度专业性的技术人员(例如研发工程师、科学家、医师和教授)，非常希望在相同领域中得到同事对其专业能力上的肯定与推崇，这时组织如果对其只增发红利，却没有隆重地公开表扬其卓越的贡献，将会使其感到沮丧。组织奖赏的方式最好能针对不同的员工而有不同的做法。

2. 目标设定理论与知识管理的关系

(1) 目标设定理论

目标设定理论是指对员工而言，如果组织设定了明确和较难实现的目标，会比没有设定目标或目标过于容易实现，或根本达不到的目标所产生的激励作用更大。其主要论点如下。

① 有明确的目标，员工才有努力的方向

例如，在知识管理中，组织只指出知识管理非常重要的问题，但对于如何进行、方向在哪里及达到何种程度的目标如果没有人了解，自然员工也将无所适从、无法努力。因此，组织应该制定一些明确的目标，而且是员工能够努力实现的目标。

② 制定困难度较高但可以实现的目标

如果组织制定一个易于实现的目标，那么员工根本不需要努力就可以达到。反之，组织设定一个根本无法实现的目标，那么会让员工失去努力的动力而无法产生激励的效果。因此，设定知识管理目标除了明确之外，还需要有些难度，如此才会激发员工的潜力去努力实现。

(2) 基于目标设定理论的知识管理思考

① 对于知识管理的许多流程目标必须明确制定，即不论在知识的创造、获取、存储、共享和利用等各个流程上的目标都需要明确设定，组织不能胡乱制定目标，让员工不知道努力的方向和必须实现的程度。

② 目标的设定应考虑财务性和非财务性、质化和量化、过程和目标等各种绩效评估工具的平衡，如此才不会有所偏差。

③ 对于目标的设定必须合理。例如，在评估组织现有的状况后，将原定的两年内成为世界第一的目标，改为两年内赶上最主要的竞争对手，这样更为可行，且较有激励的效果。

3. 激励—保健理论与知识管理的关系

(1) 激励—保健理论

激励—保健理论将传统的激励因素分为两种：一种是能激发员工工作动机的内在的激励因素；另一种是降低员工对工作不满程度的外在保健因素。前者有促进员工努力的效果，后者则能防止员工的抗拒情绪(Herzberg，1959)。两者的主要组成因素如下。

① 激励因素，主要包括内在因素。例如，成就感、他人的认同、与工作本身或职责的实现，以及个人的成就与进步等。

② 保健因子，主要包括外在的因素。例如，公司的管理政策、领导方式、工作环境、薪资、与同事的关系、阶级地位及工作保障等。如果这些因素造成员工有不良的感觉，那么他将产生抗拒与不满的反应。

Herzberg(1959)认为，如果组织只致力于后者的影响，那么很可能只能消极地去除员工不满的情绪，并不一定能激励员工，所以组织在激励方面应特别注意员工的内在成就感因素。

(2) 基于激励—保健理论的知识管理思考

① 内在与外在激励和保健因素的平衡

组织在进行知识管理时，要利用文化、领导等方式影响员工对知识管理重要性的内在认知。在奖励方面应激励并表扬员工内在的荣誉感、成就感及被同事肯定等方面，而不应只着重在调整薪资、职位及提供工作保障等保健因素方面。

② 设计良好的任务特性满足员工的内在激励因素

知识管理的任务特性设计应注重工作轮换、工作扩大化(即延伸工作的水平广度及技能更多样化，不要太过单调而没有挑战)和工作丰富化(即扩展工作的垂直深度，员工必须承担更多的规划与执行等工作方面的责任，自主性更高)，这样有助于员工在知识管理执行上的激励作用。

4. XY理论与知识管理的关系

(1) XY理论

学者McGeregor (1960)对人性提出两种极端的类别：一种是负面的X理论；另一种是正面的Y理论。

① X理论

这个理论基于人性是负面的假设，即员工不喜欢工作，借机逃避并推卸责任，没有雄心大志，只按部就班不喜欢创新。因此，组织必须施行高度的命令与控制的方式加以管理。

② Y理论

这个理论基于人性是正面的假设，即员工热爱工作、富有创造力，且能主动要求承担职责，并自我反省。因此，组织要授权员工参与决策挑战性的工作，让其自主负责，如此才能激发员工高度的内在动机与潜力。

上述的论点并没有得到一致的实证结果。两种理论的运用要视情况而定，不一定哪一种是绝对有效的。

(2) XY理论与知识管理的关系

① 要相信员工有共享知识的动机

学者 O'Dell 和 Grayson Jr.(1998)认为,如果要促进员工间的知识共享行为,那么就必须对员工有信心。

- 如果组织没有负面的处罚规则,员工乐于共享自己的知识,那么其就可以产生贡献。
- 员工是乐于帮助同事的。
- 员工喜欢向他们信任及尊敬的人学习。

② 管理及控制、鼓励及支持这两种政策的平衡

如果组织认同上述的 Y 理论并依此进行知识管理时,组织就不应该强迫员工共享知识,应注重积极主动的内在激励因素。换句话说,由于情境不同、员工的个人特性不同,因此,组织应判断在不同的情况采取适合的激励政策。

9.2 组织文化与知识管理

组织文化是组织进行知识管理的一个重要的影响因素,它不仅会影响员工的激励因素,还会直接影响员工的行为。

9.2.1 组织文化的概念

组织文化是组织成员在长期适应外界环境、整合内部组织过程中形成的一系列相互依存的价值观念和行为方式的总和,是组织经营哲学与行为准则外化的总体体现,它包括成员价值观、信念、行为模式、思维方式、是非标准、习惯、风格等。具体地说,组织文化包括以下三个方面的内容。

- 价值观(value)。价值观是指组织成员相信值得做的事情或值得拥有的东西,是组织成员对特定结果或行为的偏好,或者是组织期望达到的目标。
- 行为规范(norm)。行为规范是指关于人们在公司中应如何行动,或者应该做什么来完成他们的工作的共识。行为规范体现了对行为的期望方式。例如,行为规范描述了员工在他们工作中应如何创造、分享和利用知识。
- 惯例(pattern of behavior)。惯例是指组织中正式的或非正式的工作程序,包括立项程序、团体会议、日程表、职业发展道路、薪酬计划,乃至其他有组织的娱乐性活动。每一项正式或非正式的惯例有其特定的角色和规则来指导其运行。

组织文化对公司的运行与发展具有十分重要的作用,它具有强劲的同化或融化力量,能使组织不断变革、发展,它将持续有效地影响组织的行为,进而影响用户、影响组织竞争力。主要体现在以下几个方面。

- 组织文化对公司员工的行为起到规范的作用；
- 组织文化对员工起到凝聚的作用；
- 组织文化对员工起到激励的作用；
- 组织文化对员工素质起到强化作用；
- 组织文化能使公司树立良好的形象。

9.2.2 组织文化与知识管理的关系

知识管理并不是简单的信息技术应用，而是建立一个全公司范围内的、渗透于公司每一个方面的学习型文化。公司要想实施有效的知识管理，不仅要具备必要的硬件设施和软件系统，还要求公司领导层把公司知识的培育和管理作为获得竞争优势的重要手段，建立有利于公司知识共享和增值的组织文化，鼓励员工与他人共享自己拥有的知识，并促使员工将知识转化为有利于公司发展的生产力。

理论研究发现，知识管理与文化是密切相关的，如果没有相应的支持新行为的组织文化的调整，任何旨在改善公司创造、传递和应用知识的活动均无法取得成功。组织文化对于知识管理活动的障碍常常表现为以下几点。

- 内向性——害怕向外界学习或害怕将内部运行情况向外界和客户透漏；
- 过于注重细节——对更为宏观和复杂的知识创造流程重视不足；
- 将知识管理视为一次性的活动——过于急功近利，对它的长期性缺乏必要的认识；
- 专家主义——将知识管理视为某一个职能部门的工作，而不强调各部门之间的合作；
- 组织认同和奖惩制度不配套——轻视知识对组织运作和发展的重要意义，对贡献知识的员工奖励不足。

知识管理与组织文化的关系可以概括为以下四点：

- 组织文化决定组织对知识重要性的认识；
- 组织文化影响员工个人知识与组织知识之间的关系；
- 组织文化决定公司对新知识的态度；
- 组织文化为知识管理提供了环境。

1. 组织文化决定组织对知识重要性的认识

组织文化强烈地影响组织关于什么是有用的、重要的或有效的知识的认识，其实质是知识对公司是否重要的问题。

一些文化只认可能植入流程和系统之中的显性化知识，而另一些文化则认可和推崇那种从社会交往中获取的知识，也就是隐含知识。文化对知识的不同理解和不同偏好常常会引起信息的误传和部门之间的冲突。例如，在评价一个营销信息系统是否取得成功时，市场营销部门、财务部门和信息管理部门的评判标准截然不同，从而会导致在知识管理方面形成截然不同的战略和目标。

2. 组织文化影响员工个人知识与组织知识之间的关系

组织文化包含所有不可言传的关于组织与其员工之间如何传递知识的规则，它界定哪些知识属于组织，哪些知识属于员工个人，它决定在公司中谁应有什么知识，谁必须分享这种知识，谁有权保存这种知识。公司领导层如果不能准确理解公司现有的知识传播机制，不能制定相应的战略改变这种机制，那么想改变与知识相关的行为将会是十分困难的。

组织内各职能部门或业务单位之间的等级次序是妨碍公司与员工之间知识传递的重大障碍，如果公司很明显地认为某些部门比另一些部门重要，那么毫无疑问会挫伤知识交流的积极性，导致各业务单位尽力保卫自己的知识库。

3. 组织文化决定公司对新知识的态度

组织文化决定着公司如何对待、获取和传播新知识的行为。如果公司希望能在激烈竞争的环境中生存下来，便必须尽可能快地获取、验证和传播新知识以便及时调整公司战略与资源配置。

4. 组织文化为知识管理提供了环境

(1) 组织文化为员工之间的人际交流提供了环境

组织文化对交流环境的影响可以从以下三个角度进行分析。

① 垂直交流(上下级之间)的模式与质量

组织文化以多种方式影响垂直交流，其中与知识管理密切相关的是：决定对于讨论的热点或敏感问题容忍程度的行为规范，以及高层领导人的可接近程度。

例如，Buckman Labs 公司，当刚刚引入一个知识网络时，公司 CEO 便投身于一项旷日持久的关于销售奖励制度的电子讨论，一连几个星期，推销人员在网上热烈地进行讨论，有时甚至直接同 CEO 讨论现有奖励制度的不合理性。隐藏在这场开放式讨论背后的是这样一种文化理念：任何事情均可讨论，并存在一个支持这种垂直交流的行为规范。

促使高层领导人变得平易近人的行为规范和惯例也有助于建立一种促进知识有效地利用的环境。

例如，Chaparral Steel 公司有意识地将普通员工的存衣柜与副经理的紧挨在一起，这样就能为员工与领导人之间的非正式交流创造机会。相反，一家大型制造公司的领导人并未意识到如何密切公司高层技术专家、业务专家同他们的下属之间的关系，以致当员工面对上司时，只愿表达自己有绝对把握的想法，上下级之间的距离感使得员工更倾向于将新思想埋藏于自己的内心深处而不是表达出来。所以，如果一种组织文化缺乏相应的鼓励上下级之间开放而坦诚交流的行为规范和惯例，就必然导致一种妨碍而非促进知识有效利用与分享的交流环境。

② 横向交流的模式与质量

组织文化同样会影响知识生产、分享和利用所必需的横向交流的模式与质量，其中与知识管理密切相关的是：交流量、集体负责程度以及对寻求现有技能或知识的态度。

组织文化决定完成一项工作所需要的横向交流的频率以及对这种交流的期值。一些公司可能依赖正式的交流方式以及将人们定期聚集在一起的各种会议，另一些公司可能推崇员工之间经常的、临时的和非正式的交流，不同的交流方式将会导致不同的知识生产和利用模式。

组织文化影响横向交流的另一种方式是形成一些促使团队内部合作的行为规范和惯例。集体负责的精神会促使员工尽最大努力避免团队解体，并经常向其他部门的员工提供帮助，尽管这有可能增加其工作负担。当行为规范和惯例有助于促进不同职能部门和业务单位之间的合作时，这种相互交流无疑会产生新的知识，并会促使知识得到更为有效的利用。

③ 基于网络文化的交流模式

对于大型企业来说，地理分散，人员众多，不管是横向交流还是纵向交流，面对面的交流是有限的，而基于互联网的 Blog 和 Wiki 交流方式是非常有效的。网络文化强调平等、各抒己见，克服了面对面交流中上下级之间的拘谨和某些场合的尴尬。基于网络的交流更有利于员工之间建立平等、交流的文化风气。

松下电器产业株式会社社长大坪文雄在谈到如何和旗下数十万名员工交流时说："我们松下公司的员工，现在全世界一共有 33 万人。所以说，直接和这么多的员工全部进行沟通是很难的。如果是直接沟通的话，可能也就是和有限的一些领导，这些人可以直接沟通。但是我有自己的一个网页，这个网页的名称是：'您好，我是大坪。'在网页里面，我把我经常遇到的一些事情，看到的一些东西，有些是想象的一些事情在我印象还没有消失之前，把它写进去，提供给员工。"

组织文化同样会通过其相应的行为规范和惯例决定公司员工在多大程度上愿意寻求现有知识技能，并在现有知识与技能的基础上做出决策和采取行动，也就是决定员工对现有知识的态度。注重激励员工的创造性与创新精神的组织文化，在其与知识相关的交流模式上，与那些注重充分发掘和利用现有知识（无论是来自内部还是外部）的组织文化有很大的不同。

(2) 组织文化决定对于知识创造、传递和使用的奖惩措施

① 共享与教育

组织文化中的行为规范和惯例同样也决定着一系列能够影响知识生产、共享与利用的行为，也就是会影响交流质量的行为。如果一种组织文化相对于知识获取而言更

推崇知识共享，它就会创造一种更重视利用知识的交流环境。例如美国军队业已开始将知识共享能力作为决定员工晋升的一个重要的考察内容。教育是另一种能够影响交流环境，甚至能够增强公司现有知识基础的行为。

现有很多公司如通用汽车(General Motors)公司和Skandia公司已开始要求经理人员将其关于业务运行的知识教给员工，这对经理人员来说是一个自我提高的过程，即使只要求他们与员工分享自己的知识也能达到自我提高的效果。越来越多的公司也已感觉到要求员工将他们有关公司业务的关键知识教给其他人带来的好处。

② 对待错误的态度

公司对待错误的态度无疑会影响员工之间的交流活动，并进而影响知识生产和利用的质量。有助于知识管理的行为应该是挑选出重大的错误，进行认真剖析，使之成为一种重要的知识来源。美国军队在这一方面堪称典范，依据其建军多年来的作战经验，它发现没有一项任务是百分之百完成的，总会犯这样或那样的错误，而评价和改正错误的能力对于未来的成功是至关重要的。所以为了使员工能够对所犯错误展开坦诚的讨论，并能从这种错误中获得宝贵的知识，美国军队建立了一项重要的制度——将任务报告工作同评估工作分离。

9.2.3 建立知识导向型的组织文化

1. 知识导向型文化

培育一个知识导向型文化是知识管理成功的关键要素之一。所谓知识导向型组织文化，是指将知识视为组织最重要的资源，能够支持有效地获取、创造、交流和利用知识的组织文化。知识导向型文化的关键因素是对新知识持一种欢迎态度，并且在一个不断学习和尝试被高度评价、重视和支持的环境中，创造一种信任和开放的气氛。正是因为对新知识的态度在知识导向型文化中的特殊地位，所以有人干脆将知识导向型文化称为“对知识采取积极态度的文化”。

对知识采取积极态度的文化具有以下几个方面的特征：

(1) 将来自外部的新知识视为创新的起点而非终点；

(2) 针对各种内部和外部因素，鼓励对重大战略问题进行充分讨论；

(3) 鼓励公司员工广泛参与获取和讨论对本公司有重要意义的知识；

(4) 公司能够改革曾经支持公司获得成功，但已不再适合新形势的那些信念和假设。

知识导向型文化至少包括以下几个方面的内容：

(1) 相互信任——这是知识共享和交流的基础；

(2) 开放式交流——每个人都要为公司的知识库作出贡献；

(3) 学习——每个人都有义务将学习作为一项终生任务和一种生活方式,都有义务汲取最好、最多的知识;

(4) 共享与开发组织的知识运行机制——人人都有义务推进公司知识库的良好运行;

(5) 享受知识管理过程——员工应以传播、获取、创造和应用新知识为乐事;

(6) 对待员工的积极态度——认为员工是聪明的,喜欢和愿意探索的,对外部世界充满了好奇,并且公司鼓励他们的知识创造活动;

(7) 在组织文化中没有对知识的抑制性因素——员工对公司并不觉得疏远甚至敌视,员工并不认为分享知识会危及自身的利益;

(8) 知识管理项目同现有组织文化相容。

Schein 的研究表明,以下 10 项因素对于建设知识导向型组织文化最为重要:

- 在招聘和社交活动中对公司宗旨、章程和纲领的正式陈述。
- 公司布局、外表及建筑的设计。
- 树立榜样,以及由公司领导层主持的教育和训练。
- 明确的奖励、级别制度和提升标准。
- 有关关键人物和事件的故事、传说与格言。
- 组织领导层的工作重点、手段和控制方式。
- 组织领导层对关键事件和公司危机的反应。
- 组织结构的设计和构造方式。
- 组织系统和业务流程。
- 员工的招聘、选用、提升、退休等人力资源管理政策。

2. 建设知识导向型组织文化

建设知识导向型组织文化,关键在于组织领导层将知识视为组织最重要的资源,将知识管理视为组织最重要的竞争武器,将组织学习视为组织战略成功的关键因素,并将学习融入日常业务活动中,充分肯定在组织内部存在集体智慧的正确观点。

对公司而言,建设知识导向型文化关键的要点有两个,一是公司学习方式的转变,二是组织围绕公司学习进行的各种激励制度设计。

(1) 公司学习方式的转变

① 大力推行实时培训

公司为了生存发展和最大限度地满足客户需求,必须在针对市场形势变化及时调整战略及策略的同时,降低成本并提高公司生产率。围绕这一目的,知识管理界提出了实时培训(just-in-time training)的概念。

实时培训是一种帮助公司实现其战略目标的哲学和系统过程,通过实时培训可以使管理与培训相结合,使培训与业务流程相结合,以最小的时间和费用实现预定目标,进而为公司总目标服务。

实时培训适合于所有部门和业务流程，如销售、管理、技术与客户教育，能够促使公司各部门为了共同的目标而相互协作。

实时培训具有如下几个特点。

- 分散化——尽可能少地举办集中培训，更多地举办局部和实地培训（on-site）。
- 模块化——培训所需的各种知识内容被精心组织成多个针对性和特色极强的模块，不同的模块可以单独使用，也可以再行组合，从而形成不同系列的培训方案，以适应不同员工的需求。
- 高技术化——所有培训都基于计算机、通信网络和交互式视频系统等现代信息技术和教育技术。
- 精确化——当员工需要相关的培训时，实时培训系统能够保证只将与其需求直接相关的知识提供给员工。例如针对销售人员的培训，有些销售人员可能较有经验，有些则完全是新手，有些对技术非常熟悉，有些则可能一窍不通，所以必须针对这些人各自的特点和基础，精心挑选相应的培训内容，也就是"因材施教"。
- 就近化——培训活动直接在工作岗位上进行，或在工作岗位附近举办。

② 致力于公司员工的个人发展，并为每个员工制定培养计划

公司创造的价值，存在于共同积累的知识中，展现于提供产品和服务上，公司的发展之道就在于促进员工的能力发展，这不仅仅是公司人力资源管理部门的工作，更是公司最高领导层的职责。公司还必须为员工制定个人发展计划，对于潜力特别高的员工，公司应允许他们自行规划工作。

（2）对组织学习的激励

公司围绕组织学习建立强有力的激励制度，是建设知识导向型组织文化最有效的措施，也是最能立竿见影的措施。这种激励机制必须明确无误地向员工表明公司的态度：不是员工拥有的知识，而是员工持续创造和利用知识的能力表明了他的价值。

公司内部组织学习激励制度的主要内容包括以下几项。

① 基于员工向知识库贡献的知识被有效地利用的次数与程度而不是员工向知识库贡献的知识数量进行奖励。

② 一旦某一员工所提出的创新知识得到其他员工的响应或被知识商品化倡导者所确认，他就有权组织一些员工实现其设想，并从中获得相应的报酬和奖励。

③ 不仅给一流的人才提供一流的工作、生活环境，而且还在公司的产权分配方面加以考虑，将公司关键人员和公司的发展前景紧紧绑在一起，共担风险、分享收益。

④ 必要时允许员工在公司内部进行个人创新，即员工可以在一定的工作时间内，运用公司的资源进行个人创新活动。

⑤ 在公司内确定和鼓励知识型行为（knowledge performance）。知识型行为是指

在工作岗位上利用组织知识并实现知识增值的行为，包括了解自己的工作是什么，以及它如何为公司创造价值和利润。

目前，各公司在知识管理实践中，常采取一种十分重要而有效的激励措施——知识全程追踪制(lifetime sourcing)，并将这种激励制度作为公司知识管理初期的首选措施。所谓知识全程追踪，是将知识提供者的姓名永久性地附在其所提供的知识记录上，并通过相应的技术支持使该提供者能够了解什么人、在什么地方、如何利用其所提供的知识，从而增进知识提供者的自豪感和成就感；同时能使该项知识的利用者与提供者之间保持密切的联系，激发利用者对提供者的尊重，并通过双方的相互交流和探讨进一步创造新知识或知识的新应用。

另外，支持和鼓励员工在公司内部网上建立自己的主页(personal webpage)也非常重要。个人主页为员工提供了展示个性和自身价值的场所，并能进一步激发员工对知识管理的核心技术框架之一——Intranet 技术的进一步应用，从而促进公司内部员工之间的交流与相互学习。

另一方面，要建设知识导向型组织文化，公司还必须加强对组织学习的管理。所谓对组织学习的管理，就是运用管理科学的基本方法如计划、组织、协调、控制等方法，将组织学习作为一项公司正规化的职能活动归入公司最高层的日常工作表中。通过加强对组织学习的管理，能保证将个人和团队的学习行为纳入系统化的轨道，并有效地将学习行为转化为创造性的行动。在这里公司最高领导层担负着十分重要的职责，他的角色是作为一个设计者、指挥员和蓝图规划者，他要能够对现存的模式提出挑战，同时还能提出他本人对于未来前景的预期；他应负责创建组织学习的远景规划和奋斗目标，以便组织成员能够不断扩大他们的能力以更好地规划未来，也就是说，公司最高领导层应对组织学习负主要责任。

9.3　组织的领导与知识管理

领导是组织知识管理成功的必要条件和首要条件，本节讨论领导在知识管理中的重要作用。

9.3.1 领导的基本概念

领导就是组织的管理者，其职责是激励部属、引导并协调成员的活动、选择最有效的沟通渠道并解决成员间的冲突，其最终目的在于激励和引导员工的行为朝组织的目标前进。

领导是组织进行任何战略不可或缺的核心议题，其重要性可从下面几点进行说明。

(1) 领导是管理的四大功能之一

下面是一般公认管理的四大功能。

- 规划：界定目标，制定战略以形成计划。
- 组织：是指结构分工与成员角色、职责、决策权力的设计。
- 控制：是指监督、评估与矫正的行为。
- 领导：激励及引导员工朝组织的方向努力。

(2) 领导是影响组织文化的主要因素

影响组织文化形成的主要因素，包括创办人的理念、选才政策、社会化以及高层主管的领导风格。

(3) 领导是知识管理的促进者之一

由 Arthur Anderson 顾问公司提供的深具影响力的知识管理模式中，领导也是其所列出的 4 个主要的知识管理促进者(enabler)之一，其余三个促进因素是文化、技术与评估。

由上述可见，高层主管由于掌握组织最大的资源分配权与决策权，因此，其在知识管理进行中应如何扮演好领导者的角色，以及如何引导方向、激励士气、提供资源及扫除障碍等，便成了进行知识管理最重要的因素。

9.3.2 知识管理领导者的角色

如果组织的高层主管要成功地进行知识管理，就必须扮演好以下几个重要的领导者角色。中国台湾的林东清博士(2002)总结了领导在知识管理中的七大重要作用。

(1) 知识管理愿景的提出者

CEO 为了要让全体员工有共享的目标与努力的方向，必须清楚地指出组织明确的知识管理愿景。例如，成为“技术永远的领先者”、“持续不断进步的学习型组织”、“每个工作永远以最佳实践来执行”、“永远不可能犯第二次错误”或“将适当的知识永远正确地传递给适当的人”。

(2) 知识管理文化氛围的塑造者

如前所述，CEO 对文化的形成扮演着重要的角色，他的一言一行都会被员工视为组织重要的行为指标，因此，其对知识管理的努力参与、以身作则、坚定的决心与承诺，都会造成上行下效的普遍氛围与文化。反之，如果他只是缺乏实际具体的行动及决心，那么员工就不会努力地执行知识管理的工作。

(3) 知识管理战略目标的制定者

组织领导要有知识的战略性观念，就必须认识到知识是组织重要的战略资源和核心竞争能力，它是作为提升竞争优势的重要武器。要了解组织的知识战略缺口，以及组织未来知识管理的主要战略方向,只有这样才能把知识资源配置在对组织最重要的目标上。例如,对客户的亲密性、产品的领导性或作业的卓越性有正确的把握,也就能将组织的战略目标与知识管理的目标最密切地对应起来。

(4) 知识管理资源的承诺与配置者

知识管理资源的投资,必须长期投入巨大的人力、物力、财力和技术。掌握资源配置权的组织领导,如果无法对知识管理资源的投入给以长期的承诺,那么他对知识管理的推行将难以成功地进行。在这个需求下,最重要的是组织领导要能了解知识管理绩效的长期性、无形性、累积性与间接性,不能以直接的财务性指标低估其重要的影响潜力。

(5) 知识管理障碍与冲突的扫除者

导入知识管理后,组织会出现排斥人性化、个人英雄本位主义,而且常造成权力的转移,在有形的财务绩效上的呈现又不明显,因此会造成员工的抗拒、不配合,或部门间的矛盾冲突。所以,组织领导必须利用职权协调部门间的冲突,扫除在知识管理进行时的抗拒与障碍,否则,知识管理团队必定会到处碰壁,工作难以顺利推进。

(6) 知识管理绩效的最高考核者

如果没有评估,就没有控制与管理,也就无法了解知识管理进行的效果,以及未来改进的方向。因此,为了解资源配置的正确性与有效性,组织领导必须利用各种评估工具监督考核各单位的执行绩效,并以此作为绩效考核与薪酬的依据。

(7) 知识管理的创业家角色

组织领导要能敏锐地发现如何利用组织的优势知识,以便快速地获取在外部环境中逐渐涌现的新机会与商机,充分利用知识发掘机会创造优势。由于21世纪环境变动、典范转移非常迅速,因此组织领导每次在面对巨大的变革时,都要有第二次、第三次和第四次的创业家冒险、进取和冲刺的精神,以创立新型的经营模式。

9.4 组织的激励系统与知识管理

激励理论指出员工为了满足需求才会有行动的动机,而期望理论则指出员工行动之前都会考虑对报酬有所期望。对于员工报酬的许多方式,不论是加薪、表扬或更好地工作调派等都在组织的掌握中。因此,组织如何以有形的薪酬制度配合无形的文化规范影响员工的行为,便成了知识管理的一项重要的管理议题。

9.4.1 知识员工的激励系统与薪酬体系的基本概念

1. 知识员工激励系统

实施知识管理目标就是建立学习型组织。学习型组织中的员工被称为知识员工。

与传统的雇员相比，知识员工的能力、目标、需求都发生了变化，因此，知识管理应该建立与传统组织不同的员工激励系统。

通过问卷调查，发现4个激励因素对知识工作者的激励作用从高到低的次序依次是：个体成长（33.74%）、工作自主（30.15%）、业务成就（29.69%）和金钱财富（7.07%）。可见，个体成长、工作自主和业务成就是知识工作者的主要激励因素。通过对员工物质及精神上的激励，可以提高其对工作的热情，更有利于发挥员工的积极性、创造性，从而改善了个人的心智模式，在组织环境中能够自主学习，不断调整自己的目标，树立个人愿景，提高组织能力，更有助于员工激励机制的完善。在人员激励过程中，要充分认识到上述因素，注意运用以下策略提高激励效果。

（1）提供挑战性的工作机会。因为挑战性的工作不可能利用知识工作者原有的知识解决问题，而必须进行新的学习，新知识的获得和能力的提高会使知识工作者产生强烈的个人成长满足感，因而也会激发出进一步学习的强烈愿望。

（2）注重管理过程的公平性。研究表明，程序公平性，即分配程序、管理方法的公平性更能激发人们的工作积极性，提高员工满意感和组织承诺。

（3）创造自主的工作环境。组织中知识工作者的工作是一种创造性工作，其工作业绩取决于知识工作者本身的知识、技能和意愿，而不是周密的工作安排和法定工作时间的长短。组织要为知识工作者提供宽松的工作环境，使个人具有较大的安排工作计划和工作时间的自由度，这也是知识工作者激励要素"工作自主"的要求。

2. 组织薪酬的类型

组织对员工薪酬的类型比一般想象中更为复杂。表9-1所示的是学者Robbins（1992）给出的组织的薪酬种类结构。

表9-1 组织的薪酬种类结构

组织薪酬体系（Robbins，1992）			
内在薪酬	外在薪酬		
	直接薪酬	间接薪酬	非财务薪酬
• 参与决策 • 工作上更多的自主性 • 承担更多的职责 • 较为有趣的工作 • 个人成长的机会 • 工作活动的丰富化 ……	• 调薪 • 加班费 • 绩效奖金 • 分红 • 认股权 ……	• 保险计划 • 休假 • 服务与津贴 ……	• 办公室装潢 • 较宽松的午餐时间 • 指定停车位 • 较好的工作轮换 • 名片 • 头衔 • 私人秘书 ……

（1）内在报酬

内在报酬是指员工自己感受到的一些报酬，大部分来自工作中的满足感。例如，对于激励理论所描述的工作丰富化、工作任务特性的重新设计等，都会让员工从工作中得到更大的满足。

（2）外在报酬

外在报酬包括直接薪资、绩效奖金、分红和间接的保险、休假、俱乐部会员卡等。

9.4.2 知识管理薪酬体系的设计重点

由于薪酬体系直接且具体影响着员工的行为，因此，它与文化和领导一样对于员工在知识管理执行意愿上会产生指标性的引导作用。所以，组织在设计知识管理相关的薪酬制度时必须配合知识管理的目标，否则，如果知识管理的目标是鼓励知识的共享，而薪酬制度却着重奖励个人杰出的绩效表现和知识的囤积，当然无法进行知识管理。在知识管理薪酬制度的设计上主要有以下几个重点。

（1）薪酬制度必须是明确的

即要让员工清楚地了解组织鼓励哪些知识管理的行为，如果定义模糊不清或说明不够明确，那么员工对于应致力于哪些行为将无所适从。

（2）要与知识管理目标密切配合

除了明确的薪酬制度，还要鼓励支持知识管理的行为，不要错误地鼓励妨害知识管理的行为，同时在薪酬制度的设计上不应该鼓励下列阻碍知识管理进行的不良行为。

- 个人本位主义，囤积知识而不共享。
- 抱持着不敢冒险创新和多一事不如少一事的工作心态。
- 内部钩心斗角，职位与权力间相互纷争。
- 粉饰太平，并且不愿公开检讨失败经验的教训。
- 陈腐的官僚制度，凡事推托而不敢承担责任。

（3）要平衡内在报酬与外在报酬

量身定做符合员工的真正需求，即根据期望理论、马斯洛理论和激励—保健理论，外在报酬方式并不一定是每个员工的真正需求，只有能真正满足员工的需求才具有激励效果。例如，一个非常期望专业上受到肯定的工程师，如果组织颁发一个“本年度最佳杰出工程师”的荣誉奖章，或重新设计其工作特性使其拥有更高的自主性，这样也许比颁发10万元奖金的效果更佳。

（4）平衡团队与个人薪酬

组织的薪酬不能只鼓励个人英雄主义，也不能只奖励部门和团队，使得内部形成齐头式平等的薪酬，而忽视肯定其中贡献度相对较大的成员。因此，薪酬制度的激励要兼顾到团队协力合作上成功的奖励和对其个人相对贡献的肯定。

（5）组织要表彰与肯定员工对知识管理行为的贡献

如果组织忽视或不清楚员工对知识管理的贡献行为，那么在期望理论下，大部分的员工不愿意继续做无名英雄。因此，组织应该根据评估的结果，举行正式的典礼、仪式表彰其对组织的贡献。这样做一方面形成知识分享的文化而影响其他员工，另一方面也激励当事人未来可以再付出更多的努力。

此外，每个知识库上对提供优秀知识贡献的员工应加以注明，让其能享受到荣誉感和受到肯定的内在报酬。

(6) 薪酬要实质且制度化

薪酬要予以制度化，不能只有三分钟的热度，管理者也不能因自己的喜怒而随意奖罚。持续性的薪酬制度才能形成稳定和有影响力的文化。此外，薪酬不能太低，这样影响员工的积极性。

(7) 组织要肯定并全力支持员工进行知识管理所需的资源

如果组织鼓励员工执行知识管理，但却明白规定上班时间要努力完成例行的工作，不能闲逛和闲聊，那么，员工一来本身的工作太忙没有时间进行知识管理；二来与其他员工知识的自由共享、交流或自我的学习都被视为是偷闲或玩忽职守，那么员工必须偷偷摸摸地进行。在这种不受组织肯定及阻碍知识管理的制度下，员工就会有“何苦多此一举”的想法。

例如，3M 公司规定每周星期三下午是员工知识共享与创意的自由交流时间，员工可以不用待在办公室里。日本许多公司也特别规划出让员工知识内化、外化、社会化和组合化的特殊区域场所，以鼓励员工的知识管理的执行。

(8) 组织提供的知识价值必须能唤起员工的内在报酬

员工的许多动机会因其受到内在激励的影响。因此，如果能让员工本身认识到知识管理的效益性、价值性及对自我成长的贡献性，那么他甚至不需要组织另外提供外在报酬都会努力地进行知识管理。例如，员工每次由知识库中获取到的知识质量、价值和助益都非常高，自然会对知识管理系统产生有用性的认知。在这种认知与内在激励下，会自动提高员工使用知识管理系统的意愿与行为。因此，组织对知识管理的失败不能只是一味责怪组织文化不佳，或员工自私自利、不共享、没有上进心及不喜欢学习，组织应该检讨知识管理的设计与质量是否让员工可以方便地从中获利，引发员工的内在激励因素。例如，E-mail 或 Internet 的使用产生了便利与效益，因而并不需要组织的奖励，所有的员工都会自觉地使用。

(9) 薪酬制度的评估要平衡与客观

评估员工知识管理的行为与绩效必须客观公平，不能随主管的喜好产生不公平的薪酬结果。应该尽可能通过不同的人和方法(主管、同事及客户、部属)力求客观，并且要针对财务性和非财务、质化和量化、过程和目标、内部和外部均衡地评估，否则很可能鼓励的方向会出现错误，而忽视了贡献极大的知识管理行为。例如只鼓励在 BBS 上张贴文章的次数，而忽略对该文章质量的评分与评估，那么这种结果只是鼓励了大量灌水的垃圾文章，却阻碍了一些虽只占少数但却是通过长期努力累积和谨慎思考，深度与广度兼备的高质量知识。

（10）薪酬制度要与文化相容

薪酬制度如果建立在不相容的组织文化上影响力将会有限。例如，组织按业务员个人业绩表现的好坏来肯定及表扬其能力，这种个人英雄主义的主流文化就和每年按照团队合作的绩效作为薪酬的方式矛盾，其结果会让获奖的团队没有感到荣誉感，且团队合作共享知识的行为也不会受到鼓励。

9.5　组织结构与知识管理

影响知识管理除了员工个人方面的行为外，一个组织的结构设计、职责角色分工及管理制度的规划也会深远地影响知识管理能否有效地进行。因此，本章将延续上一章对员工行为和个体层面的探讨，继续探讨组织的结构、管理制度的规划及重要职责角色的设计对于知识管理所造成的影响。

9.5.1 现代组织理论

1. 知识管理组织结构的主要理论

组织结构是指组织内控制和协调员工的分工合作的一些正式的法则、任务与职权，以达成组织的目标的机构。即由组织的结构设计说明组织内有哪些工作和任务？这些工作应如何分工？每个人的职责是什么？汇报的层次是什么？决策支配权在哪里及员工彼此间如何协调等层面。因此，一个组织如果没有这些结构的设计与规划，那么必将使得组织的权责无法区分，员工没有规则可以遵循，因不知如何分工合作而感到无所适从。

在知识管理的组织结构研究领域，有下列三个主要理论。

（1）古典理性理论

古典理性理论学者认为，某一特定形态组织结构由于其具有自由灵活的特性，并能水平式地分享知识，因此，有助于组织知识管理的推动。21 世纪是个动态的全球化经济体系，讲求改变、创新与速度。因此，组织应尽量地转型为这种结构，未来才有发展的潜力。

（2）权变理论

权变理论学者认为，各个组织的技术、环境和战略不同就应分别采用适合的组织结构。就支持知识管理而言，并没有最好的结构，而是一种权变的观念，即不同的组织支持的知识管理结构将有所不同，组织并不需要特别为了推动知识管理而大幅度地修改组织既有的结构，只要以适当的知识管理专职单位或职位角色加以辅助，就能有效地实现知识管理的目的。

(3) 知识导向的公司理论

学者 Grant(1996)认为在知识经济时代，组织结构的设计不能以传统的生产要素或产品和工作流程来思考，而应以知识为核心资源考虑，即组织在必须了解知识不同的本质与特性后，再来决定组织结构决策权集中度的设计方式，以达到充分支持组织知识创造和利用的目的。因此，他提出知识导向的公司理论，主张组织应兼顾知识管理的专精分工以支持知识的创造，良好地协调整合机制以支持知识的利用，并建议利用模块化的团队构造组织的整体结构。

2. 知识型组织

古典理性理论认为，由于知识取代了农业时代的土地、劳动力和工业时代的资本及设备，而成为21世纪组织最重要的核心竞争能力与战略资源。由于它不易模仿及其高附加值，因此，传统资本及劳力密集的产业都面临极大的转型压力。

产业转型是指企业将其核心能力与价值的创造由价值链中的某些专注功能转移到新的、价值创造力更大的功能上。例如，NIKE 公司专注于品牌管理、营销市场战略、客户关系管理和价值网络管理等知识密集的核心能力，而将其他制造、生产、配送等设备及资本、劳力密集的功能外包。Cisco 公司将其核心能力的投资专注于产品设计、品牌管理，以及营销等知识密集的能力上，将生产制造作业外包处理。

学者 Deise(2000)将企业分成实体型和知识型两种。

(1) 实体型企业

实体型企业(physical company)具有扎实的实体有形资产，包括土地、厂房、设备、劳动力及工具等。其主要价值链的重点在于产品的开发、制造、生产、配送及原材料的后勤管理，并专注于建立最佳等级的制造流程，属于价值网络中的供应链，例如一般的 OEM 工业。

(2) 知识型企业

知识型企业具有以下特点。

① 知识型企业(knowledge company)本身并没有在有形资产上大量投资，而主要的价值链活动是偏向于需求链导向的市场战略、产品设计、市场营销、客户关系管理与价值网络管理(即微笑曲线的两端)，其产品的制造与后勤管理主要是外包给实体型企业。

② 知识型企业附加值能力及价值创造的潜力都较高。例如，NIKE 公司可能以其投入占总成本 20%的资源而能获取 80%的利润，而制造运动鞋的厂商也许在投入了

80%的资源下却只能赚取20%微薄的利润。

③ 知识型企业的核心能力较难模仿，进入的障碍较高。由于知识常隐藏在企业的文化与员工的脑海里，较为抽象和复杂，对于团队精神、协调沟通能力、与顾客和上下游供货商关系的建立与掌握等难以具体说明。这种核心能力大都是组织日积月累后所形成的，它很难像实体设备、生产线、技术及信息技术等易于模仿学习。转型的必要性与困难性是实体型企业在电子化时代的竞争中是否能通过新知识的规划与运用，逐渐转型为知识型的企业，也就是将传统实体导向的投资方式通过外包逐渐释放出，并将资本转移到知识与信息密集的投资层面。这种经营模式的整体转型将成为21世纪企业转型最为困难和风险最高的一个层次。

3. 知识型组织的特性

知识型组织应该有怎样的价值观与结构特性，许多学者提出了他们的看法。Liebowiz 和 Beckrnan (1998)认为一个知识型组织应该具备以下特性。

(1) 价值观与经营理念方面

① 面向客户

知识型组织必须是市场驱动和面向客户的，即传递最大价值给客户并提升客户的满意度与忠诚度，是一种由外向内的价值观。客户价值是其产品服务和流程设计的最大指导方针，即必须遵从由外向内(outside-in)和客户知识充分互动的指导方向，而不是金字塔形、闭门造车地由内向外的思考模式。

② 持续改善

知识型组织必须具有学习型组织的特色，全体员工具有强烈的自我超越的信念，而且，整个组织必须具备不断学习、进步、改善组织文化的动力，以及居安思危的危机意识。

③ 作业完美

通过内部、外部的标杆学习和最佳实践的定义与转移，达到任何作业的执行都达到最佳实践的境界或达到"合适的人在合适的时间、合适的地方干合适的事"的境界，即组织充满追求完美的文化与信念。

④ 尊崇专业技能与知识分享

知识型组织的文化不以年薪职位评定员工的价值，而是尊崇握有丰富专业知识并乐于分享知识的员工。组织应建立这种价值观，才有可能激励所有的员工努力追求和分享知识。

(2) 组织具备的重要能力方面

① 高效率的学习与创新

知识型组织必须具备丰富的知识基础和学习创新的动机与组织文化，如同吸收能力理论所描述的具有高效率的学习及创新的能力。

② 高水平的专业能力与知识

知识型组织由于本身必须具有知识创造、存储、分享与转移的能力，以及文化、领导、信息技术的良好支持环境，因此，必须比一般竞争对手具有更高水平的专业技能与知识，只有这样才能成为产业知识管理的标杆企业。

③ 高绩效表现

知识型组织必须能充分利用知识强化组织的核心能力，以此激发知识更大的杠杆作用，提升各主要部门和工作的绩效，进而达到企业的高绩效表现。

(3) 组织的结构方面

① 自我领导与管理的结构

自我领导与管理的结构，是指知识型组织不应是机械式的官僚型组织，而应由活泼、自主、充分地分享及创造整体形态的自主团队所主导，员工由于得到充分的授权并掌握丰富的知识，可以很好地进行自我管理。

② 高度灵活性与适应能力的结构

高度灵活性与适应能力的结构，是指知识型组织必须能因外部环境的变化，比对手更快速地调整经营模式和战略以适应本身的竞争环境。组织要达到这个目标，就必须依赖具有灵活性的网络型团队结构和快速吸收新知识的能力。

③ 信息技术充分支持的创新

信息技术充分支持的创新，是指知识型组织必须善用信息技术支持组织的创新。例如，善用知识创造、存储、分享及转移各种信息技术协助达成团队的知识分享和能力资源。

④ 主动积极与未来观

知识型组织必须具有主动、冒险、积极的创业家精神，并且是一个新典范的创造者、新产品流程的创造者，以及具备领导产业的信念与能力，而不只是消极的跟随者。

9.5.2 面向知识管理的组织结构设计

1. 工业经济时代组织结构不适应知识管理的要求

工业时代的直线制组织模式，已成为公司推行知识管理最大障碍之一，突出体现在以下三个方面。

① 高度分工和专门化。一件完整的工作被高度分割，轮至最后阶段的工作者，既不知道他们努力的结果是什么，也不可自作主张；工作者只是听命办事，不管自己有兴趣也好，或是感到枯燥无味也好，都得要做。

② 高度阶层化和中央集权的组织。各职能部门之间的沟通往往要由更高级主管拍板。权力依组织层级逐次上移，上层所做决定往往过分标准化和僵化，以致和现实

脱节。

③ 刚性管理体制。组织结构层次分明，员工与员工之间、员工与管理人员之间、管理人员和高层主管之间有明显的地位区分，员工的意见和建议必须经过多层中间管理人员的传递，才可能到达最高层管理人员那儿。而在信息传递过程中，中间层管理人员会根据自己的理解对信息进行过滤，因此到达公司最高层主管处的信息不可能是员工的真实想法。同样道理，公司最高主管下的指令或向下传达的信息会由于中间管理层人员的误解而变形，从而使公司内部根本无法实现知识的自由流动和共享，也无法培育起知识导向型公司文化。

在知识经济时代，经济结构和公司工作性质已发生了巨大的变化，突出体现在以下几个方面：

- 公司工作性质由非熟练工作转向知识型工作；
- 公司工作重点由枯燥重复性工作转向创新和关心；
- 工作组织形式由个人工作转向团队工作；
- 工作类型由职能性工作转向项目性工作；
- 员工技能要求由单一技能转向多功能；
- 权力中心由上司权力转向顾客权力；
- 工作协调力量由上司协调转向同事协调。

在这种形势下，世界不再需要直线制组织结构，公司面临的各种挑战要求将公司改造成为有生气、充满智慧的柔性组织。

2. 面向知识管理的组织结构的特点

面向知识管理的组织结构的特点可大致归纳为组织柔性化、组织扁平化、组织分立化、组织网络化和组织边界模糊化等几个方面。

（1）组织柔性化

“柔性”泛指适应变化的能力和特性。组织的“柔性化”是指企业具有参与国际竞争，对意外的变化不断做出反应，以及适时根据可预期变化的意外结果迅速进行调整的能力。实现组织的柔性化，在组织内部以组织可塑性为基础，而对于组织外部的环境变化，它就具有了较强的灵活反应的能力。

柔性组织设计基于以下三种能力。

- 组织内部的跨业务单位的网络。这种能力需要以统一的人力资源政策来加以支撑，使得组织能够对其拥有的人力资源进行灵活的调配。
- 用价格、市场或像市场一样的机制来协调大量以赢利为中心的单位，这就要求组织内部拥有一套有效的激励机制和相应的财务核算系统，以及有效的信息系统。
- 与合作伙伴的外部联系网络。组织需要具有与其他企业建立知识联盟以实现优势互补的能力，同时能够把内部联系的网络与这种联盟结合起来，以创造新的竞争优势。

组织的柔性化可能有多种实施方案，比较典型的有多极结构和二元性结构。

① 多极结构

传统的组织结构是在拥有一个全权核心机构的基础上，建立多个分支机构。中心机构负责制定战略方向，确定和统一分支机构的计划，统一配置资源，监督执行。传统的组织结构对隐性知识管理具有障碍作用。

新型的柔性组织系统一般以多极组织的形式出现。在这种多极组织中，各业务单元都是相对独立的单位，它们相互之间组成“联盟”，彼此相互依赖，在关键技术和难题的解决上互相帮助。各业务单元与核心机构处于一种平等的地位上。核心机构的职能是针对竞争环境的变化适时调整组织战略，发展组织和管理的基础结构，通过组织文化建设来创造凝聚力，使各业务单元互相合作，确保统一任务和目标的完成。组织中的各项具体业务由各业务单元来完成，核心机构为各业务单元顺利完成各项工作提供支持。

苹果电脑公司采用了新型的多极组织结构。苹果公司的产品部、美国分公司、欧洲分公司、太平洋地区分公司可全权代表总公司处理包括财政、人力资源、法律行为、行政管理等各项事务。各业务单元还有选择性地参与建立和贯彻全公司的发展战略。全公司 400 多名总经理都出席两年一度的世界范围的会议，共同讨论公司所面临的关键性挑战。这种会议起到了加强各单元之间的人际交往和巩固各部门相互合作关系的作用。苹果电脑公司下属的各业务单元无论是否在大小、规模形式上相同，但都与总部的地位平等，是一种典型的多极组织。

② 二元性结构

二元性组织是指能够将稳定性与柔性相结合的组织系统。这种组织既有能力、结构和文化方面的内部不一致性，同时又拥有完全一致的组织目标。在有些高科技企业中，技术部门的划分、各业务单元的责任和权力等都在不断变化。在这样的组织中，管理者能够积极主动地对组织进行重塑。

从大的结构来说，二元性组织可大致分为两大部分。一部分相当于一般标准结构中的基础性组织单元，它是相对稳定的部分，只是定期发生重大改变。它为整个组织各个业务单元之间的联系提供了一种机制，并且使雇员有很强的稳定感。这种基本结构具有较大的刚性，不可能因内部或外部的原因而经常变化。二元性组织的另一组成部分是由公司成立的项目组和多功能群体所组成的，其成员来自各个不同的操作单位。这样，在集中处理关键的任务时，公司的各个部门不致发生混乱，使公司具有柔性化的特征。

(2) 组织扁平化

等级森严的层级组织体系中，信息的处理和传递要经过若干环节，致使整个组织对外部环境变化的反应迟钝，在激烈的市场竞争中处于不利地位。20 世纪 80 年代以来，美国不少企业开始对这种传统模式进行大胆的改革，减少管理层次，扩大管理幅度，组织结构呈现出扁平化趋势。90年代初期出现了业务流程再造或企业再造的潮流，其核心思想之一就是要把原来的金字塔形的组织结构扁平化。

美国SEI公司在1993年取消了全部秘书建制，削减中层管理人员数量，最高管理层的管理人员的控制幅度增加到20人左右。联邦运通公司从公司董事长到最低一级职员之间总共只有五个管理层次。Sun公司的管理层结构只有三个层次：总裁——副总裁兼事业部部长——工程师。

组织结构扁平化的两个前提条件是信息技术的应用和组织员工独立工作能力的提高。

首先，以现代计算技术为基础的网络技术使得整个组织内部的各个部门、各个岗位可以由一个系统的信息网络紧密联系起来，使得企业的每一个普通员工都能够通过网络系统获得企业内与自己业务有关的任何信息。网络技术的应用可以大大减少企业内部的数据和报表工作，并且使基层工作人员能够直接与最高管理层进行沟通。这就为减少中间层级提供了可能。

其次，组织扁平化意味着管理者要向员工全面授权，要组建各种工作团队，使得员工承担更大的责任。在这样的组织中，普通员工与管理者之间的关系更为直接，下级管理者和上级管理者之间的关系由传统的被动执行者和发号施令者的关系转变为一种新型的团队成员之间的关系。摩托罗拉公司的总裁罗伯特·高尔文甚至说，普通员工在与顾客接触时，享有与总裁同样的权力。因此，如果组织的员工并不具备足够强的独立工作的能力，这种授权和团队成员关系是不可想象的。

(3) 组织网络化

这里所说的网络化是指组织内部的网络制运作。层级制组织形式的基本单元是在一定指挥链条上的层级，而网络制组织形式的基本单元是独立的经营单位。网络化组织通过使各组织单元之间的连接度最大化，而为知识共享提供最佳的组织结构支持。

例如，AT&T公司通过企业重组，把企业改组为由20个独立的经营单元组成的网络制组织，在公司的历史上，首次让每个基层组织的领导全面负责定价、营销、产品开发和营利等工作。这就是典型的组织网络化的运作。

企业组织结构的网络化，具有两个基本特点。

第一，用特殊的市场机制代替行政机制来联结各个经营单位之间及其与公司总部之间的关系，这种特殊的市场机制与一般的市场机制有所不同。按照一般的市场机制，交易双方之间是一种并不稳定的单一的商品买卖关系，而在网络制组织中，所谓“交易各方”之间的关系则是一种以资本投放为基础的包含产权转移、人员流动和较为稳定的商品买卖关系在内的全方位的市场关系。

第二，在组织结构网络化的基础上形成了强大的虚拟功能。处于网络制组织结构中的每一个独立的经营实体都能以各种方式借用外部的资源，如购买、兼并、联合、委托和向外发包等，对外部的资源优势进行重新组合，创造出巨大的竞争优势。通过这种虚拟功能，企业可以获得诸如设计、生产和营销等具体的功能，但并不一定拥有与上述功能相对应的实体组织，它是通过外部的资源和力量去实现上述具体功能的。

① 虚拟组织模式

这是一种企业之间的暂时的组织形式，是不同的企业通过合作组建的一定形式的"战略联盟"，因此又叫战略联盟组织形式。所加盟的各个企业可以充分发挥自己的竞争优势，共同开发一种或几种产品，并迅速地把共同开发的产品推向市场。所加盟的各个企业共同分担所有的成本费用，共同享有开发产品所研制的高新技术。一旦联盟的目标实现，先前所组建的虚拟公司即告解散，而为了新的战略目标，又可经过重新组合，创建新的虚拟组织。

虚拟组织模式与组织内部的网络化模式相比，具有如下特点。

a. 组织结构更为松散

虚拟组织打破了传统组织结构的层次和界限，是由一些独立的组织在自愿的基础上，为了一定的战略目标而组建的松散的企业联盟形式。

b. 技术联盟通常是整个战略联盟的基础

虚拟企业联盟是以一定的高新技术的开发和应用为基本内容的，在此意义上它是一种技术联盟。

c. 增强了各个成员组织的市场竞争力

虚拟组织是由一些独立的组织组合起来的临时性组织，易于抓住转瞬即逝的市场机会，具有灵活经营的优势。虚拟组织能够动员众多的成员加盟，能够迅速融集巨额资金，综合成员各具优势的设计技术和制造技术，组建阵容强大的技术和产品研发力量，具有整体经营的优势。

② 团队结构模式

在现代组织中，团队是对活动进行组织的一种非常普通的手段。过去，团队主要被广泛应用于基层管理的工作设计中，当团队这一组织形式被运用到一个组织的中上层，成为该组织的中心协调手段时，这个组织就实行了团队结构组织模式。这一模式的主要特征如下。

a. 组织中间层弱化

团队结构模式把横亘在一个组织的上层和基层之间的各个职能部门进行分解和弱化，把决策权分散到工作小组的层次上，从而形成一个中间层弱化的组织结构。随着信息加工和通信技术的进步，一个规模较小的管理层就能够对为数众多的商品制造或提供服务的一线工作人员进行协调，使得在原有组织模式下主要从事信息传递和加工的中间管理层成为多余。这就形成了高层不大，中间层细小，而基层宽大的"沙漏型"组织结构。

b. 组织成员既是专家，又是通才

在团队组织模式中，由于中高层管理人员队伍的缩小，一线工作人员的纵向提升机会减少了，而横向流动却变得更加频繁。通过横向流动，可以使一线工作人员从事报酬更高的工作，减少长期从事一项工作的单调感和枯燥感，从而对失去纵向提升机会提供一种补偿。频繁的横向流动，使一线工作人员的技能多样化，变专才为通才。对中高层管理人员来讲，要处理各种各样来自基层的问题，也需要他们具有多方面的知识结构，不仅是一个领域的专家，还需是多个领域的通才。

3. 适合知识管理的组织设计原则

面对多变的环境，组织必须做出对应的变革，而这种变革也必须在最基本的组织设计原则上反映出来。知识组织管理的知识共享原理、团队协作原理、才能识别原理、结构资本控制原理、知识资本积累原理、知识资本替代原理、客户资本价值原理、知识价值发掘原理、知识流辨识原理和智力资本的相互作用原理构成组织设计的基础。结合上述环境变化的基本趋势，我们认为，面向知识管理的组织设计主要应遵循以下一些基本原则。

(1) 以核心能力为中心的原则

核心能力实际上已经成为现代企业确立竞争优势的基础，组织的设计也就应该以组织的核心能力为中心。也就是说，组织的结构要有利于核心能力的获取与保持，要有利于核心能力在竞争中发挥其作用。

例如，事业部是在组织中以独立生产最终产品为主，但此种结构使得组织重要的核心能力资源(包括设备、专家、知识和预算)分散到各个独立的事业部，使其力量分散、预算资源较少，无法凝聚在一起开发出产业的核心能力。例如，一个汽车制造厂把引擎设计专家分散到各个吉普车、卡车、旅游车、轿车等事业部，那么其引擎设计的核心能力就会因力量分散而无法领先对手。因此，组织应该设计能统筹负责核心能力的部门或机制，知识必须要深入、扎实才可能创新。

当组织在与外界进行信息交流、建立知识联盟等具体运作中，组织的设计同样要能够令其核心能力成为其中心。

(2) 组织灵活性原则

竞争就是优胜劣汰，当环境发生变化时，任何组织如果不能及时做出反应，最终的结果就只能是被无情地淘汰。因此，现代组织必须具有的一个特性就是应对变化的灵活反应能力。

例如，一家从事抚恤金业务的公司曾利用税法和银行利率无法预料的变化，推出一项服务。然而，它预见这项服务的市场畅销期不过三个月。进入市场只要迟30天，就会使该公司推销这项服务的时间减少1/3。关键在于，不仅产品和服务的生命周期在缩短，而且可以用于开发新产品和推出新产品的时间也在缩短。因此，今天的竞争者不得不提高组织反应的速度，不然就会落后。

(3) 知识价值最大化原则

在知识成为组织运作的最关键资源的情况下，组织设计必须考虑知识的价值能否有效地实现，能否将知识的潜能最大地发挥出来。因此，知识价值最大化应该是组织设计的一个重要原则。

(4) 最少层级原则

传统组织的一个基本特征是其官僚层级制度，我们在前文中也已经提到，官僚层级制是知识管理的桎梏，因此，未来组织的设计应该遵循最少层级原则。

(5) 组织可塑性原则

任何组织都有其相对稳定的结构，但传统组织结构过于稳定而缺乏可塑性。为了应对环境的多变，组织的战略也就需要经常进行调整，因而也就需要组织内部的结构也进行适时的调整。

需要说明的是，组织灵活性原则涉及的是组织对于外部环境变化反应的灵活性，而组织可塑性原则是强调内部结构变化的灵活性，两者的衡量标准是不一样的。

9.5.3 支持知识管理的组织设计

组织推行知识管理，除了需要适合知识管理需求的组织结构以外，还需要专门负责知识管理业务的部门和相关的人员，包括知识管理高层组织、知识管理基层组织、知识中心和相关的角色。

1. 知识管理的高层组织

知识管理的高层组织是指在公司最高领导层全面负责和指导公司知识管理活动的领导机构，通行的做法是建立专门的委员会、成立相应的职能机构、任命相应的具体负责知识管理的高级领导人，这些领导人便是知识领导(knowledge leader)。

知识领导包括一系列内容十分丰富的职位和责任，有各种不同的称谓，常见的头衔是知识总监(the chief knowledge officer)或知识经理(the knowledge manager)。知识总监这一职位的设立意味着知识管理已正式成为公司的一项重要管理内容，知识总监也因而成为公司知识管理的象征。

(1) 知识总监的职责

国际著名知识管理权威 Tom Davenport 将知识总监的关键责任概括为如下三个方面。

• 创建知识管理基础设施：包括培训知识库、图书馆、数据仓库、研究组以及与外部学术组织的联系。

- 培育一个知识导向型的组织文化。
- 使上述两项产生效益。

不同类型组织的知识总监的具体职责不尽相同，对一个公司来说，知识总监的主要职责应包括：

① 确保知识管理能切实增加公司的利润并提高公司的赢利能力，使公司能够从知识管理中获得最大限度的经济回报，这是所有知识管理活动与全体知识管理人员的最终目标。

② 了解公司的环境和公司本身，寻找公司的核心竞争力区域和高成本/高潜在收益区域，理解这些区域以及全公司的知识需求。

③ 建立和造就一个能够促进学习、积累并共享知识的技术与体制环境，加强知识集成以产生新的知识。

④ 保证知识库设施的正常运行，监督知识库内容的质量、深度、风格，并保证其与公司的发展保持一致，其中最主要的是知识更新。

⑤ 刺激知识在公司中的应用并为这种应用创造环境和条件，评测知识管理的绩效。

⑥ 促进知识共享并进而协助公司营造相互信任、开放的学习型的组织文化。

（2）知识总监直属部门

对于实施知识管理的组织来说，除设立知识总监外，还应建立必要的知识管理职能部门，形成较为完备的知识管理组织体系。这些部门的主要职能包括如下几项。

① 知识管理的技术管理与服务　即组织知识管理技术基础设施的规划、设计、建设、运行维护、更新与升级。知识管理的技术管理内容在相当程度上与信息总监领导的信息技术(IT)部门重合，这部分工作可以考虑委托 IT 部门代管知识管理技术。

② 知识库管理　即组织内部显性知识的调查、登记、录入，知识库的设计、建设、组织和更新，隐含知识源的调查、确认、记录和录入，公司外部知识网络上知识资源的确认、获取、过滤、组织和录入，公司知识地图绘制。

③ 知识资产管理　即组织知识资产的调查、评估，知识资产运营、保值和增值，公司知识产权的申请、维护和交易。

④ 知识服务部　调查公司的知识需求，确定公司知识管理的重点，知识库的服务提供与服务管理工作，并负责知识管理效果的监督与评价。

⑤ 规划与研究　即组织知识管理战略规划的制定，研究公司知识管理的发展方向并提出对策，研究知识管理与公司使命或战略目标融合的最佳措施，研究公司知识管理的实现条件并提出改革建议，研究知识管理对公司的冲击并提出预防措施。

⑥ 知识管理支持部　协调知识管理部门之间和知识管理活动中的各种关系，为本公司知识管理部门或活动提供各种行政性支持如财务、人事、安全、后勤等。

⑦ 非正式交流活动管理　包括公司内、外部非正式知识社团的建立、运行和发展，

支持、组织公司内形形色色的非正式交流活动，记录、整理非正式交流活动的重要成果并提交知识库。

由于知识管理与信息管理的不可分离性，国内许多组织的做法是把知识管理业务纳入信息管理部门，即扩充原有信息管理部门的职能，信息中心主任在知识总监的领导下工作。

2. 知识管理的基层组织

知识管理要充分发挥作用，必须与业务部门的活动和组织业务流程密切结合。因此在进行公司知识管理组织设计时，除在公司总部成立相应的委员会、任命知识总监并设立相应的职能部门外，还应建立知识管理和基层组织，任命知识管理的基层负责人。公司知识管理的基层组织可按部门知识经理（divisional KM officer）制、多功能领导（multiple managers）制两种思路来设计。

（1）部门知识经理制

部门知识经理在人事关系上属于各业务部门，行政上受本部门经理领导，业务上受公司知识总监指导，常见的部门知识经理有客户知识经理（director of customer knowledge）、研究与发展知识经理（director of R&D knowledge）等。部门知识经理的具体职责是全面负责本部门的知识管理工作。

（2）多功能领导制

多功能领导制有两种模式，一种是将知识管理工作交由部门领导人中相对而言较有知识管理经验与技能的人与本部门的知识管理专家共同承担；二是将公司知识总监办公室直属的知识管理专家统统派往各业务部门，在各业务部门经理的领导下共同承担本部门的知识管理任务，例如公司知识管理战略专家就有可能被派到公司企划部，公司外部知识资源专家则可以安排到公司营销部或市场研究部工作，与此同时，相关的知识管理支持技术的管理工作也一并交由各业务部门管理。

多功能领导制的优点是加强了各业务部门对知识管理工作的领导，能够大大提高各业务部门的知识管理能力和积极性，更容易将知识管理与各部门实际相结合，从而使知识管理活动更容易取得有针对性和说服力的实效。其缺点在于可能会削弱知识总监必要的控制权和协调权，尤其突出的是技术协调和标准化问题。在这种情况下，知识总监的控制与协调变得更为重要。

3. 知识管理业务人员

为有效地在全公司范围内推行知识管理，公司还应为知识总监和各级部门知识经理配备足够的知识管理专业人员，协助公司知识总监和部门知识经理处理知识管理的诸多业务性问题，这些专业人员分布于公司知识管理职能部门或各业务部门的知识管理办公室。所以在公司知识管理队伍中，存在着形形色色的角色，如知识管理战略专家（knowledge strategist）、知识传递专家（knowledge transfer expert）、知识网络经理（director of knowledge networking)、知识管理员(the knowledge steward)、知识工程师(the knowledge engineer)、知识分析员(the knowledge analyst)、高级知识管理工程师(senior knowledge management engineer)、知识记者/知识编辑(knowledge reporter/editor),等等。这些知识管理业务人员最常见的称谓是"知识管理工程师"(KM engineer)。

知识管理工程师的职责是:

- 组建、运行、维护和管理公司/部门知识管理技术基础设施如内联网、知识库等;
- 公司内外部显性知识的获取、过滤、编辑、审核,并将其录入相应的知识库;
- 公司内部隐性知识的记录和转化;
- 知识库组织与更新;
- 协助公司知识总监和部门知识经理完成公司知识管理的其他业务工作。

4. 知识管理部门在组织中的地位

组织要推行知识管理,必须在体制上处理好知识管理与其他各项管理工作之间的关系,以便为知识管理提供一个能够与其他部门协作的基础,并将知识管理统一纳入组织战略规划和运作中。在组织内部,存在着大量与知识管理密切相关的部门或团队,包括竞争情报部门、战略与计划部门、业务发展部门、研究与分析部门以及业务情报部门等。所以在最高层成立一个知识管理委员会可能会比简单地任命一个知识总监更有效,因为前者更有助于将知识管理视为一项合作性的工作,并且有可能在实践层次上继续指导组织遵循团队工作思路进行知识管理工作。

另外公司必须正确设计知识总监与其他公司领导人之间的关系,为知识总监设定合适的位置。理想的情况如图9-4所示。

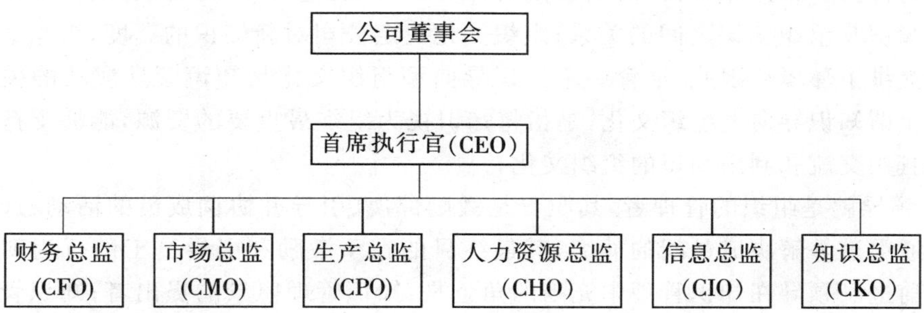

图9-4 公司知识管理外部组织图

这种知识管理组织体制切合知识管理工作的特色,因为知识管理必须从其他部门寻找和获取知识,最终结果也要为这些部门的决策与业务运作服务,所以在组织体制上要确保知识管理部门与其他部门之间存在充分的联络和沟通渠道。另一方面,这种体制保证了知识总监作为公司最高领导层成员与其他领导成员处于平等的地位，知识总监拥有充分的行政权力，能够保证知识总监妥善处理与其他公司领导成员之间的关系，争取他们对知识管理工作的理解与支持。

5. 知识中心的管理

知识中心归知识总监直接领导，组织知识中心应配备足够的知识管理专家和信息管理专家，中心工作人员必须承担一种综合性的职能。他既是知识管理人员、图书馆员，又是项目管理人员。知识中心工作人员不仅建立各种正式的知识共享与检索规则，而且在充分考虑各种优先次序和透明度的基础上提供相应的知识共享程序。知识中心工作人员关注的焦点应该是促进高质量的知识在组织内自由流动，组织知识资源的有效标引与存储，并协助进行知识研究，针对员工需求提供各种知识服务。

本章小结

1. 组织知识管理行为问题分析的目的主要是为了解有哪些因素会影响员工执行知识管理的行为与绩效。学者 Blumbeg 和 Pringle(1982)认为影响员工工作绩效(例如知识转移)的主要因素有员工本身知识管理的能力、员工本身知识管理的激励因子和组织所提供的知识管理的条件。

2. 组织知识管理中，影响员工激励程度的主要因素有组织的知识管理文化、组织知识管理的领导和组织知识管理的薪酬与考核制度。

3. 组织文化主要包括组织价值观、行为规范和惯例三个方面的内容。组织文化是组织进行知识管理的一个重要的影响因素，它不仅会影响员工的激励因素，还会直接影响员工的行为。具体体现在：组织文化决定组织对知识重要性的认识；组织文化影响员工个人知识与组织知识之间的关系；组织文化决定公司对新知识的态度；组织文化为知识管理提供了环境。因此，培育一个知识导向型组织文化是知识管理成功的关键要素之一。所谓知识导向型组织文化，是指将知识视为组织最重要的资源，能够支持有效地获取、创造、交流和利用知识的组织文化。

4. 领导就是组织的管理者，其职责是激励部属、引导并协调成员的活动、选择最有效的沟通渠道并解决成员间的冲突，其最终目的在于激励和引导员工的行为朝着组织的目标前进。领导在知识管理中充当的角色是：知识管理愿景的提出者；知识管理文化氛围的塑造者；知识管理战略目标的制定者；知识管理资源的承诺与配置者；知识管理障碍与冲突的扫除者；知识管理执行绩效的最高考核者和知识管理的创业家。

5. 组织知识管理的薪酬制度要注意下列几点：组织在知识管理方面的薪酬制度必须是明确的；薪酬制度要与知识管理目标密切配合；薪酬制度要平衡内在酬偿与外在报酬；团队与个人薪酬的平衡；组织要表彰和肯定员工对知识管理行为的贡献；薪酬要实

质且制度化；组织要肯定并全力支持员工进行知识管理所需的资源；组织提供的知识价值必须能唤起员工的内在报酬；薪酬制度的评估要平衡与客观，以及薪酬制度与文化要相容等。

6. 面向知识管理的组织设计主要应遵循的原则包括：以核心能力为中心的原则、组织灵活性原则、知识价值最大化原则、最少层级原则和可塑性原则。

7. 组织推行知识管理，除了需要适合知识管理需求的组织结构以外，还需要专门负责知识管理业务的部门和相关的人员，包括知识管理高层组织、知识管理基层组织、知识中心和相关的角色。

8. 知识总监这一职位的设立意味着知识管理已正式成为公司的一项重要管理内容。知识总监的职责是创建知识管理基础设施和培育一个知识导向型的组织文化，并使两者生效。

思考与讨论

1. 什么是知识管理的行为问题？
2. 影响员工执行知识管理的行为与绩效的主要因素是什么？
3. 就组织进行知识管理而言，知识管理影响员工激励的 3 个主要因素是什么？
4. 什么是期望理论？ 它对知识管理有什么引申？
5. 什么是目标设定理论？ 它对知识管理有什么引申？
6. 什么是激励—保健理论？ 它对知识管理有什么引申？
7. 什么是 XY 理论？ 它对知识管理有什么引申？
8. 什么是组织文化？ 它对员工行为有哪些规范？
9. 组织文化有哪些主要的表现方式？
10. 试述影响及支持知识管理各流程行为的主要文化有哪些。
11. 如何善用组织文化的力量进行知识管理？
12. 试述知识管理领导者的角色有哪些。
13. 试述知识管理的薪酬制度设计的重点。
14. 什么是知识型组织？ 知识型组织有什么特点？
15. 什么是 CKO？ 其主要职责是什么？
16. 讨论题：您认为知识管理的组织文化、领导与薪酬制度三者存在何种关系？ 哪一个较为重要？ 为什么？ 如果三者之间产生矛盾，您认为会产生怎样的情况？
17. 分组讨论案例 12，并写出讨论报告。

案例 12

3M 公司的知识创新

美国明尼苏达矿业制造公司，因英文名称头三个单词以 M 开头，所以简称 3M 公司。3M 公司以其为员工提供创新的环境而著称，视革新为其成长的方式，视新产品为生命。公司的目标是：每年销售量的 30%从前 4 年研制的产品中取得。每年，3M 公司都要开发 200 多种新产品。它那传奇般的注重创新的精神已使 3M 公司连续多年成为美国最受人羡慕的企业之一。在过去 15 年中，著名的《财富》杂志每年都出版一份美国企业排行榜，其中有 10 年 3M 公司均名列前 10 名。面对知识经济的挑战，3M 公司的知识创新实践，为企业提供了不可多得的范例。

1. 创新的文化

新产品不是自然诞生的。3M 公司的知识创新秘诀之一就是努力创造一个有助于创新的内部环境，它不但包括硬性的研发投入，如公司通常要投资约 7%的年销售额用于产品研究和开发，这相当于一般公司的二倍，更重要的是建立有利于创新的企业文化。

公司文化突出表现为鼓励创新的企业精神。3M 公司的核心的价值观：坚持不懈，从失败中学习，好奇心，耐心，事必躬亲的管理风格，个人主观能动性，合作小组，发挥好主意的威力。英雄：公司的创新英雄向员工们证明，在 3M 宣传新思想、开创新产业是完全可能取得成功的，而如果你成功了，你就会得到承认和奖励。自由：员工不仅可以自由表达自己的观点，而且能得到公司的鼓励和支持。坚韧：当管理人员对一个主意或计划说“不”时，员工就明白他们的真正意思，那就是，从现在看来，公司还不能接受这个主意，回去看看能不能找到一个可以让人接受的方法。

对于一个以知识创新为生存依托的公司而言，3M 公司知道，有强烈的创新意识和创新精神的知识员工是实现公司价值的最大资源，是 3M 赖以达到目标的主要工具。因此，3M 的管理人员相信，建立有利于创新的文化氛围是非常重要的。主要是：

尊重个人的尊严和价值，鼓励员工各施所长，提供一个公平的、有挑战性的、没有偏见的、大家分工协作式的工作环境。尊重个人权利，经常与员工进行坦率的交流。主管和经理要对手下员工的表现与发展负责。鼓励员工发挥主观能动性，为其提供创新方面的指导与自由。冒险与创新是公司发展的必然要求，要在诚实与相互尊重的气氛中给予鼓励和支持。

知识的交流在知识共享中相当重要，它将知识传送出去并且反馈回来，加强了知识在组织内部的流动。信息技术的采用为这个环节的实施提供了便利条件，尤其是电脑网络技术的应用。知识交流也需要来自公司高级管理层的重视，它要求公司的管理层把集体知识共享和创新视为赢得公司竞争优势的支柱。如果员工们为了保住自己的工作而隐瞒信息，如果公司所采取的安全措施和公司文化常常是为了鼓励保密而非知识公开共享，那么将对公司构成巨大的挑战。对于那些想从员工中得到最大效益的3M管理人员来说，一个可靠的方法就是交流。3M公司的集体协作气氛、经常性联络制度和员工们的主动精神，意味着交流可以在不经意之间发生。人们会出乎意料地把信息和主张汇集在一起。与国内外同行间的长期友谊和组织关系成为关键信息来源的高速路径。公司每天都会产生各种各样的新思想和新技术，让大家聚在一起通常会产生意想不到的效果。在公司规模还不大的时候，实验室主任便在每星期五的下午召集员工坐在一起，大家边喝咖啡边演示自己的研究计划。现在，3M在全美和世界各地设有上百个分公司，因此要大家坐在一起进行交流已经不是那么容易了。管理人员通过各种会议、跨学科小组、计算机网络和数据库等方式将大家聚集在一起。

技术论坛就是3M的创新活动的知识共享平台，是一个具有管理框架的大型志愿者组织，成员有数千人，每天都有各种活动。技术论坛的成立，目的是鼓励信息的自由交换，为研究人员相互交流心得和解决疑难问题创造条件，是公司员工相互联络的一种方式。技术论坛下设分会、各委员会。分会主要讨论技术问题，包括诸如物理分会、生活科学分会和产品设计分会。技术论坛委员会负责组织各种活动、教育和交流事务。公司对外委员会负责3M员工与其他公司人员进行交流的活动。这个组织还通过公司内部的电视系统向全美各地的分部传送活动情况。交流委员会则向技术论坛成员定期分发公司的业务通信。员工在这些相互信任的气氛中交流受益无穷，这是一种文化、一种氛围。然而，更重要的是要培养一种环境，在这种环境中，员工可以与其他部门的人自由组合，同时每个人都愿意与他人共享自己所掌握的信息与知识。

2. 创新的机制

通过正确的人员安置、定位和发展提高员工的个人能力。公司发展既是员工的责任，也是各级主管的责任。提供公平的个人发展的机会，对表现优秀的员工给予公平合理的奖励。个人表现按照客观标准进行衡量，并给予适当的承认与补偿。3M公司鼓励每一个人开发新产品，公司有名的“15%规则”允许每个技术人员至多可用15%的时间来“干私活”，即搞个人感兴趣的工作方案，不管这些方案是否直接有利于公司。当产生一个有希望的构思时，3M公司会组织一个由该构思的开发者以及来自生产、销售、营销和法律部门的志愿者组成的风险小组。该小组培育产品，并保护它免受公司苛刻的调查。小组成员始终和产品待在一起直到它成功或失败，然后回到各自原先的岗位上。有些风险小组在一个构思成功之前尝试了3次或4次。每年，3M公司都会把“进步奖”授予那些新产品开发后3年内在美国销售额达200多万美元，或者在全世界销售额达400万美元的风险小组。

组织结构上采取不断分化出新分部的分散经营形式，而不沿用一般的矩阵型组织结构。组织新事业开拓组或项目工作组，人员来自各个专业，且全是自愿。新产品搞出来了，不仅是薪金，还包括晋升。比如开始创新时是一位基础工程师，当他创造的产品进入市场，他就变成了一位产品工程师，当产品销售额达到 100 万美元，他的职称、薪金都变了。当销售额达到 2 000 万美元时，他已成了“产品系列工程经理”。在达到5 000 万美元时，就成立一个独立产品部门，他也成了部门的开发经理。

提倡员工勇于革新。只要是发明新产品，不会受到上级任何干预。同时，允许有失败，鼓励员工坚持到底。公司宗旨中明确提出：决不可扼杀任何有关新产品的设想。在公司上下努力养成以自主、革新、个人主动性和创造性为核心的价值观。这是因为，3M 公司知道为了获得最大的成功，它必须尝试成千上万种新产品构思，把错误和失败当作是创造和革新的正常组成部分。事实上，它的哲学似乎成了“如果你不犯错，你可能不再做任何事情”。但正如后来的事实所表明的，许多“大错误”都成为 3M 公司最成功的一些产品。3M 公司的老职员很爱讲一个化学家的故事——她偶尔把一种新化学混合物溅到网球鞋上，几天之后，她注意到溅有化学混合物的鞋面部分不会变脏，该化学混合物后来成为斯可佳牌(Scotchgard)织物保护剂。

3. 创新的管理

在 3M 人们时刻都可以听到谈论创新问题时 3M 的正式宣言，就是要成为“世界上最具有创新力的公司”，3M 对创新的基本解释既醒目又简单。创新就是新思想+能够带来改进或利润的行动。在他们看来，创新不仅仅是一种新的思想，而是一种得到实行并产生实际效果的思想。创新不是刻意得来的，3M 公司证明了一件事，那就是当公司愈是刻意要创新时反而愈是不如其他公司。利贴便条是在一连串意外中诞生，并不是依循精密的计划而来，每次意外的发生都是因为某个人可以完全独立从事非公司指定的工作，但同时也履行了对公司的正式义务。发明者往往比管理者有更多的空间，可以表达自我。

3M 极有威望的研究带头人科因称，公司的管理哲学是一种“逆向战略计划法”。3M 并没有先将重点放在一个特定的工业部门、市场或产品应用上，然后再开发已经成熟的相关技术，而是先从一个核心技术的分支开始，然后再为这种技术寻找可以应用的市场，从而开创出一种新的产业，是一种“先有解决问题的办法后有问题”的创新模式。研究人员通常都是先解决技术问题，然后再考虑这种技术可以用在什么地方。3M 的首席执行官德西蒙说：创新给我们指示方向，而不是我们给创新指示方向。3M 试图通过一种类似温室一样的、允许分支技术自己发展的公司文化来支持研究活动。3M 有时在自然创新方面非常有耐心，明白一种新技术要想结出果实，可能会需要许多年的时间，因为过去公司研制最成功的技术也曾经走进过死胡同。

3M 把创新分为三个主要阶段：涂鸦式创新、设计式创新和指导下的创新。这些阶段从大到小呈漏斗状。首先是创新的大胆初步设想得到一致的认可和赞许，逐渐演变为更加深入和集中的努力。在整个过程中，实现众人支持与专人负责之间的平衡，并按照不同阶段逐步增加人力和资金的投入。约束随着阶段的进展而逐渐增强。到了最终阶段，方法和落实要根据经营策略和市场状况来决定。

在具体实施中，公司坚持了以下管理策略。①弹性目标原则。弹性目标是培养创新的一种管理工具，方法就是制定雄心勃勃的但要切合实际的目标。3M 公司制定的目标数量并不多，其中有几个与财政收支状况有关。然而，还有一个目标就是专门用于加大创新步伐的，每年销售额中至少应该有 30%来自于过去 4 年中所发明的产品。②视而不见原则。3M 公司的管理人员必须要有一定的容忍能力，因为即使你屡次想要取消明显是不切实际的研究计划，研究人员也可能会顽固地坚持己见。③授权原则。授权是在员工已做好创新的思想准备之后让他们开始工作，但创新主要还要靠他们自身的动力。当他们在发明创造时，公司就要及时给予帮助。这里的技巧在于如何才能不破坏他们这种内在的动力。

问题

1. 简述 3M 公司的知识创新文化与机制。
2. 从该案例你得到什么启示？

第10章

组织知识管理的实施

本章要点

- 知识管理的实施方法论
- 知识管理实施的战略规划
- 知识管理实施规划
- 知识管理系统实施
- 知识管理的评估方法
- 知识管理实施的关键成功因素

组织在了解知识管理的基本概念、重要性和必须引进的原因后，更重要的是要能成功地实施知识管理。知识管理的实施，是指组织为了达到提升绩效的目的，考虑内外部环境与资源，选择支持知识管理的基础设施（包括领导、文化、管理、结构和信息技术）和最适合的战略，并有计划循序渐进地进行与引进各种知识管理的流程作业。

10.1 知识管理实施方法论

本节介绍 Arthur Andersen 咨询公司的知识管理导入方法论。

10.1.1 知识网络结构与组织知识管理实施的导入

1. 知识网络结构

Arthur Andersen 咨询公司认为组织引进知识管理必须关注知识策略、组织学习、知识库、信息技术、社群和绩效考核六大战略侧面，并把这六大侧面及它们之间的关联称为知识网络结构（knowledge network），如图 10-1 所示。

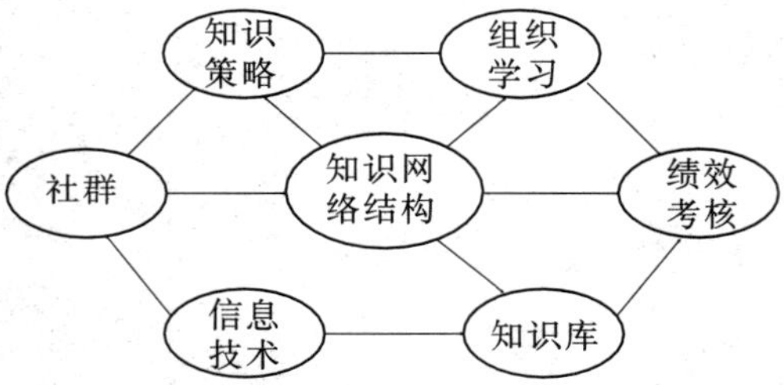

图 10-1 知识网络结构图

（来源：Arthur Andersen，1995）

这六大战略侧面说明如下。

(1) 知识战略是指以知识为核心的企业价值观、愿景、战略及目标，目的在于拟定知识管理实施的大方向。

(2) 组织学习是指组织为了推行知识管理所倡导及营造的企业新知识管理文化。例如，鼓励组织与个人随着环境的改变持续教育、训练、学习、自我超越，以及可以不断地创新与共享知识。

(3) 社群是指为了创造及共享新知识，组织鼓励并组成的知识学习实践社团。

(4) 信息技术是指组织为了加速知识的流动而构建的支持企业知识管理的计算机及通信技术。

(5) 知识库是指组织为了积累和保留重要的经验与记忆，用信息技术进行整理和存储重要的知识，以便共享和后续的再利用。

(6) 绩效考核是指组织为了控制、激励与改善知识管理所设计的用来考核知识及知识管理绩效的一些评估工具。

2. 组织知识管理实施的导入

以上这些战略侧面都有助于知识管理的实施，许多学者也建议应同时具备，但从实证数据发现，各个组织仍会因为不同的环境刺激、本身资源与知识管理的目标，而有不同的切入重点与步骤。例如，有的引进步骤是信息技术→社群→组织学习→知识战略；有的是知识战略→组织学习→社群→信息技术→知识库；还有的是组织学习→社群→知识战略→信息技术→知识库。

知识网络框架运用模式的知识管理思考，主要是组织可以选择对自己最有利的切入点推进知识管理，但其余侧面则需随后加强跟上。

10.1.2 组织知识管理项目的导入方法论

知识管理引进是一个非常复杂的过程，牵涉到许多战略规划、流程、信息技术、人和组织侧面，且必须经历许多不同的阶段，如战略、设计、原型开发与测试、引进及评估与维护等，所以，必须有一个非常完善的知识管理引进模式来指导项目的进行，否则将无从依循。

知识管理引进方法论的主要框架如图 10-2 所示。它给出了知识管理导入框架的三个重点，包括四大构面、六大步骤和两大管理。

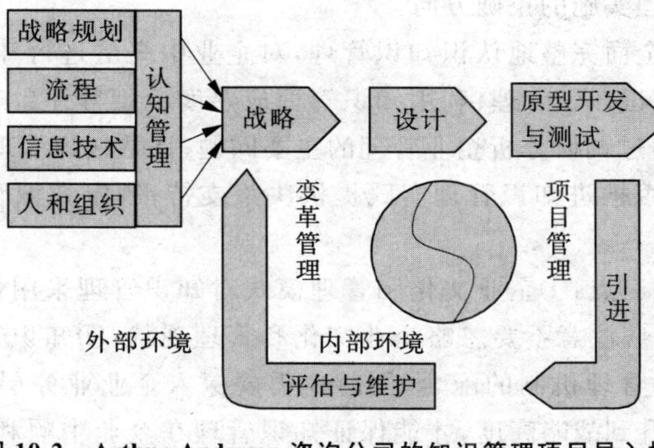

图 10-2　Arthur Andersen 咨询公司的知识管理项目导入模式

1. 四大构面

Arthur Andersen 顾问公司认为一个知识管理项目的实施应同时规划、设计并引入下列四个构面。

(1) 战略规划面

组织要清楚了解知识管理项目的方向，包括组织的战略目标、战略缺口、知识缺口、核心能力和专注的价值命题等，依此来制定知识管理的目标与焦点。

(2) 流程面

知识管理的引进要规划设计核心知识的定义、创造、获取、共享转移、存储、利用及评估等作业流程,以使员工了解如何执行知识管理。

(3) IT 面

支持知识管理的流程需要构建各种不同的信息技术,包括知识库、Intranet 企业知识门户和群件等。

(4) 人和组织面

人的方面,即组织行为面的思考,包括如何激励员工、影响员工行为及文化与风气的营造。

组织结构方面,包括设计灵活性、扁平化和模块化的组织结构,专职单位与非正式的实践社团的沟通协调等,同时还包括与外部客户或合作伙伴的价值网络结构。

2. 六大步骤

Arthur Andersen 咨询公司认为知识管理项目的实施包括下列六大步骤。

(1) 认知管理阶段

认知是企业实施知识管理的第一步,主要任务是统一企业对知识管理的认知,梳理知识管理对企业管理的意义,评估企业的知识管理现状。帮助企业认识是否需要知识管理,并确定知识管理实施的正确方向。

主要工作包括:全面完整地认识知识管理,对企业中高层进行知识管理认知培训,特别是让企业高层认识知识管理;利用知识管理成熟度模型等评价工具多方位评估企业知识管理现状及通过调研分析企业管理的主要问题;评估知识管理为企业带来的长、短期效果,从而为是否推进知识管理实践提供决策支持;制定知识管理战略和推进方向等。

该阶段需要注意三点:①企业文化和管理模式对知识管理采用何种实施方法有着决定性的作用,因此,应注意不要忽略企业文化和管理现状;②知识管理的推广需要企业流程、组织、绩效等管理机制的配合,同时也需要深入企业业务层,必须得到高层重视,并将知识管理提升到战略高度,才能保证知识管理在企业中顺利推进;③由于知识管理需要长期的推进,需要对知识管理的效益进行准确量化评估,才能转化为长期发展的动力。

认知阶段多数企业会邀请外部的一些专家学者进行各层次的观念灌输和方法培训。

(2) 战略阶段

这个阶段的目标是拟定知识管理战略,即知识管理的目标与范围焦点,同时拟定信息技术、组织结构及知识管理作业流程等侧面的战略。例如,在信息技术方面要规划支持知识管理的网络结构、知识库(KB)结构、在线学习(E-Learning)结构、文件管理系统结构,以及这些结构如何整合等规划工作,或规划支持知识管理的专门负责单位及超文本式组织框架等。

该阶段的主要工作包括:从战略、业务流程及岗位来进行知识管理规划;企业管理现状与知识管理发展的真实性分析;制定知识管理相关战略目标和实施策略,并对流程进行合理化改造;知识管理技术的需求分析及规划;在企业全面建立知识管理的理论基础。

该阶段的难点包括:知识管理与企业战略目标和流程的结合;知识管理与其他管理制度如人力资源管理的结合及管理思想的转变;以知识管理思想为基础的业务流程的改造;知识管理的文化氛围的建立;知识管理规划与企业实际情况结合,建立适合企业自身特点的实践形式。本阶段建议由咨询公司和企业中高层统一认识共同来参与规划,确定知识管理实施的解决方案。

(3) 设计阶段

此阶段包括以下两个重要工作。

先导计划的选定:知识管理项目常会先选择一个对于组织抗拒较小、接受程度较高、能突显效果、明确且易产生回响、较易成功,以及高层管理者感兴趣的地方开始,以便鼓舞士气并提高整体的信心。

四大侧面的设计:是指针对战略阶段所规划出的目标与方向进行,此阶段属于操作导向的设计。例如,在信息技术方面,将针对知识库中的内容、框架、组件、模块、索引和接口的设计;组织结构中各种知识管理流程的作业活动设计、组织结构中相关角色的设计、工作环境与接口的设计等。

(4) 原型开发与测试阶段

Arthur Andersen 咨询公司主张知识管理项目的引进要以原型(prototype)的方式进行,即先从小部分引进,边做边学、边做边改,通过使用者和各知识管理相关单位不断地沟通,按照"原型开发→原型测试→原型修改→再测试"不断循环的方式工作,以便学习及扩大延伸知识管理的范围,不要在大家都还不太了解需求时,就全面定死内容与规格,等系统完成后才发现根本不符合使用者的需求,此时要再回头修改,所需的修改成本就会大大增加。

(5) 导入阶段

知识管理项目经过原型的循环扩大到使用者认可接受后,就可以进行引进上线的阶段,此时要特别注意教育训练、支持、服务、维修和改错等工作。此阶段的另一项工作是使员工了解在变革过程中,自己应承担的任务和权限,员工多少会对变革产生抗拒,明确其任务和权限,能提高员工配合意愿。而且组织要进行变革,就需要社群领导者、管理层与外部顾问共同合作。

(6) 评估与维护阶段

完成知识管理与系统导入工作后，必须考核导入的成果并回馈，使知识管理系统持续发挥效用，在这个阶段必须正确对系统做出评估，并将所获的结果进行回馈，运用到知识管理战略中。此外，由于环境的改变，知识管理的内容与做法也要随时更新，否则，仍利用早已淘汰的知识就只会产生负面的效果。

3. 两大管理

在知识管理项目中，从头到尾都要持续进行两大管理。

(1) 项目管理

这是以项目为对象，利用管理科学的工具与方法，针对进度、工作的设计、流程、时间、人力和预算的配置进行有系统和最佳的规划，以便有效顺利地推动项目。

(2) 变革管理

这是以人为对象，通过各种沟通、协调、教育、参与及互信等手段改变员工对新事物抗拒的观念。例如，利用 Lewin(1958) 变革三阶段，即解冻(unfreeze)、改变(change)、再结冻(refreeze)的模式循序渐进地将员工的旧观念改变成新观念，并将抗拒降到最小。

10.2 知识管理实施规划

知识管理项目的实施是一段组织变革之路。企业导入知识管理项目始于现状认知、策略确定(见第 4 章)。下一步就是进行知识管理实施的规划。

企业资源管理研究中心(AMT)给出了一个如图 10-3 所示的知识管理实施规划模型。该模型从“流程”、“组织”以及“技术”这三方面将知识管理业务规划过程分为 KM 流程分析、KM 流程优化、KM 组织结构定义、KM 制度定义、KM 系统功能定义以及 KM 系统实施策略定义六个阶段。其中，KM 流程分析及流程优化是关于“流程”的；KM 组织结构定义和制度定义是关于“组织”的；KM 系统功能定义以及系统实施策略定义则是关于“技术的”。

图 10-3 知识管理实施规划模型

(资料来源：AMT)

10.2.1 知识管理实施之"流程"规划

"流程"是实施知识管理项目中的一个关键要素，只有从业务过程出发，分析融于其中的知识内容，并创建环境对知识应用提供支持，才能真正达到知识管理创造业务价值的目的。为确认与业务过程及经营目标相关的重要信息和内容，有必要对知识进行分析、整理，这就需要描绘知识历程——显示在组织的业务循环和作业中，何处使用信息和知识。

描述知识历程，换句话说就是进行知识稽核，其直接目的在于找出能为组织创造最大价值的信息和知识，它将描绘出人员、作业以及知识之间的关系。要画出一幅完整的知识历程图，需要四个阶段。

第一阶段：确认策略性业务循环——选择一项业务循环和作业，并了解它是如何运作的；

第二阶段：找出信息杠杆点——将此作业分解为需要采取行动的多个具体事件；

第三阶段：加入人员——找出在每一个事件点上需要使用信息和知识的人员；

第四阶段：确认信息和知识内容——确定在每一个信息杠杆点采取行动所需要的信息和知识。

绘制而成的知识历程图将显示"谁""何时"需要"什么"信息和知识，是一份建设知识管理架构的蓝图。表 10-1 详细给出了绘制知识历程图的各个阶段的具体行动步骤和注意事项。

表 10-1 描述知识历程图的方法

阶 段	原 因	行动步骤	注意事项
第一阶段：确认策略性业务循环	• 只有了解组织的目标，才不至于进行知识管理时迷失大方向。因此，需要根据组织特定目标，找出组织主要业务循环和业务循环作业作为知识管理行动重点	• 审计组织的长期经营计划和特定经营目标 • 确认支持这些目标的业务循环 • 选出一项开始着手的业务循环	• 需要走出你的专长领域，必须与自己所属部门、工作团队，甚至公司之外的人进行协作 • 跟着钱走——确定哪些产品或服务活力最高，如何运用知识管理来提高这些产品和服务的获利 • 你组织或部门以外的人员与组织有何重要性，了解他们在实现经营目标的过程中扮演什么角色 • 为了实现目标，需要面对哪些竞争者，了解如何运用信息和知识击败这些竞争者将是一项主要的目标

续表

阶　段	原　因	行动步骤	注意事项
第二阶段：找出信息杠杆点	• 只有从整个作业过程找出需要采取有效行动的实践，才能知道信息和知识是如何适用到业务循环的每一部分，以及它们的优先级如何 • 只有知道工作者在何时何地采取行动，才有可能了解他们需要哪些信息和知识	• 深入了解业务循环是如何运作的 • 访问相关人员，查明重点 • 了解此作业中欠缺效率的地方	• 不要过于追求完美，许多作业方式并不是很精确 • 寻求共识或共同的了解 • 反问自己或其他人：这些信息和知识会在选定的业务循环中的哪些杠杆点发挥作用
第三阶段：加入人员	• 很多关键业务都是由人来完成的	• 访谈主管该业务循环的人员 • 访谈该业务中公认的绩优人员，让他们来说出哪些人与此项业务相关 • 将相关职称加入图中	• 人力资源部门也许可以帮忙，现有的职务说明书可以提供找出关键人物的线索 • 训练部门也可能有相关的职业发展和认证计划可供参考 • 访谈这项业务循环的主管级人物。他们应该清楚哪些人与业务有关，有哪些问题有待解决 • 不要只局限于公司内部人员，有些重要的技能是由外部人员完成的
第四阶段：确认信息和知识内容	• 信息和知识只有被人利用才能发挥作用	• 以所确定的人员为基础，建立焦点小组 • 设计访谈问卷，协助你确认哪些信息和知识是他们行动所必需的 • 填写信息杠杆点所需的特定信息和知识内容，并完成知识历程图的绘制	• 人员剖析将能帮助理清业务循环在各个信息事件点的全貌 • 从这份图可以看出在正确的时间将适当的信息和知识传递给适当的人的真正意义 • 将中心放在可以帮助人们采取行动的信息和知识内容上

（资料来源：Applehans Globe Laugero）

图 10-4 是 AMT 在某知识管理咨询项目中生成的知识历程图。从 AMT 与某公司

初步接触直到双方进行商务谈判的全过程中，都渗透着知识历程图的思想，在 AMT 员工工作中心可以看到与此项目相关的所有信息，这些信息构成了一张网状的知识图，而且所有的信息和资料都可以从多个维度进行查询、检索。由于将业务、人员和知识三者紧密地结合起来，从而使得咨询业务能够顺利、高效地展开。

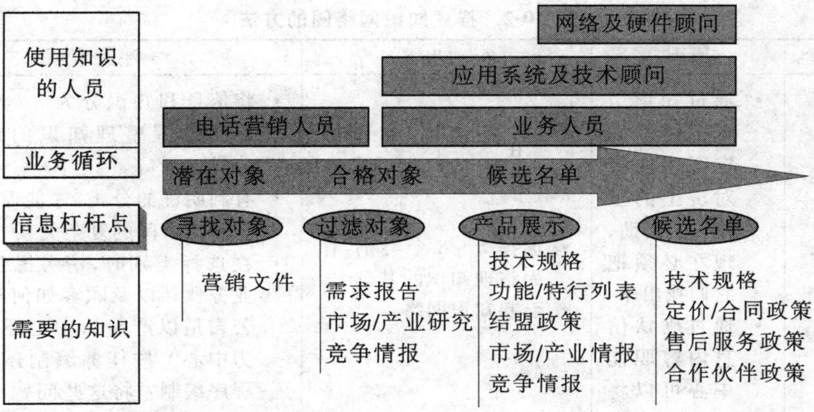

图 10-4　知识历程图示例

10.2.2 知识管理实施的"组织"规划

知识管理实施需要组织全体总动员。企业内部如果对知识管理价值、导入流程等看法不一，将无法形成共识，从而阻碍知识管理的实施。因此，在企业确认要实施知识管理的决心后，必须针对企业员工、整体组织进行一连串有系统的规划。其中有两点是在知识管理业务规划阶段需要着重解决的：一是绘制知识网络——显示组织内何处存有信息和知识以及谁拥有信息和知识，为创建知识型社区提供直接依据；二是确立知识架构——为推动和开展知识管理活动提供组织和制度保障。

1. 绘制知识网络

绘制知识网络的目的在于定义组织现有的知识，并将责任赋予维护各类知识内容的人员。它能够帮助企业确定究竟需要哪些人手？资源应该集中在何处才能确保知识内容的收集和传递？知识管理团队在组织中应该得到什么样的配置？等等。一般来说，绘制知识网络图需要三个基本阶段。

第一阶段：确认信息内容中心。这是高层次的知识中心，例如产品、营销以及人力资源等，目的是要建构有利于收集与传递信息和知识的组织架构。

第二阶段：加入信息内容卫星。所谓卫星，就是隶属于各个高层次信息中心的第二级中心，如产品文件说明、客户支持等，目标是具体分解各信息内容中心。

第三阶段：配置人员和指定职责。各中心必须要有熟悉该领域的专家，负责该中心相关信息和知识的正确性和一致性，目标是将权责分派到每一个信息内容卫星。

实施知识管理对于企业的挑战之一就是要既保留现有层级式组织的优点，又要将之融入新的网络式结构。知识网络图正好有助于将传统的层级式组织转变为灵活的知识共享的组织。表 10-2 详细描述了绘制知识网络图的各个阶段的具体行动步骤和注意事项。

表 10-2　描述知识网络图的方法

阶段	原因	行动步骤	注意事项
第一阶段：确认信息内容中心	• 通过知识历程图可以确定哪些内容对员工的工作有帮助，现在必须把它们找出来 • 通过确认信息内容职能中心可以将信息和内容结构化	• 选择 5～8 个类别，作为整理知识的基础 • 绘制知识网络	• 将信息和知识分为 5～8 个类别，以便掌握整理知识的最高层次分类 • 有利明确的分类，才能看出各类信息和知识间的复杂关系 • 在选择类别时，请考虑公司本身、业务伙伴以及顾客如何实际运作？公司是以产品为中心还是以顾客为中心？按任务编制还是按作业程序编制？将这些问题澄清，将能够有助于整理出一个条理分明的高层次架构
第二阶段：加入信息内容卫星	• 加入信息内容卫星可以将知识的分类更加细化	• 取出知识历程图，将每一个信息和知识内容与一个内容中心相联系 • 将每一个信息内容中心的项目按逻辑分类 • 调整细分类，直到调理清晰为止	• 从信息和知识内容着手，不局限于部门 • 利用知识历程图来测试自己所制定的高层次类别的信息内容中心 • 将较低层次的信息和知识内容整理为第二层分类 • 每一个卫星领域不宜过大，使负责该信息和知识内容的人能够掌握
第三阶段：配置人员和指定权责	• 通过该步骤，才能使传统的阶层式结构与知识网络结构真正实现结合	• 确认每个信息内容卫星的负责人 • 将负责人与作者的姓名注记在与其相关的信息和知识内容上 • 将这些姓名与他们的联系方式如电子邮件相链接	• 信息内容卫星的主人应该是主管级人员 • 信息内容卫星的主人是澄清和验证信息内容的接触点 • 如果信息内容卫星没有主人，将无法落实执行方针和确保信息和知识的品质

比如一家典型的制造业公司从事产品的生产、营销和销售，它可能有以下的信息内容中心：产品中心、顾客中心、业务和营销中心、交易伙伴中心、员工中心、研发中心以及财务行政中心等。每一份重要的信息和知识内容都至少需要属于上述某一个类别，它

们可以进一步归入信息内容卫星，如对于典型的产品中心，其信息内容卫星可能包括 ISO 9000 标准、科学研究报告、零件清单等。图 10-5 给出了一个知识网络图的示例。

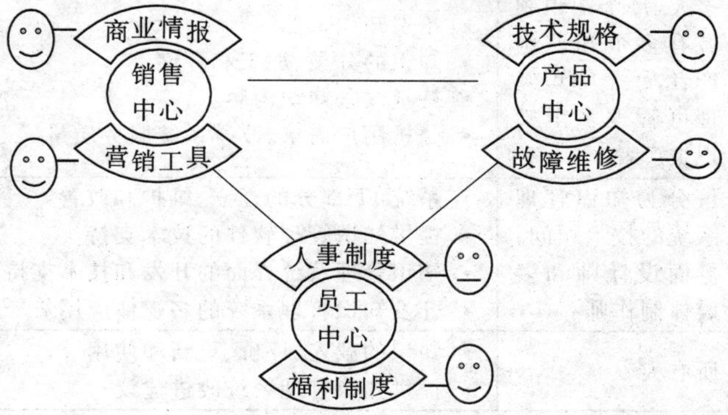

图 10-5　知识网络图的示例

2. 确立知识架构

要支持真正的企业知识组织架构，光有知识网络图还不够，还必须要创造新的职位和作业方式，来改变传统企业文化，进而使原有的递阶式组织调整为适应知识管理要求的结构。当然，不同规模的组织，建立知识组织架构的方式也并不完全一样，大型企业必须要有专人从事知识管理的工作，而较小的公司则可以将知识管理的相关工作纳入现有的职务功能之中。但从长远来看，创造知识管理的专门职位将是一种不可避免的趋势。

一般来说，为构造知识管理组织结构，需要创建一些组织和职位，如表 10-3 所示。

表 10-3　知识管理组织结构的相关职位

职位	人员	职责
知识管理委员会	• 由 CKO 和 3～6 位知识经理组成	• 决定知识管理总体策略和方向 • 知识管理相关制度的最终核定
知识总监（CKO）	• 一位	• 规划知识管理整体策略和方向，并提交委员会审核 • 建立知识管理团队 • 确立重要的知识领域 • 创立知识管理基础设施 • 维持和发展组织知识生产、共享、应用和创新 • 整体知识管理绩效评估
知识经理	• 多人，不一定按部门分，而是按照一定的知识结构来分，每一个知识经理负责一个相应的知识领域	• 确定其负责的知识领域的用户需求 • 规划该知识领域的管理策略和工作计划 • 确定该知识领域的知识架构和标准 • 执行该知识领域的内容管理、分享、沟通和推广计划 • 知识领域成员的知识分享/贡献的考校 • 与高层管理人员沟通计划 • 管理和协调其所在团队的工作

续表

职位	人员	职责
知识生产者	• 多人,每个知识领域有多个知识生产者,一个知识经理可管理多个知识生产者	• 拓展知识来源 • 知识的分类、加工和存储 • 持续改善知识内容 • 分析用户需求,改善系统服务质量
知识管理系统维护者	• 可分为知识管理系统的技术顾问、界面设计师和多媒体制作师	• 系统 IT 部分的建立、维护和改善 • 提供知识管理软件的技术支持 • 知识管理系统界面的开发和技术支持 • 开发知识管理系统的多媒体应用
使用者	• 所有人	• 知识的载入、评价、更新和使用 • 提供知识管理系统改进建议

10.2.3 知识管理实施之"技术"规划

知识管理技术规划包括两个方面的内容,一是知识内容标准化,即在知识历程图和知识网络图的基础上,创造通用词汇、界定知识内容类型,为收集、分类、存储和分享建立共同的标准;二是在知识内容标准化的基础上,建立技术解决方案,包括系统功能架构、技术方案以及实施策略等。

1. 知识内容标准化

知识内容标准化就是要创造通用的词汇,为整个组织提供一致适用的分类机制,使散放各处的内容——无论是结构化还是非结构化的或是非文字表达的——都能遵循这套标准,在此基础上,再进行内容结构开发、知识管理自动化流程设计等工作。其中,设计知识地图对于大多数知识管理项目而言,是知识内容标准化阶段的核心工作。

2. 确定技术架构

在 7.3 节中,给出了知识管理技术架构的七层参考模型。在规划知识管理技术方案时,应从技术架构的七个层次出发,根据组织具体的情况,设计出有针对性的解决方案。表 10-4 给出了知识管理技术解决方案的要点。

表 10-4 知识管理技术解决方案的要点

技术架构层次	目的	考虑事项
界面层	• 建立全组织统一的外观	• 为各种来源的信息和知识提供一致性的访问界面 • 建立个性化、统一的浏览方式 • 及早决定所采用的界面模式 • 考虑采用成熟的门户技术方案 • 应有称职的界面设计人员

续表

技术架构层次	目的	考虑事项
存取层	• 保护信息及安全控制	• 在安全和便利之间寻求平衡 • 确定信息和知识存取的权限 • 评估各种存取方法及其成本 • 慎重选择存取技术 • 确定安全群组、密码的管理人员
协作智能和过滤层	• 实现知识的个性化、智能化存取	• 优先考虑注册、订阅、搜索等传统的信息访问和过滤技术 • 随技术发展逐步引进智能化的技术，如人工智能工具、智能代理
应用层	• 促进知识交流，创造竞争优势	• 根据企业需求确定功能应用 • 优先考虑导入协作工具以建立知识社区 • 运用导入内容管理、商业智能、E-Learning 等技术
传输层	• 提供网络连接、传输能力	• 网络通信量的估计 • 是否要支持视频会议功能 • 网络模式下的电子化培训要考虑的带宽问题
中间件/集成层	• 使系统成为集成的运作平台	• 评估集成对象 • 设立集成目标 • 确定集成技术
存储层	• 存储信息和知识	• 清查资料来源 • 建立与存取模式集成的资料架构 • 信息和知识来源单一化 • 考虑聘请数据结构专家的服务

所谓技术解决方案就是符合组织特色的技术体系和实现方式，各组织自身需求各异，所以，不存在完全一致的技术解决方案。知识管理的七层技术架构为企业提供了一种可以定制出具有自身特色的技术方案规划的参考模型。在判断知识管理技术方案是否恰当时，可以问自己几个简单的问题：技术方案能够保证适当的信息和知识交给需要它的人吗？能够让所有的人都能存取信息和知识吗？能够提供各种应用、文件以及资料来源的一致的访问方式吗？

10.2.4 知识管理实施规划阶段的成果总结

这样，通过将知识管理流程分析、知识管理流程优化、知识管理组织架构定义、知识管理制度定义、知识管理系统功能定义以及知识管理系统实施策略六个阶段归结为“流程”、“组织”以及“技术”三种层面的分析活动，就顺利完成了知识管理业务规划阶段的工作。

那么，在知识管理业务规划阶段主要取得哪些成果呢？这里来总结一下，概括说来，在“流程”上绘制出了知识历程图——明晰组织业务过程中的知识应用状况；在“组织”上画出了知识网络图——透明化知识在企业中的位置，并为知识维护和管理提供了组织保障；在“技术”上确立了总体的技术方案——一方面通过知识动员创立了统一知识词汇标准和知识管理流程，另一方面制定了整体的技术解决方案。

正如图 10-6 所示，知识管理业务规划的下一步是知识管理系统实施，可以说，这时，知识管理项目才真正从概念形成进入了系统落实阶段，这是一个复杂过程，丝毫也忽视不得。

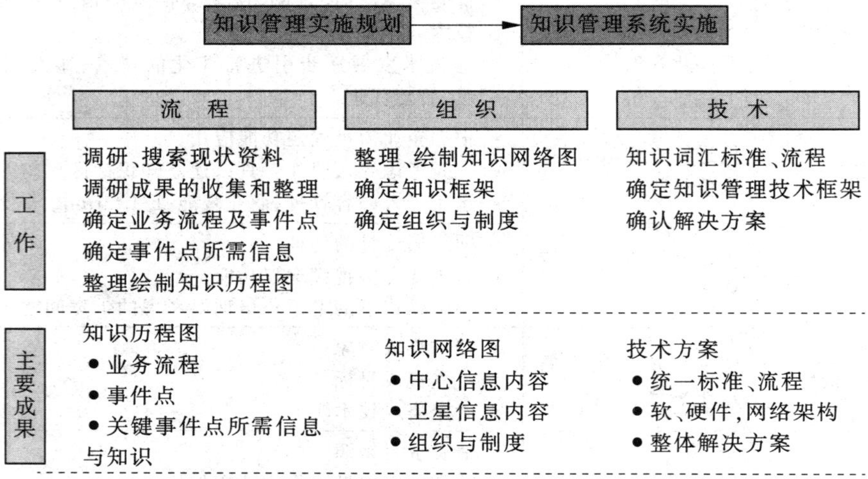

图 10-6 知识管理实施规划阶段的主要成果

10.3 知识管理系统实施

知识管理系统(knowledge management system，KMS)实施模型包括知识管理系统选型、知识管理系统实施组织确定、知识管理系统实施计划确定、知识管理系统试点实施以及知识管理系统推广五个主要子阶段，如图 10-7 所示。五个阶段主要解决三个问题：一是系统选型；二是实施组织；三是计划和实施。

图 10-7 知识管理系统实施模型

10.3.1 知识管理系统选型

不同的组织机构在实施知识管理系统的模式上有很大的差异，从完全自己开发到完全外包各种方式都有；在实施效果上，不同模式也有显著的差异之处。实践经验表明，聘请专业的知识管理咨询顾问是一种有效的模式。

企业该如何正确对待知识管理技术、合理选择知识管理软件供应商呢？目前有许多号称具有知识管理能力的软件供应商，他们能实现其承诺吗？这个问题的答案并不总是很明显。下面对知识管理系统自行开发、选择国内软件以及选择国外软件三种模式的效益和风险进行对比分析。

1. 自行开发

自行开发的好处有：系统具有针对性，更加切合组织自身特点；快速地自我支持与维护；锻炼了自身的技术开发队伍。

存在的主要风险是：实施时间较长，难以得到领导的一贯全力支持；项目组人员变更影响项目的进度；开发团队的经验与能力是影响系统开发进度与质量的重要因素。

2. 国外软件

国外软件的优点主要有：

- 蕴涵了许多先进的思想和方法；
- 集成性、技术稳定性、功能灵活性、系统开放性较强，为企业的不断发展与变革留下了较大空间；
- 重视售后服务，在问题响应方面比较规范；
- 在升级维护方面的支持比较及时，有利于企业信息系统的更新，有较多的咨询合作伙伴，有助于获得合适的管理咨询；
- 发展较稳健，有利于长期合作。

选择国外软件存在的主要风险包括：软件购置费用和年维护费用高；企业管理水平不能适应软件的需求；二次开发的难度较大；软件文档和资料可能没有汉化，企业人员学习难度大，成本高。

3. 国内软件

国内软件在购置成本和维护成本上有较好的优势，在使用方便性和管理文化上也考虑了一些国人的习惯。但是，在国内，发展稳健，提供性能稳定、功能较齐全的完整的企业级知识管理解决方案的软件厂商不多。

知识管理实施首先是要解决观念问题以突破传统的思维定式，同时还要解决机构的文化问题，建立知识共享、组织学习的机制。接下来才是选择适当的知识管理软件产品，开发知识管理系统平台，因此，知识管理解决方案具有实施服务需求与技术产品需求并存的特点。正是由于这种特点，重要的知识管理供应商都同时提供实施服务和技术产品。因此，知识管理软件选型实际上就是选择知识管理软件供应商。

对一个具体的知识管理项目，供应商的评估和选择应主要从三个方面来展开：一是产品，二是服务，三是管理。

在产品方面，不能一味求新，首先，还是从企业具体的需求出发，看产品的功能是否是自己所需要的；其次，要看产品的技术是否有一个较高的起点，其开放性、集成性如何，是否会影响以后的发展。在服务方面，事实上就是要考察供应商的实施方法如何、实施团队的素质和经验怎么样、是否有成功案例等方面的内容。在管理方面，就是要看公司本身的管理状况、经营策略以及发展趋势怎么样。比如，有些公司的产品性能很好，但由于经营管理不善或内部发生某些问题，就会直接影响到知识管理项目的实施。这种情况在国内企业信息化系统的实施中并不少见。其他如实施的价格以及项目进度计划等也是需要考虑的方面。

表 10-5 给出了一种软件供应商定量评估的简单方法，从产品功能匹配性、产品技术先进性、实施方法、团队经验/技能、公司经营状况、价格、进度计划等方面进行全面的评估，每一项评价标准都设一定的权重值。其中，某些评价标准如产品功能匹配性以及实施方法的评估，还需要进一步细化为多个子评价指标。经过各项打分和计算总分，最终总得分最高的供应商在竞争中将处于领先的位置。

表 10-5　知识管理系统供应商评估表

评价项目	权重(X)	供应商 A		供应商 B		供应商 C	
		计分(Y)	得分($X\times Y$)	计分(Y)	得分($X\times Y$)	计分(Y)	得分($X\times Y$)
产品功能匹配性 产品技术先进性 实施方法 团队经验/技能 公司经营状况							
价格 进度计划 ……							
总得分							
说明	权重(X)：很高(1.2)，高(1.1)，适中(1)，低(0.8)，很低(0.7) 计分(Y)：优秀(5)，好(4)，不错(3)，较差(2)，很差(1)						

10.3.2 知识管理系统实施组织确定

知识管理系统实施组织是为了推进知识管理项目而成立的一种临时性组织。一般来说，知识管理项目实施组织由企业和合作方成员共同组成，如图 10-8 所示，可分为项目领导小组、项目推进小组、项目质量控制专家小组、项目职能小组以及合作方人员小组。其中,甲方是指项目合同中的甲方,即项目实施方;乙方是指软件产品和服务提供商。

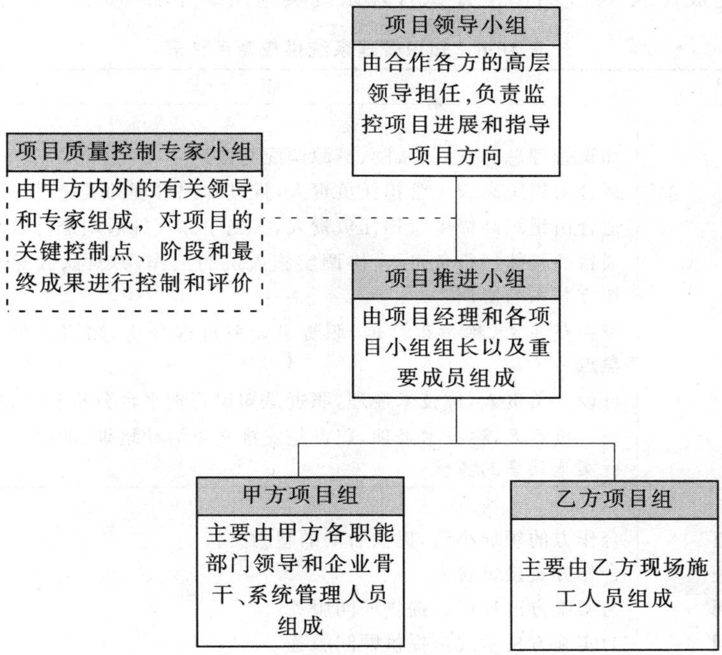

图 10-8　知识管理系统实施组织

对于购买成熟软件产品型(非定制开发)知识管理系统项目实施来说,从项目实施组织的具体成员和角色上看,实施方(甲方)和合作方(乙方)也存在对应的关系(见图 10-9),企业方知识管理实施组织包括 CKO、推进成员、评估成员、项目经理、过程成员、

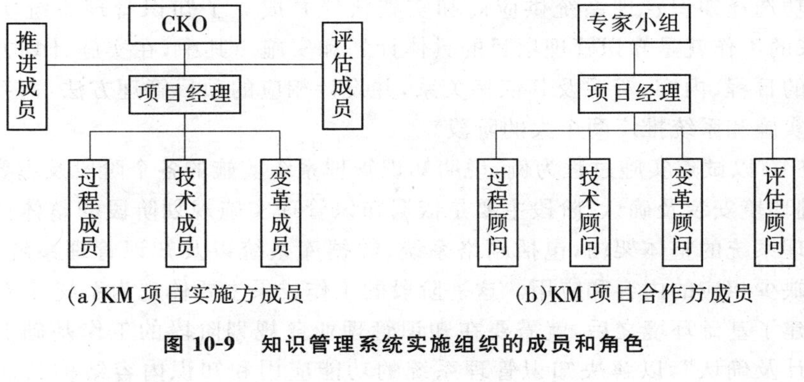

图 10-9　知识管理系统实施组织的成员和角色

技术成员以及变革成员等；合作方也需要成立相应的专家小组以提供项目的指导性意见，而具体的项目咨询及实施任务由项目经理领导过程顾问、技术顾问、变革顾问以及评估顾问来完成。表 10-6 给出了知识管理系统实施组织中各个成员知识的具体描述。

表 10-6 知识管理系统供应商评估表

成　　员	职　　责
实施方：	
CKO	知识管理总体规划、激励、资源调配与协调
推进成员	适合由组织高级主管担任负责人，推进知识管理的实施
评估成员	适合由组织高级主管担任负责人，实施中和实施后期进行效果评估
项目经理	项目的具体执行负责人，协调实施人员的工作，并对队领导小组负责，与合作方联系与协调
过程成员	设一负责人，称过程经理，职责是业务过程分析、知识过程分析、知识内容盘点
技术成员	可设一负责人，称技术经理，职责是知识管理平台分析和建设
变革成员	设一负责人，称技术经理，职责是安排变革活动培训、激励员工贡献知识、进行实施共享的考核
实施合作方：	
专家小组	合作方的领导小组，提供后端的智力支持
项目经理	合作方直接负责人
过程顾问	为实施方过程成员提供顾问服务
技术顾问	为实施方技术成员提供顾问服务
变革顾问	为实施方变革成员提供顾问服务
评估顾问	为实施方评估成员提供顾问服务

10.3.3 知识管理项目的计划与实施

在成功选择知识管理系统供应商和实施伙伴并成立了知识管理系统实施组织之后，接下来的工作就是知识管理项目的具体计划和实施。其中，在实施计划方面要确定系统实施的日程、内容、资源及其依赖关系，并设计相应的项目管理方法，而系统实施又分为试点实施和系统推广两个大的阶段。

图 10-10 以试点实施过程为例，说明知识管理系统实施的各个阶段及主要成果。

“基础环境安装及确认”阶段主要是依据知识管理实施规划阶段的整体技术方案搭建知识管理系统的整体架构，包括网络系统、数据库系统以及知识管理系统基本环境，但此时还缺少相应的内容和应用。这一阶段的工作成果主要体现为系统安装报告。

在构建了基础环境之后，就需要在知识管理业务规划阶段的工作基础上，进行“详细方案设计及确认”，以解决知识管理系统的功能应用和知识内容结构的详细设计问

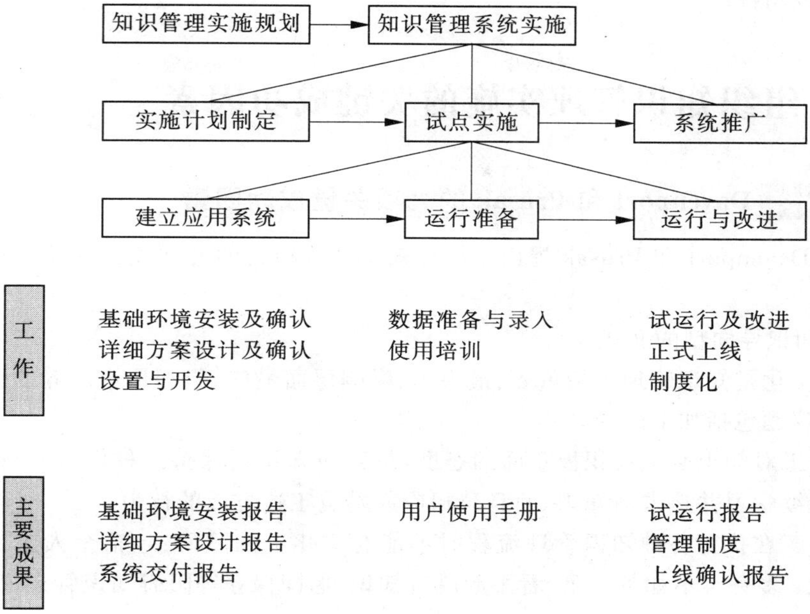

图 10-10　知识管理系统试点实施阶段的主要工作成果

题，最终提交详细方案设计报告。

依据详细方案设计报告，就可以对知识管理系统进行定制化的“设置和开发”，并生成系统交付报告。

接下来就进入了运行准备阶段。在正式运行知识管理系统之前，需进行“数据准备与录入”，此时要按照业务规划阶段知识调研情况和知识标准来有计划、有组织地导入相关的文档等资料。此外，为保证用户能够会用以及用好系统，还必须进行“使用培训”，最终生成用户使用手册以提供知识管理系统的使用指南。

经过上述各阶段，知识管理系统已经基本成形，就到了检验系统产品的阶段，这就是运行与改进——包括“试运行和改进”、“正式上线”和“制度化”三个子阶段。试运行时需要按照需求分析、详细设计来对系统进行测试，检验系统是否符合要求，并进一步与企业进行磨合以发现系统中存在的问题，以改进和完善系统；然后进入“正式运行”，并实现知识管理系统运行的“制度化”。在上述阶段，需提交试运行报告、上线确认报告以及管理制度。

可以说，在知识管理系统的实施过程中，始终是企业、产品提供商、第三方合作伙伴互相参与、协同配合的过程。通过知识管理系统的试点实施，组织不仅能够得到成功的经验，而且在和合作方的交互过程中也进行着知识转移，这些都有利于企业将知识管理系统继续成功推广。

10.4 组织知识管理实施的关键成功因素

10.4.1 Davenport 和 Prusak 的九项关键成功因素

学者 Davenport 和 Prusak 提出了推行知识管理项目的九项关键成功因素，现分述如下。

(1) 知识导向型的文化

组织文化是知识管理中最重要、最根本、影响层面最广，但却最难培养的因素，此方面的主要议题包括如下两项。

- 员工对知识必须持积极正面的态度：员工对知识要保持一种好奇心，愿意探索、持续学习并追求新知识，而且公司应鼓励员工这方面的行为。
- 员工在执行各种知识管理流程时不能有文化上的障碍：包括个人主义、囤积文化、多一事不如少一事、看不起既有知识、僵固保守等阻碍知识管理流程进行的心态。

(2) 全面普及的技术结构与组织结构

如果企业具备比较全面的技术与组织结构，那么知识管理项目的进行就较容易成功，这其中包括信息技术基础设施，如 Intranet、Web 和群件等。当企业信息技术越来越普及时，就越容易进行知识管理项目。此外，组织结构如团队、扁平化组织、网络型组织、授权员工及企业建立权责分明的知识管理角色等都能使知识管理更快地步入轨道。

(3) 与经济绩效及产业价值结合

知识管理可能耗费公司大量资产，例如，在各个公司中知识管理所占收入的比例，如其占 Buckman Lab 营业收入的 2.5%、McKinsey 的 10%、致远顾问公司(Ernst and Young)的 6%，那么就必须将知识管理与企业的经济绩效相结合，才能说服企业支持知识管理的进行。例如，Dow 化学公司由于改善智力资本(专利权)的管理，使其在第一年即省下 400 万美元；Hoffman-La Roche 制药厂以知识管理系统加速新药上市的时间，只要缩短一天就可以节省 100 万美元成本；HP 公司也指出其开发的常见问题解答集(FAQ)系统节省了 50%客户的电话处理成本。

(4) 要具备适度的过程导向

由于知识管理的引进和其他项目一样复杂，因此，也必须具有适当的步骤和流程管理，但知识管理项目不需要过于详述每个步骤。例如，某家公司的知识管理项目包括 4 项附属项目、15 个分支项目，以及 50 项分支附属项目，但最后却面临失败，只实施了

5%，检讨其失败的原因，是因为其全面同时实施 50 几个项目，太过于复杂，所以应由先导计划切入，当学习有经验后再逐渐扩大。

（5）要有清楚明确的目的与用语

当企业进行知识管理时，必须在项目开始时将知识管理的目标界定清楚，不要把所有的数据、信息与知识相互混淆，否则会把知识管理项目变成只是建立一个数据库或 MIS 项目。例如，Daimiler-Chrysler 设计的知识簿（book of knowledge），用来存储2 000 条汽车设计领域的知识，并且要求不能只存储资料与信息，必须是具有附加值的知识才可以存储。例如，将汽车撞击测试的数据加上比较、分析、运用和评论等数据，这个附加值就可以成为知识。有的公司为了配合传统习惯，要求提交提案时拿出客观的数据，以防口说无凭等。有些工程师习惯明确的法则与数字，不喜欢抽象、概念化和不确定性的"知识"用语，害怕使用知识管理这个名称，以免遭受抗拒，这种情况的最后结果将会因为知识管理的方向模糊不清、看不出重点而失败。因此，应该在知识管理项目开始进行的时候，清楚地向员工宣告知识管理的方向和目的。

（6）有分量的奖励措施

对于知识管理所需要的奖励方式必须具体、实质、明确，否则难以奏效。例如，某一组织提供免费的飞行里程数，公司将小型纪念品作为奖励员工实施知识管理有优异表现的奖品，结果效果不佳，无法持续改变员工在知识管理方面的行为。因此，企业必须以长期有效的绩效考核、薪酬、升迁或其他足以激励员工内在参与感、名声及口碑的内在激励方式奖励知识管理的行为，如此才有正面加强的作用。

（7）标准化但具有灵活性的知识结构

企业存储的知识如果过于结构化，将因其太过于僵化而很难表示出隐性、无法结构化且复杂的知识，但也不能因此而完全没有结构。例如，某家服务公司的知识库完全没有结构，只有关键词查询，结果员工使用效益不大，不是找到的知识太多就是找不到。因此，必须将知识按员工熟悉的方式予以分门别类，列出关键项目进行查询。如 TelTech 公司将技术名词设置成同义辞典系统，让使用者可以自由浏览，以自己熟悉的关键词查询和连接相关知识，并随时更新补充用语。

（8）多重的知识转移通道

企业对知识管理通道要能同时把握不同层面的定义，不仅要支持外部知识，还要支持内部的结构化与非结构化的知识。因此，知识管理需要有良好的知识库和 IT 设施。此外，公司最重要的是要有面对面沟通的渠道，才能建立共识、信任及友谊，才是最有效的知识转移通道。

（9）高层管理者的支持

企业的高层管理者对知识管理要明确、清楚地宣告其进行的决心，形成上行下效的风气，并为知识管理的延续提供长期支持的资源，且在战略上要决定知识管理的大方向。例如，哪些知识对公司而言是最重要的，在知识管理实施期间更要排除所有的障碍与阻力，以提升各单位协同合作的效果。

10.4.2 避免知识管理项目失败的十大要项

许多组织已经尝到导入 KM 带来的甜美果实，但是有更多企业在导入 KM 后却是令人沮丧的结果，在看到别人实作 KM 成功之余，不要忘了它们并不是一路上都一帆风顺的，每家公司在导入 KM 时，必定多多少少遭遇到一些问题与困难。在导入 KM 时，Garner Group 整理出以下一般共同性的失败因素。

(1) 没有获得高阶主管的支持

KM 新科技的实作需要企业文化及流程的配合，因此势必造成企业流程上的改变，所以这时高阶主管的参与是很重要的。

(2) 由上而下进行的项目，没有低层的参与

KM 项目如果是单单由管理阶层来驱动是很容易失败的，企业文化的改变是全体员工的合作努力才能达成的，所以 KM 需要整合进低阶营运单位的流程，才能彻底地改变公司的文化与流程。

(3) 忽略在人力和技术后续的支出

一般企业在导入 KM 时，只注重在信息科技上的花费，而忘记了人事上的需求和忽略信息科技除了当初选购和建置的费用外，还有后续维护的可观费用，因此若是在导入 KM 时，忽略在人事和科技后续的支出，是很容易导致 KM 实作的失败的。

(4) 选择错误的信息技术解决方案

有些新信息技术解决方案并未成熟或并不符合企业本身的目标，如果企业主一味地决定引用，那将注定 KM 失败的命运，所以企业主在选择信息技术解决方案时必须小心谨慎。

(5) 没有先设立营运的目标，而只是进行一个科技基础的项目信息技术

(6) 选择错误的顾问公司

进行 KM 实作时所选择的顾问必须清楚 KM 实作的每个环节，还有产业相关的 know how，否则容易给企业主错误的建议，导致整个 KM 项目的失败。

(7) 错误的评估过程

对于抽象的知识很少有直接的测量方法，只能从一些间接的方法得知 KM 的效果，例如导入 KM 后，对于员工在时间上的节省等，所以在衡量 KM 成功与否的过程中，这些衡量的要素必须小心谨慎地选择和测量。

(8) 眼高手低

在一开始导入 KM 时发展了一连串宽广的策略，但是在后续的实作上却只是营运

上的一小部分，这也就是说当企业为KM宣布了一个新项目且引进新科技时，却没有与组织当初制定的宽广策略相配合，这很容易导致KM实作的失败。

(9) 忽略人的因素

KM新科技的导入，所引起的流程的改变，势必造成员工的抗拒，因此在整个导入过程的每个阶段，都要注意员工的反应，并采取相对应的步骤，如教育训练、心理建设等，以免日后因为人的因素造成KM的失败。

(10) 不做任何事

不要以为引进KM信息技术解决方案就没事，只要坐着等就会成功，为了赢得KM实作的成功，企业应该随着环境的改变和需要适时地评估和修正KM系统。

企业必须评估它们对KM所作的努力，并且确保它们拥有一个健全的策略来避免这些可能发生的共同性失败因素，而这些失败情况的发生常因为模糊的策略、对于政策和行为细节的粗心大意或是科技的使用不当。总而言之，KM实作的成功与否，需要策略的引导、程序的实作和科技的支持。

本章小结

1. 组织引进知识管理必须关注知识策略、组织学习、知识库、信息技术、社群和绩效考核六大战略侧面。

2. Arthur Andersen 咨询公司提出了知识管理引入方法包括四大构面、六大步骤和两大管理。

- 四大构面：战略规划面、流程面、IT面、人和组织面。
- 六大步骤：认知管理阶段、战略阶段、设计阶段、原型开发与测试阶段、导入阶段、评估与维护阶段。
- 两大管理：项目管理和变革管理。

3. 知识管理实施规划应从“流程”、“组织”和“技术”这三方面展开。知识管理实施规划过程可分为知识管理流程分析、知识管理流程优化、知识管理组织架构定义、知识管理制度定义、知识管理系统功能定义以及知识管理系统实施策略定义六个子阶段。

4. 知识管理系统实施包括知识管理系统选型、知识管理系统实施组织确定、知识管理系统实施计划确定、知识管理系统试点实施以及知识管理系统推广五个主要的子阶段。5个阶段主要解决三个问题：一是系统选型；二是实施组织；三是计划和实施。

思考与讨论

1. 知识管理导入是否有固定的步骤？为什么？

2. 简述 Arthur Andersen 咨询公司的知识管理项目导入方法论。

3. 怎样对组织知识管理的现状进行诊断?

4. 怎样制定企业知识管理策略?

5. 知识管理实施规划要考虑哪些主要因素?

6. 简述知识管理实施之"流程"规划的步骤。

7. 简述知识管理实施之"组织"规划的方法。

8. 知识管理实施之"技术"规划包括什么内容?

9. 知识管理系统选型要考虑哪些因素?

10. 怎样选择知识管理系统提供商?

11. 知识管理实施的关键成功因素有哪些?

12. 分小组讨论案例13,并写出讨论报告。

案例 13

某电信研究院的知识管理实施

某电信研究院创建于20世纪50年代中叶,自建院以来,承担了大量国家和行业的重大研究工作,包括:国家通信网的基本技术规划设计和技术标准、行业发展规划、管制政策、通信计量和通信产品测试认证等。

在半个世纪的发展历程中,前后进行了两次比较大的机构变革与重组。最近的一次完成于2003年初。重组后,全院形成了三大核心业务领域:政府支撑工作,包括行业发展规划、政策法规研究、通信技术标准研究等;通信计量及通信产品测试认证,以及企业质量体系认证服务;咨询服务,包括通信网络技术体制、业务技术规范、选型测试、综合规划、新技术新业务分析咨询、技术和管制分析咨询、企业管理和战略咨询等。围绕这三大核心领域重新组建了七个核心研究机构——通信政策研究所、通信标准研究所、规划设计研究所、中国泰尔实验室、通信信息研究所、企业管理研究所和泰尔认证中心。

然而随着机构重组的成功完成,问题也接踵而来。由于全院各单位一直以来独立作战、各自为政,且分处不同的属地,形成了一个个信息孤岛,重复劳动现象严重,缺乏有效的沟通交流,急需一个统一的内部信息管理平台,以打破部门壁垒,加强交流与协作,支撑全院的日常工作。如何解决这一问题呢?电信研究院信息管理中心的员工感受到了新的挑战。

1. 目标是起点

首先应该确立目标,没有目标,就没有方向,信息管理中心的员工对此达成了共识。

如何确立目标呢？电信研究院作为知识密集型企业，其核心竞争力正体现在对知识的管理与创新水平上。因此，信息管理平台建设的一个重要目标就是实现对知识和经验的有效管理。在信息管理平台建设项目的立项书中，"以知识管理为导向"被列为平台建设的主导思想和首要原则。同时明确了促进全院各单位间的知识交流与共享、打破部门壁垒、连接信息孤岛、最大程度地提高知识在全院范围内的效用是系统需主要解决的问题。从解决实际问题的角度出发，系统的建设目标是如下几项。

(1) 促进全院信息与知识的交流，加强协作，提高工作效率

有效解决研究院存在的业务单元办公地点分散，缺乏有效的沟通和管理工具的问题，消除信息孤岛。同时避免重复劳动，提高工作效率，促进协作，扩大知识利用的程度和范围。在系统设计与实施中，力求将知识管理与业务流程有机结合，有效管理各业务流程中已有的、需要的和产生中的知识和信息，使其得以便捷地获取、传递、交流与共享。

(2) 实现企业知识的沉淀与积累

对于电信研究院这样的知识密集型企业，信息化不仅意味着要将各部门的业务流程规范化，同时也意味着要把沉淀已久的宝贵的知识资源进行有效管理，将个人知识提升为组织知识，以避免人员流失造成的知识断层和组织失忆。长期以来，由于员工流动特别是骨干人员的离职，使大量业务知识和客户知识随之流失，给接续工作带来困难，因此，研究院迫切需要解决有效管理现有知识资源的命题。

(3) 促进形成良好的知识共享的企业文化

建设一个不仅可让全体员工从中受益，还可以充分体现组织的人文关怀的交流协作平台，利用现代技术手段突出人的贡献，倡导知识共享和创新，鼓励互相帮助和协作，在全院逐渐形成良好的企业文化氛围，激发员工的创造性和能动性。

2. 刚柔相济，双管齐下

(1) "刚性"技术平台的搭建

2003年4月，由研究院杨院长亲自主持、信息管理中心主任武骏领导的KM项目小组成立，同时在全院设立了信息管理员制度，每个单位及部门都设有信息主管及一名信息管理员，负责对口信息化建设工作，从而在组织机构上保障了信息化建设的顺利进行。

在各部门信息主管与信息管理员的配合下，KM项目小组深入到各单位各部门中进行了面对面的需求调研，掌握了大量的需求与流程信息。同时，经过反复调研论证，最终选定在IBM Lotus系统平台上开发一套基于知识管理理念的办公自动化系统。项目组在对国内主要解决方案提供商进行了多方面的考察与全方位的比较后，通过招标，最终与国内一家在知识管理方面比较有实践经验的知识管理专业服务商签订了合作协议，采用其基于知识管理思想的OA系统。

之所以选定这家公司的产品主要是基于以下几点考虑：第一，该公司产品是基于IBM Lotus Notes系统平台开发的一套办公自动化系统，IBM Lotus产品属于文档型数据库，在知识管理的实现技术、搭建知识库和组建办公自动化流程方面，具有关系型数据库所不能比拟的优势，符合电信研究院对系统平台的要求；第二，该公司提出的“知识管理”系统理念与电信研究院信息管理平台建设指导思想相一致；第三，该公司在知识管理方面比较有实践经验，已有多家大型企业的成功案例；第四，该公司具有一定的咨询服务能力并提供相应的理念导入培训，有助于系统的顺利实施与导入。基于这几方面的考虑，电信研究院决定选用该公司的软件产品及服务。

在实施方式上，电信研究院选择了与系统软件提供商合作的方式。KM项目组负责软、硬件平台的选择，配合系统软件提供商具体实施，并参与调研，监督项目的实施，参与培训、系统的初始配置、维护及试运行。此种方式有利于工期控制，同时也为KM项目组在项目的调研、推广、培训工作上节省了大量的精力与时间，便于加大后期推广力度。

2003年12月成功搭建起了院内部信息管理平台，并命名为“泰尔C2知识协作平台”，其中“C2”取意communication(交流)与cooperation(协作)，二者结合将产生更大的集体智慧，并希望通过这个知识交流协作平台为研究院创造一个鼓励知识共享与交流协作的文化氛围。

(2)“柔性”管理和文化的培育

2003年5月，随着信息管理平台项目的启动，项目组邀请了国内著名的知识管理专家进行全员培训和交流，在全院积极倡导知识管理理念的导入。

2003年7月，信息管理中心起草并颁布了《信息资源管理暂行办法》，对全院范围内信息资源管理工作进行了制度上的规范，为以后共享信息的收集工作打下了基础。

2003年8月，在电信研究院领导的大力支持下，院各单位初步提供了可以内部共享的信息资料，信息管理中心负责进行收集、整理、统计，全部上传至泰尔C2知识协作平台的专业知识库中，并结合相关的考核办法进行了评比，使知识共享工作向前迈了一大步。

2004年1月，随着系统平台的正式开通运行，知识共享的推进工作亦开始启动。信息管理中心策划了一系列的“知识共享”活动。信息管理中心联合人力资源部对全院员工先后开展了6次使用级的培训，使大家切实感受到系统平台的能量。并在3月末，再次联合人力资源部组织全院各单位的信息主管及信息管理员共三十余人进行了IBM的CKP(知识管理专家认证)培训，使知识管理的理念得到进一步深化。接着，在全院发起成立了“知识管理研究小组”，积极倡导“多赢共好”的价值观，这一系列的努力得到了全体员工的支持和院领导的肯定，各单位踊跃报名。目前研究小组来自各部门的成员已有35名，杨泽民院长也欣然加入了研究小组的行列。

2004年4月，系统平台建成以后，遇到的最大的问题就是“如何促进知识共享”。KM项目组深切体会到要达到知识共享的最终目标，将是一个长期的渐进的过程，这期间既要付出不懈的努力不断进行推进，还要有相应的考核、激励制度的保障。鉴于此，信息管理中心积极促进院有关共享知识的考核管理办法的制定出台。KM项目组起草了《知识共享管理暂行办法》，从而对知识共享行为从制度上给予支持与保障。

2004年5月，电信研究院的知识共享推进工作开始进入一个新的阶段，随着CKP学员论文集的筹划出版，信息管理中心开始酝酿与院办公室联合编辑出版《知识管理简报》，以宣传全院在知识管理方面所取得的点滴收获，记录知识管理研究小组所取得的研究成果，并计划与负责企业文化建设的党群工作部联合进行企业文化的知识管理专题宣传推广活动。目前，电信研究院还计划建立“知识共享基金”，以奖励在知识共享方面做出贡献的员工及部门，并用于相应的研讨培训活动。

3. 四点经验

在知识管理的实践中，电信研究院遇到了不少困难与阻力，也逐渐摸索出一些行之有效的解决问题的办法与经验。

(1) 前期理念宣导十后期培训

知识管理的成功与否涉及每个人，如果员工内部对系统的价值、知识管理的导入看法不一，将无法达成共识，对成功实施势必造成阻碍。因此，必须针对全体员工进行一系列的宣传导入与培训活动，增进全体员工的认同感，项目实施过程中注意向全体员工及时通报进度情况，鼓励广大员工发表意见，激发大家的参与意识，为知识管理的顺利导入做好铺垫工作。

(2) 取得领导层的支持

电信研究院在实践中体会到，知识管理的实施涉及工作习惯甚至管理方式的改变，而任何一种习惯的改变都要克服很多阻力。所以取得领导的认可与支持是系统成功的关键，争取领导层的支持和带头使用，会更快地推动系统的导入。如在平台上开设院长办公区、行政办公会与业务办公会专区，将部分办公流程与业务流程移植到网上进行，贴近并满足领导层的需求，使领导能够真切体会到信息化带来的好处。

(3) 以点带面，典型应用

电信研究院在推进系统应用中注意抓大放小，以点带面，推进典型应用。如系统上线后，配合院庆适时推出了院庆网上知识竞赛等系列活动，极大地激发了大家使用系统的热情。先后有1 500多人次通过泰尔C2知识协作平台参加院庆有奖竞猜活动，得奖信息也在网上随时公告。

在系统推进中，信息管理中心的领导意识到知识管理只有与业务流程相结合才能发挥其效用，实践中也只有与其他部门团结合作，优势互补，才能有效推进知识管理的步伐。信息管理中心先后与人力资源部合作推出系列培训活动、建设培训课件库，与院办公室合作举办网上知识竞赛，与党群工作部配合进行企业文化建设，在网上开展员工对企业文化情况的满意度调查，这些活动都有效地推进了系统的使用，获得了员工的认可。同时通过将相应的功能模块交给相应的职能部门进行管理，使系统的推进工作得到更大范围的支持与促进。

为了做好技术支持服务，信息管理中心在平台上开设了“技术支持”栏目，还在论坛区开设“意见建议”版，与大家建立了便捷的沟通渠道，及时有效地解决了用户提出的问题，同时，问题解答过程作为宝贵的组织知识沉淀于系统中方便大家查阅，极大地提高了服务质量与效率。再如，先期开通了邮箱申请、账号开通申请等简单易行的审批流程，简化了以往既繁琐，效率又低的审批手续，通过网上流程移植后，工作效率大大提高，能够即时响应用户提出的申请。

（4）制度、文化是保障

知识管理知难行易，“刚”性的技术平台还需要配合“柔”性的管理与文化。电信研究院的内部信息管理平台建成后，KM项目组深切体会到知识管理是一个长期的渐进的需要付出不懈努力的过程，技术平台的搭建只是其中的一个方面，还要有相应的激励、考核、分配制度以及企业文化上的保障，从制度、企业文化上形成一定的约束监督以及激励机制，将个人贡献与绩效考核挂钩。

制度保障方面，在项目启动之初，信息管理中心就起草并颁布了《信息资源管理暂行办法》，对全院范围内信息资源管理工作进行了制度上的规范，并于2004年初开始积极促进院有关共享知识的考核管理办法的制定出台。2004年4月，KM项目组起草了《知识共享管理暂行办法》，根据该办法，将对各单位及个人的知识共享情况定期进行评估和激励，从而对知识共享行为从制度上给予支持和保障。

企业文化建设方面，KM项目组积极与党群工作部合作进行专题宣传活动，在全院倡导“利人不损己”的多赢共好的价值观，通过使用协作平台让全体员工从中受益，并利用技术手段突出人的贡献，体现组织的人文关怀，倡导知识共享和创新，鼓励互相帮助和协作，在全院逐渐形成良好的企业文化氛围，激发大家的创造性和能动性。

电信研究院杨泽民院长曾提出推进组织知识管理的三角模型，即从文化、制度、执行三个维度来推进知识管理战略。知识必须通过管理才能有效地创造价值，而这既需要针对知识管理设计分配机制、考核机制、指标要求等知识管理制度上“硬”的保证，还需要创造团结协作、多赢共好、沟通创新的“软”的氛围，同时又要在以知识管理为导向的总体战略指导下，落实责任、领导带头、全员参与。

第11章

知识管理评估方法

本章要点

- 组织知识管理评估的含义
- 组织知识管理评估的分类结构
- 组织知识管理整体性评估的主要方法
- 组织知识管理单项评估的主要方法
- 组织知识资本评估的主要方法

知识管理评估是知识管理实施的一个重要环节，通常发生在知识管理项目周期的起始和末了阶段。起始阶段的评估目的是为了了解组织知识资产、知识管理能力的现状，以便确定知识管理实施的重点领域；末了阶段的评估主要是为了确定知识管理实施的效果，总结经验，以便调整下一个周期的实施策略。

组织知识管理评估是一种多侧面、多层次的观念，要从不同的角度进行考察。本章介绍组织知识管理评估的一些重要模型与方法。

11.1 知识管理评估概述

11.1.1 组织知识管理评估的含义

虽然知识管理本质上是一种管理思想，但实施知识管理也是组织的一项投资，任何投资都要对其投入效果进行评估和测量。所以在实施知识管理后，组织还需要建立知识管理实施效果跟踪和评估措施。尽管知识管理的效果难以准确量化，组织仍有必要把握知识管理在组织经营及管理中所发挥的实际作用，并评判其效果。

进行知识管理的评估，目的是要明晰知识管理实施前后，组织各项指标的变化情况，虽然知识管理项目的最终目标更多的是在质上而不是在量上有所提高。评估知识管理的长期收益十分困难，但是，通过一些侧面的数据以及员工的感受来评价项目价值，例如使用者的亲身感受、参与者的热情，也能够很好地说明项目带来的收益。通过反馈，可以帮助指导和调整实施过程，总结在知识管理项目中学习到的经验，还可以开发出一个标准，作为其他组织学习和推广知识管理的成功案例。

综上所述，组织知识管理实施的评估是指组织对投资在知识管理过程、目标实现及投资回报率上所作的一种效果评估，以便了解战略效果与实施效率的实现程度，并作为后续行动的改进准则。

11.1.2 知识管理评估的分类结构

根据知识管理实施评估的定义，知识管理评估应是一种多侧面、多层次的观念，要从不同的角度进行考察，才能够使评估具有更好的针对性。根据组织所注重的焦点不同，出现了许多不同的方式与评估工具。表 11-1 给出了组织知识管理的主要分类结构。

表 11-1　知识管理实施的主要分类结构

分类标准	评估类型		主要方法
按定性和定量	定性评估		有形效益和无形效益分析
	定量评估	财务性指标评估	投资回报分析、回收期分析、净现值分析、Tobin's q 值
		非财务性指标评估	知识库访问率、客户满意度、实务社团数量、员工的忠诚度等
内部和外部绩效	内部绩效		平衡计分卡、面向绩效的评估、面向过程的评估
	外部绩效		标杆学习评估法、知识战略缺口模式
侧面评估和整体评估	知识管理的某个侧面的评估		面向绩效的评估、面向过程的评估、知识成长阶段结构等
	整体组织的知识管理评估		知识管理评估工具、最卓越知识型企业、成熟度、平衡计分卡、领航者模式等
过去、目前与未来绩效的评估	过去绩效的评估		投资回报分析、回收期分析、净现值分析
	目前绩效的评估		知识存量、成熟度
	未来的绩效评估		平衡计分卡、能力评估
投资者和管理者角度	知识资本评估		资本价值评估、Tobin's q 值
	管理现状评估		平衡计分卡、成熟度

11.1.3 组织知识管理评估的主要困难

由于知识本身是一种无形的资产，其所产生的又几乎是无形的效益，所以在效果评估上不像一般有形资产的效益评估(例如，组织增加一条生产线的直接成本、人工成本、间接分摊成本是多少？能够增产多少产品？提高多少利润?)那样容易和明确。因此，相对于一般可以量化的有形资产的投资，组织对于知识管理评估时的困难点可以归纳如下。

(1) 知识管理的效果经常是无法量化评估的

例如，知识管理提升了员工的决策和吸收新知识的能力与创新的精神，并提升了团队沟通、协调与合作的能力，促进了与顾客及战略伙伴之间的知识共享与交流。很明显，这些对组织非常重要，但却难以客观地量化。

(2) 知识管理对量化的财务指标的影响常是间接的

其因果关系比较难以明确地定义，组织知识管理的投资常常是在根本基础上作改进，常需要通过下列 3 层的中间因素才能影响企业的财务绩效：内部业务的效益、产品服务的改善及外部顾客与市场的效益等。

任何因果关系的评估影响效果越直接，因果关系的路径越短，那么它的效益就越容易评估。例如，向银行贷款的利息降低 30%，那么企业成本费用和净利润之间马上随之呈现一定比例的起伏，其因果关系非常直接而明确。但知识管理的投资常常由于经过的路径过于复杂，因此，很难像"利息下降——成本下降——利润上升"这样的一般通则清楚地定义出因果关系。此外，更重要的一点是影响企业财务绩效的其他重要因素很多，知识管理只是其中一项，其他如外部的景气、政治经济环境与产业竞争状况剧烈变化、供需的改变及内部的竞争战略或 CEO 的决策判断的转变等都会影响企业的利润，在这么多的"干扰因素"下，很难将知识管理对企业利润的因果关系"隔离出来"。例如，知识管理虽然推动得非常成功，但由于受到全球产业不景气的影响，导致企业利润仍然呈现负增长的现象。在这种状况下绝不能因此就断言由于组织投资在知识管理的推动而导致企业利润比前几年更差。

(3) 知识管理的成本不容易估算清楚

对于知识管理的投资并不像购买一个设备、土地等有形资产或信息系统一样容易计算，它包含了很多成本，例如，员工彼此间的相互作用、师父教授徒弟、员工接受培训的时间成本；制定知识管理薪酬制度、绩效考核政策、推动及支持实践团队的成本；知识的记录、存储、转移的人力、物力的成本，以及信息系统的利用成本等。这些成本有的是人力资源部门的费用，有的是信息部门本身的设备费用，组织应如何清楚地分摊给知识管理的活动在目前的会计制度下仍难以清楚地估算，因此可能会严重地高估或低估，这也将影响其投资报酬率的计算。

11.2 组织知识管理的整体性评估方法

下面介绍组织知识管理的几种常用的整体性评估方法。

11.2.1 全球最卓越知识型企业

自 1998 年起，由 Teleos 公司发起了每年一度的全球最卓越知识型企业(most admired knowledge enterprise, MAKE)评选活动。全球 MAKE 研究是建立在德尔菲(Delphi)方法论基础上的，由全球财富 500 强的高级主管人员和知识管理专家组成专门讨论小组鉴别关键问题，通过三个轮次的筛选达成最后的一致意见。第一轮，由专门讨论小组的成员提名可能的全球 MAKE 公司；第二轮，专门讨论小组的每个成员从被提名的组织中选出最受钦佩的三家公司，至少由专门讨论小组成员的 10%选中的组织才能成为全球 MAKE 最后参加决赛的公司；在第三轮也就是最后一轮中，使用以下八个指标作为评选标准对公司打分，每个指标最高为 10 分(excellent)，最低是 1 分(poor)。最后 Teleos 会根据专家讨论结果并结合其他指标综合分析给出最终结果，前 20 名的组织就是全球 MAKE 的优胜者。

(1) 公司在创建适应需要的知识型文化环境方面的努力；

(2) 公司高层管理人员对知识管理的支持与认可程度；

(3) 公司开发和提供知识型产品或服务的能力；

(4) 最大限度发挥公司智力资本价值的成就；

(5) 公司在创建能促进知识共享的环境方面的措施；

(6) 公司是否已形成了一种能不断进行持续学习的文化环境；

(7) 有效管理顾客知识以增加顾客的忠诚度与利润贡献度；

(8) 通过知识管理为股东最大程度创造财务利润。

表 11-2 给出了 2005 年、2006 年和 2008 年全球最卓越知识型企业名单。

表 11-2　近年全球最卓越知识型企业(按字母顺序)

2005 年	2006 年	2008 年
埃森哲(Accenture)	埃森哲	埃森哲
宝马汽车	苹果计算机公司 (Apple)	美国生产力与质量中心
巴克曼实验室(Buckman Laboratories)	必和必拓(BHP Billiton)	苹果计算机公司
戴尔(Dell)	巴克曼实验室	英国石油(BP)
安永(Ernst & Young)	戴尔	安永
通用电气	安永	福陆
谷歌(Google)	福陆(Fluor)	谷歌
IBM	谷歌	本田汽车公司
Infosys Technologies	惠普公司 (Hewlett-Packard)	IBM
麦肯锡(McKinsey)	本田汽车公司 (Honda Motor)	微软
微软(Microsoft)	麦肯锡	麦肯锡
诺基亚	微软	普华永道
普华永道(Pricewaterhouse Coopers)	诺和诺德公司(Novo Nordisk)	皇家壳牌
三星集团(Samsung Group)	普华永道	三星集团
科学应用国际公司	三星集团	斯伦贝谢(Schlumberger)
西门子	索尼	丰田汽车公司
索尼(Sony)	塔塔集团(Tata Group)	塔塔集团
3M	3M	Infosys Technologies
丰田汽车公司(Toyota)	丰田汽车公司	维基百科(Wikipedia)
威普罗公司	联合利华(Unilever)	联合利华

11.2.2 知识管理成熟度模型

Ehms 和 Langen(2002)开发了一个称为知识管理成熟度模型(KMMM)的组织知识管理评价方法，利用此模型可以为组织目前的知识管理实施状态进行定位，并提供未来发展知识管理的方向。KMMM 的主要目的是：

- 为知识管理活动提供一个全面性的评估标准。

- 在知识管理项目实施前，以企业目前的知识管理成熟度为出发点，找出知识管理实施的重点和步骤。
- 支持企业持续地开展知识管理项目。

KMMM 包含进化模型、分析模型和评价流程三个部分。

1. 进化模型

进化模型描述了组织知识管理的发展路径，由五个从低级到高级的成熟度级别组成。组织知识管理能力必须按照这条路径循序渐进地发展，不可跳跃式地发展。这五个级别如下。

(1) 初始级(initial)

在初始级，组织完全没有知识管理的意识，根本没有认识到知识对组织的重要性，组织的成功依赖于个人英雄。知识密集的任务并没有被视为与组织生存和成功有关联，没有适当的语言来描述知识管理方面的现象和问题。

(2) 可重复级(repeatable)

在可重复级，组织开始认知到知识管理活动的重要性，组织流程部分地被描述为知识管理的任务，并且通过个别的知识管理倡导者的理念，开始有试验性地进行知识管理项目，这些试验性项目的成功或失败，是组织讨论的主题，如果结果是好的，则这些个别的试验性项目成为日后整合性的知识管理活动的参考准则。

(3) 已定义级(defined)

在已定义级，组织明确定义了相关的技术系统和知识管理角色来支持组织的知识管理活动，并且这些活动被整合到日常的工作流程中，个人在工作中自觉执行相关的知识管理标准。

(4) 已管理级 (managed)

在已管理级，组织对知识管理的主题有共同的策略和标准化的方法，组织制定了评价知识管理活动效率的指标体系，并有计划地进行评估。组织的知识管理角色及相关的文化、技术系统长期地有效支持组织知识管理活动。

(5) 最优级(optimizing)

最优级是组织知识管理的最高层次，达到该层次的组织具有很好的适应能力，即使在大的内部或外部环境变动时，组织都要能够接受这样的挑战，在第四阶段已经提出的知识管理评价标准在第五阶段被用来与策略控制的工具一起结合使用，用现有的知识管理工具没有不能解决的挑战。

2. 分析模型

分析模型让管理者分析影响知识管理的关键因素，发现未来应该发展哪些关键领域(key areas)及主题(topic)。KMMM 的分析模型包含八个关键领域，如表 11-3 所示，每个关键领域又包括特定的主题，总共有 64 个主题。

表 11-3　分析模型的 8 个关键领域及其说明

关键领域	说　明
策略、知识目标	组织的愿景和目标设定要考虑到知识管理，分析高层管理的行为及预算政策。此关键领域和第二个关键领域的关系是：组织环境和合作伙伴信息之改变，往往是促进策略和知识目标改变的因素
环境、合作伙伴	重要的外部参与者，包含顾客及利益相关人（stakeholder）等外部知识源
人、能力	个人软性因素（soft factors），包含人事议题，例如：人事选择、发展和支援，以及责任管理和自我管理。此关键领域和第四个关键领域的关系是：清楚区分个人和集体
合作、文化	对组织知识管理有重大影响的共同软件性因素，包含组织文化、沟通及小组结构或网路，以及关系结构。此关键领域与第五个关键领域的关系是："领导和支持"是影响"合作和文化"的重要因素，因为行为的基本原则是被管理者和其他主事者所定义的
领导、支持	描绘领导议题，例如：管理模式以及对目标达成共识，包含在知识管理活动中担任支援的管理者的角色，以及其他参与者的角色
知识结构、知识形式	描绘建构组织的知识管理基础，包含对知识或文件以形式为基础和以内容为基础进行分类。此关键领域与"技术、架构"的关系是：知识结构是以一般、特定领域和企业流程为基础的结构，并且利用"技术和架构"来实现
技术、架构	描绘利用信息技术系统来支援信息管理，包含知识管理空间架构上的功能。此关键领域与"流程、角色、组织"的关系是：信息科技系统的设计和流程应该源自企业流程和组织知识管理的结构，因此关键领域处于"知识结构、知识形式"和"流程、角色、组织"的中间
流程、角色、组织	描绘组织结构和知识管理角色安排的议题，强调以流程为基础的组织，目的是发现知识管理活动如何被加到特定的企业流程中

3. 评价流程

KMMM 项目的整个程序分为五个阶段，如图 11-1 所示。

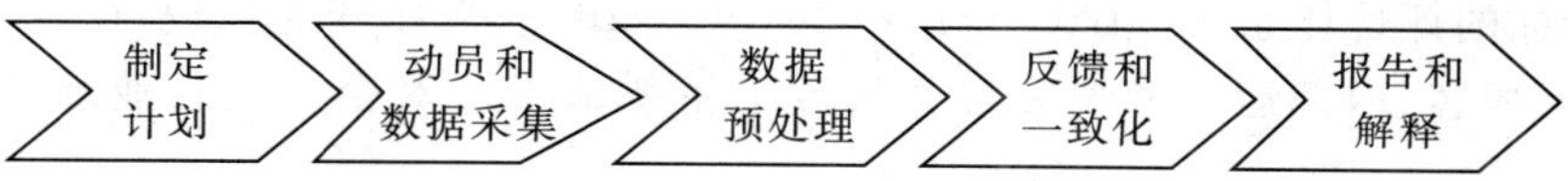

图 11-1　KMMM 评估过程

在制订计划阶段：主要任务是阐明组织对 KMMM 的期待，包括目的、参与人员、资源和进度。对于每一次评估，要对该过程进行定义和精确地计划。

在动员和数据采集阶段：动员所涉及的每一个人积极地参与 KMMM 项目及后续工作，并对项目做出应有的贡献。为此，必须向组织相关人员提供充分的项目信息，项目的重要性必须在组织内的各层次负责人之间交流。根据 KMMM 结构，通过专题研讨会和交谈获取必要的信息。为了获得具有代表性的组织现状视图，选择交谈的对象要具有代表性。

数据采集、数据处理和反馈三个阶段不是脱节的，而是有机结合的。顾问要及时对采集到的数据进行评估，然后，调整工作方式以便更好地控制后续的信息收集。

一旦数据收集过程完成，将所有的数据统一起来进行处理。根据采集的数据评价各个主题和关键域的成熟度，最后得出组织的总体成熟度。评价的结论写成评价报告，并准备评价结果的反馈表达。

举行信息反馈讨论会，对评估的初步结果进行讨论。如果有可能，顾问和组织成员之间对评估结果的解释应达到一致。

在对评价结果充分讨论以后，拟定最终评价报告。这份评价报告是本次 KMMM 项目的成果和以后知识管理项目的基础。

KMMM 项目最后可以得出每个主题的成熟度等级，进而可以得出每个关键域成熟度水平，进而得出组织的知识管理成熟度轮廓。从这个轮廓可以看出哪些主题或关键域是需要优先发展的。除了这些显性的结果外，KMMM 项目还对组织的发展产生了一些隐含的效果，包括：

- 改善了员工对知识管理问题和解决方法的不同观点的理解。
- 加深了对组织知识管理发展过程(渐进性和整体性)的理解。
- 提高了参与者改善知识管理的积极性。
- 这些效果会对组织发展产生深刻的影响。

11.2.3 平衡计分卡

平衡计分卡模型是由哈佛大学卡普兰(Kaplan)和诺顿(Norton)教授提出的，它标志着美国知识资本评估理论研究的开始。卡普兰和诺顿教授(1999)在对绩效测评处于领先地位的 12 家公司进行为期一年的研究之后，推出了一套综合平衡财务指标和非财务指标的评价体系——BSC(balanced score-card，平衡计分卡)。平衡计分卡模型通过财务、顾客、内部运营和学习与成长四个主要的维度对企业进行业绩测量，参见图 11-2。

- 财务(financial)，可参考的评估指标为：营业额、毛利率、每月盈余等。
- 顾客(customer)，可参考的评估指标为：客户满意度、新客户开发数、项目准时交接数等。
- 组织内部流程(internal business processes)，可参考的评估指标为：作业流程改善时间、项目质量提高度等。
- 学习与成长(learning and growth)，可参考的评估指标为：培训课程数、员工流动率、员工提案数等。

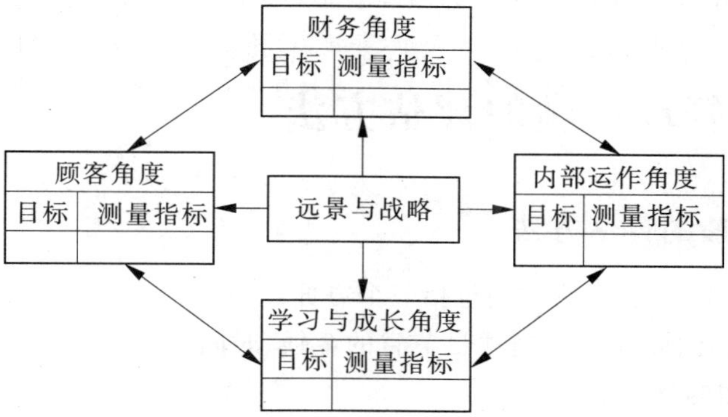

图 11-2 平衡计分卡的基本框架

BSC 的核心思想就体现在"平衡"两字上，它体现了组织短期与长期目标之间的平衡；财务与非财务量度之间的平衡；落后指标与领先指标之间的平衡以及组织外部与组织内部之间的平衡。

平衡计分卡使企业的管理者将有限的精力集中在几个对企业最为关键、最为重要的指标上，可迅速全面地了解企业整体的情况。实践证明，平衡计分卡模型在一定条件下可以满足企业知识资本评估的要求。

11.2.4 知识管理评估工具

知识管理评估工具（knowledge management assessment tool，KMAT）是 Arthur Anderson 咨询公司和美国生产力和质量中心开发的一种实用知识管理评估工具，用来测量组织本身的知识分享和管理知识的程度，并评估组织本身知识管理实践的优劣，提醒组织负责人重视需要加强的知识管理领域。评估模型基于 Arthur Anderson(1995) 提出的组织知识管理的双轨道模型，该模型将支持组织影响知识管理的因素表示为两个动态的轨道。外面的轨道包括关键性的组织可行条件，即可以促进知识创造的技术、文化、领导和评估等因素。里面的轨道包括知识管理的关键过程，即信息收集、知识识别、知识创造、知识共享、知识运用和知识组织。

在评估中，该工具共有五个部分，分别为：知识管理流程、领导、文化、技术及评估。通过这几个方面，可以测量组织在以上五个部分知识管理实施的强度。KMAT 的评估表中，这五个部分由 24 道题目构成。根据各个题目的提问，按照"1＝没有表现、2＝表现不佳、3＝尚可、4＝表现良好、5＝表现优异"五个等级进行评分，然后通过计算各个部分的分数总和，评估组织知识管理实施的效果。也可以在组织内部进行跨时间段的多次评估进行比较，以审视组织本身知识管理的进展情况。或与其他相关机构的表现进行比较，从而获得组织内知识管理的强弱分布情形。

11.3 知识管理单项的评估方法

11.3.1 一般的评估方法

知识管理单项的一般评估方法包括三个方面。

(1) 实施效果评估：通过实施项目节省的金钱、时间以及人力，相对于未实施知识管理之前的项目成功的比例。

(2) 效果输出评估：包括有用性调查（使用者认为知识管理有助于其完成任务）和使用实例（用户以定量形式指明知识管理对项目目标实现的贡献）。

(3) 管理系统评估：知识管理系统的反应时间、下载数目、站点访问量、每页面或栏目的使用者驻留时间、可用性调查、使用频率、浏览路径分析、用户数、使用系统的用户比例。

知识管理的产出许多是无形的效益，如表 11-4 所示。因此，除了一些可以明确地量化评估的指标外，其余的评估不必也无法利用定量的指标进行评估，可以用定性的方式表示及说明其表现出来的绩效。例如，举出成功的案例和使用者的意见及因果关系模式图来表示等。

表 11-4 知识管理的有形和无形的不同效益

知识管理可以量化的有形效益	知识管理难以量化的无形效益
节省作业成本	提升员工的能力和决策质量
提升作业生产力	让员工更快地获取有用的知识及找到需要的专家
缩短产品上市时间	员工充分地交流知识
增加顾客的保持率	实践团队的成立风气
减少客户服务人员	提升团队合作精神
扩大市场的占有率	组织充分重视学习
专利权与授权的收入	组织的创新风气与口碑
提高股票价值	组织应变的弹性与能力
提高销售收入	组织与战略伙伴的知识交流

在表 11-4 的右栏是知识管理定性化的效益，是较难量化评估的部分，但这些却是组织非常重要的根本核心能力。

11.3.2 面向过程的知识管理评估方法

这种评估方法主要是评估知识管理投资最直接的效果，知识管理的投资必须在根本上达到流程优化的效果，才有可能更上一层楼，并提升其间接的效果。这方面的主要评估指标如表 11-5 所示。

表 11-5　知识管理过程绩效的主要评估指标

知识的创造与获取	知识的共享与转移	知识的存储与利用
• 员工每人每年的提案次数 • 提案被组织采纳的比例 • 组织每年从外部获取知识的频率 • 组织每年从外部引进新技术的比率 • 组织每年参与外部新技术研发的例子 • 组织研发部门每年技术成功转移的次数 • 组织每年将创意商品化的次数与比率 • 员工每人每年在知识库上贡献的次数	• 员工每人每年在知识库上贡献的次数 • 员工访问知识库的频率 • 实践社团成立的数量和参与人数 • 员工对知识库中知识的满意程度 • 参与知识库共享的员工人数 • 员工利用知识库上知识的次数 • 员工对知识库质量的评分 • 员工对知识共享意愿的高低	• 员工记录存储最佳实践的意愿与次数 • 员工能否容易、快速地找到所需要的知识 • 员工能否容易、快速地找到所需要的专家 • 员工对知识库中的内容是否有很高的信任度 • 员工对新知识的吸收能力是否很强 • 员工对新知识的利用愿望是否很高 • 每个工作是否永远利用最佳实践进行操作

11.3.3 面向目标的知识管理评估方法

面向目标的知识管理评估就是评估其预定目标的达到程度。目标实现度越高，绩效、结果越好，则表示知识管理的效果越好，这个目标或绩效不一定指财务性指标，也应包含非财务性指标（视其知识管理的特质而定），其最主要的工具包括下列几种。

(1) 对内部作业流程绩效支持的有效性评估

表 11-6 给出了在这个方面主要的评估指标，表中指标只是举例，并不完整。

表 11-6　对员工（团队）工作及内部作业流程绩效的有效性指标举例

员工与团队的能力	内部作业流程绩效
发现与定义问题的能力	每个产品的单位成本
解决问题的能力	相关作业的生产力
决策的质量	产品质量的次品率
工作的生产力	产品制造周期的长短
降低重蹈覆辙的成本	产品存货的管理成本
创意与创新的能力	环保的符合程度

(2) 对产品质量支持的有效性评估

如果员工（团队）能力与内部作业流程绩效因为知识管理而提升时，那么对于组织的产出(output)方面必定会有提升的效果。在这方面主要的评估指标可以运用学者Tracy和Wiersema(1993)三大价值命题中的顾客亲密度与产品领先性来代表(另外，作业的出色性属于表11-6中的作业流程绩效)，其主要评估指标如表11-7所示。

表11-7 顾客亲密度与产品领先性的评估指标

顾客亲密度	产品领先性
顾客保持率	产品上市的周期
顾客满意度	新产品上市的成功比率
顾客忠诚度	新产品营业收入占总营业收入的比率
顾客问题回复的速度	某段时间内新产品的总营业收入
提供量身订制产品(服务)的能力	
顾客的投诉次数	
明确了解顾客需求的程度	
产品符合顾客需求的程度	

① 在顾客亲密度目标上的评估

例如，Arthur Anderson咨询公司的价值命题在顾客的服务上所应采取的评估工具就是顾客亲密度导向的目标评估。例如，顾客保留率是否提升到90%；顾客问题响应速度是否缩短到几个小时之内；顾客投诉数每个月是否下降50%；老主顾是否享有超过50%的价值；顾客是否购买其他类型的咨询服务等。

② 在产品领先性目标上的评估

例如，休斯航太公司、Hoffman-La Roche公司的知识管理项目的目标评估就包括：

- 产品上市的周期是否缩短30%；
- 新产品上市的成功比率是否大于20%；
- 5年内新产品的收入是否占总收入的50%；
- 新产品上市的速度是否超越对手20%。

③ 在作业出色性目标上的评估

例如，得州仪器(TI)公司、Skandia AFS公司和Cheveron公司的知识管理项目的目标评估就包括：

- 生产线的生产力是否提升30%；
- 每个单位生产成本是否下降20%；
- 产品的质量不合格率是否小于1%；
- 产品的制造周期是否缩短30%；
- 产品的存货管理成本是否下降15%。

从以上评估知识管理目标实现度的指标看，许多都是以非财务性指标作为标准的。

以上各种知识管理评估方法，在评估指标的选取上，既有共性的地方，也有很大的差异，不同的评估方法关注的焦点是不同的。评估方法大多是定性与定量相结合，因为很多主观性指标是无法确切量化的。知识管理评估的大概流程是：确定评估的目标→选择评估体系→确定评估方法→实施评估→编写评估报告。如同知识管理实践本身有一个发展和完善的过程一样，对知识管理评估也应随着知识管理实践本身进行相应调整，最终能够使知识管理在组织中实现可持续发展。进行知识管理的评估，要遵从整体完备性、科学合理性和简易可行性原则，从人、流程、技术、效用性和发展性等角度建构知识管理评估指标体系，并需要通过不断的论证与改进，发挥它对组织决策者以及其他使用者的鉴定作用、诊断作用、导向作用与决策作用。

11.4　组织知识资本评估方法

知识资本是组织竞争优势的来源之一，特别是对于知识型组织（如软件公司、咨询公司等）来说，其价值远大于物质资本的价值。Arthur Anderson 公司曾在 1998 年对欧洲、北美和亚洲的公司进行了一次有关知识资本评价的国际性调查。调查显示，大多数被调查公司认为知识资本评估报告在未来的重要性会不断提高；75%的公司认为知识资本的评估会有助于提高企业业绩。知识资本评估是组织知识管理的有效工具，通过知识资本评估，不仅可以了解组织的真实价值，从而做出正确的战略选择，而且有助于改进组织的知识资本管理，促进资本价值的实现与增值。

11.4.1 评估模型

尽管对知识资本的学术研究只有短短十几年的时间，但近年来世界范围内对知识资本的日益重视，促使知识资本评估的研究更加深入和全面，并涌现出许多不同的评估方法与模型。国内外对组织知识资本评估的研究，可以分为两种类型：整体评估法和分类评估法。

1. 整体评估法

整体评估法，又可以称为间接评价法，它不具体区分知识资本的各个构成要素，而将知识资本作为一个整体来考察其对组织生产经营的贡献。这种方法是假设组织的知识资本价值可以反映在组织的财务状况上，通过对组织经营绩效的考察可以评估出知识资本总体价值的大小。这类型的代表性评估方法有市值减账面价值法、Tobin's q 值法以及经济增加值法等。

(1) 市值减账面价值法

这种方法是通过企业的市场价值与账面价值的比率来反映知识资本的相对大小，

即把企业市场价值与财务资本价值的差额作为知识资本的价值。

知识资本(IC)＝企业市场价值(MV)－账面价值(BV)

这个公式是诺贝尔经济奖得主 James Tobin 早期提出的企业知识资产计算公式。例如，微软公司 2006 年的市场价值约 3 000 亿美元，账面价值约 700 亿美元，那么，它的知识资本约为 2 300 亿美元，占市场价值的 77%。

这种评估的方法在计算方面较简单和粗糙，没有对知识产权资本、组织管理资本和市场网络资本进行单一的评估，而且企业的账面价值会受到所选会计政策的影响。

(2) Tobin's q 值法

Tobin's q 值是诺贝尔经济学奖得主 James Tobin 用来预测投资行为的参数，是企业市场价值与资产重置成本的比值。这种评估方法可以把企业知识资本的状况反映出来，但不能给知识资本管理提供任何指导。例如，如何进一步创造价值，防止知识被模仿和替代等。计算公式如下：

$$q=v_m/v_r$$

其中 v_m 表示市场价值，v_r 表示有形资产重置价值。

资产的重置成本是指这项资产目前在市场上采购的市价（而不是原始的账面成本）。例如，企业两年前 100 万元买进一辆汽车，现在折旧后的账面价值为 80 万元，而现在同型号车在市场上是 60 万元，如果该车只能帮助企业产生 50 万元的市场价值，那么，其 Tobin's q 值便是 50/60＝0.83。又如，企业去年买进一套 ERP 系统目前市价为 500 万元。但这个 ERP 系统由于降低了作业成本，提高了接单速度为企业创造了 800 万元的市场价值，那么，它的 q 值为 800/500＝1.6。Tobin 认为当 $q>1$ 时表示企业对此资产的利用很有效率，有利于投资。

企业的市价如何计算，Tobin 仍然认为股票市场的价值正是投资者对于该企业能否有效利用其资本的一种评估，即当投资者认为这个企业领导团队能力强、生产效率高、目标正确、创新能力强且顾客关系良好时，那么，投资者愿意以更高的股价来反映对这个企业成长潜力的肯定。

研究学者 Lindenberg(1989)也发现，拥有相同资产的公司，q 值高的公司通常比竞争对手具有更佳、更独特的核心竞争能力、品牌形象、管理能力、独特优势和成长机会等，这些都是属于智力资本的范围。因此，后来的学者便采用 q 值取代账面价值来评估组织整体的智力资本价值。q 值会因智力资本比重的不同而有所不同，并且各个产业也有所不同。例如，钢铁业的 q 值约为 1，而软件业的 q 值则约为 7。

(3) 经济增加值法(economic value added，EVA)

Stewart 提出的经济增加值模型是一种综合性财务管理评价系统，它将目标设定、财务计划、资本预算、绩效评估、员工薪酬等方面的管理结合起来，目的是解释企业价值增加或损失的原因。

EVA＝企业销售收入－运营成本和费用－税收－资本成本

其中，资本成本是所投入的各项资本的成本加权平均值，当资本收益大于资本成本时，企业获得经济增加值，反之则损失经济价值。

EVA 方法能结合各个方面的管理来讨论价值的创造问题，但调整的流程复杂，附加解释能力薄弱。

2. 分类评估法

分类评估法，又称为直接评价法，是评价知识资本各个组成部分的价值及其在组织发展中的作用的评估方法。这种评估方法，首先要确定知识资本的具体构成，然后逐级分类为各个因子集和指标体系，再对具体指标进行详细评价，最后将各指标的评价结果通过数学方法汇总成一个总体评价值，或者不汇总，而只对指标进行管理监测。

分类评估方法的解释能力强，评估过程严谨，因此成为组织知识资本评估的主流方法。比较有代表性的分类评估方法有斯堪的亚导航器(skandia navigator)模型、无形资产监测器(intangible assets monitor)模型、平衡计分卡(balanced score-card)模型等。

(1) 斯堪的亚导航器模型

斯堪的亚导航器模型是由埃德文森领导的工作小组在 1991 年对瑞典第一大保险和金融服务公司——斯堪的亚公司进行知识资本分析和报告时提出的，直到 1994 年才建立了一套完整的评价体系。这个模型以顾客、财务、流程、人力资本、更新与发展五个方面为重点，对企业的知识资本进行分析和评价，形成了知识资本评价和管理模型。该模型是迄今为止最主要的知识资本评价方法，也是国外研究者和企业用得最多的方法，参见图 11-3。

在图 11-3 的模型中，财务中心代表企业过去的经营状况，顾客中心和流程中心表示公司的现状，而更新和发展中心则是为了适应企业未来的经营环境。在四者的中心是人力资本，它与其他各中心相互联系，是组织最重要也是最容易失去的要素。

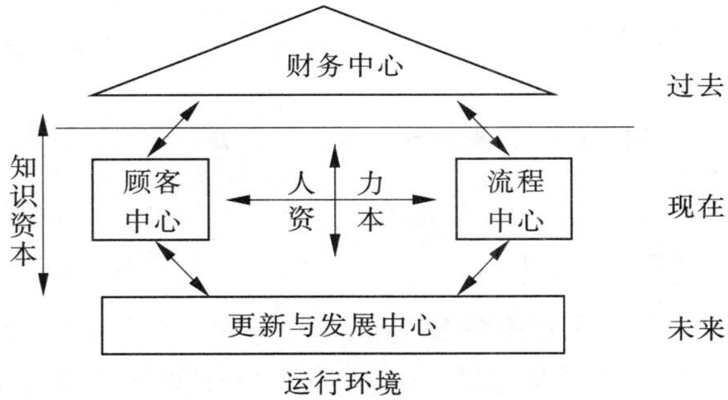

图 11-3　斯堪的亚导航器模型

运用该模型评价企业知识资本的具体做法是：

① 从企业的业务中找出企业的成功因素；

② 把这些因素分解成具体的指标，并把它们分别归类为财务、顾客、流程、更新与发展、人力资本五类指标；

③ 对每一类指标逐一进行评估，然后就可以采用简单平均或加权平均的方法求出企业总体的知识资本评价值。

对每个职能中心，斯堪的亚都建立了一套独立的指标体系来进行评估，整个评估模型共包含164个指标，这些指标可以根据具体情况进行适当的简化。斯堪的亚导航器评估模型不仅适用于一般的企业，而且也适用于非营利组织。该模型既是一种新的会计工具，也是一种新的管理方法，它能够帮助企业正确地评估知识资本的价值，并有效地开发知识资本，具有"评价"和"导航"的双重作用。

(2) 无形资产监测器模型

无形资产监测器模型是由斯维比教授参加的Konrad小组提出的，采用一种动态的指标来评估知识资本的价值。模型中，企业的市场价值由有形净账面价值和无形资产两部分组成，而无形资产又由三个部分构成——个人能力、内部结构和外部结构，分别对应于三类评价指标：增长和创新(growth & renewal)、效率(efficiency)以及稳定性(stability)，参见图11-4。以上三类指标还可以细分为数十个可衡量或可量化的指标。该模型不仅是测量评价知识资本的一种方法，而且也是汇报测量无形资产结构指标的简单方法，在实践中得到广泛的应用。

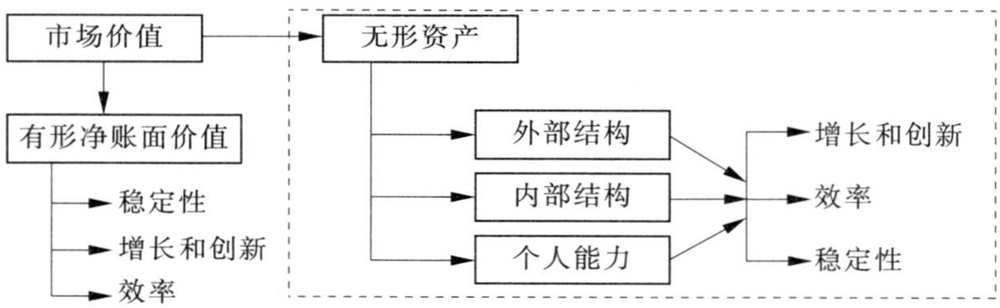

图 11-4　无形资产监测器模型(虚线框内)

11.4.2 评估过程

组织知识资本的评估主要从三方面入手：第一，建立合理的评价流程；第二，选择科学有效、并能实现评价目标的评估方法；第三，构建与评价方法相适应的评价组织体系。在既定的评估方法下，知识资本的评估流程和组织体系会影响评估的效果。

组织对知识资本进行评估，一般可以遵循三个基本步骤：收集结构化信息、现状分析和产生评估结果，参见图11-5。

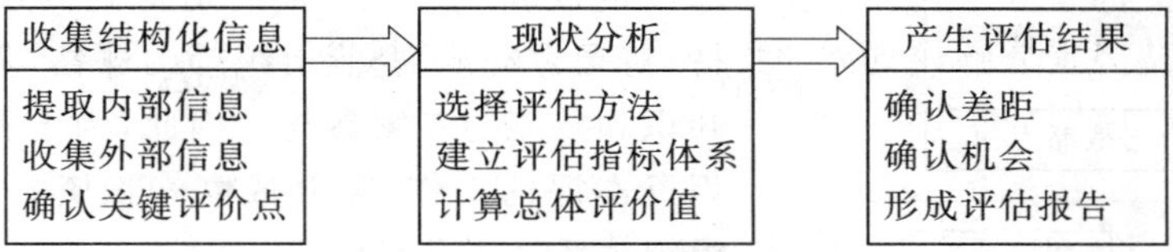

图 11-5　知识资本评估的一般过程

(1) 准备阶段——收集结构化信息

知识资本评估需要以结构化信息为基础，这种结构化的信息可以从组织内部的信息库以及外部的信息通道获得。组织知识资本评估组的成员通过提取内部资料(如企业计划、顾客抱怨报告、研究项目预算等)、深度访谈(如与组织的技术专家、工程师、销售人员的访谈)、会议、制订评估工作计划等方法获得内部信息。同时，通过实地调查、信息检索等方式，可获得外部信息。例如一些公开的资料如市场研究成果、其他企业的知识资本评价指标数据等。

信息收集的过程不仅是为评价提供资料、数据，也是发现问题以便确认关键评价点，进一步分析研究的过程。关键评价点的确认要结合组织的竞争战略，确认哪些是最为重要的知识资本。

(2) 评估阶段——现状分析

知识资本评估的内容是非货币的、无形的资产，包括人力资本、知识产权资本、组织管理资本和市场网络资本，如创造价值的知识员工、专利技术、企业组织方式、顾客关系等。对此，被认为最普遍运用的、以货币为计量单位的会计体系不能很好地充当评估工具，知识资本评估需要一套新的分析评价方法，如 11.4.1 节介绍的斯堪的亚导航器模型、无形资产监测器模型、平衡计分卡模型等。在既定的评估目标下，建立一个完善的评估指标体系，通过应用前一阶段收集的结构化信息来计算知识资本总体的评价值。同时，还需要将数字与非数字评估、主观与客观评估结合起来。

(3) 完成阶段——产生评估结果

最后一个过程是产生评估结果，撰写知识资本评估报告。前一阶段的个别分析在这里得到融和汇总，通过纵向历史比较与横向同行业比较，得出本组织知识资本运营的变化与差距，以及未来存在的机会。

但这些并不是评价过程的终点，知识资本的评价不仅仅是数据收集、整理、分类，还是一个知识创造的过程。在评价过程中还包括对变化原因的分析，以及填补差距的各种管理对策。一份好的知识资本评估报告应该是评估结果与管理建议的结合体。

11.4.3 评估的组织体系

知识资本评估的组织工作对于评估的效果有很大的影响作用。评估活动需要各个

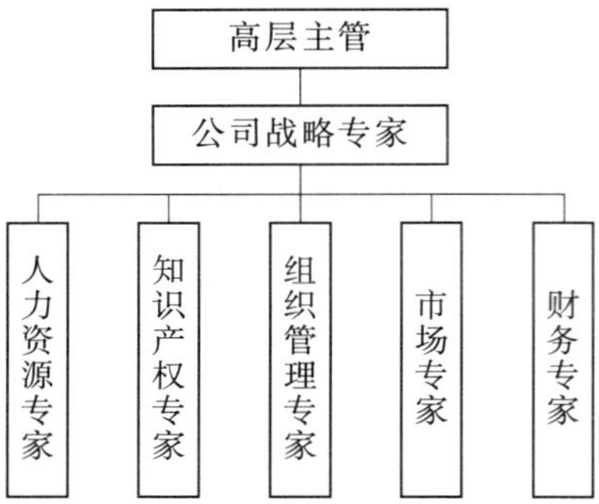

图 11-6　知识资本评估的组织体系

部门的支持与配合，尤其是得到高层管理者的支持；对人力资本、企业组织等的评估，需要具有专门知识和技能的专家参与。因此，为了很好地完成知识资本评估工作，需要成立知识资本评估小组，其组织体系结构参见图 11-6。

组织知识资本由人力资本、知识产权资本、组织管理资本和市场网络资本组成，评估小组应该包含这些方面的专家。同时，知识资本评估还涉及公司的战略和财务，这些专家的参与能让评估工作更加有效。因此，整个评估小组一共由六种人员组成：公司战略专家、财务专家、人力资源专家、知识产权专家、组织管理专家和市场专家。这些成员可以来自企业内部，也可以从企业外部雇用。

（1）公司战略专家

公司战略专家是整个知识资本评估小组中最为重要的专家，负责知识资本评估指标体系的构建。这类专家要深入地了解企业及其所在行业的发展方向，具有开阔的眼界，可以是企业内部的高级管理人员，也可以是企业外部的资深学者。

（2）财务专家

财务专家要求熟悉知识资本的评估方法及技巧，主要是对企业各项资产进行实际价值的评估。他们不仅要具备财务审计方面的专业知识，还要了解企业知识资本的构成。这类专家是评估工作的参谋人员，提供有关的财务信息，辅助其他的专家完成评估工作。

（3）人力资源专家

人力资本是企业知识资本最为核心的一项，也是传统资本中不涉及的一项。人力资源专家一般由企业内部人力资源部门的人员组成，负责对企业的全体员工进行职业素质的评估，包括员工的知识、技能、经验以及他们的团队精神、责任感等。

（4）知识产权专家

知识产权专家要对知识产权所涉及的内容了如指掌，他们不仅要评估知识产权的市场价值，而且还要评估本企业知识产权资本在同行业中的相对先进程度。这类专家要有扎实的专业知识和良好的保密意识，最好由企业内部人员来担任。

（5）组织管理专家

组织管理专家一方面要对企业内部的信息技术系统的效率进行评价；另一方面要进行企业文化、组织结构等的适应性和先进性评价。

（6）市场专家

市场专家不但要了解本企业的情况，而且还要对竞争对手有清晰的认识。他们的工作包括顾客调查、顾客访谈、销售分析、品牌价值评估等。通过这些活动深入了解企业市场资产尤其是顾客资产的情况。

大体来看，知识资本评估小组的各个成员一方面要具备相关的专业知识、熟悉本企业知识资本结构及状况、掌握知识资本评估的各种方法和技巧；另一方面，他们还要了解企业所在的行业状况，特别是竞争对手以及行业领导者的情况，为制定评估指标体系打下良好的基础，以便找出差距和改进企业的知识资本管理工作。

知识资本评估是企业的一项管理活动。评估小组的跨专业特性使得成员间有相互学习的机会，进行知识的共享与交流，因此，知识资本的评估团队应该作为一个长期机构来规划。而且，具备多种专长的人员，如兼有知识产权、市场和战略规划专长，或者兼有人力资源、财务和公司战略专长的专家，将是这个知识资本评估团队的首选成员。

本章小结

1. 组织知识管理评估是指组织对投资在知识管理过程、目标实现及投资回报率上所作的一种效果评估，以便了解战略效果与实施效率的实现程度，并作为后续行动的改进准则。可见，组织知识管理评估是一种多侧面、多层次的观念，要从不同的角度进行考察。

2. 知识管理的评估分为组织知识管理的整体性评估和知识管理单项评估两大类。每一类又有多种评估方法。各种知识管理评估方法，在评估指标的选取上，既有共性的地方，也有很大的差异，不同的评估方法关注的焦点是不同的。评估方法大多是定性与定量相结合，因为很多主观性指标是无法确切量化的。知识管理评估的大概流程是：确定评估的目标→选择评估体系→确定评估方法→实施评估→编写评估报告。

3. 常用的整体评估方法有全球最卓越知识型企业、成熟度模型法、平衡计分卡等，常用的单项评估方法主要有一般评估法、面向过程和面向目标的评估方法。

4. 知识资产的评估方法可以分为整体评估法和分类评估法。整体评估法（或称为间接评价法）的代表性评估方法有：市值减账面价值法、Tobin's q 值法以及经济增加值法等；分类评估法（或称为直接评价法）的代表性评估方法有：斯堪的亚导航器模型、无形资产监测器模型、平衡计分卡模型等。

5. 组织对知识资本进行评估一般可以遵循三个基本步骤：收集结构化信息、现状分析和产生评估结果。

6. 知识资本评估小组一般由 6 种人员组成：公司战略专家、财务专家、人力资源专家、知识产权专家、组织管理专家和市场专家。这些成员可以来自企业内部，也可以从企业外部雇用。

思考与讨论

1. 组织知识管理整体性评估有哪些主要方法？这些方法适用什么目的？
2. 有哪些主要的知识管理定量评估方法？
3. 简述知识管理成熟度模型。
4. 知识资本评估方法分为哪两种类型？这两种类型之间有什么区别？
5. 组织知识资本有哪些主要的评估方法？请描述这些评估方法的操作步骤。
6. 试讨论组织知识资本评估的一般过程。
7. 组织在知识资本评估的过程中，应该注意哪些问题？
8. 如何组建一个优秀的知识资本评估小组？小组各成员应具备什么样的知识和技能？
9. 阅读案例 14，简述知识管理成熟度评价的任务、过程和目标。

案例 14

知识管理成熟度模型的应用

1. 某咨询公司的知识管理成熟度模型

基于知识管理成熟度的思想，某咨询公司提出了自己的知识管理成熟度模型。该模型将组织知识管理成熟度分为知识无序阶段、知识反应阶段、知识意识阶段、知识确认阶段和知识共享阶段。

(1) 知识无序阶段

在该阶段，还没有有关知识管理的明晰的概念和认识，即使有知识管理，通常也是一种无意识的行为；组织的知识是零碎分布的，很难得到共享，也缺乏必要的技术手段。

(2) 知识反应阶段

在该阶段，人们对知识管理有所认知，认识到知识必须加以管理才能充分发挥作用；对日常工作不可缺少的知识已基本文本化，但知识创新仍属特殊行为；在技术上存在基本的知识记录系统，但数据格式仍然不规范，数据集成层次比较低而知识浪费现象仍很多。

(3) 知识意识阶段

在该阶段，已经有专门的组织推进知识管理的建设，角色及任务得到明确的定义；具有透明的知识的管理和维护机制，存在逻辑化的知识内容结构，知识内容不断增长并得到有效维护，总体来说处于知识生命周期管理的初始阶段；在技术上具备了基本的信息系统，实现了对知识的单点访问能力，但知识仍然没有得到有效集成。

(4) 知识确认阶段

在该阶段,造成知识障碍的组织边界被打破,知识实现了客户化,人们能够随时随地得到、使用和学习知识;知识过程扩展到整个组织,知识应用和共享给业务带来明显的效益,并得到了定量评估,基本实现了对知识全生命周期过程的管理;在技术上建立了整合的知识基础结构,知识内容与业务过程得到了有效集成。

(5) 知识共享阶段

在该阶段,共享文化已经制度化,共享成为组织的第二特征;组织在决策、管理以及运作的各个层次都和知识紧密结合,组织成为知识领导者,知识过程持续改善,知识内容不断创新;知识管理技术成为业务运作的有机组成部分,并体现了很高的智能,具备了知识表示、知识挖掘以及商业智能的能力,技术在某种程度上已经成为组织的一种核心能力。

2. 知识管理成熟度评估问卷

本评估问卷主要对知识管理人、流程以及技术 3 个方面进行评估,以得到对于企业知识管理现状的评估结果,包括总体成熟度评估以及 3 个维度的独立评估。

A. 知识管理"人"维调查

说明:阅读下列每个问题,按照 1～5 的评分标准为自己的组织打分。

1=完全不符;2=有一点相符;3=某种程度上相符;4=很大程度上相符;5=完全相符。

(　)1. 知识管理策略是和业务策略紧密结合的;

(　)2. 主要的知识资产的价值得到普遍理解;

(　)3. 从事知识工作的员工已经有了相当高的比例;

(　)4. 知识管理程序对于业务绩效的影响力得到评估并有周期性的报告;

(　)5. 当前的知识缺口和未来的知识需求已经得到识别、考虑和计划发展;

(　)6. 知识管理的绩效是应用了平衡性评估指标来衡量的;

(　)7. 具有贯穿组织的良好的客户、供应商以及合作伙伴的信息;

(　)8. 知识管理实践能够有效地保护企业的知识资产;

(　)9. 组织各层次都有关于知识管理实践的新想法;

(　)10. 组织承诺给予知识管理项目以适当的资源和资金支持;

(　)11. 高层管理层及中层管理层表示了对 KM 的积极承诺和支持;

(　)12. 具有共享知识和想法的强力文化;

(　)13. 具有一种鼓励冒险和试验的文化;

(　)14. 组织擅长从已有的项目中总结经验;

(　)15. 团队能够进行定期总结和经验共享;

(　)16. 绩效管理系统鼓励知识共享和使用;

(　)17. 员工的创造性贡献能够得到认可和奖励;

(　)18. 组织内外的知识联系能够得到鼓励；

(　)19. 鼓励个人发展其个人知识管理的能力；

(　)20. 员工在参与知识实践中接受了正确的培训和发展。

B. 知识管理"流程"维调查

说明：阅读下列每个问题，按照1～5的评分标准为自己的组织打分。

1＝完全不符；2＝有一点相符；3＝某种程度上相符；4＝很大程度上相符；5＝完全相符。

(　)1. 公司的组织体系接近网络型结构；

(　)2. 具有很好的知识交流策略以保证能够及时访问相关的知识；

(　)3. 知识得到有效管理，从而能够保证删除那些冗余的信息；

(　)4. 具有有效的系统，能够用以发现新知识去满足战略和战术层次的需求；

(　)5. 具有定位组织内重要知识和编制知识地图的系统方法；

(　)6. 系统中的知识内容得到定期检查以保证其适应组织的业务需求；

(　)7. 组织具有专门的员工去管理系统中的知识，以保证其质量及适用性；

(　)8. 使用得到广泛认同的知识"词汇"而不是专业的"行话"，从而保证知识管理系统能够被每个人使用；

(　)9. 公司进行特定项目时总能迅速找到胜任人选；

(　)10. 公司组织任务调整的弹性很好。

C. 知识管理"技术"维调查

说明：阅读下列每个问题，按照1～5的评分标准为自己的组织打分。

1＝完全不符；2＝有一点相符；3＝某种程度上相符；4＝很大程度上相符；5＝完全相符。

(　)1. 知识管理策略对于IT策略具有显著的影响；

(　)2. 存在IT基础结构来支撑知识管理策略；

(　)3. 采用了功能广泛的系统以支持内部的知识交流和协同工作；

(　)4. IT系统使我们能够迅速发现相关的专家并与之交流；

(　)5. 所有知识工作者都在一个良好的Intranet环境中工作；

(　)6. 具有功能齐全的数据仓库以及知识库系统；

(　)7. 具有良好的数据挖掘能力；

(　)8. 文档管理系统能够在公司范围内运行；

(　)9. 采用了一定的机制以保证知识管理系统的安全；

(　)10. 能够不断跟踪技术发展以及用户需求，以保证知识管理系统得到持续改进。

D. 知识管理成熟度分析结果

具体评分方法：将每个维度所有问题的得分加起来得到各个维度的得分，然后将3个维度的分数相加得到总分。企业知识管理的成熟度可以从总得分的高低中大体判断出来。

● 总分 180～200：祝贺你，你的组织已经成为一个真正的知识型组织，处于知识共享阶段，你能够有效地将知识转变为利润。

● 总分 140～180：你的组织正成功地向知识型组织转型，处于知识确认阶段。为了确保成功，你要继续努力，尤其要使知识管理能够跨越组织界限，有效地整合外部的知识。

● 总分 110～140：你的组织正行驶在正确的轨道上，处于知识意识阶段，但还有许多艰难的工作要做，关键是要持之以恒，不能半途而废。

● 总分 70～110：你的组织虽然也有知识的应用，但基本属于零散的自发方式，还处于知识反应阶段，从自发式知识管理走向自觉的知识管理是你要实现的第一个转变，正确认识它才能正确发展它。

● 总分 40～70：很遗憾，你的组织基本没有利用信息和知识资源，这将使你们很难在知识经济时代的市场竞争中立足。是需要考虑实施知识管理的时候了！

另外，通过对知识管理的人、流程以及技术 3 个维度的分析，我们可以更有效地发现问题的根源。如果某个维度得分比较高，说明该层面的因素在促进知识管理实施方面发挥了积极作用；另一方面，如果某个维度得分比较低，则说明在这方面企业还需要花力气去改进它。

进而还可以进一步分析每个维度各个具体问题的得分，这样可以更准确地找到企业的不足所在，再问问自己"为了提高这个分值，我们该做些什么？"，从而为在多个侧面促进和改善知识管理的实施指明了具体方向。

3. 某企业的评估结果

利用上述模型，该咨询公司对某企业的知识管理现状进行了诊断，给出了企业在人、流程以及技术 3 个维度的基本现状描述及其评价，结果如表 11-8 所示。

表 11-8　某公司知识管理成熟度评估结果

维度	人	流程	技术
基本状况	● 企业 KM 有明确的愿景和建设理念 ● 制定了 KM 的整体规划 ● 成立了 KM 推进小组 ● 在 KM 理念宣传上做了大量工作 ● 有关部门有急切的 KM 需求	● 基本上实现了企业信息的发布 ● 正在进行文档管理实施 ● 人事管理方面实现了初步信息发布功能 ● 大多是文档层次的应用，知识应用尚少 ● 知识的生产、分类、组织比较欠缺 ● 尚未实现知识对业务过程的支持	● 建立了比较成熟的网络基础设施 ● 利用 Lotus 产品搭建了办公自动化平台 ● 需要建立支持知识生产、学习和共享的基础环境 ● 需要建立融入企业业务运作过程的知识应用环境

续表

维度	人	流　程	技　术
基本评价	● 在人维度已经处于知识意识阶段	● 在流程维度处于知识反映和知识意识的过渡阶段	● 在技术维度也处于知识反映和知识意识的过渡阶段
综合评价	● 总体上处于知识反映和“知识意识”的过渡阶段 ● KM 理论认知明确，KM 组织建设正在推进 ● 知识运用尚嫌欠缺，知识内容急需管理 ● 具备基本技术架构，需要完善 KM 应用 ● 要使企业员工真正感受到应用“知识”的喜悦		

从评价结果可以看出，该企业的知识管理总体上处于知识意识到知识反应的过渡阶段，表现为人维度上已经有了明确的知识管理认知，并建立了知识管理推进组织，处于知识意识阶段，但在流程和技术方面还滞后于对知识管理的认识。如知识运用尚嫌欠缺、知识内容也需要管理，虽然具备了基本的技术架构，但对知识管理应用的支撑还显不足。所以，该企业现阶段的主要任务就是要找准知识管理项目的切入点，将知识管理和业务实践充分结合，使企业员工真正感受到应用知识的喜悦而取得示范效应，进而在全企业进行推广。

可以说，从知识管理理念认知到知识管理实践落实，不是一蹴而就的过程，会遇到很多“成长的烦恼”，其中很大的一个问题就是方向不明，无所适从。无疑，知识及知识管理的成熟度模型作为评估工具，正像一个双面镜，一面照着你的现在，一面照出你的未来。

第12章

基于知识的客户关系管理

本章要点

- 客户知识管理的基本概念
- 客户关系管理与知识管理的关系
- 客户知识管理所包含的内容
- 客户知识管理的流程与体系
- 基于知识的客户关系管理的实施方法

基于知识的客户关系管理是知识管理和客户关系管理的结合，它以知识作为客户关系管理的核心，通过构建知识型客户关系管理体系，使客户成为企业的“知识伙伴”。企业一方面可以通过与客户的互动协作来获得更多的客户知识，增强企业的核心竞争力；另一方面也可以通过知识共享将企业知识传递给客户，增加客户价值，最终提高客户的满意度和忠诚度。

12.1 客户关系管理概述

12.1.1 客户关系管理产生的原因

客户关系管理是在传统“客户接触”、“客户服务”的基础上产生的，其产生原因可以从管理思想和管理技术两个层面展开。其中管理思想变迁的根本原因是人类需求的渐进，它是客户关系管理产生的内在根源，而管理技术则是加速客户关系管理产生的外在推力。

1. 需求层面的分析

首先，从宏观层面来讲，在人类需求的推动下，企业组织作为一个整体，其管理思想已经实现了由“内视型”向“外视型”的转换。

人类行为主要有两类：生活行为和生产行为。生活行为就是指直接满足人类生活需求的各种行为，主要就是指各种消费行为；生产行为则是指为满足人类生活需求而进行的各种活动，如科学研究、生产、流通、分配等。企业的生产行为决定于人类的消费行为。随着电子商务时代的来临，消费者主权逐渐扩大，消费者已成为企业生产的起点，企业必须根据消费者的需求进行生产。企业为了满足消费者个性化的需求，必须不断调整自身的管理思想，实现由“内视型”向“外视型”的转换，即将管理的视野由企业内部扩展到企业外部的“客户”，将客户纳入企业管理的思想体系。

其次，从微观层面分析来看，企业组织内部的各层管理人员以及企业组织外部的客户对客户关系管理都有着强烈的需求。下面列举了一些对各类人员的基本需求。

销售人员：从营销部提供的客户线索中很难找到真正的客户，谁是我们的客户？出差在外，要是能看到企业信息系统中的客户和产品信息就好了。

营销人员：在展览会上，我一共收集了100多张名片，应该如何利用它们？我向200多人发放了企业产品的相关资料，这些人对企业的产品看法怎样？我怎样才能知道其他同事和客户的联系情况，以防止重复地给客户发放相同的资料？

服务人员：其实很多客户提出的电脑故障都是自己的误操作引起的，很多情况下都可以自己解决，但回答这种类型的客户电话占去了工程师的很多时间。

企业客户：我从企业的两个销售人员那里得到了同一产品的不同报价，哪个才是可靠的？我以前买的产品现在出了问题，我怎样才能和企业联系？几个星期前，我向企业的网站发了一封电子邮件，要求服务人员和我联系一下，怎么到现在还是没人理我？

上述种种问题说明，在新的客户环境下，需要新的管理模式才能有效地解决问题，而这种新的管理模式就是客户关系管理。

2. 技术层面的分析

传统的"客户接触理论"和"客户服务理论"之所以被现代意义上的"客户关系理论"所替代，重要原因之一就是它们缺乏现代管理信息技术的支撑。所谓现代管理信息技术主要就是指将现代信息技术（感测技术、通信技术、计算机技术以及控制技术）综合应用到管理领域的各种技术。尤其是在计算机技术和通信技术所引发的"网络革命"以及在此基础上产生的"电子商务革命"的推动下，各种智能化的管理信息技术在企业与客户交互的各个领域得到了广泛而充分的应用。例如，随着数据库技术发展的突飞猛进，以及数据仓库、商业智能、知识发现等技术的应用，使企业收集、整理、加工和利用客户信息的质量大大提高；而系统集成技术的发展，又使得企业可以将各个应用子系统在客户中心战略的总体规划下进行优化整合，实现面向客户的资源配置体系；另外，基于 Internet 的信息技术正逐渐成为成熟的商业手段和工具，并且越来越广泛地应用于企业信息化的建设，这使得企业的信息系统体系具备了适应市场客户需求动态变化的灵活性和开放性。

这一切先进技术的发展使得客户关系管理不仅仅只是停留在理论的探讨上，而且有效地转变为可能的现实。它通过有效地增强企业的销售能力、营销能力、客户服务与支持能力以及对客户需求的反应能力，进而改善企业自身与客户之间的关系，由此使得前面提到的宏观层次和微观层次的各种需求满足在技术层面有了充分的保障。

12.1.2 客户关系管理的定义与内涵

1. 客户关系管理的定义

关于客户关系管理（customer relationship management，CRM）的定义，不同的研究机构或公司有着不同的表述。

（1）Gartner 公司对 CRM 的理解

Gartner 公司认为，CRM 将看待客户的概念从独立分散的单个部门提升到了企业的层面。所谓的客户关系管理就是：为企业提供全方位的管理视角，赋予企业更完善的客户交流能力，最大化客户的收益率。对计划实施 CRM 的企业来讲，CRM 首先是一项通过分析客户、了解客户、提高客户满意度来增加收入以及优化赢利的商业模式，技术与解决方案只是实现这个商业模式的手段。

(2) IBM 公司对 CRM 的理解

20 世纪 90 年代中期开始,IBM 公司就开始在全球范围内实施"以客户为中心"的市场发展战略。IBM 公司对 CRM 的定义包括两个层面的内容。首先是企业的商务目标。企业实施 CRM 的目的就是通过一系列的技术手段了解客户目前的需求和潜在客户的需求。其次,企业要整合各方面的客户信息,使得企业对某一个客户的信息了解达到完整性和一致性。

(3) NCR 公司对 CRM 的理解

NCR 公司认为,客户关系管理是企业的一种机制。企业通过与客户不断地互动,为客户提供信息,以及与客户进行交流,可以了解客户和影响客户的行为,进而留住客户,不断增加企业利润。在客户关系管理中,管理机制是主要的,技术只是一个部分,是实现管理机制的手段而已。

(4) 波士顿 Hurwitz Group 对 CRM 的理解

波士顿 Hurwitz Group 是世界著名的分析机构,该机构认为,CRM 的焦点是自动化并改善与销售、市场营销、客户服务和支持等领域的客户关系有关的商业流程。CRM 既是一套原则制度,也是一套软件和技术,其目标是缩减销售周期和销售成本、增加收入、寻找扩展业务所需的新的市场和渠道以及提高客户的价值、满意度、赢利性和忠诚度。CRM 应用软件将最佳实践具体化并使用了先进的技术来协助各企业实现这些目标。

虽然上述四大公司或机构对 CRM 的文字表述各异,但它们对 CRM 的理解在本质上都是一样的:CRM 是现代企业管理思想与现代信息技术相结合的产物,所代表的不仅是管理手段的升级,更是管理思想的创新。

因此,我们将客户关系管理简单地定义为:一种倡导以客户为中心的企业管理思想和方法。其具体含义包括三个层面(如图 12-1 所示),即管理理念的宏观层面、企业管理模式的中观层面、应用系统的微观层面。

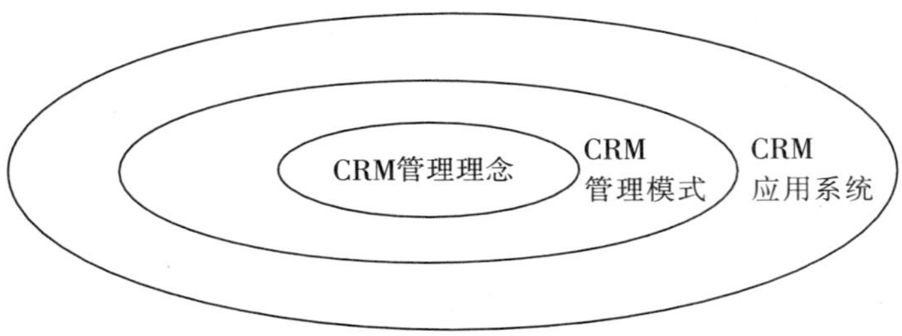

图 12-1　客户关系管理的三层含义

从企业管理理念的宏观层面看,客户关系管理是企业为提高核心竞争力而树立的以客户为中心的发展战略和经营指导思想；从企业管理模式的中观层面看，客户关系管理是企业改善客户关系的新型管理机制；从信息技术应用系统的微观层面看，客户关系管理是企业在不断优化客户关系中所使用的信息技术解决方案的总和。

2. 客户关系管理的内涵之一：核心理念

客户关系管理作为企业的经营指导思想和发展战略，其核心理念主要体现在以下四个方面。

(1) 客户价值的理念：客户关系管理是选择和管理客户的经营思想和业务战略，目的是实现客户长期价值的最大化。

(2) 市场经营的理念：客户关系管理要求企业的经营以客户为中心，在市场定位、细分和价值实现中都必须坚持贯彻这一理念。

(3) 业务运作的理念：客户关系管理要求企业从"以产品为中心"的业务模式向"以客户为中心"的模式转变。

(4) 技术应用的理念：客户关系管理要求以客户为中心的商业运作流程实现自动化及通过先进的技术平台来支持、改进业务流程。

3. 客户关系管理的内涵之二：新型的商务模式

客户关系管理作为一种改善企业与客户之间关系的新型管理机制，与传统的静态商业模式存在着根本区别。客户关系管理系统的建立意味着企业在市场竞争、销售及支持、客户服务等方面形成动态协调的全新关系实体，从而实现企业客户资源的最优化管理。这种新型管理机制的变革集中体现在市场营销、销售实现、客户服务和决策分析等与客户关系有关的重要业务领域。

(1) 市场营销：对传统市场营销流程的优化和自动化。

(2) 销售实现：扩展了销售的概念，从销售人员的不连续活动到涉及公司各职能部门和员工的连续进程都纳入了销售实现中。

(3) 客户服务：把客户服务视作最关键的业务内容，视同企业的赢利而非成本来源。

(4) 决策分析：具备了使客户价值最大化的决策和分析能力。

4. 客户关系管理的内涵之三：应用系统、方法和手段

客户关系管理是企业在不断改进与客户关系相关的全部业务流程中，所创造并使用的先进信息技术、优化管理方法和解决方案的总称。

(1) 应用软件系统：客户关系管理系统可以理解为企业运用信息技术实现客户业务流程自动化的软件系统，其中涉及销售、市场营销、客户服务以及支持应用等软件。

(2) 方法和手段：客户关系管理也可代表用于帮助企业组织管理客户关系的一系列信息技术或手段，例如建立能精确描绘客户关系的数据库，实现客户信息的集成、综合各类客户接触点的电话中心或联络中心等。

12.1.3 客户关系管理与知识管理的关系

1. 客户关系管理以知识管理为基础

第一，客户关系管理需要表现客户特征的信息与知识。进行客户关系管理首先要获取客户信息，创建客户信息库。只有获取了足够的客户信息，企业才能在对该信息进行编码处理的基础上将信息转化为知识，并同客户建立起良好的、相互信任的关系。而客户信息与客户知识的存储是为了在企业内部共享和交流，只有实现信息与知识的充分共享，才能使企业使用一个统一的客户数据来源，从而保证市场营销过程的一致性和连贯性。这种信息获取、共享和交流的过程是一个以知识管理为基础的过程，它是在知识管理基础上推进客户关系管理的实施。

第二，客户关系管理需要利用客户方知识。在激烈的市场竞争环境下，企业必须能充分利用客户的知识。通过客户的自助产品设计以及客户对产品或服务的抱怨或投诉，企业可以收集客户方的重要知识。利用客户方的知识进行新产品开发或进行服务流程的重组，往往可以为企业带来巨大的竞争优势。因此，企业要将相关的信息与客户共享并进行必要的交流，才能与客户形成合作伙伴，充分挖掘客户的有效资源，开发客户知识，进而运用到客户关系管理之中。

第三，向客户提供知识是发展客户关系的有力武器。在知识成为最有价值资源的经济环境中，向客户转移知识具有实现增值最大化和获得最高回报的潜能。开发客户关系与利用知识转移为客户增值是相辅相成的。利用知识为客户增值本身会导致更深层的客户关系，能增强客户忠诚度，而更好的客户关系又提高了知识的双向转移，这样就形成了知识转移与客户关系发展的一种良性循环，双方都可以在一个正向反馈环中相继得到发展。

2. 客户关系管理是知识管理的实践

第一，客户关系管理为知识管理提供数据来源。知识管理中的知识发现机制需要数据原材料，而客户关系管理作为有效收集客户资料的一个系统，具有强大的数据收集功能，可以源源不断地向知识管理系统提供知识发现与知识挖掘所需要的客户数据。

第二，客户关系管理为知识管理提供了知识应用场所。企业进行知识管理的目的是为了更好地满足客户的需求，而客户关系管理作为企业与客户直接交互的“前台”，是直接将企业知识管理成果推向用户的场所。企业发现客户知识后，通过产品或服务的改变实现这些知识的应用，并通过 CRM 系统以最恰当的形式提供给客户。

12.2　客户知识管理的内容

12.2.1 客户知识的概念和分类

接受产品或服务的客户，包括产品或服务的直接消费者以及分销商、零售商等，不仅是企业销售的对象，而且是企业学习的真正源泉。与客户交互过程中形成的客户知识，是企业知识资产的重要组成部分，是企业发展的一项核心要素，它有助于企业调配内部流程、产品和服务以满足客户的需要。

所谓客户知识，是指来源于企业合作伙伴、客户资料以及企业与客户交互过程，关于客户的有组织的经验、价值观、洞察力、相关信息的动态组合，这些组合可以在交互过程中不断地进行评价和更新。客户知识是企业进行有效客户关系管理所必须具备的，是企业对客户及其需求和期望的理解。它主要有以下几种来源。

(1) 内部的信息系统，如事务处理系统(TPS)、网点销售系统(POS)、电子数据交换(EDI)系统等；

(2) 客户服务中心，如客户资料、反馈信息、交易和服务记录等文档；

(3) 市场营销部门，如客户问卷调查、深度访谈等市场调查研究；

(4) 与客户互动的销售人员和服务人员；

(5) 供应商和销售终端；

(6) 企业的内部员工；

(7) 企业的流程、组织和文化制度；

(8) 网络信息渠道，如网站、BBS、虚拟社区。

从客户知识形态和价值等方面来看，客户知识具有四个方面的特点。首先，客户知识来源于能为组织目标服务的，有价值的客户数据和信息。而且，这种知识是随着组织客户范围的变化、组织和供应商技术的革新而不断更新，其价值也是动态变化的。其次，客户知识是边际成本递减的，它的应用能降低客户维系成本和开发成本。再次，采用技术手段发掘出来的客户知识，如客户的潜在需求或购买模式，带有一定的推断成分，需要不断地修正。最后，客户知识是组织的一项知识资产，它能转化为组织的竞争优势，有利于组织的生存和发展。

在取得数据和信息后，需要进行系统化的分类整理，才能获得有价值的客户知识。客户知识可以从不同的角度进行划分，大体上的分类标准包括：按知识的性质划分；按知识的内容划分；按知识的获得途径和方式划分。通过对客户知识的分类，组织能更有针对性地管理不同种类的知识。

(1) 按知识的性质划分,可以分为显性的客户知识和隐性的客户知识。显性的客户知识是指经过整理和组织,可以用文字、图表、计算机程序等形式表现出来,通过正式的、系统的语言进行传播的客户知识。例如,客户基本信息、客户需求报告、意见反馈表等。而隐性的客户知识则是难以标准化和传播,与人结合在一起的有关客户的知识。例如,销售人员的客户服务技巧、市场部主管对客户需求的预测能力等。隐性客户知识比显性客户知识更能为组织创造价值。因此,有效的客户知识管理,更重要的是对隐性客户知识的发掘、共享与创新。

(2) 按知识的内容划分,可以分为三类:关于客户的知识、客户拥有的知识和有关客户环境的知识。关于客户的知识包括现有和潜在客户细分的知识以及对单个客户背景及特征的描述。例如,哪些是目标客户、客户面临的困难、持有的观点、交易历史以及再次交易的可能性等。客户拥有的知识既包括客户能够提供的有关产品和服务的知识,也包括通过提取客户需求信息而形成的知识。例如,客户的消费偏好、喜欢接触的销售渠道、消费行为特点等描述客户需求的知识。而有关客户环境的知识则是关于客户所在的环境及其利益相关者的知识。例如客户的关系网、客户的环境影响力、客户的客户、客户的供应商等情况。

(3) 按知识的获得途径和方式划分,可以分为观察性的客户知识、沟通性的客户知识和预测性的客户知识。所谓观察性的客户知识,是指通过观察客户如何购买和使用产品或服务而获得的客户知识。特别是一些积极解决产品或服务消费过程中所遇到问题的客户,他们的行为往往能为企业新产品的开发或服务的改进提供信息,从这些信息中提取的知识,可以帮助企业降低研发成本和缩短研发周期。沟通性的客户知识是通过与客户、供应商、合作伙伴等利益相关者进行正式或非正式沟通而获得的客户知识。例如,许多企业设立俱乐部,为企业与客户的互动提供了很好的机会,通过邀请客户参加俱乐部活动,引导他们表达出对企业和产品的感性认识,以此来了解客户购买的真实动机和挖掘客户的深层思想。预测性的客户知识,是指提取从分析模型和预测模型获得的信息而形成的客户知识。它是企业在对市场现状、客户需求和竞争态势等进行分析的基础上,结合对企业未来前景的看法,利用管理的专业分析工具和预测方法来获得的知识。AT&T 的消费者服务就是公司运用预测性客户知识重新评估整体客户关系策略的典型例子。

12.2.2 客户知识的获取

客户知识是通过信息的收集和处理而获得的。信息的质量、信息收集的途径、信息处理和发掘技术的有效性等,都会影响客户知识获取的效率。所以,企业应该以客户为中心,优化客户信息处理的流程,同时,要消除各部门和各层次组织成员之间的信息障碍，开发、收集和整合各种客户信息。通过对信息进行发掘得到的客户知识，能为企业的管理决策提供极大的帮助。

为此，企业可以从客户信息的收集、信息的处理和发掘、信息的维护和更新三个方面进行努力，以获得高质量的客户知识。

(1) 建立多种客户沟通方式和渠道，收集各种客户信息。这些收集信息的途径包括：与客户进行面对面的交流；进行客户的市场调查；通过互联网、电话、信件等与客户沟通；从供应商、经销商等中间环节获得有关客户的信息；从信息咨询公司购买客户信息等。企业可以根据目标客户的特性、信息获取的成本、企业决策的需要等，选择最优的信息来源组合。同时，对于所获取的信息要进行评估和筛选，保留有价值的客户信息，防止错误或无用的信息影响客户知识的质量；还要建立适当的激励机制来鼓励信息渠道成员，如客户服务人员、批发商、零售商，及时和准确地提供客户的信息。

(2) 信息的处理和发掘需要以现代信息技术和知识员工的分析能力为基础。来源于各种途径的客户信息是客户知识的“原材料”，只有进一步地处理和深度地发掘，才能形成有价值的、深层次的客户知识，才能帮助企业了解客户需求，从而做出正确的决策。因此，客户知识的提炼，一方面要利用现代信息技术提高信息处理的速度；另一方面要通过学习和培训，提高知识员工的数据发掘能力和信息分析能力。

(3) 实时进行客户知识库的维护与更新。通过信息发掘获得客户知识后，企业会建立一个客户的知识库对此进行知识的管理。但关于客户的知识、客户拥有的知识和有关客户环境的知识会不断地变化，企业也会因为销售过程中发生的各种事件而失去或者获得某些客户，因此，企业应该鼓励利用各种信息来源渠道对客户的知识库进行实时的更新。

企业利用信息提炼出客户知识主要有五种途径：从现有的客户文档(如客户的反馈表、客户订单、客户访谈记录)中整理出客户对企业产品或服务的态度和需求；通过观察客户的购买行为来分析客户的购买心理和动机；从各客户接触点(如服务人员、电子邮件、讲座、促销活动等)中总结经验和教训；开展客户的市场调查，从调查报告中获取客户知识；结合客户数据库和市场预测，分析潜在客户的属性。其中，从现有的客户数据和信息出发，通过数据整合、数据分类、数据聚类和关联规则来发掘知识是获得客户知识的一个重要途径，能有效地增强企业客户智能。

12.2.3 客户知识的共享

知识共享是知识管理的一个重要环节，也是知识管理的难点之一。同样地，客户知识的共享，特别是隐性客户知识的共享，存在着许多障碍。其中最主要的原因是客户知识是企业的员工、供应商等在与客户沟通的过程中获得的技巧或经验，这是他们经过长期的投入积累起来的，不愿意与他人分享。而且，拥有这些客户知识的人担心共享会让他们失去个人的优势，威胁他们的职业地位。另外，企业员工之间缺乏信任，不愿意接受或使用他人的知识，也是导致客户知识得不到共享的原因。

客户知识如果长期得不到共享，将会导致三个方面的结果。首先，客户知识，特别是核心的知识被掌握在少数的个人手中，导致高级管理人员决策时缺乏足够的知识作为参考。其次，拥有客户知识的员工流动，供应商、经销商等中间环节的更换，会带走大量客户关系或核心知识。最后，有价值的客户知识成为企业内部稀缺的资源，各部门之间的相互竞争导致整体协调困难，组织运行效率下降。

大体来看，客户知识的共享应该包括两个方面：其一，是客户知识的标准化；其二，是客户知识的交流和吸收。借助知识管理的理念和工具，企业可以有效地解决客户知识转移和共享中的问题，实现客户知识的增值。

1. 客户知识的标准化

(1) 通过数字化和文字化将大量无序的信息转化为有序的客户知识。对信息进行处理和发掘，是获得知识的重要步骤。客户知识只有通过标准化处理，把存在于头脑中或者停留在信息、数据状态的知识以各种文档资料（如市场调查报告、项目资料、电子数据图表等）的形式表现出来，才能被员工所学习和利用，才能体现这些知识的价值，有序性和显性化是客户知识共享的前提。将个人所拥有的客户信息和知识提升为组织知识，就能有效地减少员工休假、离职而造成的损失。

(2) 建立客户知识地图，将知识和个人联系起来，能帮助员工快速地获取所需的客户知识。知识地图能明确地指出拥有某种客户知识的个人，并指出记录这种知识的文档或数据库。有了知识地图，员工在为客户提供服务的时候，就可以非常方便地找到相应的知识拥有者，进行直接或者间接的交流，及时获得服务所需的客户知识。

2. 客户知识的交流与吸收

(1) 提供各种工具（如 BBS、论坛、博客），辅助员工与客户、同事进行各种交流。在彼此交流过程中会互相学习，并形成新的知识。这种机制对员工有较强的吸引力，而且也决定了企业在经营活动中的知识增量。企业的学习能力越强，则对经验和教训的总结能力也越强，隐性客户知识的共享就越充分。

(2) 营造客户知识共享的文化氛围，建立知识共享的激励机制。组织文化和激励机制是影响员工知识共享意愿的重要因素。因此，企业一方面建立信用体系作为保障，从管理层做起，树立客户知识共享的榜样；另一方面通过绩效评估体系和奖励制度对知识共享的行为给予充分的肯定，并给予物质或精神的奖励。在日常工作中，企业还可定期开办讲座、经验交流会，采取工作小组、矩阵式组织等形式来促进员工之间的知识共享，提高客户服务水平。

12.2.4 客户知识的创新

著名的知识管理专家达文波特教授提出了知识管理的两阶段论。他认为在知识管理的第一阶段，企业能将获取的知识放在知识库，而在第二阶段，企业必须考虑如何利用这些知识资产，促进知识工作本身的改进与提高。客户知识管理过程同样可以分为两个阶段。第一阶段是客户知识的获取和整合的过程，企业通过各种途径收集客户信息，利用数据挖掘等手段对其进行分类整理，存放在客户知识库中，这个阶段强调的是信息技术对于客户知识管理的支撑作用。第二阶段是客户知识的应用与创新的阶段，企业将客户知识库中已有的知识应用于企业的管理实践，并在这个过程中不断创造出新的知识，这个阶段强调的是组织对客户知识的应用能力以及组织成员的创造能力。

客户知识管理的这两个过程，实际上就是隐性客户知识与显性客户知识相互转化的过程，这个转化过程包括客户知识的产生、转移与创新的过程。在客户知识管理中，客户知识的转化与创新的过程，同样经过 SECI 模型的四种知识转化模式，即内化（显性客户知识→隐性客户知识）、外化（隐性客户知识→显性客户知识）、社会化（隐性客户知识→隐性客户知识）和组合化（显性客户知识→显性客户知识）。经过这四个阶段，隐性客户知识可以实现个人之间、个人与组织之间知识的传递，并最终产生新的隐性客户知识，参见图 12-2。

在图 12-2 所示的客户知识转化与创新过程中，每一个转化阶段都需要有良好的外部条件作为支持。因此，企业必须创造良好的组织学习环境来促进隐性客户知识和显性客户知识的相互转化。具体来说，企业可以从以下四个方面着手来促进客户知识的创新。

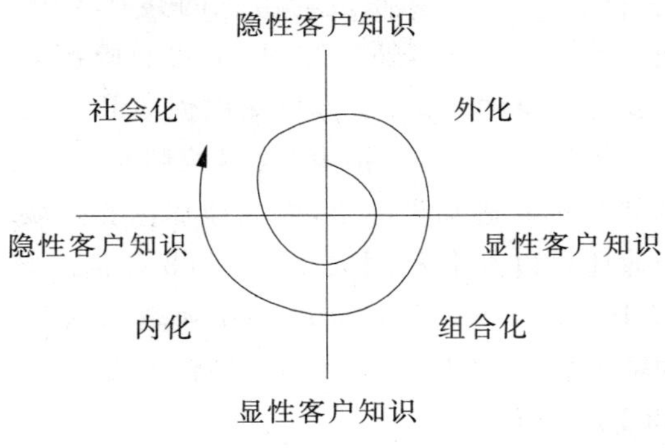

图 12-2　客户知识转化与创新的四种模式

1. 营造有利于客户知识创新的企业文化

企业文化是企业在经营实践中，所创造和形成的具有本企业特色的精神理念，它实质上就是企业的价值观，是一种无形的管理方式。建立有利于学习、创新和交流的文化氛围是客户知识创新所不可或缺的。为此，企业应该将“以客户为中心”的理念灌输到每一位员工心中，让他们更加关注客户的个性需求，重视客户的利益，让员工意识到客户是企业重要的资产。同时，企业应将创造性思维纳入企业文化的构建中，使创造性思维有广泛的群众性和持续性，努力营造一种和谐的氛围，塑造鼓励创新、鼓励共享的企业文化。

2. 加强人力资源管理，完善培训机制和激励机制

人力资源管理是客户知识管理的一个重要组成部分，主要包括建立完善的激励机制和培训机制两方面。科学有效的激励机制可以激发企业员工积极主动地进行知识的共享与创新。激励方式主要包括物质激励和精神激励，企业应将这两种激励方式组合运用，以达到较好的激励效果。员工培训是人力资源管理的重要一环，其目的是通过知识的共享来实现知识创新与应用。企业常用的培训方式有：企业自我培训，外请专家培训，外送选修培训，员工自我培训和岗位轮换培训。目前许多企业在培训方面上往往急于求成，缺乏针对性、实质性，不利于激发企业员工的创造性思维。企业应该为员工提供多种培训机会，不仅要进行基础的专业技能的培训，更应该根据员工的具体情况，最大限度地发挥员工的潜能。

3. 利用信息技术，建立客户知识库和搭建知识平台

知识和信息技术是客户知识管理的硬件环境基础，在客户知识管理中起到了加快知识转移的速度，提高知识共享和交流的效率的作用。客户知识库把获取和开发得来的知识进行整理、过滤和存储，使这些知识成为组织的共有知识，在整个企业中广泛传播。客户知识库一般由三个部分组成：外在知识、正式的内部知识和非正式的内部知识。客户知识库是客户知识共享的基础，是客户知识创新的源泉。惠普（HP）公司将企业宗旨、技术产品信息、市场销售预测、营销策略、客户财务信息、质量管理经验及其他任何有助于客户管理的知识都放进知识库里，极大地加速和扩展了知识的共享，促进了产品和服务的改进。企业还可以充分利用数据库、Web 等信息技术，为知识的储存、传递以及利用构建一个以 Intranet/Extranet/Internet 为基础的开发知识平台，为员工提供各种客户知识管理的辅助服务，鼓励员工在知识平台内交流共享知识。

4. 强化员工之间的交流制度

通过对文档资料实行开放式管理，编制内部报纸和内部网络刊物，来提高客户知识交流的速度和效果，鼓励员工进行多种形式的、经常性的交流与沟通，加快知识在企业内部的流动和转化过程，从而为客户知识的创新奠定良好的基础。

12.3　客户知识管理的流程和体系

12.3.1 客户知识管理的流程

1. 客户知识的管理循环

客户知识管理的实施是一个“封闭”的循环过程，参见图 12-3。企业通过这个管理循环来获取准确的目标客户知识，并通过整理、共享和应用这些知识，使它们发挥出杠杆作用，从而促使客户关系价值最大化。

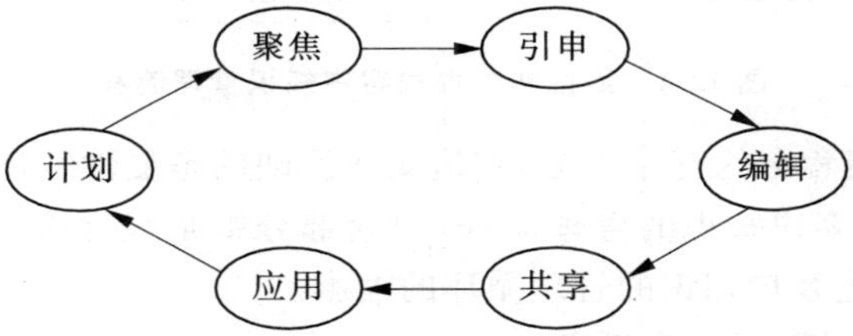

图 12-3　客户知识的管理循环

在这个管理循环中，企业先根据客户知识管理的目标来制订“计划”，并根据企业的行业性质，获取客户知识的难易程度以及所面向的客户的购买特征等多种因素，来“聚集”客户知识于合适的层面和深度，锁定目标客户。在此基础上，通过数据挖掘等多种手段“引申”出营销管理所需要的相关知识，并对相关知识进行“编辑”，寻找数据背后隐藏的联系和规律。同时，将这些规律在组织内部员工之间“共享”，实现隐性知识和显性知识的相互转换，将个人知识转化为组织知识，从而创造出新的知识。最后，利用所获得的知识来指导其营销管理的实践活动，发挥出知识的杠杆作用，结合实施结果的反馈信息，调整和改进客户知识管理的目标，从而形成了一个螺旋上升的循环体系。这是一个知识不断拓深、价值不断提升的过程。在这一循环过程中，任何一个环节都将会直接影响客户知识价值的实现。通过管理循环，企业能更快地获取、运用和调整知识，为客户提供更好的服务，培养顾客的忠诚度，从而形成企业的核心能力。

2. 显性和隐性的客户知识管理流程

根据知识性质的不同，客户知识分为显性的客户知识和隐性的客户知识。对应于企业客户知识管理中这两种不同的客户知识，分别有不同的管理流程，参见图 12-4。

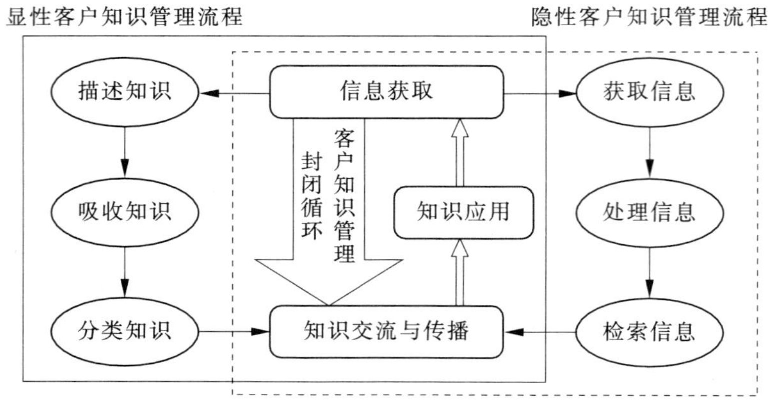

图 12-4 显性和隐性的客户知识管理流程

图 12-4 所示的流程分为三个部分，左边实线反映的是显性客户知识的管理流程，右边虚线反映的是隐性客户知识的管理流程，中间部分则是显性客户知识与隐性客户知识共有的部分，是上述客户知识的管理循环的缩影。

(1) 显性客户知识管理的管理流程

显性客户知识管理的目的是为了使显性知识能被广泛、方便地传播与应用。通过显性知识的重复应用，能为企业和客户创造价值，并可能创造出新的知识，为整个客户知识管理循环提供动力。在显性知识管理流程中，显性客户知识首先被组织从知识源中获取，组织经过对知识的描述以及加工处理将其吸收成为组织自身知识的一部分，并根据其知识的特点放入不同的分类系统，从而有利于在企业中的共享与应用。在这一过程中，企业主要采用了编码管理模式(codification mode)。编码管理模式是“从人到文档”的模式，强调投资信息技术，对具有显性特征的知识进行加工整理并存储在数据库中，通过知识的迅速、无限次的重复利用获得规模收益。

(2) 隐性客户知识管理的管理流程

隐性客户知识管理的目的是为了通过对隐性知识的开发利用以实现客户管理的目标，对现有隐性知识管理的核心是利用制度设计、激励、营造共享的组织文化氛围等手段来克服障碍，提高隐性知识的传播和应用效率。隐性知识管理流程对知识的处理包括：信息的获取、管理和检索。通过获取知识源的信息，对该信息进行管理和分类，使这些知识能迅速被知识需要者搜索到，从而促进知识交流与传播，使现有的隐性客户知识为企业创造效益，有助于客户知识的创新。在这一过程中，企业主要采用了人物化管理模式(personalization mode)，它是一种“从人到人”的模式，强调投资人力资源，通过与知识创造者的直接接触和交流实现客户知识的学习和共享，从而创造更多的价值。

在显性客户知识与隐性客户知识交叉的部分中，客户知识获取的前提是信息的收集和处理，所获取的客户信息经过上述客户知识的管理循环过程后将创造新知识，创造出来的新知识通过知识的交流与传播将得到更广泛的应用，利用获得的知识创造效益实现其价值，同时，还可以为创造新知识准备条件。

以上两种客户知识管理流程描绘了企业通过客户知识获取、传播、分享和应用来实现客户知识增值和价值转化的过程。同时，企业还可以依据行业的特点，获取客户知识的难易程度以及知识管理实施的程度等绘制符合自身特点的客户知识管理流程，明确在客户知识管理整个过程中的哪些环节需要改进，从而更好地发挥客户知识管理系统的作用。

12.3.2 客户知识管理的体系

企业客户知识管理的活动是一个动态的过程。客户知识管理的内容包括分析客户知识的获取、客户知识的共享、客户知识的应用和创新四个过程。客户知识管理体系不仅包括客户知识的动态过程，还包括系统中客户知识运动的辅助环境，即知识和技术基础、组织支持系统、执行系统及客户知识管理的监控评估系统，从而创造有利于客户知识管理的良好环境，以此来加快客户知识的转移和共享，从而帮助企业更快实现知识创新，借此提升客户知识的价值，参见图 12-5。

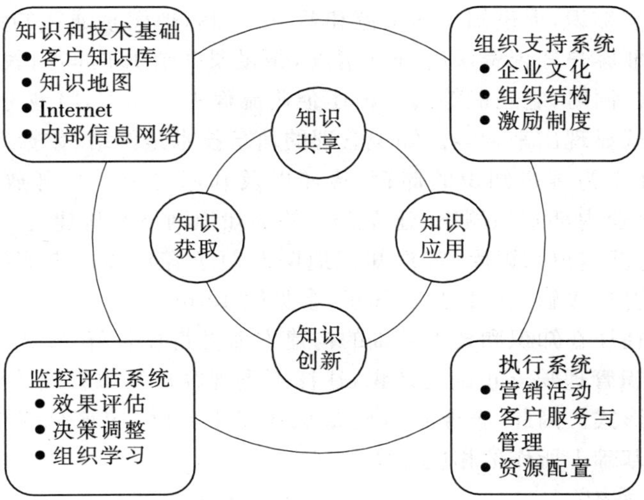

图 12-5　客户知识管理体系

在该体系中，知识和技术基础、组织支持系统、执行系统和监控评估系统都是围绕着客户知识的获取、客户知识的共享、客户知识的应用和创新来运行。其中，知识和技术基础是客户知识管理的硬件环境基础，成功的客户知识管理实践需要企业建立适当的知识和技术基础来加快知识转移的速度，提高知识共享和交流的效率。组织支持系统是客户知识管理的软环境基础，它说明了组织制度和企业文化对于客户知识管理的支撑作用。执行系统是客户知识在客户服务与管理中的运用以优化企业价值链的系统，它实际上是客户知识管理的增值效应。客户知识的监控评估系统是对客户知识管理的过程进行监督控制，评估检查实施效果，在实践中修正自己的行为，以适应环境的变化，创造出 1＋1＞2 的学习效果。

在具体的客户知识管理实践中，企业还应根据自身的特点和需要来构建适合自己的客户知识管理体系。客户知识管理体系的效果不仅取决于其体系的构建，还取决于体系的具体实施情况。为此，企业必须注重对企业文化的建设，引导员工树立以客户为中心和以知识为基础的理念。

1. 知识和技术基础

没有知识和信息技术的支持，现代企业不可能同客户建立任何真正的关系。客户知识的获取、共享、应用和创新都离不开知识管理工具和信息技术。企业利用先进的知识管理工具和信息技术，通过建立统一的技术平台和开放的知识平台，可以加强对客户知识的存储、整合和共享，改善企业对客户知识的利用能力。

目前主要的客户知识管理工具是客户知识库和知识地图。客户知识库把获取和开发得来的客户知识转化为结构化和系统化的形式并以一定的规律存储起来，使这些知识成为组织的共有知识，促进知识的交流和共享。知识地图是通往知识库的向导，它是用来显示整个企业客户知识资源的分布情况，帮助员工在短时间内找到所需知识资源的知识管理工具。同时，它还能够用来描述企业流程中的知识，将业务流程中的客户知识通过图表的方式显现出来。客户知识管理的信息技术是网络、数据库、Web 等技术的综合应用，目的在于为客户知识的储存、传递以及利用构建一个开放的平台。具体来说，它包括建立企业内部知识网络、建立企业外部知识网络和构建统一的技术平台和开放的知识平台，包括客户知识库、客户知识地图及便于客户知识交流的人际网络，联结和整合来自各个客户接触点的信息和知识，参见图 12-6。

国内的企业往往在知识和技术基础的构建方面做得比较好，投入了大量的资金，但是由于对客户知识管理缺乏正确的认识，往往不重视客户知识管理的软件基础，导致客户知识管理流于形式。因此，企业在构建知识技术平台时，应该是组织、管理和人员在充分运用技术的基础上所作的相应调整与配合。

2. 组织支持系统

客户知识管理的组织支持系统包括组织管理系统和企业文化，它们对客户知识管理起着支撑的作用。组织的管理系统通过精心设计的组织结构和管理制度来协调部门和员工的行为，它属于结构性协调手段。由于每个成员、每个部门所追求的利益各不相同，他们对制度的理解也不完全相同，尤其是在复杂的经营环境、多变的消费需求及更

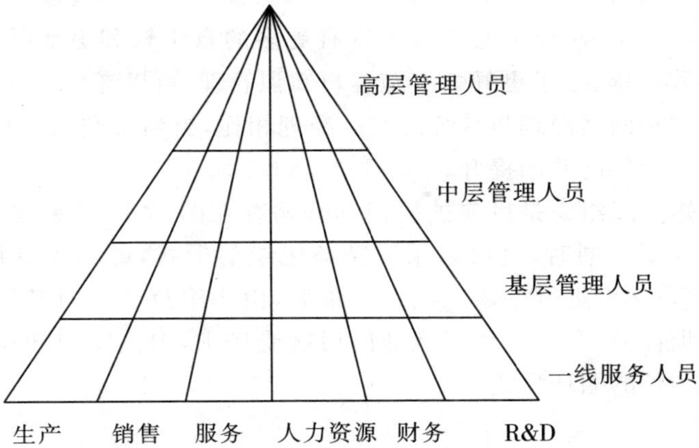

图 12-6　客户知识管理的知识技术平台

具挑战的人力资源管理的条件下，组织管理系统的协调作用就会受到限制。企业要求员工积极主动地进行客户知识的交流、共享、应用与创新，前提是全体员工必须有共同的价值观、思维和行为形式。因此，企业围绕着将个人经验、技能整合成组织知识而建立起的以知识为导向的企业文化，是客户知识管理成功与否的基础。

为了有效地运行客户知识管理系统，企业可以从培育良好的企业文化，建立完善的激励制度和设计新型的组织结构这三方面着手，构建客户知识管理的组织知识系统。

(1) 培育良好的企业文化

建立"尊重知识、共享知识"的价值观，使全体企业员工都高度认识到客户知识的价值和学习的重要性，并在企业内部培养崇尚创新、相互学习、协作共享和认真服务客户的文化氛围。此外，还应树立起"客户是企业资产"的理念，将"以客户为中心"灌输到每一位员工的大脑中，让他们意识到每一次与客户的接触既是获取客户知识的过程，也是客户体验企业产品和服务的机会。

(2) 建立完善的激励制度

企业可以通过完善的激励制度，在机制上鼓励员工进行客户知识的共享。企业的激励方式大致有两种：物质激励和精神激励。物质激励是目前我国企业普遍采用的一种激励模式。而精神激励则注重用精神因素鼓励企业员工努力工作。企业的长期实践也证明，仅靠物质激励是不够的，使用方法不正确，还会有副作用。因此，企业的激励制度必须结合物质激励和精神激励两种方式，才能更好地鼓励员工共享所拥有的客户知识。

(3) 设计新型的组织结构

传统的金字塔形组织结构，严重禁锢了不同部门具有不同知识结构的员工之间的接触和交流，妨碍了知识的创新和应用。客户知识管理体系要求建立有利于知识交流的更加扁平化的组织结构，让企业的员工享有更多的自主权和更活跃的沟通方式。根据先进企业的实践经验，为了更好地实施客户知识管理，可以考虑设立程序经理甚至网络经理。程序经理和网络经理与传统的产品经理相比，更注重利用客户信息和知识，关注企业价值与客户价值的共同提升。

工作小组和矩阵式组织是目前被提倡和普遍存在的形式，这种扁平化的结构有利于知识的交流和共享。同时，也可以采取精益组织的形式，即个人参加小组承担的项目，应用现有的客户知识进行创新。项目结束后，由小组负责人对其进行绩效评价，职能部门则承担培训任务，个人回到职能部门后接受培训，提高客户知识水平，从而形成“学习—应用—学习”的循环模式。

3. 执行系统

客户知识管理的执行系统主要是将企业现有的客户知识和客户服务和管理结合起来，通过客户知识的应用，合理配置企业资源，从而更好地为客户提供服务。该系统实际上是发挥知识杠杆作用的过程，将内部的客户知识与企业管理，尤其是营销管理结合在一起，从而为客户关系管理决策提供支持，体现客户知识的价值。

客户知识价值是指企业通过应用客户知识所获得的价值（包括直接价值与间接价值）与企业为获取、管理客户知识所必须付出的成本之间的差值。客户知识管理的价值体现在改善现有经营活动、支持新的商务活动和创造全新的价值主张三个层次上，参见图 12-7。首先，客户知识管理的执行系统通过客户知识的运用，发掘客户的潜在需求，用于改善原有产品、开发新产品和提高经营效率；其次，系统利用客户知识支持新的商务活动，如以客户为中心的团队和跨部门合作；最后，在客户知识创新的层面上，创造全新的价值主张，如提出客户关系管理的个性化解决方案。

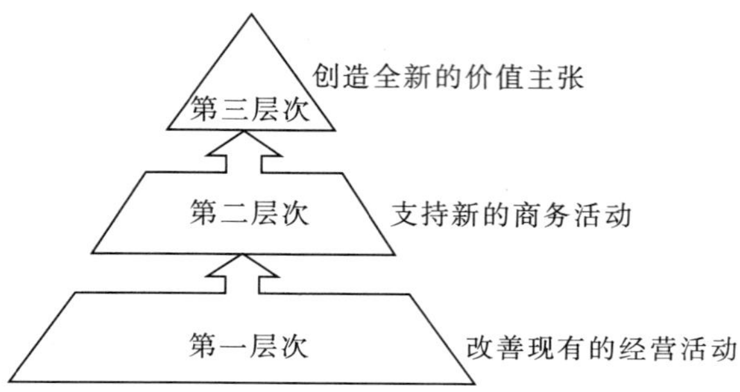

图 12-7　客户知识管理的三个价值层次

4. 监控评估系统

客户知识管理监控评估系统用来监控客户知识管理的过程以及评估客户知识管理

实施的效果，它为整个客户知识管理流程提供了反馈的信息。通过监控评估系统，企业可以清楚地了解到客户知识管理的运行状况，通过接受到的反馈信息，在新的实践中不断调整自己的目标和战略，更好地适应环境的变化。

对客户知识管理的效果进行评估是非常必要的，它有助于发现客户知识在获取、共享、应用和创新等环节所存在的问题，进而改进客户知识管理流程。将评估系统与激励机制相结合，有助于激发员工和部门的积极性和创造力，进一步提高客户知识管理的效果。但是，目前对客户知识管理的评估存在一定的困难。这主要是因为企业的显性客户知识和隐性客户知识的管理没有统一的标准，难以衡量。而且，客户知识管理给企业带来的不仅有直接的经济效益，更多的是无形的和长远的效益，如促进企业的创新活动、改变竞争战略和发掘新市场等，这些收益是难以用传统的回收率来衡量的。对客户知识管理的评估，可以从客户知识管理的实施过程、客户知识管理的实施效果两个方面进行。对于客户知识管理的实施过程，可以按现状、实施、改变、经济指标四个阶段来评估；对于客户知识管理的实施效果，则通常从股票价格、绩效的改进(如销售量的增加、客户满意度的提升)以及机会成本三个角度来评价。

12.4　基于知识的 CRM 实施

基于知识的客户关系管理是客户关系管理和知识管理的结合，是未来客户关系管理的发展方向。它将客户知识这一企业最重要资源作为客户关系管理的核心，通过企业与客户之间的互动学习和协作创新，从而增加客户价值，提高客户满意度和忠诚度。因此，实施基于知识的客户关系管理，具有四个方面的意义。

(1) 适应了当前知识经济时代客户对产品和服务的多样化、差异化需求，可以最大限度地发挥客户知识的价值。

(2) 有利于加强对客户需求的了解，并根据客户价值对客户进行细分，针对不同客户采取差别化策略，提高客户满意度和增强企业赢利能力。

(3) 有利于从根本上改善传统业务流程中的种种弊端，提高企业的运作效率，降低企业的运营成本，逐步确立并提升企业的竞争优势。

(4) 建立企业与客户之间的知识传输链，实施的结果实现了企业与客户之间的“双赢”。

12.4.1 CRM 实施策略

面对新的市场经济条件和激烈的竞争环境，为了更好地提高自身竞争力，提升客户忠诚度，企业可以根据自身需求，对 CRM 的知识进行分类，并抓住各种知识的特性，通过 CRM 系统采取知识管理的策略，实现知识的收集与检索、知识的共享、知识的转化以及知识的挖掘利用，在此过程中达到企业客户知识的不断创新。

1. 客户知识的收集与检索策略

基于知识管理的 CRM 系统需要来自企业销售、企业生产加工、产品研发、客户服务等各种内部的客户知识。这些客户知识可以借助现代先进的信息技术、CRM 系统提供 OLAP(联机分析处理)等先进的工具来收集并提供检索。

客户信息、竞争对手的情况、信息咨询公司提供的客户调查报告等客户信息收集以后，企业应该提供多种便利的检索通道，让员工通过网络和分布式系统，随时随地可以获得所需的客户知识，保证业务的完成和问题的解决。此外，企业可以通过对需要的外部客户知识在网上进行搜索，设置链接，或将其存储在知识库中，为企业进行决策时提供参考依据。

2. 客户知识的共享策略

显性客户知识的共享，包括销售市场环节的知识(如销售记录、客户数据、服务信息等)共享和生产能力、仓库数量、运输保障等知识的共享。因此，不仅要在 CRM 系统的内部保证客户知识的共享，还要求其在部门之间实现共享。可以通过文档、图表、多媒体等形式对客户知识加以收集、整理和传播，供客户服务人员检索、学习和使用。

对企业而言，隐性客户知识是比显性客户知识更具有价值的知识，企业必须建立全新的交流方式、激励机制及良好的知识共享文化，让员工愿意将其拥有的隐性客户知识共享出来。同时，还可以通过客户服务人员之间的交流活动，来提高客户服务的素质和能力。

3. 客户知识的转化策略

我国的企业，特别是中小企业，管理人员和服务人员的出走会导致客户满意度和忠诚度的降低。这是由于他们掌握了企业的大量客户资源或关键技术，他们的个人知识没有为企业所控制。为了防止这种情况的出现，一方面，企业要建立相应的激励机制和规章制度规范员工的行为，促使员工将个人知识比如掌握的客户资源、拥有的特别销售技能等向企业汇报；另一方面，鼓励并奖励员工将特别销售技能和维护技术等隐性知识向其他员工传授，使员工个人的隐性客户知识变成企业的显性客户知识。

4. 客户知识的挖掘与利用策略

CRM 的实施如果缺乏对客户知识的深入发掘和充分利用，那么获得的各种客户信息和数据将无法发挥其应有的效用。企业要满足客户多样化、差异化需求，实现客户一对一的个性化服务的目标，就必须对企业所拥有的大量数据进行挖掘和综合利用，从中发现之前并不知道的客户知识。然后，在分析客户个性化需求的基础上对客户进行细分，对具有高价值的客户群体重点对待。最后，还要预测客户的行为，建立客户模型，预测产品的销量等，从而为企业的生产计划和管理决策提供必要的知识和依据。

12.4.2 CRM实施方法和步骤

实施基于知识的CRM，需要采用一定的方法和步骤对实施的过程加以指导，以确保CRM实施的成功。根据基伯特(Gibbert)、雷伯德(Leibold)、普罗斯特(Probst)等人的观点，CRM的实施方法有五种：企业与客户共同参与产品生产；建立基于团队的共同学习；企业与客户协同创新；组成专家社团；企业与客户共享智力资产。

(1) 企业与客户共同参与产品生产

企业鼓励客户参与产品的生产，在这一过程中，客户有机会学习和体验感兴趣的知识和技能，并充分发挥他们自己的创造力。与此同时，企业使产品更加符合客户的需要，获得更好的客户满意度，从他们身上学到各种创意和设计。很多企业很早就与客户共同生产产品，客户知识管理带来的新变化是将传统共同生产过程中产生的很多知识编码，并用知识库储存起来。然而，在这种方法下，存储在知识库中的双方共享的知识是以显性客户知识为主，企业与客户的交往程度也较低。

(2) 建立基于团队的共同学习

基于团队的共同学习，重点是创造和利用企业的无形资产，促进企业与客户之间、不同客户之间的团队学习。共同生产侧重于具体的产品和服务，而基于团队的共同学习则往往导致整个企业组织结构和价值链的再造。例如，亚马逊公司就利用客户的知识创造了一种基于团队价值链的学习关系。施乐公司也是通过这种客户知识管理方式，从一个“复印机制造商”转型成为一个“文件服务公司”，在与客户的互动中成功地拓展了自己的业务领域。

(3) 企业与客户协同创新

协同创新是指企业与客户共同开发新产品或者业务流程。客户可以成为企业的知识创新合作伙伴，与企业组成协同研发小组，共同开发新产品，重组新的业务流程。例如，全球领先的动画及图像制作软件公司半导体图像公司(Silicon Graphics)就是采用这种客户知识管理方式。他们十分注重了解客户最新的想法，研发人员经常与电影以及其他行业的客户一起使用软件，与客户一起进行头脑风暴以获得好点子。

(4) 组成专家社团

专家社团打破了企业的界限，其成员可以来自不同的客户，可以是企业客户，也可以是个人客户，他们往往具有不同的专业知识背景，为共同改进产品或服务等而组织在一起。例如，微软公司就成功地培育了一个试用“测试版”软件的专家社团，他们对微软的软件提出了数以千计的改良建议，帮助微软发现了成千上万的软件漏洞。

（5）企业与客户共享智力资产

这是企业与客户的关系最为密切的 CRM 实施方法。企业把客户也视为企业的“所有者”。将客户知识视为企业的智力资产，并将其与客户共享。此外，企业投入大量资源对客户进行培训，与客户一起分享信息和知识。客户不仅与企业一起生产产品和服务，还与企业一起开创未来的业务。

虽然基于知识的 CRM 实施可以采取上述五种方法，但在实践中，企业往往结合自身的具体情况，采用其中的一种或同时综合运用其中的多种方法，进行客户知识管理。

CRM 的实施需要按部就班地进行，美国著名管理学家 Amrit Tiwana 提出了实施客户知识管理的七个步骤：建立 CRM 与企业战略的联盟；知识审计与分析；组建 CRM 实施团队；进行技术规划；结果驱动下的功能部署；变革管理方式和营造企业文化；评估 CRM 实施的效果。

（1）建立 CRM 与企业战略的联盟

实施 CRM 可能面临五种障碍：沟通上的表述障碍；环境上的理解障碍；文化上的共享障碍；战略上的专门障碍；技术上的实施障碍。企业应该充分考虑客户知识管理的障碍和动力之后，进行战略的规划：①阐明企业的使命和战略意图；②根据战略意图制定可行的发展战略；③按照企业发展战略方向制定谨慎、可测量的目标。在此基础上，建立 CRM 与企业战略的联盟。

（2）知识审计与分析

客户知识审计分为初始阶段、参量确定和方法选择阶段、审计实施阶段。其中又可以分为七个步骤，包括确立审计目标、组成审计团队、确定各种环境约束、定义客户群和细分市场、确定理想状态、选择审计维度与方法以及最后形成客户知识资产文件。审计的目的在于认识企业客户知识资产存量的大小。

客户分析则是企业通过对客户群体的细分，针对不同价值的客户采用不同策略。客户知识分析的目的在于认识客户知识资产增量的潜力。

（3）组建 CRM 实施团队

实施团队成员必须包括中高层的管理人员和外部商务合作伙伴，并且他们应该是那些能够通过客户关系管理系统来加强客户关系需求的真正代表。该团队是跨越企业和部门界限进行工作的，团队成员来自不同的部门，因此，团队负责人必须作为合作的推动者而不是指挥者，必须是被所有参与者一致拥护的，这样才有利于团队高水平地协作。

（4）进行技术规划

进行技术规划时，企业首先要了解客户知识管理的框架结构和有关客户的各方面信息；然后在网络条件下确认合作平台，分析各种信息技术和方法；最后还要确保 CRM 系统实施后能得到验证和评估。CRM 系统中技术的作用主要是快速收集客户信息、提高知识处理速度、促进信息决策、查询隐性知识、推动客户知识创新等。

（5）结果驱动下的功能部署

在进行技术规划之后，企业需要将复杂且费用支出较高的项目分割为较小部分，每一部分的实施都以前一部分的结果为基础，进行功能的部署。这种功能部署包括了技术和非技术问题，例如员工的培训、激励制度的设计、业务流程再造以及系统的整合等问题。

（6）变革管理方式和营造企业文化

成功实施 CRM，除了技术框架外，还需要变革管理方式，以强有力的领导作为后盾，降低管理层与非管理层之间的分歧。同时，要营造良好的企业文化氛围，通过物质与非物质的奖励制度鼓励员工之间进行知识共享和创新。

（7）评估 CRM 实施的效果

能够反映企业和客户重要方面的标准，可以帮助企业确定 CRM 的实施，以便更好地认识客户的需求，找出客户群体的差别，明确客户的价值。对于 CRM 实施效果的评估，应该根据有效的标准来建立评估指标体系，从长期和短期目标、经济和非经济标准、落后和先进指标、内部和外部等方面来进行。平衡计分卡就是其中一个重要的评价工具。

12.4.3 CRM 实施成功的关键因素

基于知识的 CRM 实施会受到各种因素的影响，企业需要特别注意其中的关键因素，以实现客户关系管理和知识管理的有效结合。这些关键因素包括如下几个。

1. 客户知识的价值

基于知识的 CRM 实施，其本质是对在与客户的互动中产生的信息和知识进行管理，挖掘并发现客户知识，对有价值的客户提供更个性化的产品和服务。因此，对客户知识进行有效的管理是成功实施 CRM 的关键环节。企业要利用好客户知识，提高企业竞争优势，首先要收集大量来自客户的数据与信息；其次要对有关客户的数据信息进行挖掘，发现新的客户知识；最后要通过对客户的识别，对不同的客户制定差异化的策略。

2. 信息技术的运用

信息技术是知识管理和客户关系管理有效实施的关键技术支撑因素，只有正确地运用好现代信息技术，才能实现知识管理与客户关系管理的有机融合，建立并实施一个完备的基于知识管理的客户关系管理系统。通常情况下，实施的过程需要以下一种或几种技术的支持：合作平台（即支持客户与员工执行任务及协同合作的技术基础，包括网络、软件和硬件）、文档管理系统和工作流系统、多媒体技术、数据挖掘技术、决策支持系统、商业智能等。

3. 人力资源管理水平

人力资源管理水平作为知识管理的三大主题之一，是基于知识的 CRM 实施成功的又一关键因素。企业在CRM的实施过程中要始终确立技术是辅助、人才是实施的主体这样一种思想,着力提高员工素质,培养知识型员工。人力资源部门也应相应转变职能,由提供行政支持服务转变为给其他部门提供专业化服务。这包括:

(1) 与各业务部门合作,获取、跟踪、分析员工信息,为员工与项目寻找到最佳的结合点,发挥出员工的最大潜能。

(2) 尽可能发现和保留对公司有价值的员工,将他们的知识转化为组织的知识,以防止由于员工的离职而造成企业知识的流失。

(3) 营造以人为本的宽松的文化氛围,给员工更大的自由度,以激发他们的知识创新。

4. 企业文化

以知识为导向的企业文化是成功实施基于知识的客户关系管理的重要保证。企业文化对于知识的学习、共享和创新是至关重要的因素,这要求企业在实施CRM的过程中必须做到:

(1) 在企业内部,从领导开始,从上至下倡导"以客户为中心"的理念,将其灌输到企业的每一位员工中去,并加以坚持,形成企业的一种共同的价值观。

(2) 在企业内部倡导建立"尊重知识,分享知识"的文化氛围和价值理念,使全体员工都能够意识到知识的价值和学习的重要性,以营造良好的知识交流、学习和创造的环境氛围。

(3) 建立起知识共享、创造的有效激励机制和奖励制度,以此激发和调动员工对于知识共享与创新的主动性、积极性。

本章小结

1. 作为企业知识资产的重要组成部分,客户知识可以按不同的标准进行分类。

- 客户知识的概念——来源于企业合作伙伴、客户资料以及企业与客户交互过程,是关于客户的有组织的经验、价值观、洞察力、相关信息的动态组合。
- 客户知识的分类——按知识的性质可划分为显性客户知识和隐性客户知识;按知识的内容可划分为关于客户的知识、客户拥有的知识和有关客户环境的知识;按知识的获得途径和方式可划分为观察性的客户知识、沟通性的客户知识和预测性的客户知识。

2. 客户知识管理的基本流程包括:客户知识的获取、共享和创新。

- 企业可以通过建立多种客户沟通方式和渠道对获取的信息进行评估和筛选;建立激励机制来鼓励信息渠道成员提供客户信息;利用现代IT技术和提高知识员工的分析能力;建立并实时更新客户的知识库来获取高质量的客户知识。

- 企业主要通过客户知识的标准化(通过数字化和文字化将无序的信息转化为有序的客户知识,建立客户知识地图)和客户知识的交流与吸收(提供各种辅助交流工具,营造知识共享的文化氛围和建立知识共享的激励机制)来共享知识。
- 促进客户知识创新的方法包括:营造有利于客户知识创新的企业文化;完善培训机制和激励机制;建立客户知识库和搭建知识平台;强化员工之间的交流制度。

3. 客户知识管理的实施是一个"封闭"的循环过程,显性客户知识和隐性客户知识分别有不同的管理流程。

- 显性客户知识的管理流程——显性客户知识从知识源中获取,经过对知识的描述和加工处理,被组织吸收成为自身知识的一部分,并根据知识的特点放入不同的分类系统。
- 隐性客户知识的管理流程——通过获取知识源的信息,对该信息进行管理和分类,使这些知识能迅速被知识需要者搜索到。

4. 客户知识管理体系不仅包括客户知识获取、共享、应用和创新的动态过程,还包括知识和技术基础、组织支持系统、执行系统及监控评估系统等辅助环境。

- 知识和技术基础——客户知识库、知识地图、Internet 和内部信息网络。
- 组织支持系统——企业文化、组织结构和激励制度。
- 执行系统——营销活动、客户服务与管理和资源配置。
- 监控评估系统——效果评估、决策调整和组织学习。

5. 成功实施基于知识管理的 CRM,有助于企业增加客户价值,提高客户满意度和忠诚度。

- CRM 实施的四种策略——客户知识的收集与检索策略;客户知识的共享策略;客户知识的转化策略;客户知识的挖掘与利用策略。
- CRM 实施的五种方法——企业与客户共同参与产品生产;建立基于团队的共同学习;企业与客户协同创新;组成专家社团;企业与客户共享智力资产。
- CRM 实施的七个步骤——建立 CRM 与企业战略的联盟;知识审计与分析;组建 CRM 实施团队;进行技术规划;结果驱动下的功能部署;变革管理方式和营造企业文化;评估 CRM 实施的效果。
- CRM 实施成功的四个关键因素——客户知识价值的识别;现代 IT 技术的运用;人力资源管理水平;企业文化。

思考与讨论

1. 什么是客户知识?企业的客户知识可以通过哪些途径获得?
2. 企业常见的预测性客户知识有哪些?

3. 企业的客户知识共享会存在哪些障碍？如何采取措施来消除这些障碍？

4. 除了本章所提到的几种客户知识交流工具（BBS、论坛、博客）外，目前还有哪些工具或技术被企业用于客户知识交流和共享？

5. 客户知识创新的价值何在？企业该如何促进客户知识的创新？

6. 请结合实例来描述客户知识地图的功能和特点。

7. 显性客户知识和隐性客户知识的管理流程有什么区别？

8. 客户知识管理体系包括哪些内容？它们之间的关系如何？

9. 构建有效的客户知识管理组织支持系统需要注意哪些问题？

10. 客户知识管理有哪三个价值层次？请分别举例说明这三个层次是如何为企业创造价值的。

11. 为什么要实施基于知识管理的CRM？它对企业来说有什么意义？

12. 企业实施基于知识管理的CRM的策略有哪些？

13. 企业基于知识管理的CRM实施步骤包括哪几个？它与一般的CRM实施相比，有什么不同之处？

14. 影响基于知识管理的CRM实施的有哪些因素？其中哪些属于关键性因素？

15. 如何对基于知识管理的CRM实施效果进行评估？评估应该包括哪些指标？

案例 15

尼康公司应用知识管理系统改进客户服务

从20世纪50年代开始，尼康被认为是专业领域及民用领域高质量相机的代名词。随着数码影像时代的到来，尼康意识到客户需要的不仅是最好的相机，而且需要以更快、更容易理解的方式获得信息。尼康选择了由知识管理软件公司提供的基于智能神经网络技术的主题知识系统作为其泛欧洲地区的客户服务的支持系统。作为尼康欧洲网站中Nikon Vision系统的后台引擎，主题知识系统不仅提供了自动化的客户服务支持，同时也形成了一个交互式的学习系统，它能够与任何在尼康网站上浏览的人进行沟通，通过互动的方式学习。尼康欧洲区技术支持部的经理David Ward说："没有一个企业能够承担得起为每一个客户配备一个专门服务人员的费用，主题知识系统将会成为最好的客户支持系统，没有什么比它做得更好。"

1. 面临挑战

自1999—2003年的4年中，尼康公司发布了多款数码相机及其他数码产品。在不断提高对数码技术的关注程度的过程中，尼康认识到数码产品的市场客户比传统相机的市场客户需要更多的信息。Ward 解释道："一方面，数码产品变得更复杂，需要向客户传递更多的信息；另一方面，许多客户缺乏在数码领域的经验，不能通过翻阅手册的方式完全掌握相机的使用。常规的方法已经无法将如此大量的信息以满意的方式传递给客户。"

与数码产品业务比起来，尼康公司的传统相机业务显得从容不迫。以前，尼康的发烧友们乐于通过快速翻阅手册的方式学习所有与相机相关的内容。但是在数码时代，人们需要以更快、更容易理解的方式获得信息。此外，尼康开始认为提供信息是一个十分重要的任务，而不仅仅是相机销售后的辅助性工作。同时，尼康也认识到应当引导客户参与到数码摄影的创作、交流等活动中，体会数码摄影的乐趣，而不是使客户感觉到他们只是从尼康购买了某种产品。

正如 Ward 所言，人们的想象力正在被摄影的乐趣与电子影像相结合的美妙前景所激发。为他们提供各种入门的指导和各种材料，可以使尼康成为消费者享受摄影乐趣的一部分。就尼康而言，已有的知识积累非常适合满足用户对信息的大量需求。Ward 说："我们有 50 年的经验供大家分享。主要的问题在于如何将我们所知道的知识以合适的方式传递给合适的人。"

除了在客户服务领域面临知识管理问题，尼康公司同样也面对着如何在企业内部有效地分发信息的问题。Ward 领导的客户服务部门为 15 个欧洲国家的市场和销售部门提供支持。随着数字技术的出现，公司的销售额快速增长。例如，去年数码业务已经给尼康在一个月中带来了将近 1 万名的新客户。

尼康所面临的挑战在于如何降低不断攀升的服务成本。虽然从客户的角度来看，以电话的方式提供客户服务十分理想，但是如果一个相同问题需要多次重复地回答，就会产生低效率。Ward 认为应当有一种方法能够使服务人员将注意力集中在回答新问题上，同时也应当有一种方法帮助客户更直接地找到所需答案。

2. 知识管理系统选择

自 1998 年起，尼康已经开始建立各种信息的 HTML 页面，并将它们发布在企业的内部网和公共网上，作为已有手册资料的补充。但是 HTML 技术有很大的局限性，正如 Ward 所说："积累的信息越多，用户检索到正确答案的难度越大，没有经过过滤的信息就如同噪声。"因此，使用原始的 HTML 页面不是一种为客户提供自助服务的理想方式。但是，David Ward 坚持认为，采用基于 Web 方式的自助服务是尼康的客户服务的发展方向，他也坚信能找到一种适当的机制将信息恰当地传递给客户。他开始在市场上寻找知识管理产品，但是最初没有找到合适的软件。Ward 回忆道："当在展会上看见主题知识系统时，我们立即认识到这是唯一适合我们需求的产品。"主题知识系统能够利用已有的 HTML 生成知识库，并能够以回答问题的方式，将其所包含的内容传递到尼康众多的客户那去，对客户而言，就好像和一个服务人员对话一样。"主题知识系统是所有我们见过的产品中唯一能够实现我们需求的软件”。

3. 系统实施效果

现在，尼康网站的访问者能够在 Nikon Vision 栏目上使用英语（也可以使用法语或德语）输入问题。系统自动将问题的答案推送到使用者面前，并且将合适的答案排列在第一位。主题知识系统在人与计算机系统之间建立起了桥梁，使用户能够使用非精确的语言甚至是含有错误拼写的句子与计算机对话。在用户结束使用系统之前，系统会要求使用者对问题的答案进行打分，用户的回答将会用于调整答案的评分，提高系统下次回答相同问题的精确度。

Ward 认为 Nikon Vision 对客户反馈意见的处理超出了常规方法所能达到的水平。在使用电话支持的情况下，经理可以要求支持人员记下客户的问题和响应的回答，但是由于人的因素，效果不尽理想。主题知识系统却采用另外一种方式，能够将所有用户与系统的交互过程记录下来，大大改进了尼康获取客户反馈信息的能力。“基于主题知识系统的统计信息能够改进尼康提供给客户信息的质量，更重要的是，我们能够更有效地设计将来的产品，因为我们非常清楚客户需要什么，不需要什么。总而言之，主题知识系统能够大大增强我们分发知识的能力，同时也大大增加了我们获取知识的能力。”

Ward 在总结尼康从主题知识系统中获得的收益时说：“Nikon Vision 的效益已经超出我们的预期。例如，主题知识系统在开始运行的第一个月里就处理了超过 1 000 个用户查询。更重要的是，除了提供产品信息，我们还建立了一个十分有趣的培训资源系统。”主题知识系统正在帮助尼康的技术支持部门逐步超越传统技术的作用。用 Ward 的话来说，“主题知识系统将我们的访问者，无论他们目前是否是我们的客户，锁定在能够终身享受数码影像乐趣的网站上。这将会对尼康的营销部门和研究部门等其他部门产生巨大的影响”。“但是，更基础的问题依然存在”。Ward 补充道：“我们正在逐步成为真正的知识管理者，正在逐步意识到我们的知识领域，正在逐步能够将我们的知识组织起来，发挥最大的价值。”

第13章

知识管理在电子政务中的应用

本章要点

- 电子政务的概念
- 知识管理对电子政务的作用
- 电子政务知识分类
- 知识管理思想在电子政务系统建设中的应用

世界正面临着一场从传统的工业社会形态转向知识经济下的信息社会形态的变革。在这场变革中，政府作为社会的综合管理组织者，首当其冲地面临政府模式的重塑和政府管理方式的转变，因此，“电子政务”应运而生。在经济和信息全球化趋势下，电子政务已成为最重要的区域核心竞争力要素。

知识经济下，知识和信息成为主要的生产要素，任何组织都必须重视知识和信息的有效管理，知识管理成为迎接知识经济时代的力量之源。电子政务建设必须充分借鉴企业中知识管理的经验，这已经为国外研究和实践所普遍认同。

纵观全球电子政务的发展历程，电子政务已经从20世纪70年代基于数据管理的第一代电子政务，20世纪80年代基于信息管理的第二代电子政务，发展到今天的基于知识管理的第三代电子政务。知识管理型电子政务适应知识经济时代的要求，是电子政务发展的高级阶段和必然趋势。

13.1 电子政务概述

随着信息和通信技术的飞速发展，特别是互联网技术的广泛应用，世界正日益从传统的工业社会形态转向知识经济下的信息社会形态。在这场由技术进步所推动的社会变革中，社会生活的各个方面都受到深刻的影响，“电子政务”就是其中的一个重要领域。

13.1.1 IT与电子政务的兴起

政府职能的演变及信息和通信技术(ICT)的发展是电子政务兴起的主要原因。在信息时代，政府职能的转变是电子政务兴起的主要原因。在信息时代，政府职能的转变使电子政务的发展成为必要，政府职能的扩大和复杂化则是电子政务发展的内部推动力。而信息和通信技术，特别是互联网及其相关技术的发展使电子政务成为可能而且必然，如图13-1所示。

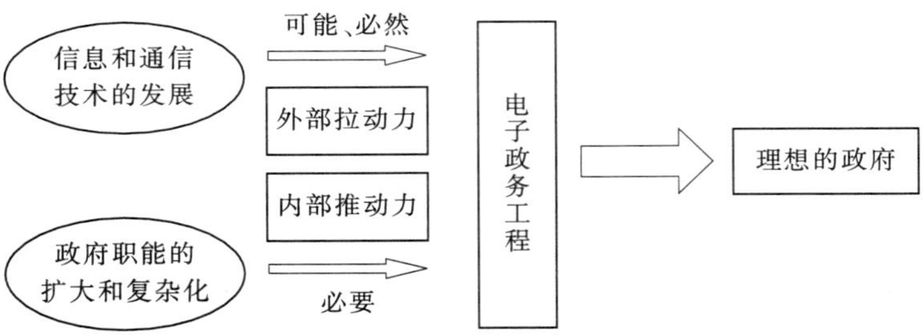

图13-1 电子政务发展起因

1. 政府职能的演变是内部推动力

今天的政府已经成为社会的“超级管理者”，并且存在着从“管理型政府”向“服务型政府”转变的趋势。随着政府职能不断扩大并且日益复杂化，政府改革成为必然。政府组织结构也将由传统工业社会的金字塔垂直结构向信息时代下扁平的网状结构转变。公众对政府的要求也越来越高，要求政府更有效率，更以客户为中心，更加一体化。此外，政府又是全社会最大的信息拥有者和使用者，最大的信息技术用户。商业界希望通过电子政务工程推动新经济信息技术企业的发展，进而带动整个经济的发展。

因此，政府职能的转变推动电子政务在世界范围内蓬勃发展，成为继电子商务之后信息变革的又一重要方面。

2. 信息和通信技术的发展是外部拉动力

电子政务是信息时代下的政府状态。电子政务、电子商务和电子社区一起构成了信息时代的社会基本框架，如图 13-2 所示。在信息经济飞速发展的冲击下，传统的政府组织形式和工作方式已经不再适应信息经济对政府的要求。因此，政府必然要依托信息技术改善自身功能，以适应时代的变革。同时，电子政务的发展将会带动电子商务和电子社区的发展。

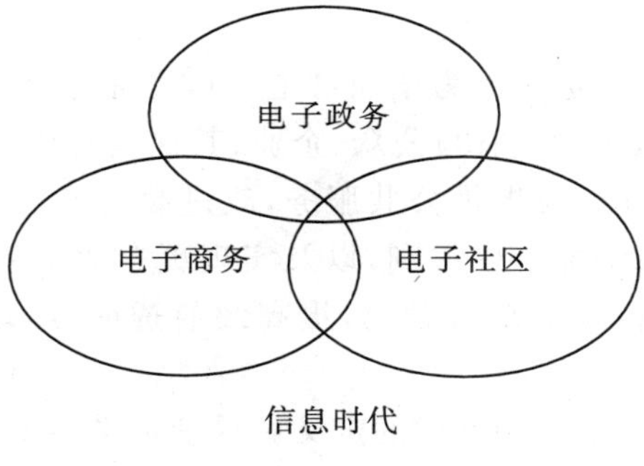

图 13-2　信息时代的社会结构

技术的影响逐渐从政府内部业务发展到外部业务，并最终导致政府的一体化变革。传统的技术应用模式是将信息技术应用到数据加工上，进而实现政府内部工作的自动化。在电子政务条件下，技术应用模式发展到信息技术和通信技术相结合(ICT)，通过加工和交流数据，支持和改造政府的外部工作，进而实现一个综合政府内部和外部工作的、完整的、信息化流程和知识管理的工作环境，如图 13-3 所示。

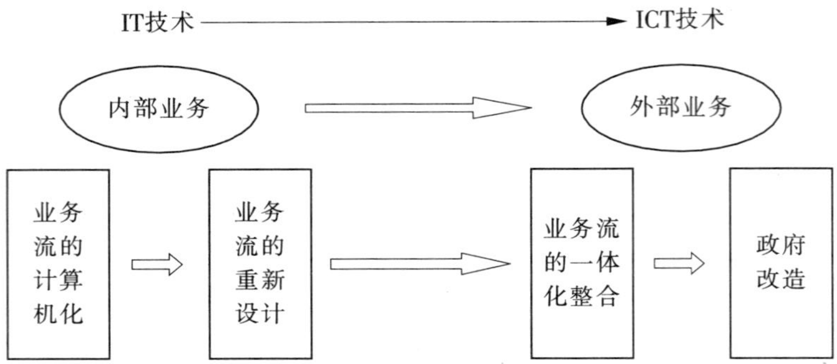

图 13-3 信息技术驱动下的电子政务

13.1.2 电子政务的概念

1. 电子政务的定义

对于电子政务(e-Government),不同的国家政府、各研究机构的定义并不相同。根据 2001 年 11 月世界经合组织(OECD)的报告,“电子政务是指政府将新的信息和通信技术(ICT)运用到政府的全部职能中,特别是利用互联网及相关技术的网络化潜能来改革政府的结构和运作”。

世界银行对电子政务的定义更为全面:“电子政务是指政府机构使用信息技术(广域网、互联网、移动通信),改造政府与公众、企业、其他政府机构的关系。这些技术可以服务于下列目标:更好地向公众提供公共服务,改进政府与产业界的互动关系,通过使公众更方便地获得信息来增加公民权利,以及实现更有效率的政府管理。通过电子政务的构建,政府可以实现:减少政府腐败,提高政府透明度,增加政府收入,以及节约成本。”

关于电子政务,还有其他各种各样的定义。尽管定义各不相同,但是对电子政务有如下共识。

(1) 电子政务的技术基础是 ICT,即新的信息与通信技术。

(2) 电子政务不是传统政府管理方式的电子化,而是信息时代下政府模式的重塑,是信息技术进一步牵引的政府管理方式的深刻变革。

(3) 电子政务是现代政府管理观念和信息技术相融合的产物。

(4) 电子政务主要包括两个方面:政府机构内部运作以及政府机构与外部(公众、企业、其他政府机构)的互动。其中,后者是 20 世纪 90 年代末期以来电子政务发展的最新趋势和主要领域。

除了电子政务之外,许多其他概念也从不同侧面揭示了政府信息化这一过程,如办公自动化(OA)、电子民主(e-democracy)、电子治理(e-governance)、电子管理(e-administration)等。这些概念在内涵上有一定的差别。基本上,电子政务这一概念更着重于从外部公众角度看待政府总体的运作。在外部公众和企业眼里,理想的政府不应该是一个个分割的政府部门,而是一个提供统一服务和具有统一形象的政府总体。从这个角度出发,就能更好地理解电子政务的定义和理想目标,即更好的、更一体化的、以公众为中心的政府。其他的概念要么限于政府内部,比如 OA;要么着重于电子政务的某一方面,比如 e-democracy。

根据电子政务的这一特点,国外有些学者甚至进一步将电子政务概念深化为 ingovernance。这一概念可以理解成"完整的政府治理"(integrated governance),因此它同时整合信息处理和通信技术,并将人、业务、信息、技术都统一于政府治理这一目标中。

实施电子政务最终的目标就是建立电子政府。电子政府是指政府在公共管理部门内部及管理部门之间利用现代化计算机和网络技术,对市民或企业,通过网络和移动通信来传递政策和服务,以实现信息时代高效率的公共管理。

2. 电子政务的实施范围

正如电子政务定义所揭示的,电子政务涉及一个广泛的范围,既包括政府内部的信息化、自动化,也包括政府与外部(公众、企业、其他政府机构)的相互关系,并且后者是今天电子政务的主要领域。

目前,国际上对电子政务的研究一般认为电子政务包括三个主要方面:政府和公众的互动(G2C)、政府和企业的互动(G2B)、政府机构间的互动(G2G)。也有的研究将它进一步细分为:政府对公众(G2C)、公众对政府(C2G)、政府对企业(G2B)、企业对政府(B2G)、政府之间(G2G)五个方面。因此,完整的电子政务范围应该如图 13-4 所示。

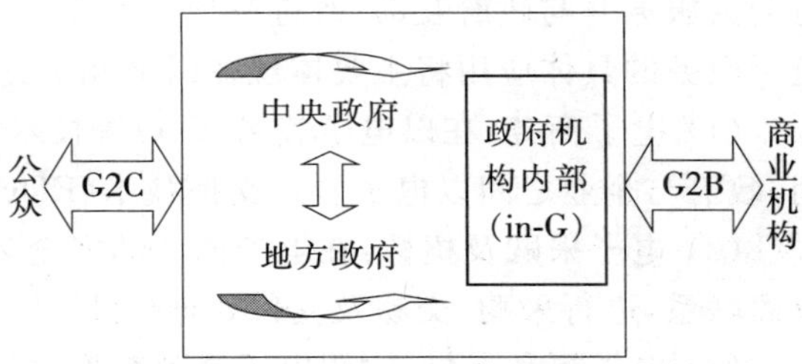

图 13-4　完整的电子政务范围示意图

当前对电子政务的研究一般由发达国家进行,而发达国家基本上在 20 世纪 90 年代中期以前就已完成了政府内部办公业务的自动化和信息化,因此它们的最新研究中通常都更加强调政府与外部之间的互动关系。而在我国和其他许多发展中国家,政府机构内部业务的信息化还远未完成。事实上,政府机构内部业务的信息化和自动化是政府机构与外部关系的电子化的基石。因此,完全照搬国外对电子政务的理解是不能够适应我国现实情况的。基于这种国情,对于我国的电子政务,在范围上还应该强调政府机构的内部信息化管理(in-G)这一重要内容。

3. 电子政务的内涵

电子政务是解决信息化过程中从个体到连接、从物质到精神乃至文化的核心所在。从技术应用的角度，它可以分为 Intranet 应用，包括电子公文处理、电子资料处理等；Extranet 应用，包括跨部门的电子公文处理、电子资料交换等（如会签文件、信访文件、督察文件）；Internet 应用，包括政府网站、电子福利支付、电子税务、电子身份认证等。因此，电子政务的实施，意味着在国家信息基础建设初步形成的基础上，政府部门及其部门之间开始通过信息化手段处理主要的日常事务，高效履行政府部门的职责，全面改进与公民和社会之间的对话机制，同时也提供了结合政府管理流程再造，构建和优化政府内部管理系统、决策支持系统、办公信息系统，为政府信息管理、服务水平的提高提供强大的技术和咨询支持，进而促进政府由管理型向管理服务型的转变。

推广电子政务不仅是为了政府部门能为公众提供更好的信息服务，而且可以实现政府部门内部以及部门之间的信息、知识资源共享和提高工作效率。电子政务最重要的内涵是运用信息及通信技术打破行政机关的组织界限，建构一个电子化的虚拟机关，使人们可以从不同的渠道获取政府的信息及服务，而不是传统的经过层层关卡书面审核的作业方式；而政府机关间及政府与社会各界之间也是经由各种电子化渠道进行相互沟通，并依据人们的需求、可以使用的形式、要求的时间及地点，提供各种不同的服务选择。

美国联邦电子政务战略报告（2002 年 3 月）指出，电子政务可以做到：公众更容易获得公共服务并与政府互动；改进政府工作的效率和效果；提高政府对公众的反应速度。电子政务的具体应用将主要体现在以下几个方面。

（1）电子商务：在以电子签名（CA）等技术构建的信息安全环境下，推动政府机关之间、政府与企业之间以电子资料交换技术（EDI）进行通信及交易处理。

（2）电子采购及招标：在电子商务的安全环境下，推动政府部门以电子化方式与供应商联系，进行采购、交易及支付处理作业。

（3）电子福利支付：运用电子资料交换、磁卡、智能卡等技术，处理政府各种社会福利事务，直接将政府的各种社会福利金支付给受益人。

（4）电子邮递：建立政府整体性的电子邮递系统，并提供电子目录服务，以增进政府之间及政府与社会各部门之间的沟通效率。

（5）电子资料库：建立各种资料库，并为人们提供方便的网络信息获取方式。

（6）电子公文：公文制作及管理电脑化作业，并通过网络进行公文交换，随时随地取得政府的资料。

（7）电子税务：在网络上或从其他渠道提供电子化表格，为人们提供在网络上报税的功能。

（8）电子身份认证：以一张智能卡集合个人的各种身份识别信息，通过网络实现政府部门的各项便民服务程序。

综合目前世界范围内研究结论，电子政务的作用可以归纳为下述几个方面。

(1) 简化政府提供公共服务程序。政府提供综合各部门服务和信息的"一站式"服务。

(2) 消除政府管理的层级。和信息技术的巨大变革通过电子商务给企业组织结构带来的冲击一样，新的信息和通信技术正在使得传统的金字塔形式的政府官僚组织结构和它所决定的以横向部门分割、纵向信息传递为特征的政府业务程序越来越不适应社会的需要。通过电子政务，以新的网状结构的政府组织形式、知识共享和业务单元横向合作为特征的政府业务处理程序正在探索之中。

(3) 使公众、产业界、其他政府机构和政府雇员能够更方便地获得政府信息和服务。在加拿大、新加坡等国家，政府网站越来越多地包括了就业、医疗、教育等公众关心的问题。政府除原有的社会公共管理职能外，越来越成为了一个"信息化、知识化、服务型"的政府。

(4) 通过整合和消除多余的组织和制度来简化政府业务流程和减少成本。和其他信息化项目一样，电子政务在成本和业务量上的"精简效应"非常显著。

(5) 推动其他政府目标的开展。电子政务项目具有很好的"协同效应"。例如，合理设计的电子政务项目可以成功地减少政府的腐败现象。

(6) 便捷政府的运作以提高对公众的反应速度。公众和企业对传统政府的一个最大的抱怨就是政府的反应速度太慢，借助电子政务这一"基础平台"，政府不但能够利用先进的通信技术提高反应速度，更可以通过简化运作程序来根本性地提高反应速度。

13.1.3 第三代电子政务

1. 电子政务的发展

近 50 年来，知识在经济中的核心地位越来越受到重视。知识管理理念受到普遍的认可。知识管理的方法首先在企业界得到广泛应用，并逐步扩展到政府、学校等社会机构。如今，知识管理的运用已经成为公共管理领域的新趋势。

信息技术的突破性发展一直在为业务管理方式变革创造条件。从 20 世纪 50 年代的主机技术，到 80 年代的微机加局域网技术，再到 90 年代的互联网技术，业务管理方式也在逐步演进。从 20 世纪 50 年代的数据管理阶段，发展到 80 年代的信息管理阶段，再到今天的知识管理阶段，其具体过程如图 13-5 所示。需要说明的是，虽然信息技术并不是信息时代中知识管理的唯一工具，却给知识管理带来了巨大的应用空间。

根据利用信息技术的目的和信息技术的处理能力来划分，电子政务的发展大致经历了以下三个阶段：面向数据处理的第一代电子政务、面向信息处理的第二代电子政务

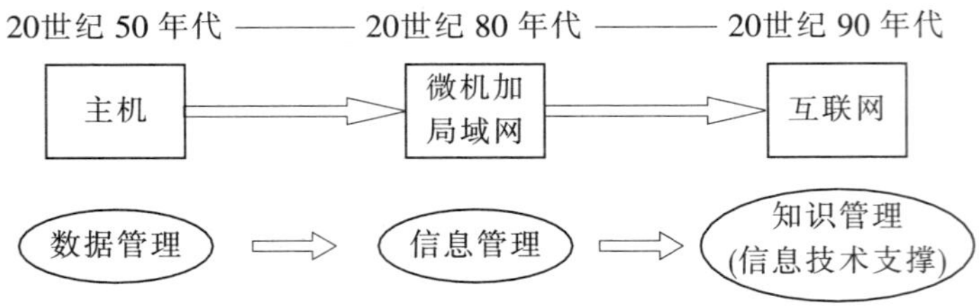

图 13-5 信息技术的突破性发展

和面向知识处理的第三代电子政务。

（1）面向数据处理的第一代电子政务

第一代电子政务主要集中在1995年以前，以政府内部的办公自动化和管理信息系统的建设为主要特征，通过基于文件系统和数据库系统的综合运用，以结构化数据为存储和处理的对象，重点强调对数据的计算和处理能力，实现了数据统计和日常文档处理的电子化，完成了办公信息载体从原始纸介质向电子介质的飞跃，实现了公务员个体工作的自动化。

在这个阶段中，局域网和基于网络的管理信息系统也开始得到应用，但主要局限在某一部门内部。因此，从整体上看，不同部门之间的信息系统很少进行互联和互通。这一阶段电子政务发展的最终结果是在有效提高办公和管理效率的同时，也形成了一系列的信息孤岛。

（2）面向信息处理的第二代电子政务

随着电子政务理念的普及，一些发达国家开始将建设重点放到充分运用信息技术，重塑具有更高效率、直接面向公众服务的“直接”的电子政务，这就拉开了第二个发展阶段的序幕。第二代电子政务一直延续到2001年，主要是以网络技术为基础，连接政府内部已有的和新建的网络系统，并充分利用国际互联网络构建“虚拟政府”，大力推动政府部门之间的协同工作和信息资源的共享，并面向社会公众提供统一的政务服务。

这一阶段的电子政务以网络为中心建立通信基础平台，并以非结构化数据的信息流（或工作流）为主要的存储和处理对象，应用的领域也逐步延伸到政府职能的各个方面，有效地提高了政府的办公效率和管理质量。

（3）面向知识处理的第三代电子政务

目前，电子政务已经进入第三个发展阶段，其主要的目标是在政府信息支撑环境的基础上，利用知识管理技术提高政府的决策能力，建立基于网络的分布式政府结构，并通过分布式的“一站式政府”服务中心提供跨部门的政府业务服务。这个阶段的电子政务已经不局限于信息管理或事务处理了，而是希望通过信息技术手段来提高政府部门的知识搜集、分析、传递和利用的能力，将知识管理与政务业务流程紧密结合，从而提高政府整体的管理水平和行政效率。这一阶段发展的必然结果，是政府结构的扁平化，同时通过对政务业务流程中的无序知识进行系统化的管理，实现对知识的充分利用。当然知识管理也从客观上要求政府部门改变自身的信息管理，并通过不断的学习来提高政府的决策效率。

近年来，全球范围内掀起了一股电子政务的建设浪潮。电子政务已经成为各国信息化所倡导的首要应用。虽然各国的电子政务建设的启动时间有先后之分，发展及应用水平也各不相同，但从全球范围来看，各国的电子政务建设都还处于起步阶段。

2. 电子政务的作用

"电子政务"正在世界各国受到越来越多的重视，特别是在西方发达国家，电子政务已经成为信息技术应用的最主要领域。主要的西方发达国家都制定了发展电子政务的战略，并且给予高度重视投入巨大的财力来发展电子政务项目。在发展中国家，电子政务的作用也受到越来越多的重视。尽管面临更多的困难，但是发展中国家也开始迅速行动起来，巴西、马来西亚、南非的电子政务项目都受到了很高的评价，我国也加快了电子政务建设的步伐，并且取得了初步的成绩。

为什么电子政务在世界各国会受到如此重视？这是因为在世界经济一体化的大趋势下，各个国家在吸引外国投资、发展经济方面展开激烈的竞争，而优良的政府管理已经成为国家在世界竞争中核心竞争力的一项要素，在国家竞争中具有非常重要的地位。在信息时代，电子政务成为了政府的存在形态，构建优秀的电子政务成为一个国家或地区在全球竞争中获得竞争优势的途径。

电子政务对国家、地区经济和社会的发展有着巨大的推动作用。电子政务的发展，将极大地提高政府工作效率，削减政府运作成本，增加政府工作的透明度，减少政府腐败，更方便、更迅速地向外界提供信息和服务。同时，在当前激烈的地区竞争和迅速变化的经济环境中，良好的政府管理已经成为一个国家或地区重要的竞争力来源，成为吸引外资的重要手段。政府作为社会最大的信息拥有者和最大的信息技术用户，发展电子政务项目将大力促进国家或地区内新经济的发展，进而推动国家或地区的经济发展水平与层次，并利用信息技术改造传统产业。对于发展中国家，电子政务项目在促进农村经济发展、改善贫富阶层及地区间的信息不对称上也会产生深远的影响。

综上所述，电子政务的作用可以进一步归纳为以下几个方面。

(1) 简化政府提供公共服务的程序。比如，政府可以借助网络提供整合各部门服务和信息的"一站式服务"。

(2) 消除政府管理的层级。正如信息技术的巨大变革通过电子商务给企业组织结构带来冲击一样，先进的信息和通信技术正在使得传统金字塔形式的政府官僚组织结构及其所决定的以横向部门分割、纵向信息传递为特征的政府业务程序越来越不适应社会的需要。通过电子政务，新的网状结构的政府组织形式、知识共享和业务单元横向合作为特征的政府业务处理程序正在探索之中。

(3) 使得公众、产业界、其他政府机构和政府雇员能够更方便地获得政府信息和服务。在加拿大、新加坡等国家,政府网站越来越多地包括了就业、医疗、教育等公众关心的问题,政府除了原有的社会公共管理职能外,越来越成为一个"信息化的服务型政府"。

(4) 通过整合、消除多余的组织和制度来简化政府业务流程并减少成本。与其他信息化项目一样,电子政务在成本和业务量上的"精简效应"非常显著。

(5) 推动其他政府目标的开展。电子政务项目具有很好的"协同效应"。比如,设计合理的电子政务项目可以成功地消除政府腐败现象。

(6) 便捷政府的运作以提高对公众的反应速度。公众和企业对传统政府的一个最大抱怨就是政府的反应速度太慢。借助电子政务这一"基础平台",政府不但能够利用先进的通信技术提高反应速度,还可以通过简化运作程序从根本上提高反应速度。

13.2 知识管理与电子政务

随着知识经济时代的到来,信息流动的速度和广度以及由此而产生的整个社会运作的效率越来越快,知识和时间已经成为新时代下的最重要资源。同时,随着政府职能的扩大化和复杂化,政府角色从被动的社会公共服务提供者向主动的经济和社会发展推动者转变,公众和企业对政府的要求越来越高,传统的政府组织和业务模式逐渐不适应新形式的发展;要求构建虚拟、网状、透明、高效和低成本的政府,并消除政府管理的层级,以电子政务为标志的政府革命成为知识经济下政府发展的必然趋势。知识经济下,要求推进电子政务建设,提高政府部门之间相互配合的效率以及税收和预算管理的效率,并增进政府对公众的责任感和与公众的交流。从这个角度上说,知识经济的到来大力推动电子政务的发展。

政府信息化划分为三个层次:20 世纪 70 年代以数据管理为基础的政府管理,20 世纪 80 年代以信息管理为基础的政府信息化和 20 世纪 90 年代知识经济时代以知识管理为基础的电子政务即知识管理型电子政务。知识管理型电子政务适应正在来临的知识时代的要求,是电子政务发展的必然趋势和最高层次。在成功建设电子政务的要素中,最重要的一条就是知识管理在电子政务建设中的应用。

13.2.1 知识经济下电子政务建设的困难与挑战

在知识经济的环境下,"组织"(包括企业、学术界和政府部门)都要适应如下要求:第一,以知识为资产,通过跨领域学习和知识交流进行合作创新;第二,需要智慧集成,跨学科合作研究的环境；第三，建立共享知识和不断学习的文化；第四，从官僚主义向协调工作转变的新概念“领导”；第五，宽松的环境和团队精神相结合，等级制和网络组织相结合的柔性机制。

传统的政府是典型的官僚体制组织，在知识经济下，面临比企业组织更大的转型困难与挑战。

第一，知识经济的重要特征之一就是知识量的极度膨胀。政府主要依据法律、法规、政策并运用规划、统筹、协调、服务、监督等方法来调控国民经济和管理社会公共事务。在信息和知识爆炸的时代，政府作为信息资源的最大拥有者，面对大量的信息，需要尽快筛选出有价值的信息，合理管理和利用信息，并进行深度挖掘和加工。同时，由于政府拥有大量的信息资源，社会需要政府与之共享高质量的、权威性的、经过深度挖掘的信息和知识。为此，知识经济下的电子政务需要对知识和信息进行有效管理，并与社会形成知识共享，共同提高政府应变和创新的能力。这为电子政务建设提出挑战，要求电子政务在利用网络化潜能变革政府结构和运作的同时，注意将政府信息资本转化为政府的知识资本。

第二，在知识经济以及经济全球化环境下，政府面对日益剧烈的竞争和纷繁复杂的形势，这就要求政府提高应变能力，能够快速进行科学决策和政策制定。政府的知识与信息在政府内部主要起到上通下达的作用，另外还有两大作用：“对上服务”和“对下引导”。“对上服务”也即为各级领导决策服务，为政府中心工作服务。“对下引导”就是及时将政府的政令、政策法规和宏观调控意图等信息与知识传达到各基层，引导经济走势和社会发展。此外，政府在以往工作中也会积累下大量宝贵的知识与经验，这对政府未来决策，以及制定政策、法规等都将起到重要的参与和指导作用。同时，还要求政府充分借鉴其他国家或地区政府解决问题的知识与经验，实现政府间的知识借鉴和共享。这些都是在电子政务建设中必须解决好的问题。

第三，在知识经济下，大力推进电子政务建设已成为必然的趋势，而在电子政务的实践中，各国政府的共同经验是电子政务的关键是“政务”而不是“电子”，即电子政务的核心是对政府业务流程的精简、优化和重组。这是推进电子政务建设中面临的最大困难与挑战，因为在推进政府业务流程重组中必将遇到政府自身对变革的恐惧、政府利益重新分配的矛盾、政府的官僚文化等方面的阻碍。这些都是电子政务建设过程中无法躲避而必须直接面对的巨大挑战。

第四，随着公众意识的提升，公众期望和要求政府能够提供更好的服务，希望政府在网络上实现其在政治、经济、社会、生活等诸多领域中的管理和服务职能，提高政府对社会及公众的适应与反应能力，提高政府服务质量、服务效率和服务能力等。更好地服务公众是电子政务建设的最重要目标。在发达国家电子政务发展水平的调查报告中，已经将公共服务成熟度和客户关系管理(CRM)指标作为考察政府的网络战略和国民利用电子政务具体状况的评价标准。因此,怎样提高政府的服务质量,提高公众对政府的满意度也是电子政务建设必须应对的挑战。

以上简要分析了电子政务在知识经济背景下面临的困难以及必须应对的挑战。下面将分析知识经济下各类组织,特别是电子政务迎接知识经济挑战的力量源泉——知识管理,以及以信息技术为支撑的知识管理是如何协助政府应对电子政务建设中各项挑战的。所以,"知识管理是电子政务成功的利器"。

13.2.2 知识管理在电子政务中的重要作用

各国电子政务实践表明,知识管理是电子政务成功的关键要素之一。各个国家,特别是电子政务建设领先的国家,在电子政务建设中越来越重视知识管理的应用,并且在实践中已经引入知识管理的思想和工具。美国在2002年电子政务战略中明确指出,政府应当充分借鉴企业界在知识管理方面的最优实践。目前,知识管理在美国电子政务的建设中已经成为一项重要的战略举措。新加坡的"电子公民中心"以公民的人生旅程为基本需求,将个人一生所需的全部政府服务和信息纳入网站系统,这充分体现了知识管理思想在政府服务公众中的应用。

知识管理为电子政务提供应对挑战的策略,它的作用表现在电子政务系统中。

第一,知识管理利用知识编码、知识分类、信息挖掘等工具对政府的知识和信息资源进行有效的组织、开发、利用,在纷繁复杂的海量信息中尽快筛选出有价值的信息,充分挖掘政府的知识与信息的内在潜力,将信息与知识真正转化成政府的竞争力。

第二,以信息技术为支撑的知识管理将通过建立知识中心、决策支持系统等,充分利用和共享以往的经验和知识,并形成随时可以调用的数据中心、知识中心,利用检索工具、知识地图等使政府人员能够快速获取所需的知识和信息,根据经济动态、数据和专家分析等方面的信息和知识,以及基于海量数据处理的经济运行模型、政府决策模型等,为区域经济分析和制定相应的政策提供支持。从而,提高政府对环境、形势的适应性和反应速度,使政府在拥有较强的创新能力和管理能力的同时提高决策的科学性和政策的合理性以及各级领导在决策和制定政策时运用知识和信息的水平。

第三,ICT技术的发展使得政府信息化已经跨越办公自动化阶段,进入了工作的重组和整合的新阶段:电子政务的核心不再是技术,而是技术进步所带来的业务流程精简、优化和重组。而业务流的核心是知识流,对知识流进行系统管理能够实质性地改善业务流。知识管理就是对业务流程中无序的知识进行系统化管理,实现知识共享和再利用,以提高业务水平和效率。知识管理在电子政务建设中将发挥实质性的作用。

第四,电子政务的建设是以最大限度创造公众利益,最有效地为公众提供公共服务为目的。用市场的观点来说,就是政府应当针对客户(企业、公众和社会结构)的需要来提供服务。知识管理的思想帮助政府从公众的角度重新梳理政府职能,设计全新逻辑的电子政务系统，提高政府对工作服务的便捷性和应对能力，提高客户满意度。

图 13-6 直观地表示了知识管理是如何协助电子政务应对各种挑战的。图左是电子政务所面临的挑战，图右则表明以信息技术为支撑的知识管理所提供的对策。

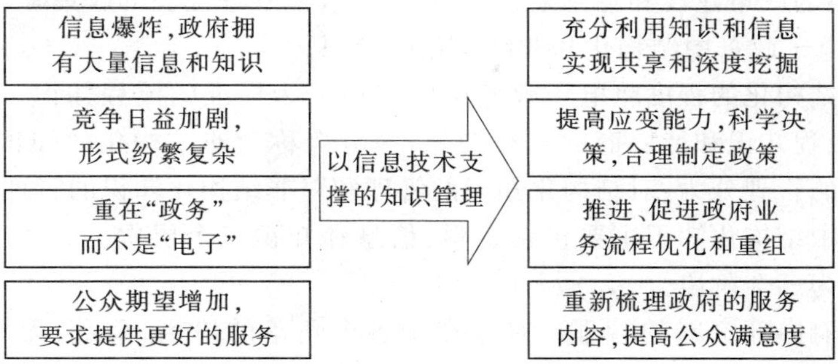

图 13-6　知识管理协助电子政务应对挑战

电子政务中的知识管理的目标是：充分利用信息和通信技术，构建先进的电子政务系统；构造良好的政府文化和组织形式，发掘政府内部的固有知识，引导知识创新，实现知识共享，并通过对共享的知识进行有效应用，最终提高政府的竞争力；提高政府工作效率；提高决策的科学性；提高政府对公众的服务能力和公众对政府的满意度。

像我国这样的发展中国家，在电子政务建设落后的情况下，只有充分汲取电子政务实践的先进经验，只有把握了以信息技术为支撑的知识管理这一利器，才可能发挥后发优势，实现跨越式发展。

13.2.3 使用知识管理指导电子政务建设

如果说电子政务是政府信息化建设的方向和目标，那么知识管理的思想就应当是贯穿电子政务建设过程的轴心。在知识经济下，知识管理的思想应当成为电子政务建设的指导思想，先进的信息和通信技术则为实现以知识管理为核心的第三代电子政务提供了实现工具。

1. 对政府知识的管理

电子政务中的知识根据不同的划分标准可以分成不同的类型。以下主要从两个角度对电子政务中的知识进行划分。

(1) 管理电子政务中的内部和外部知识

根据知识产生的来源将政府知识分为内部知识和外部知识，据此将知识管理在电子政务中的应用也相应的分为内部知识管理和外部知识管理。

政府内部知识管理：通过建立内部信息网，以便政府人员进行知识交流，利用各种政府信息知识数据库，存放和积累信息，从而在政府中营造有利于生成、交流和验证知识的宽松环境，并制定相关的激励政策，鼓励政府人员进行知识交流。

政府外部知识管理：主要包括企业、公众等用户对政府服务的意见反馈和建议，专家、顾问对政府的政策建议和意见采集，以及先进政府管理经验的收集等。

(2) 管理电子政务中结构化和非结构化的知识

根据知识结构化的程度将电子政务中的知识分为标准的流程知识，即结构化的知识；半标准的流程知识和待协商的流程知识，两者合称为非结构化的知识。这样，对电子政务中知识的管理分为：对结构化知识的管理和对非结构化知识的管理。

电子政务中结构化知识主要包括资料、信息和知识三个层次。对政府内部结构化知识的管理分为三个阶段。

首先是政府内部资料的管理。对存在于各个角落的纷繁、杂乱、无序的大量资料(文件、文档、规章、制度)进行科学的整理、分类，便于集中、有序地管理，从而构建覆盖单位运作各个层面的资料信息库。

其次是资料分析与信息挖掘。从已经构建的资料信息库中挖掘出对政府决策和政策制定具有参考意义的信息。

最后是对知识的深度挖掘。从资料信息库中挖掘出对政府决策和政策制定具有参考意义的信息。

电子政务中非结构化知识是存在于领导、政府人员、专家、公民个人中的无形的知识，即隐性知识。对政府中非结构化知识的管理，主要通过召开交流会议、专家会谈、访谈等方式进行知识的交流和共享。

2. 知识管理支撑建设过程

为了保障电子政务工程的顺利实施，在建设过程中也需要一个知识管理系统。它的目的在于：提供一个所有相关人员(各级政府公务员、系统设计工程师、咨询专家、关注电子政务建设的公众等)交流的平台；使电子政务工程相关的各种资源透明化，方便进行评测和地区之间或部门之间的比较。

这套系统的建设应该从两个方面着手进行，内容管理着眼于电子政务工程知识地图的创建。这种知识地图提供了一个相关关键词的框架，用以分类、组织、存取和搜寻这个领域内所有资源。通过社区建设，每个相关人员都可以明白自己的角色和定位，这样就提供了一个非常实用的网络，以便开展国家级和地区级的合作和信息共享活动。不同的用户群都有着不同的任务和使命，在电子政务建设过程中都可以发挥自己的作用。

支撑知识管理系统可以推动整个电子政务工程的顺利进行，取得满意的结果。但由于社会环境是不断变化的，政府部门处理政务的流程可能有所不同，公众的需求也随时间会发生变化。必要时，这套支撑知识管理系统可以长久存在下去：了解政府部门电子政务开展情况，听取民众使用意见，及时给出专家咨询服务，必要时对原电子政务系统进行修正，等等。这样所建设的电子政务就是一个有生命力的智能形态，可以不断进行完善修正。

利用知识管理理念建设基于本体论语言的电子政务平台，并利用支撑知识管理系统辅助整个过程的实施，必将成为未来电子政务发展的一个热点。目前的难点在于，如何将政府现有各部门的服务机制和行政服务流程以现有的本体论语言，如 RDFS(resource description framework and schema)或 WOL(web ontology language)来表达和处理。

13.2.4 电子政务的知识分类

电子政务应当根据使用者的分类逻辑进行知识分类。一个知识管理系统有多种分类逻辑，可以从管理逻辑、业务逻辑以及知识领域等多个方面进行划分。电子政务的使用者主要分为外部使用者和内部使用者两类，即公众和政府人员。对公众而言，需要按公众的使用逻辑进行政府门户上政府对公众服务功能的分类，即前面提到的以服务公众为导向的电子分组，因而在政府门户上实现以服务公众为逻辑的服务分类。对于政府人员来说，则需要按政府办事人员的使用逻辑进行政务办公平台上应用功能的分类。直观的解释如图 13-7 所示。

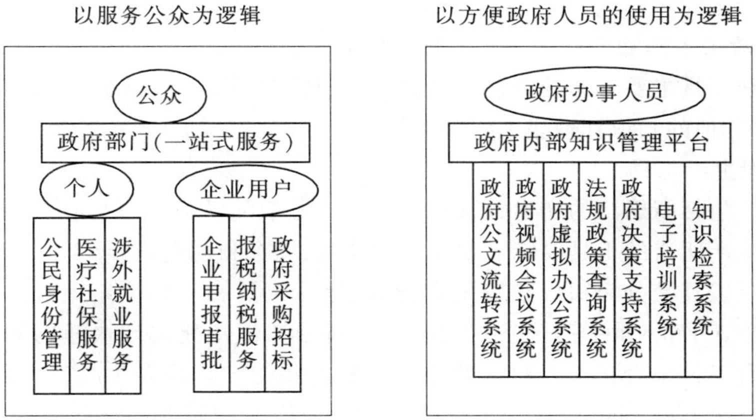

图 13-7　电子政务知识分类逻辑

为了构建知识经济下“学习型”的电子政务，电子政务需要营造良好的环境以促进政府中知识的共享和利用。环境的塑造主要包括两个方面：构造良好的政府知识共享文化和政府组织结构的调整。

(1) 政府中是否拥有知识共享文化、知识创新氛围是电子政务中知识管理有效应用的关键要素之一。知识文化的关键因素是在一个鼓励不断学习和尝试并对此行为加以重视和支持的环境中，创造一种信任和开放的气氛。政府不仅需要形成在政府内部营造知识共享的文化氛围，更应当树立政府对外界公众的知识共享和互动学习的概念。

同时还应当注重制定相关的政策和规定,引导和促进政府部门间的知识共享。此外,为了促进政府人员之间的共享,还应当对政府人员进行培训以提高政府人员的素质,并制定相应的激励机制。

(2) 建设第三代电子政务即知识管理型的电子政务必然要求优化原来的政府结构,对政府组织结构进行调整,建立与知识管理相适应的组织结构。对政府的组织结构进行优化和调整可能困难重重,但是这却是电子政务建设必须解决的问题。通过政府的知识管理,将协助电子政务解决建设中遇到的困难与挑战。同时,随着电子政务建设的推进,又将实现政府组织结构的扁平化,增加组织的柔性,提高组织的适应能力,而这将有利于政府组织中的知识共享和利用。

13.2.5 知识管理 IT 工具及其在电子政务中的应用

早在信息技术诞生以前,人类就采用各种手段进行知识管理,因此,知识管理工具不都基于信息技术。但是新兴的信息技术却给知识管理带来了巨大的发展空间,以信息技术为支撑的知识管理工具应运而生。知识管理工具最大的特点是能捕捉复杂环境信息和知识内涵的多样性。

1. 电子政务中的知识管理重要工具与技术

知识管理工具主要有三种类型:知识生产工具、知识编码工具和知识转移工具。此外,还有一些其他的知识管理相关技术。

(1) 知识生产工具

知识生产包括新想法的产生、新模式的认可、分散的学科领域的综合以及新流程的开发。知识生产所需的工具要能实现知识的获取、综合和创造。

知识生产工具又分为知识获取工具、知识综合工具和知识创造工具。知识获取工具有搜索引擎、Grapevine 等,虽然它们不产生新的知识却能实现快速的知识查询和获取。知识综合工具是为了实现知识的综合。最主要的知识综合工具是人脑,借助信息技术现已开发出 Idea Fisher 和 Inspiration 等软件工具。使用知识创造工具的目的是为了创造出新知识、新观念和新想法,典型的知识创造工具是头脑风暴法。

(2) 知识编码工具

知识编码是知识的表征,这样知识才能被检索和转移。典型的知识编码工具有:知识仓库、知识地图以及组织词表/词典等。

知识仓库是一个复杂的实体,它不仅包括知识想法本身,而且要支持知识的相互关系、历史和过去使用的信息等。如再与具备高级检索能力的软件结合,如 Excalibur 公司的 Retrieval Ware 和 Visual Retrieval Ware(它们能根据确定的标准和模式检索到图片和文本),知识仓库能够支持并允许检索数据、信息和其他更多内容。

知识地图解决的是知道在哪里可以找到所需知识的问题。知识地图的另一用途就是勾勒一个流程中的知识流，包括知识的获取（包括生成）、开发、存储和内外部的使用。

组织词表/词典主要是把术语手册和组织内可共享的思想集中到一起。这种看似简单的做法却会提高明晰化的程度。由于知识的内涵非常丰富，通过词表或词典把这些共享环境明确化，将有助于人们看到新知识，知道在什么地方现有的知识可以很容易地共享和转移。

（3）知识转移工具

知识转移工具的一项重要功能是缩短知识在时间、空间上传播的距离。群体和类似的基于网络的工具允许个人建立虚拟空间，从而实现跨时空的谈话、合作文档、创建知识仓库和虚拟图书馆，以及协调远程行动，实现知识跨时空的传播、共享和交流。典型的知识转移工具有视频会议系统、模拟器、关系地图等。

（4）其他知识管理的相关技术

数据挖掘：利用各种数据分析工具，发现数据之间关系和模式的过程。数据挖掘通过描述数据、总结其统计特征、评论、建立预测性模型、根据经验修正模型实现对决策的支持。

文档管理：是一种基于后台数据库的软件系统，该数据库可以索引和跟踪非结构化对象（也就是文档）。在一个知识管理系统内，文档管理能提供自动的外部化和内部化的方法。在更先进的系统中，还可以将用户的肖像作为对象进行维护。在这种情况下，隐含知识的拥有者就可以被检索，而且通过电子黄页的用户提问，这些隐含知识的拥有者就可以成为众所周知的资源。

电子协作：知识管理与信息管理的区别就是在协作上，信息管理成功地实现向知识管理的转变，关键在于要有一个高效的电子协作的环境，通过此环境，可以把企业内部信息资源挖掘出来，从而实现企业内外部的知识共享。电子协作是知识管理的基础。

知识门户：知识门户网站是基于门户与知识管理的，是目前流行的多项 Web 技术的综合应用，包括对外的信息门户，也包括对内的知识管理模块。它是政府工作人员日常工作所涉及相关主题内容的统一入口，工作人员可以通过它方便地了解当日的最新信息、当天的工作内容、完成这些工作所需的知识等。通过知识门户网站，任何政府工作人员都可以实时地与工作团队取得联系、寻找到能够提供帮助的专家或者快速获取相关知识。政府知识门户的使用对象是政府工作人员和公众，它的建立和使用可以大大提高政府范围内的知识共享程度、提高工作效率、提高公众服务水平。它提供先进的门户功能，集成了三个基本层次的技术——应用、协作服务和个人服务。

2. 知识管理工具在电子政务中的应用

知识管理工具在电子政务中的应用非常广泛，以下几个例子是知识管理工具在电子政务中的具体应用。

政府信息、知识搜索引擎：这是获取政府知识和信息的必要和快捷的途径，它在政府知识和政府知识用户之间搭建了桥梁。通过正确的搜索方法，基于后台庞大的政府知识中心、数据中心的支持，政府人员、公众等政府知识的用户能很快检索到所需的政府政策、法规、研究报告等。最基础的电子政务建设就是实现政府信息披露，实现公众对政策、文件等的方便查询。同时电子政务内部建立的搜索引擎能够实现政府研究人员方便地获取政府在相关领域的历史经验和相关研究。

政府决策支持系统：政府管理的核心之一是政府决策。政府决策支持系统基于政府的数据库、模型库、方法库系统上，利用数据分析、数据挖掘、知识仓库等技术完成支持决策过程，它是一个政府决策支持的工具。决策者在决策过程中通过人机交互从计算机中存取信息和知识，并且选择方案。政府决策支持系统能够为政府决策人员提供各种决策信息、知识以及许多政府问题的解决方案，还可以根据模型库的运用，如经济运行模型等，对未来进行科学的预测，从而提高决策的质量和效率。

政府电子文档管理系统：政府电子文档管理系统将实现对以数字化形式存在的各种类型政府电子文档进行录入、修改、查询、起草、审批、签发、归档等操作。不仅能够通过扫描、数码摄像等方式将以传统物理形式（如纸质文件）存在的各种政府资料进行电子化转化，而且能够对新生成的电子化文档资料的起草、审核、签发、归档等流转过程进行有效管理，并对这些文档的实际管理与应用状况进行实时监控。

为了实现电子政务知识的快速积累、共享和交流，在信息时代必须借助新兴的计算机、网络、通信技术，为电子政务的知识管理提供有力工具。以信息技术为支撑的知识管理是电子政务建设的利器，而应用信息技术建设政府知识管理系统是电子政务实施知识管理的缩影和体现，如图 13-8 所示。

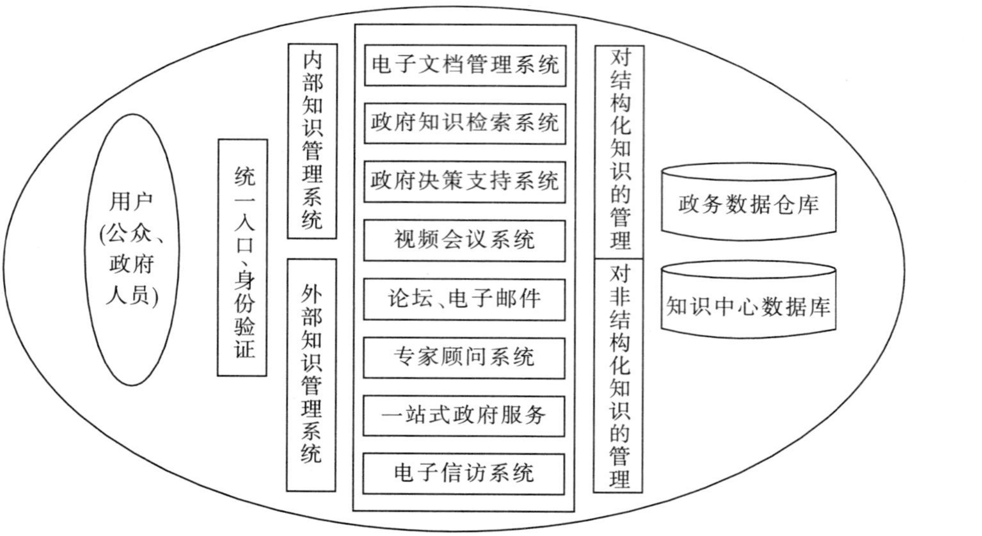

图 13-8 政府知识管理系统

在电子政务的知识管理系统中，公民、企业和政府人员必须通过统一的政府门户，经由身份认证登录到不同的知识管理子系统中。

通过政府内部知识管理系统实现政府机构内部、政府部门之间的知识共享和利用，实现协同政务。通过电子文档、公文流传、视频会议、电子邮件等系统实现政府之间、政府内部信息和知识的实时沟通；通过政府知识检索、政府决策支持等系统满足政府人员对知识的快速查询和政策建议等方面的要求。

通过政府外部知识管理系统可以实现政府与社会之间的知识共享和利用，形成公众和政府间的互动学习。电子政务对公众提供"一站式"服务和电子信访等功能，并通过这些系统搜集公众信息和数据，然后对这些数据和信息进行加工和深度开发，转化成政府的公众知识，这些公众知识能够协助政府为公众提供更好的服务，提供政策制定依据等。专家顾问系统则集成了各个领域内的专家对政策的研究和建议，是政府的"智囊团"。

通过电子政务的知识管理系统，类似系统利用电子文档管理、知识检索等系统实现对政府结构化知识的管理，而通过视频会议、专家顾问、论坛等系统协助政府对非结构化的知识进行管理。

13.3　以知识管理的思想设计电子政务系统

13.3.1 知识管理设计思想

知识管理的设计思想主要是统一入口、知识分类逻辑、知识流管理和有序结构。下面将分别进行简要介绍，并在此基础上提出知识管理的设计思想模型(如图 13-9 所示)。

统一入口：政府工作人员日常工作所涉及相关主题内容的统一入口。

知识分类逻辑：指使用者的分类逻辑。一个知识管理系统有多种分类逻辑，可以从管理逻辑、业务逻辑和知识领域进行划分。

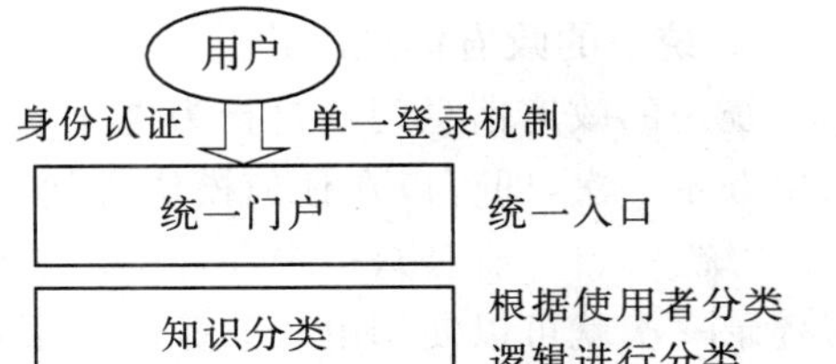

图 13-9　知识管理的设计模型

知识流管理：统一入口与有序结构要求管理流程是柔性的、可变的、灵活的；如果能对以往业务流程和在操作过程中产生的知识和变更的知识加工处理好，对业务流的管理就进入知识流管理阶段。

有序结构：统一入口要求知识、信息、数

据的底层结构一定是有序的。以底层包括数据库和文档在内的知识中心为基础，以本体(ontology)为单位的目录树、分类树等是实现有序结构的核心。

13.3.2 知识管理设计思想在电子政务中的应用

把知识管理的设计模型运用到电子政务的建设中，形成了电子政务系统的层次模型，如图 13-10 所示。即知识管理设计思想在电子政务系统中的应用主要体现在统一的政府门户，按照使用者逻辑进行应用模块的分类，包括政府的业务流、知识流管理，以及统一有序的政府信息中心、数据中心。

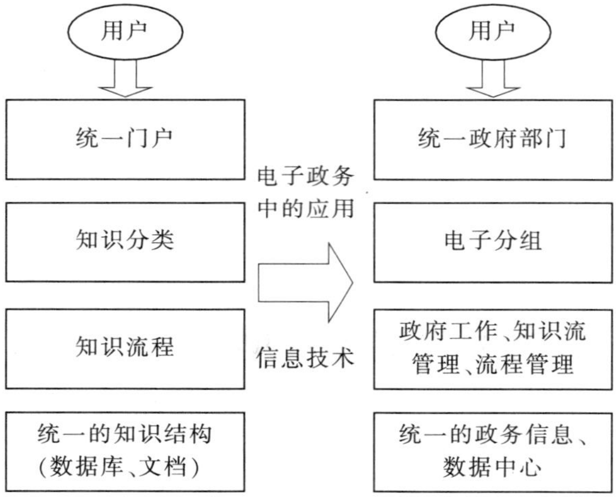

图 13-10　以知识管理的思想设计电子政务

1. 统一的政府信息门户

统一的政府信息门户是指为电子政务的政务系统设计一个统一的入口，使用者只需要登录一次，即可以在任何模块之间、系统之间以及 Intranet 与 Internet 之间平滑切换。"统一入口"有公众门户和内部门户两方面的含义：对于公众，"统一入口"使公众只需登录一次就可以使用电子政务的各个功能；而对于政府，"统一入口"使工作人员进行一次登录后就可以完成所有的工作，从而提高为公众服务的效率。

2. 按照使用者逻辑进行政务信息与知识的分类

电子政务应当根据使用者的分类逻辑进行知识分类。电子政务的使用者主要分为外部使用者和内部使用者，即公众和政府人员，因此，对公众用户的知识分类应以服务公众为导向进行电子分组，在政府门户上实现以服务公众为逻辑的知识分类，如公民身份管理、就业服务、医疗保险，企业用户的审批、报税纳税、采购招标等。

对于政府工作人员来说，则需要以政府办事人员的使用逻辑进行政务办公平台上应用功能的分类，实现公文流转、政策法规查询、政府视频会议、DSS、电子培训知识系统等系统的整合统一。

在第三代电子政务的大环境下，政府与公众的鸿沟可以通过电子系统予以弥补，实现这一目标的大前提是对电子政务进行电子分组。电子分组（e-Grouping）以知识管理为基础，从以用户（公众、企业）为中心将现有政府业务按照某种标准重组，并按照最便利用户的方式对政府信息重新分组，并以各组为单元在网络上实现一站式服务。电子分组的标准有三个层次：第一层次是以现有政府业务种类分组，此时的业务分组仍然是传统的政府业务分类；第二层次是以现有政府业务为基础，实现一定的跨部门业务整合，使政府的外在形象更加具体化；第三层次是以用户为中心，按照用户标准分类的业务流程一体化设计，此时，政府的业务突破了政府部门界限，而从用户的角度重新整合为线性流程，为用户带来便利。

3. 政府业务流程重组与政府知识流管理

在我国的电子政务建设中，政府网站多数独立于政府的日常办公体系之外，许多单位只是简单地将政府现有业务，办公、办事程序原封不动地搬到计算机上，政府办公仍在沿用原有的政府管理模式与业务工作流程，先进的信息技术直接模拟手工业务处理方式和处理流程，工作效率仍然低下。因此，必须以服务用户为中心，进行政府业务流程重组，一是对职能内部的业务流程进行重组，二是对跨越多个职能部门边界的业务流程进行重组。跨多个职能部门边界的业务流程重组将相关业务按主题面对公众，为用户提供一个良好的界面，使用户不必为一件事而登录多个政府网站。

从知识管理角度出发，政府知识流管理就是用政府知识流程统一业务流程与管理流程，在知识标准化过程中，政务知识的作用和价值被提升，知识成为政府运作的核心，知识流程适应政府的办公流程和知识共享流程，同时能够根据政府业务部门的调整而变动，使得政府的业务流程在知识的流动中更加有序、高效。基于知识管理的政府业务流程创新有工作组流程创新、部门级流程创新、价值链创新，只有对业务流程中的无序知识进行系统化管理，才能实现政府知识共享和再利用。

4. 建设统一有序的政府知识中心

在电子政务的政府系统中，统一知识结构的设计思想强调知识存储的有序性和唯一性，从知识流的角度出发对政府信息资源进行统一分类、编码，形成政府基本的 Ontology。在有序化的基础上，在底层上形成统一的知识中心，进而利用最先进的知识管理工具，使知识流程、管理流程最佳地运转。在统一的知识结构框架下，存储于政府知识中心的知识以更加规范的形式为广大用户所共享，使政府的隐性知识显性化，显性知识结构化，从而对信息资源有效地集成，进一步有效地存储，最大程度地实现电子政务的信息资源共享。

运用知识管理的思想构建电子政务是知识经济时代发展的必然要求，是实现政府行政管理转变创新的基础。知识管理型的电子政务能够提高工作效率，提高决策的科学性、公众的满意度以及政府的应变能力。

本章小结

1. 电子政务有许多不同的定义，但一般说来，都会强调如下几个方面：

- 电子政务的技术基础是 ICTs，即新的信息与通信技术；
- 电子政务不是传统政府管理方式的电子化，而是信息时代下政府模式的重塑，是信息技术进步牵引的政府管理方式的深刻变革；
- 实施电子政务最终的目标就是建立电子政务；
- 电子政务是现代政府管理观念和信息技术相融合的产物；
- 电子政务主要包括两个方面，即政府机构内部运作以及政府机构与外部（公众、企业、其他政府机构）的互动。

2. 知识管理为电子政务提供应对挑战的策略，它的作用表现在电子政务系统中。

- 知识管理利用知识编码、知识分类、信息挖掘等工具对政府的知识和信息资源进行有效的组织、开发、利用；
- 以信息技术为支撑的知识管理为政府行政和决策提供知识支持；
- 知识管理为电子政务的实施提供指导。

3. 知识管理的设计思想主要是统一入口、知识分类逻辑、知识流管理和有序结构。知识管理设计思想在电子政务系统中的应用主要体现在统一的政府门户，按照使用者逻辑进行应用模块的分类，包括政府的业务流、知识流管理，以及统一有序的政府信息中心、数据中心。

4. 我国电子政务的实施要注意以下几点：

- 电子政务是 IT 技术高度发展背景下的政府行政管理变革，因此，电子政务的规划与实施要考虑人、流程和技术三个方面的因素；
- 在电子政务中“政务”是核心，“技术”只是工具；
- 要重视电子政务的实效；
- 在电子政务中要注重知识管理，支持政府部门“在正确的时候以正确的方式做正确的事”。

思考与讨论

1. 什么是电子政务？
2. 第三代电子政务的特点是什么？
3. 知识经济条件下，电子政务建设的困难是什么？
4. 知识管理在电子政务中有什么作用？
5. 知识管理系统怎样与电子政务系统相结合？
6. 对于电子政务中的非结构化知识怎样管理？
7. 电子政务中显性知识管理工具有哪些？
8. 知识管理系统的设计思想是什么？
9. 小组讨论：政府知识管理和企业知识管理有何不同之处？
10. 小组讨论案例 16 和案例 17，并写出讨论报告。

案例 16

新加坡国际企业署知识管理门户案例

作为引领新加坡企业开拓国际市场的专业机构，新加坡国际企业署十分注重多年积累的知识，以及其服务产生的价值。在新加坡本土企业进军海外市场的过程中，正是新加坡国际企业署的“知识宝库”发挥了极大的作用。

鉴于工作的开展如此依赖于其所积累的知识，新加坡国际企业署成为首批全面实施知识管理战略的新加坡政府机构之一。而该知识管理方案的成功则取决于“知识管理门户”(KM portal)的实现。

1. 引入 KM

新加坡国际企业署是 1996 年引入 KM 概念的。当时，仅仅是为了共享信息，因此只搭建了一个平台，使工作人员可以自愿地分享信息。由于缺乏正规的程序，无法将平台上的信息进行筛选，并提炼出有价值的内容，因此当时的 KM 系统所产生的效力十分有限。

以往的经验让新加坡国际企业署认识到，KM 不仅仅是指创建一个用于分享信息的 IT 系统，对信息的整理、提炼往往更为重要。然而信息的分类、整理和提炼(其中包括识别个人职能)是需要时间的。例如，如果某个人是信息提供者，那么他必须明确如何把信息标准化。此外，确保最后共享的内容标准化也是整理信息过程中不可缺少的环节。

为此，新加坡国际企业署成立了两个工作小组：一个由各个部门主管组成，负责方案和标准化方面的决策；另一个则由各专家组成，负责解决技术方面的问题。两个小组相互协作。

2. 实施过程

新加坡国际企业署花了三个月来制定各种标准和流程，同时用了六个月评估各种解决方案。技术小组对各方案的试用版进行了测试，并与各个使用者进行了交流，从中了解实施过程的更多细节。

无论哪种解决方案，都必须是基于 Web 的，因为人们习惯于使用浏览器，而且网络信息易于管理、维护和打印。此外，解决方案必须拥有强大的搜索功能，以便使用者能够迅速查找信息；网络的运行速度也要有所保证，以满足 400 多名员工（包括海外 35 个办事处的员工）同时使用的需要。

经反复考察和严格筛选，新加坡国际企业署最终选定由 IBM 完成该 KM 门户系统。它们的理由是：IBM 不仅有过硬的技术、良好的记录和低成本，而且其方案更易于兼容、支持现有的系统。为了如期交付使用，IBM 商务咨询服务部付出了很大的努力。由于该门户是基于 Web 的，因此终端用户几乎不需要接受任何培训就可以直接使用，而且对技术支持的依赖也很小。

3. 信息升级为知识

KM 门户让新加坡国际企业署的工作人员更加自信——从准确、及时的内部信息中（以演示文稿形式存储在 Web 中的信息），他们能够轻易获取并了解到那些有利于企业的知识。KM 门户第一阶段的开发工作已经顺利完成。新加坡国际企业署已经着手进行第二阶段，以期拓展 KM 门户的应用，增加员工自助性服务和其他更多功能。

案例 17

推进澳大利亚统计局的知识管理

1. 导读

一种认同信息共享的组织文化

一种明确该局内部所有信息和知识分布的框架

一系列鼓励管理和共享信息的信息行为

一种急剧拓展的知识驱动的工作空间

一种管理电子邮件和电子记录的创新方法

一种久经考验的元数据管理及其在商业流程中的应用

2. 澳大利亚统计局简介

澳大利亚统计局是澳大利亚国家级统计机构，其宗旨是在国家与社会内辅助和促进基于信息的决策、研究和讨论。澳大利亚统计局也是澳大利亚最大的出版机构，拥有数百种印刷本出版物，并开通了包括 20 万页内容的网站。

3. 采用知识管理的原因

澳大利亚统计局钟情于知识管理的原因很简单——该局希望自己能够尽可能地多产。由于该局的大多数员工都属于“知识型员工”，该局寻求有效的工作管理和帮助其员工共享知识就是非常合乎情理的了。

澳大利亚统计局不仅特别关注那些围绕知识管理定义展开的各种争论，而且还非常关注来自“知识管理社区”的各种框架和创意。对于那些有价值的创意就争取付诸实施。澳大利亚统计局的信息管理和知识管理都与技术有不解之缘。大量早期的卫星和网络计算方面的经验使管理层可以开发一种理想的人机交互系统。澳大利亚统计局尤其对那些可以激发各种工作灵感方式(有利于创新和创造)的技术非常敏感。通过把这些技术与该局的具体业务相整合，澳大利亚统计局极大地提高了其生产力——使该局与其工作人员始终站在最前沿而不是落后于统计信息的需求。为了能够促进该流程，该局还对该系统进行了标准化处理，形成了一套独特的系统——澳大利亚统计局企业架构，该架构整合了该局的知识框架，尤其是集成了该局的业务系统。

4. 发展中的澳大利亚统计局知识管理策略

早在 1993 年晚些时候，一种显性知识策略(称为澳大利亚统计局对象管理策略)就与 Lotus Notes 集成在一起被采用。对于“对象”的强调反映了澳大利亚统计局在管理对象(任何类型)和描述对象的信息(元数据)方面的兴趣。该策略集成了一种简单的知识管理框架并且明确了知识管理文化和技术要素，澳大利亚统计局高级管理层认为培育一种交流、协作、自动化工作流、有效资源发现、渴望知识交换的工作环境对于促进该局的知识管理非常必要。

该策略详细明确了底层技术能够及不能够做的范畴，将其定义为一种底层的驱动力。当澳大利亚统计局在 20 世纪 90 年代早期寻找一种办公计算环境的时候，它认为自己需要的是一种能够提高组织和员工生产力的平台(一种知识型工作方法)。直至今日，澳大利亚统计局仍然可以通过开发技术和人们与之交互的方式来不断提高生产力。

该对象管理策略在 2000 年的时候被澳大利亚统计局知识策略所代替。2000 年策略对于目标进行了更为详尽的描述，但仍然在探寻一种“知识型工作方法”。2000 年策略最重要的特点就是鼓励一系列激励探寻、共享理念发展的信息行为。该局的所有员工都在关于该局的入门第一课“桌面导读”中学习这些原则。

5. 澳大利亚统计局所用的主要工具和技术

(1) 一种认同信息共享的组织文化

澳大利亚统计局的文化总的来看是一种鼓励知识管理的文化。员工们希望能够在澳大利亚统计局里获得长期而多样的职业生涯，所以他们乐于接受来自文献存档和共享的效益。任何一个在组织内部轮岗的人都会对帮助他们适应新岗位的良性的知识型价值观所感动，这种文化同样鼓励他们为后来者提供类似的帮助。并且，澳大利亚统计局还鼓励采用一种协同(即非竞争)的方法来工作——利用开放性的多学科和专业构成的团队，并且强调采用一种"集体方法"。这就意味着工作组之间非常乐于与其他人共享他们的信息和知识。

(2) 知识框架

澳大利亚统计局管理知识的最重要的一点就是其简单性。1993 年，该局采用了一种管理知识的框架，其中将信息和知识分为三类：企业级、工作组级、个人级。所有的沟通/工作/信息/知识都被认为是在这三种情况下产生和实现的。澳大利亚统计局鼓励员工只在前两者中工作——工作组或全局范围。在这些领域内工作所产生的信息可以被管理、支持、发现并作为集体财产进行共享。

澳大利亚统计局的知识行为和激活工具的目标非常明确，就是为了支持工作组和该局内部的工作。那些被开发出来用于支持个人层面工作的工具在辅助个人与工作组或公司情境中进行沟通和转换方面也做了着重考虑。这种方法的一个成果就是澳大利亚统计局只需管理那些在全局和工作组情境中的知识——忽略那些个人级的内容就可以完成记录管理的任务。

(3) 信息行为

为了支持该知识框架，该局还开发了一系列的鼓励员工创造信息、鼓励运用和共享的个人/工作组/公司的知识管理行为。这些行为明确了那些支持知识型概念工作的各种工作实践，包括：

- 尽己所能探索、复用和构建现有的知识；
- 为确保能够拥有快速有效地定位信息的技能而努力；
- 识别那些需要共享知识的工作组；
- 参与工作组知识的维护，帮助他人存取这些知识；
- 推广信息共享的效果。

(4) 通用工具

另一个澳大利亚统计局知识管理的重要因素就是利用通用的工具和系统作为促进剂。多年来，澳大利亚统计局已经认识到复用创意/系统/流程而带来的生产力收益，而且该统计局已经开始控制特殊工具和技术的使用。尤其是，澳大利亚统计局已经认识到在全局范围内推广一套可扩展的大家都能够熟练使用的工具集，可以有效地支持观点的交流，提高生产力；通过用他们熟悉的工具刺激其创新意识和创造力，利用工具来满足其能力需要。最好的证明就是澳大利亚统计局用 Lotus Notes 作为其桌面平台（在此基础上开发了 1 100 种应用）。但是，这种方法也可以在该局的数据管理中得以运用，在数据管理方面许多拓展性的工作被用于添加和组织其各种统计数据作为输入/输出数据仓库，进而创建一个独立的发布源。在各个层面支持这项工作的是基于元数据有利于信息资源发现的拓展性理解。

(5) 广泛应用“工作组”数据库来巩固交流、协作和信息资产管理的有效方法

在澳大利亚统计局最初部署 Lotus Notes 的时候，就决定用共享讨论社区来替代电子邮件。强调 Notes 邮件主要是指“个人资料”。早期的“讨论数据库”应用程序也发生了很大的改变，现在拥有了更多功能，包括工作组级电子邮件，专门用于支持工作组为单位的工作。澳大利亚统计局目前已经拥有数百个工作组数据库——大约是其所确定的组织化团队的 3 倍。这些多出来的数据库有效支持的内部的“实践社群”，可与公司组织架构中明确界定的工作相并行。默认情况下，工作组是开放式的——任何人都可以在其他工作组中检索、查阅和发布文档。澳大利亚统计局工作组数据库的另外一个特点就是其内在的强有力的“元数据”支持。当文献创建和归类的时候，它自动获取控制存取、存档及文档生命周期的一系列元数据。

6. 涵盖资金和员工的知识管理方法结构与协调

从 1993 年开始，澳大利亚统计局就在组织内部设立了相当于 APS 2 级主管的知识总监职位，主要负责开发、拓展和支持该局内部知识的协调工作，鼓励创新；通过与该局的技术平台的开发人员的沟通和交流来推动知识管理工作。在最初的几年，知识管理经理们的工作得到了包括 SES 官员在内的指导委员会和所选出的 APS 2 级总监的大力支持，以及高层的授权，并与高管层目标紧密关联。最近一段时间，知识管理总监已经得到了位于南澳大利亚的“卓越知识管理中心”(KM Centre of Excellence)的调研以及开发支持澳大利亚统计局知识管理系统的相关服务的鼎力支持。澳大利亚统计局最近将其知识管理行为视为一种“动力”或“创新”，知识管理总监直接向技术服务部总裁汇报工作。

在资金方面，澳大利亚统计局知识管理项目在过去 4 年里得到了每年大约 30 万美元的资金支持，2000 年前每年大约 20 万美元。这些资金包括薪金以及开发和部署该组织知识服务和技术所需的资金，学习内容和技术开发，如“欢迎页面”(welcome page)——澳大利亚统计局门户，以及内部的记录保存系统；更多的促进知识管理架构的相关活动，如推动澳大利亚统计局共享理念（知识管理文化推广）已经深深地嵌入到该组织的培训；很多核心的技术架构，如该组织的工作组数据库设计模板，以及开发服务也会被作为核心架构通过 Lotus Notes 版本的更新开发进行资助。这样，任何新的知识管理架构都可以随着核心架构的更新而得到升级。

7. 经验之谈

(1) 领导层的鼎力支持非常必要

早在20世纪90年代，组织高层就把知识管理能动环境提高到一个非常高的高度。高层不但在技术方面，而且在推动工作和知识共享方面都给予鼎力支持。知识管理投入巨大，但是特别强调一种简单的知识管理模式、业务职责、对平台和流程的所有权。

(2) 通过改变人们对于工作方式的思考来改变人

一位著名的20世纪思想家Buckminster Fuller说过："要教给人们一种新的思考方式，不要试图直接教诲他们，相反，给他们一种工具，一种可以引导其采用新的思考方式的工具。"在过去的开发中，澳大利亚统计局发现通过给人们授权——让他们在一种充满信任和开放的环境中自由共享和增值——可以通过影响其工作方式来改变其工作思维方式。澳大利亚出版服务社的出版物，《植入APS价值》，就有一个学习澳大利亚统计局信息共享方法的案例研究。大量实践证明，已经到其他政府部门工作的前澳大利亚统计局员工，都非常怀念澳大利亚统计局的"知识能动"的工作环境。

8. 展望

大约一年前澳大利亚统计局意识到，澳大利亚统计局在管理"信息资产"方面做得很好，而在管理"流程知识"方面还有欠缺之处。许多"如何顺利完成任务"之类的细节信息存在于澳大利亚统计局员工的头脑中。澳大利亚统计局因此启动了一项雄心勃勃的项目来为"业务流程管理"提供支持服务，目标就是要简化存档、运营、理解并改进人机融合的业务流程。该系统的要点如下：

- 建立业务流程的企业级数据库(采用XML格式定义流程而不仅仅用流程图表示)；
- 相关服务(可供流程调用——如"预定会议"、"运行这项SAS运算")；
- 工作流引擎(主要负责运营流程的自动化部分)；
- 流程控制门户，提供操纵、管理和存档流程状态的接口。

流程控制门户将成为工作组数据库的一个新的组成部分。通过创建和运营来自工作组数据库的流程，该工作组数据库中的记录存储架构就可以自动得以集成，该局的业务流程也就可以像其他信息资产一样同样可见并得到妥善管理。

第14章

项目管理中的知识管理

本章要点

- 项目的概念、构成要素和项目的特点
- 项目管理的概念、特点和基本职能
- 项目管理的现状
- 项目管理的知识体系
- 项目不同阶段的知识管理的内容
- 项目成组管理与组合管理等企业项目管理的内容

人类的活动可以分为两类：一类是连续不断、周而复始的活动，称为“运作”；另一类是临时性、一次性的活动，即“项目”。随着经济的不断发展和人们需求多样化程度的提高，项目对各类经济活动和人们日常生活产生着越来越重要的影响。项目管理作为一种现代化管理方式，已经成为组织管理的重要组成部分，并影响到组织的整体发展。但是除了一些大型工程项目之外，相当一部分项目的组织和管理存在着混乱现象，各种延期、超支、浪费和侵吞国家财产的情况屡有发生，使得资金、人员、质量、进度等方面发生了严重的失控现象。同时，由于项目的一次性与独特性的特点，常常需要一些专门领域中的经验知识，这些知识保存在一些专家的头脑里面，而没有形成文字材料（因为具备这些知识的人在完成一个项目之后接着参加下一个项目，来不及总结，再加上有些经验知识本来就是无法言传的）。因此运用现代知识管理的理论、方法来提高项目的组织管理水平，是当前极为重要的任务。

14.1 项目及项目管理概述

14.1.1 项目的定义与特点

国际标准化组织所颁布的 ISO 10006 中将项目定义为，“独特的过程，有开始时间和结束时间，由一系列相互协调、受控的活动所组成，其实施是为了达到规定的目的，包括满足时间、费用和资源等约束”。

上述定义说明了项目具有如下特点。

(1) 一次性。项目必须是临时性的、一次性的任务，这是项目过程区别于其他常规“活动和任务”的基本标志，也是识别项目的主要依据。重复地进行的活动和任务确实存在，但是它们不是项目。

(2) 过程性。项目的工作活动是一个过程，不是一下子就完成的。各个项目经历的时间可能不同，但项目必须在一定时间内完成。有始有终是项目的共同特点，无休止地活动和任务不是项目。

(3) 整体性。项目的整体性是指任何一个项目都是一个整体，在按其目标要求配置资源时，必须追求项目的整体效益，做到数量、质量、结构的整体优化。

(4) 临时性。项目组织在项目进展过程中，其人数、成员、职责都在不断地变化。某些成员是借调来的，项目终结时组织要解散，人员要转移。

(5) 结果性。任何项目都有一个与以往其他任务不完全相同的目标（结果）——独特的产品或服务。这一特定的目标通常要在项目初期设计出来，并在其后的项目活动中一步一步地实现。有时，由于不可抗拒的原因，项目的结果完全与预期相反，我们称为项目流产；有时尽管一个项目中包含部分的重复内容，但在总体上仍然是独特的，如果任务及其结果是完全重复的，那它就不是项目。

(6) 项目具有生命周期。项目就是一次性的任务，因此，任何项目有开始必然有结束。在开始与结束之间一般要经历概念、开发、实施、验收、交付等几个阶段。

(7) 受资源约束。项目也像其他任务一样，有资金、时间、资源等许多约束条件，项目只能在一定的约束条件下进行。有些文献把约束表达为目标，例如把资金、时间、质量称为项目的"三大目标"，用以提出对项目特定的管理要求。

14.1.2 项目管理概述

1. 定义

项目管理是以项目为对象运用系统科学的管理思想，通过一个临时性的专门的柔性组织，对项目进行高效率的计划、组织、指导和控制，以实现项目全过程的动态管理和项目目标的综合协调与优化。

2. 项目管理的内容

我国著名管理学家王众托院士认为项目管理的基本内容包括如下几个方面。

项目的计划：根据项目目标的要求，对各项活动做出合理的安排。

项目的组织：包括两个方面，一是组织机构，二是组织行为。

项目的控制：对项目按照计划的进行随时加以监督和进行必要的调整。

项目的评价：在项目进行过程中发现偏差并加以调整，保证计划的实现，项目完成后对项目的成败得失做出恰当的总结和评价。

3. 项目管理的特点

与传统的职能部门管理相比较，项目管理的最大特点是注重综合管理，并且有严格的时间期限。项目管理的特点主要表现为以下几个方面。

(1) 独特性。项目管理的独特性是指既不同于一般的生产管理，也不同于常规的行政管理，它是为完成独特的任务而设计的一套完整的管理体系，有自己独特的管理方法、体系和工具。整个项目管理理论系统自成体系。

(2) 复杂性。项目一般由多个部分组成，工作跨越多个部门或机构，需要运用多种学科的知识来解决问题；项目实施中有很多不确定性因素和风险；项目团队往往由来自不同组织，具有不同背景和经验的人员组成，管理上难度较大等。这些因素都决定了项目管理是一项复杂的工作，与日常操作相比，更需要知识、技能、工具和技巧等。

(3) 目的性。任何项目管理都有一定的目的性，最终的目的都是"满足或超越项目所有利益相关者的要求和期望"。项目管理的目的性不但表现在要通过项目管理活动去保证满足或超越那些项目有关各方已经明确提出并清楚地规定出的项目目标，而且要通过项目管理去识别和满足、超越那些尚未识别和明确的潜在需要。

(4) 创新性。项目本身的独特性、不重复性决定了项目管理需要创新性，任何照搬别人的方法都不可能成功实现项目管理。任何一个项目都有不同于其他项目之处，这种不同就要求在项目管理过程中采用特殊的方法，只有开展创新才能实现成功。所以创新是项目管理的核心内容之一。

可见，项目管理涉及多方面的因素，需要多学科的理论、方法、技术和工具来计划、组织、指挥、控制和协调项目生命周期中各阶段的工作，才能达到预定要求的过程和活动。

14.1.3 多项目管理

1. 多项目管理的概念

企业项目管理(EPM)与单项目管理(PM)的一个重要区别在于企业项目管理所关心的是企业所有项目目标的实现。一个企业在同一时间内可能会有很多项目需要完成，如何经济、有效地同时管理好众多的项目是企业项目管理的核心问题。

为了经济方面的原因和最有效地使用资源，企业项目管理中常常采用一种新的管理方法——多项目管理。所谓“多项目管理”，是指在组织中协调所有项目的选择、评估、计划、控制等各项工作。需要说明的是，将一个复杂的项目分解为子项目群进行管理的情况仍属于一般项目管理的范畴，不属于“多项目管理”。

2. 多项目管理的分类

企业中的多个项目，依据项目之间的相关程度，可分为两种情形：一种是多个项目之间在目标上没有共同的联系，但项目本身类似，在工作开展方法、所需人员等方面具有相似性，多个项目之间可以相互参照；另一种则是多个项目间不具有类似性，难以相互参照，但这些项目组合在一起能够使企业的技术和财务资源得到有效的配置和利用，进而可以提高企业的市场竞争力，实现企业的战略。基于上述两种情形，多项目管理被分为项目成组管理和项目组合管理两种。

1) 项目成组管理

项目成组管理是对人为定义的一组项目进行管理，这些项目并不是为某个共同的目标服务的，但项目间具有相似性。把这些项目放在一起进行管理，可以形成规模经济，提高工作效率。

(1) 项目成组管理的原因

一个企业可能会有许多彼此无关的小项目需要完成并将产品交付给客户，这些项目同样需要有某种形式的项目计划及获取相应的资源以完成任务，但是为每个项目指派一个主管并组织一个项目团队可能并不是完成项目最有效的办法。

由于在技术解决方案上如出一辙，对这些彼此无关的小项目无须像大项目一样正规地计划。某些计划是需要的，而这些计划（如沟通计划）的主要框架对所有项目来说可能是相同的，甚至好几个项目的产品也可能是提供给同一个客户的。项目的这些共性使得用较少的资源进行单个项目的管理成为可能。

通过更有效地利用资源和使用公用的“标准”计划来实行多个项目管理可以为企业带来很多好处。对多个项目分组进行计划、实施和控制可以从重复性职能和共性工作中获益。项目成组管理可带来以下好处。

① 在一个人能跨多个项目对人员进行任务分配的情况下可更有效地利用资源。

② 在同一项目经理领导下的多项目能够良好地计划、实施、控制和按时结束的话，可更有效地发挥项目经理的作用，即在多个项目中充分发挥经验丰富的项目经理的才干。

③ 通过专门的努力以及多个项目分组时使用优先权理念可更快地交付项目产品。

④ 通过一次汇报几个项目的进展情况以及使用相似的汇报方式，可以提高汇报的效率。

⑤ 通过一系列小项目的学习，可改善组织的项目管理技术。

⑥ 通过一系列小项目的实践，可改善项目管理的过程。

⑦ 根据项目优先权，使用用于平衡资源的单一项目进度表对资源和时间进行管理。

⑧ 具有调节各个项目节奏来满足交付要求的灵活性。

（2）项目成组管理的分组原则

项目分组必须遵循一些基本原则，否则，项目获得成功的难度将会增大。项目分组应遵循如下基本原则。

① 项目优先级。同组的项目应具有相同的优先级。优先级是指对某项目需要的迫切程度，它指明了项目获取资源的先后顺序以及需要完成的先后顺序。混合优先级很容易导致无法给予低优先级的项目以必要的资源。这种风险就是低优先级项目的完成可能受到影响。

② 项目类别。同组的项目应当类别相似。所谓类别是指用周期、价值或所需资源等指标对项目规模的度量。这是组织用以确定项目对组织业绩影响程度的一种方法。当大、小项目混合进行管理时，在项目的执行过程中就会出现一些不平衡情况。由于大项目被认为非常重要，因而它有可能得到多于其实际需要的资源。另一方面，由于小项目可以较快地完成并显示项目的进展情况，所以小项目也有可能获得多于其应有份额的资源。

③ 项目管理的生存周期。同组的项目应具有相类似的生存周期。尽管不同的项目处于其生存周期的不同阶段，由于相似的生存周期，所以仍具有统一制定计划与实施的基础。这种在生存周期方面的相似性有助于项目实施过程和管理过程的改进。

④ 项目的复杂性。为了多项目管理而进行的项目分组应当简单化。复杂的技术解决方案可能会需要更多精力与管理，这样就可能分散对其他项目的注意力。

⑤ 项目周期与资源。对于同组的项目，其周期应相对短一些，通常每个项目的生存周期应小于半年，且项目需要的资源较少，单个项目所需的人力资源也不应超过10人。要求更多的资源可能会分散较重要项目的资源。

⑥ 项目应用技术。项目所需的技术应当类似，如果这些项目属于一个技术门类则更好。混合技术要有不同的技术组合，由于不相互兼容，所以无法跨项目使用。任何技术的混合都将削弱多项目管理的效率。

(3) 项目成组管理的适用范围

对企业中的一个项目，既可以作为单个项目进行管理，也可以将其纳入一个项目组中实行"项目成组管理"。至于究竟是将一个项目纳入项目成组管理还是抽出来单独进行管理，需要经过仔细的分析。

通常，当一个项目非常重要而且需要对其采取专门的措施时，就要单独对其进行管理。以下是一些项目需要单独进行管理的情形。

① 由于需求的紧迫性及其对组织的重要性，某个项目需要特别予以关注，如果项目失败将会产生很大的负面影响。

② 由于会影响到所有其他的项目，所以要求必须首先完成此项目。

③ 由于项目技术复杂而需要特别地关注。预见到将会出现许多变化且其范围也是微妙的。

④ 项目成为样板，因而要求项目经理要格外地关注。

⑤ 对于组织而言，项目是新类型，或使用了新技术。

实行项目成组管理可能要占用更多的资源，而这些资源也许不能很有效地利用，但这些项目有足够的理由要求单独对其进行管理。决定一个项目是否采用项目成组管理，必须要在充分掌握信息并加以权衡之后才能做出决策。

2) 项目组合管理

项目组合管理是从企业整体出发，动态地选择不具类似性的项目，对企业所拥有的或可获得的生产要素和资源进行优化组合，有效地、最优地分配企业资源，以分散企业风险，达到企业效益最大化，提高企业的核心竞争能力，实现企业的战略目标。

企业中的某些工作(如技术创新)往往是以组群的形态出现的，项目在水平上彼此间有机联结，并与公司的战略相关，只有把它们有机结合和协同作用，将它们视为一个整体进行管理，才能促进企业持续发展。而合理地进行项目组合管理，能够使企业的技术和财务资源得到有效的配置和利用，进而提高企业的创新效率和市场竞争力。因此，企业有必要把注意力放在项目组合管理上，特别是如何在项目之间合理分配资源，使企业获得持久的竞争优势。

项目组合管理就是使用各种规划和分析决策技术，对多个提案、项目或大型项目进行集约化管理、分析、监控和决策，其中包括优化和平衡投资组合，统一监控提案、项目或大型项目的执行，基于业务目标对项目组合进行优化等工作，其目的是为了达到预期的商业战略目标。

（1）项目组合管理的特点

① 组合管理的战略性。组合管理是战略的体现，项目组合分析及资源分配与公司总体经营战略紧密相连并保持一致，这是企业竞争成功的关键。在组合管理中，高层管理人员的合作和积极参与是其重要特征之一。组合管理在某种程度上考虑了风险、不确定性和成功的概率，并且将其体现在项目选择决策过程中。

② 组合管理的动态性。组合决策环境呈现动态特性，在组合中项目的状态和前景是经常改变的，组合管理可以不断发现新机会，新机会又与现有的项目竞争资源，这些情况使得企业需要将自己的活动不断调整到一个合适的位置和重点上，要求对处于不同阶段的、具有不同质量和数量信息的项目进行比较，这是传统项目管理的方法所不能解决的。组合管理的方法能够适应整个项目生命周期内所发生的目标、需求和项目特征变化，能够同时处理项目之间的资源、效益、结果方面的互相影响，能够使管理人员对现行项目按时间变化做出计划，对组合适时地进行调整，明确项目在总体项目组合中所起的作用。

③ 强调组织的整合性。项目组合体中各项目组成员在一个统一的合作体中工作，可形成一种连续式的沟通机制。技术、知识、信息共享程度较高，易于形成和强化统一的合作观念，沟通效率和有效性较高。而传统的项目管理模式中，各项目组分散于不同的项目中，项目间的成果和技术沟通多，过程和人员沟通少，是一种间歇的沟通机制，沟通效率和有效性较低。项目组合管理有利于显示决策过程的信息，能够系统地选择每个项目，并评价组合中某一个项目的状态，以及它与公司目标的适应程度。

（2）项目组合管理的组合范围

项目组合管理的组合范围包括：

① 长期项目与短期快速项目间的组合；

② 高风险的原景项目与低风险有把握项目间的组合；

③ 经营业务所处的不同市场项目之间的组合；

④ 不同技术或技术类型（如初始技术、先进技术、基础技术）项目之间的组合；

⑤ 新产品开发项目与产品改进和费用减少项目间的组合；

⑥ 产品创新项目与工艺创新项目间的组合等。

14.2 项目管理中引入知识管理

14.2.1 项目管理中引入知识管理的原因

1. 知识经济和信息时代的推动

随着知识经济的来临，知识作为一种资源越来越受到人们的重视，知识在竞争中地位的上升直接导致了企业管理模式的深刻转变。对企业知识的源泉（员工）、知识交换的场所（组织）和知识资源本身的管理成为当前企业面临的最大挑战，知识的创造、积累、转换和利用成为企业发展的根本根源所在。因此，从知识管理角度寻找企业发展的出路正变得越来越重要。作为创造性工作更多的项目型企业对知识的依赖程度更深，推动知识管理以适应企业环境的变化是当务之急。

2. 项目管理的特点适合推动知识管理

项目的一次性特点造成每个项目都有自己的独特性和唯一性，由于项目的独特性，项目的工作过程就是知识创造的过程，每个项目的独特工作经历会给公司带来丰富的经验积累。另一方面，作为某个行业的项目的整个操作过程还是有其固有特点和共性的，项目在执行过程中如能得到公司丰富经验（知识）的支持可以使工作开展起来顺风顺水。所以说这两个方面的工作是相辅相成的。项目实践的经验和教训是组织难得的知识和经历，对其进行有效的知识整理和显化可以丰富组织知识，增强组织竞争力；同时在项目实践中合理有效地应用公司的优势技术和知识可以快速推动项目的进展和合理节约地解决项目难题；项目的快速高效完成同样会为公司树立良好的社会形象，从而在行业中赢得有利的竞争地位。

3. 现代项目管理理论已经融入了知识管理的理念

以美国 PMI 的 PMBOK 2000 版为例，在该体系中有多处规定都体现了知识管理理论的论点：在范围管理中的范围变更控制输出文本就有教训概念，并明确指出“使其成为本项目或执行组织其他项目的历史数据库的一部分”，体现了知识收集的要求；在整体管理和沟通管理等模块中也多次体现了对知识收集的要求；在项目管理中提出要尽量集中办公，体现了对交流的重视；在人力资源管理中的规定也体现了有关理论。

14.2.2 项目管理的知识体系

项目管理的知识体系是指在现代项目管理中所要开展的各种管理活动，所要使用的各种理论、方法和工具，以及所涉及的各种角色的职责和它们之间的相互关系等一系列项目管理理论与知识的总称。项目管理知识体系包括许多方面的内容，这些内容可以按多种方式去组织，从而构成一套完整的项目管理知识体系。这套知识体系与一般运营管理知识体系一样，可以分成许多个不同的专业管理或职能管理方面。

1. 美国项目管理协会的项目管理知识体系的划分

按照美国项目管理协会（PMI）提出的现代项目管理知识体系的划分方法，现代项目管理知识体系主要包括九个方面，这九个方面分别从不同的管理职能和领域，描述了现代项目管理所需要的知识、方法、工具和技能。

（1）项目整体管理

项目整体管理包括保证项目各要素相互协调所需要的过程，它需要在相互影响的项目目标和方案中做出平衡，以满足或超出项目干系人的需求和期望。这项管理的主要内容包括项目计划制定、项目计划实施和综合变更控制。

（2）项目范围管理

项目范围管理包括了用以保证项目包含（且只包含）所有需要完成的工作，以及顺利完成项目所需要的所有过程。它主要涉及定义及控制项目应该包括和不应该包括的内容。项目范围管理的主要过程包括启动、范围计划编制、范围定义、范围核实和范围变更控制。各个过程之间以及它们与其他知识领域的过程之间是相互作用的。这里的范围有两个含义：一个是产品范围，即产品或服务所包含的特征或功能；另一个是项目范围，即为交付具有规定特征和功能的产品或服务所必须完成的工作。一个项目一般只产生一个产品，但这个产品可能包含几个组成部分，每个组成部分都有既相对独立又互相依存的产品范围。例如，一个新的电话系统一般包括四个组成部分——硬件、软件、培训和实施。产品范围的完成是对照产品要求进行衡量的，而项目范围的完成是对照项目计划进行衡量的。两种范围管理应很好地结合起来，以确保项目所做的工作能够取得规定的产品。

（3）项目时间管理

项目时间管理是在项目管理过程中为确保项目按既定时间成功完成而开展的项目管理工作。开展项目时间管理的根本目的是要通过做好项目的工期计划和项目工期的控制等管理工作，去确保项目的成功。这项管理的主要内容包括：项目活动的定义、项目活动的排序、项目活动的时间估算、项目工期的编制和项目作业计划的管理与控制。

（4）项目成本管理

项目成本管理是在项目管理过程中为确保项目在不超出预算的情况下完成全部项目工作而开展的项目管理。开展项目成本管理的根本目的是全面管理和控制项目的成本（造价），确保项目的成功。这项管理的主要内容包括项目资源的规划、项目成本的估算、项目成本的预算和项目成本的管理与控制。

（5）项目质量管理

项目质量管理是在项目管理过程中为确保项目的质量所开展的项目管理工作。这一部分的主要内容包括项目质量规划、项目质量保障和项目质量控制。项目管理人员需注意质量和等级的区别。等级是对功能用途相同但质量要求不同的实体所作的分类或排序。低质量是需解决的问题,低等级则不是。例如,软件产品可以是高质量(无明显错误、有可读性好的文件)和低等级(有限的功能),或是低质量(许多错误、组织差的顾客手册)和高等级(大量功能)的。确定和传达所需要的质量和等级标准水平是项目经理和项目管理班子的责任。

(6) 项目人力资源管理

项目人力资源管理是在项目管理过程中为确保更有效地利用项目所涉及的人力资源而开展的项目管理工作:开展项目人力资源管理的根本目的是要对项目组织和项目所需人力资源进行科学的确定和有效的管理,以确保项目的成功。这项管理的主要内容包括项目组织的规划、项目人员的获得与配备、项目团队的建设等内容。

(7) 项目沟通管理

项目沟通管理是在项目管理过程中为确保有效、及时地生成、收集、储存、处理和使用项目信息,以及合理地进行项目信息沟通而开展的管理工作。开展项目沟通管理的根本目的是要对项目所需的信息和项目相关利益者之间的沟通进行有效的管理,以确保项目的成功。这一部分的主要内容包括项目沟通的规划、项目信息的传送、项目作业信息的报告和项目管理决策等方面的内容。

(8) 项目风险管理

项目风险管理是在项目管理过程中为确保成功地识别项目风险、分析项目风险和应对项目风险所开展的项目管理工作。开展项目风险管理的根本目的是要对项目所面临的风险进行有效识别、控制和管理,是针对项目的不确定性而开展的降低项目损失的管理。这一部分的主要内容包括项目风险的识别、项目风险的定量分析、项目风险的对策设计和项目风险的应对与控制等内容。

(9) 项目采购管理

项目采购管理是在项目管理过程中为确保能够从项目组织外部寻求和获得项目所需各种商品与劳务而进行的项目管理工作。开展项目采购管理的根本目的是要对项目所需的物质资源和劳务的获得与使用进行有效的管理,以确保项目的成功。这一部分的主要内容包括项目采购计划的管理、项目采购工作的管理、采购询价与采购合同的管理、资源供应来源选择的管理、招投标与合同管理和合同履行管理。

2. 中国项目管理知识体系框架

在我国,中国优选法统筹法与经济数学研究会项目管理研究委员会发起组织了我国项目管理知识体系的研究制定工作,推出了《中国项目管理知识体系》(C-PMBOK)。中国项目管理知识体系主要以项目生命周期为基本线索进行展开,从项目及项目管理的概念入手,按照项目开发及其相应的知识内容,同时考虑到项目管理过程中所需要的共性知识及方法工具，它包含三个方面，共分为 88 个知识模块，如表 14-1 所示。

表 14-1　中国项目管理知识体系

项目与项目管理	内　容			
概念阶段	一般机会研究 特定项目机会研究	方案策划 初步可行性研究	详细可行性研究 项目评估	商业计划书的编写
规划阶段	项目背景描述 目标确定 范围规划 范围定义	工作分解 工作排序 工作延续时间估计 进度安排	资源计划 费用估计 费用预算 质量计划	质量保证
实施阶段	采购规划 招标采购的实施 合同管理基础 合同履行和收尾	实施计划 安排计划 项目进展报告 进度控制	费用控制 质量控制 安全控制 范围变更管理	生产要素管理 现场管理与环境保护
收尾阶段	范围确认 质量验收	费用决算与审计 项目资料与验收	项目交接与清算 项目审计	项目评价
共性知识	项目管理组织形式 项目办公室 项目经理 多项目管理 目标管理与业务过程 绩效评价与人员激励	企业项目管理 企业项目管理组织设计 组织规划 团队建设 冲突管理 沟通规划	信息分发 风险管理规划 风险识别 风险评估 风险量化 风险应对计划	风险控制 信息管理 项目监理 行政监督 新经济项目管理 法律、法规
方法和工具	要素分层法 方案比较法 资金的时间价值 评价指标体系 项目财务评价 国民经济评价方法	不确定性分析 环境影响评价 项目融资 模拟技术 里程碑计划 工作分解结构	责任矩阵 网络计划技术 甘特图 资源费用曲线 质量技术文件 并行工程	质量控制的数理统计方法 挣得值法 有无比较法

(资料来源：张卓编．项目管理．北京：科学出版社，2005)

三个方面分别如下。

(1) 项目与项目管理，又按项目生命周期分为概念阶段、开发阶段、实施阶段和收尾阶段四个阶段。

(2) 共性知识，主要是跨阶段的知识。

(3) 方法与工具。

各方面包含了相应的知识模块。

3. 项目管理涉及的知识

项目管理之所以作为一个独立的学科，是因为在项目管理实践中发展起来许多独有的知识、技术、技能和手段，如项目生命周期概念、关键路线法、工作分解结构（WBS）等，这是项目管理学科的主体部分。

从事项目管理还需要许多其他领域知识的支持，这些知识主要有3类：一类是经营管理知识，如系统科学、行为科学、财务、组织、规划、控制、沟通、激励和领导等；另一类是专业技术知识，如软件开发、医药学、工程设计与施工、军事、行政、环境保护和社会改革等；还有一类是经验知识（隐含知识），是在项目管理实践中总结出来，固化在项目管理者身上的知识。

也就是说，项目管理知识体系的知识范畴应该包括三个部分：

(1) 项目管理特有的知识。

(2) 一部分一般管理的知识。

(3) 一部分和项目有关的应用领域的知识。

4. 项目管理中的隐性知识

在项目管理的实践中，仅仅具有显性知识是不够的。因为这些知识提供的是一般的原理，在应用于具体实践中的时候，还要根据具体的主客观条件加以选择、综合与灵活处置。特别是项目管理的一次性特点和独特性特点，使得它和一般的运作管理相比较，更不能一切都按照成规办事，而需要有独立的抉择和处置。这时候，包含经验、直觉、洞察力在内的隐性知识，将发挥重要的作用。由于它包含着丰富的发现问题与研究问题的直觉和洞察力，如果能使它充分发挥作用，将能使问题的解决、新思路的形成更加迅速有效。

这里说的隐性知识，不仅包括个人的隐性知识，而且包括组织（班组、团队、企业）的隐性知识。它包含在组织的共同信念和目标、工作反思和工作习惯之中，是组织的核心竞争力。

正因为如此，我们在谈到如何组织管理知识以推动项目管理工作时，必须同时考虑各类知识。只注意显性知识而忽视隐性知识是难以推动工作的，但只注意隐性知识而忽视显性知识（这种情况一般发生在一些全凭经验工作的中小型工程项目管理中）就会使项目管理无法建立在科学的基础之上，即使一时取得成功，也难以保持长久。

在项目管理过程中应用和管理知识，和在其他领域中一样，首先要明确究竟需要什么知识，这些知识在哪里，显性知识存放在哪里而隐性知识又是什么人所具备。为使各类知识都能有效地发挥作用，应该创建什么基础设施（如信息技术网络）和营造什么文化氛围。

14.2.3 项目过程中知识管理的重点

企业实施知识管理一般来讲需要从三个层面组织：组织成员的个体层面、组织整体的行为层面和跨组织的行为层面。但是项目一般是在企业之下开展工作，项目过程是知识的创造过程，也是对企业知识的应用过程。所以我们讨论项目过程中的知识管理仅仅涉及员工个体行为和组织两个层面的管理。

1. 项目过程中个人知识及时转化为企业知识

在员工个体层面，员工是知识的创造者和持有人，个体的知识创新能力和知识储备决定着企业的实力和竞争力。在这一层面，知识管理的关键在于提高员工作为组织知识源泉的创新能力，鼓励员工通过团队合作分享知识，将个人拥有的隐性知识有效地转化为企业知识。这个过程的难点在于隐性知识的显化和企业化。

2. 项目对组织知识的有效发掘、传播和发挥作用

在组织层面，组织是企业隐性知识和显性知识交换和应用的场所，组织认知能力的提高和知识库的完善决定着企业的发展能力和竞争实力。在这一层面，应该着重考虑增强企业知识创新和交换的强度，引导组织学习，建立科学和符合企业实际的流程，促进知识的传播和利用。

14.3　项目各阶段的知识管理

14.3.1 一般项目的生命周期

项目是有其独特特征的工作，其中包含某种程度的不确定性。实施项目的组织机构通常把每一个项目划分成若干个项目阶段，以便有效地进行管理控制，并与该项目实施组织的日常运作联系起来。这些项目阶段合在一起称为项目生命周期。

不同的项目可以划分为内容和个数不同的若干阶段。例如，建设项目可分为发起和可行性研究、规划与设计、制造与施工、移交与投产；新药开发项目可分为基础和应用研究、发现与筛选药物来源、动物试验、临床试验、投产登记与审批；世界银行贷款项目分为 6 个阶段：项目选定、项目准备、项目评估、项目谈判、项目实施和项目后评价。

项目的每一个阶段都以其某种可交付成果的完成为标志。例如，建设项目的可行性研究阶段要交付可行性研究报告，药物开发项目的选定药物来源阶段要做出新药样品制剂等。前一阶段的可交付成果通常经批准后才能作为输入，开始下一阶段的工作。例如，可行性研究报告批准后才能开始规划与设计，新药样品制剂鉴定后才能开始动物试验。认真完成各阶段的可交付成果很重要，一方面，可以确保前阶段成果的正确、完整，避免返工；另一方面，项目人员经常流动，前一阶段的参与者离去时，后阶段的参与者可以顺利地衔接。

尽管项目阶段的名称、内容和划分各不相同，但是为了便于说明，项目生命周期一般可以依次归纳为启动、计划、实施（执行和控制）和收尾四个阶段。最为典型的项目生命周期如图 14-1 所示。

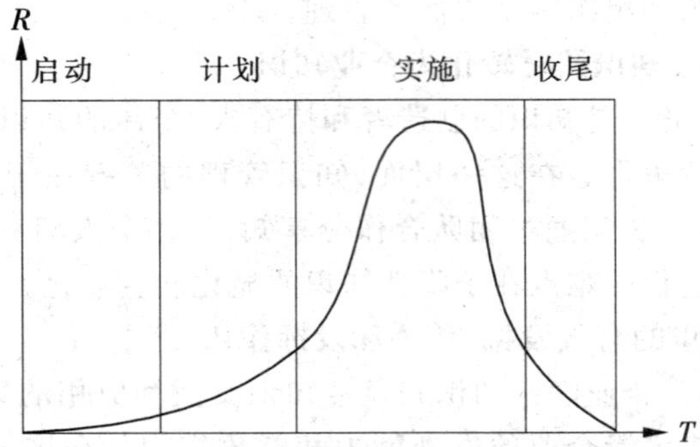

图 14-1　项目生命周期和资源投入示意图

图中的纵轴表示项目的资源投入水平，横轴表示项目阶段的时间。这种典型的项目生命周期描述方法适用于对多数项目的生命周期描述。一般而言，这种典型的项目生命周期描述具有下列特性。

(1) 资源需求的变动

从图中可以看出，在项目初期阶段，有关项目资源、成本和人员方面的需求很低，而进入计划阶段以后，项目对于资源的需求升高，越到后来会越高，到项目收尾阶段这种需求又会急剧减少。一个项目的资源投入最大的阶段是项目的实施阶段。

(2) 项目风险的变动

在项目初期阶段，项目成功的概率较低而项目的风险和不确定性却很高。但是，随着项目的进展，项目成功的概率会大大升高，而风险和不确定性大大降低，因为随着项目的进展许多原先不确定性的因素会逐步变为确定性的因素。

(3) 影响力的变动

在项目的初始阶段，项目相关利益者（尤其是项目业主/客户）对于项目最终产出物的特性和项目成本的影响力最高，随着项目的进展这种影响力会很快降低。在项目后面的 3 个阶段，这种影响力主要体现在对项目变更和项目成本的修订方面。

应该注意的是，由于研究开发的对象不同，阶段的划分和定义也会有所区别。但是可以肯定的是，不论怎么划分项目阶段，都要对项目完成和限制的条件进行明确的规定，以便于对项目的完成情况进行审查。

14.3.2 项目各阶段的知识管理

在项目生命周期的各阶段，需要和使用的知识也是各具特点的。由于不同性质的项目其阶段的划分也是不同的（例如建筑工程项目与科研项目的阶段划分就有所不同），所以这里只按项目生命周期中的各项任务来分别讨论。

米克拉尤克提出，可按下面六个阶段来研究知识的运用：

①项目概念的形成；

②项目环境的分析；

③目标和范围的确定；

④项目的详细规划、资源配置、项目的批准；

⑤项目的实施、控制；

⑥项目评价与推广。

实际上这些阶段有可能重叠、交叉，甚至出现反复，知识的运用也可能有所跨越，但都会进行下列知识活动：

①寻找、发现知识源；

②获取显性知识，如文件、软件等；

③组织沟通以共享隐性知识。

下面分阶段研究知识的需求。

(1) 项目概念的形成

在形成概念的阶段，显性知识还不能很好地组织起来，人们运用的还是隐性知识与人际关系，但这些却形成了项目的一般概念，构成了项目有关各方共享的知识基础和日后知识工作的起点。一般说来，这项工作还得不到正式的人力和预算的安排，可能只是少数人在进行，但还得进行下面的工作：

①从现场收集与项目有关的文件与信息，最好建库保存；

②将所有与项目有关的讨论与沟通记录下来，从而获取隐性知识；

③建立初始的数据库；

④建立有关的名词术语目录；

⑤向项目相关者解释知识管理与建立共享知识的文化氛围的重要性。

这个阶段可能产生的是有关项目的最初的但是极有价值的知识。

(2) 项目环境的分析

在对项目环境进行分析的任务中，需要辨认对项目有影响的所有因素，需要下列诸方面的知识：

①与项目有关的经济、政治、法律、社会、地理知识；

②专业知识(如水资源、卫生等)；

③战略信息(当地权威机构的支持、合作伙伴等)；

④组织管理方面的知识(领导隶属关系、财政金融等)。

这些知识可能分散在各处，可以通过建立知识路线图的办法来进行知识的组织。

(3) 目标和范围的确定

在目标和范围的确定、可行性分析与风险分析工作中，专家的隐性知识将起到主导作用。这是建立共识和决策的过程，一方面需要大量显性知识，另一方面迫切需要直觉和现场经验。这时需要建立(电子或纸面的)文档库，以及有关专家的信息(隐性知识的源泉)。

该阶段需要研究的问题是：项目相关者的期望是什么，对项目范围的约束是什么，有什么可以预见的风险，时间与成本如何平衡等。

在这一阶段，除了电子的或纸面的文档库外，应该特别注意建立隐性知识的交流和储备手段，甚至建立网站以利于人际交往。这时正是建立知识管理系统的最好时机。

(4) 项目的详细规划、资源配置、项目的批准

在项目的详细规划、资源配置、项目的批准过程中，由于要进行工作分解、进度安排与资源配置，使用的大部分是显性知识，需要在知识管理系统中使用相应的软件。但仍旧需要保持隐性知识来源(如专家联系表)。

(5) 项目的实施、控制

项目的实施、控制过程是考验前几步的关键阶段，这时知识管理的任务是：一方面及时提供所需要的知识，并检验其正确、恰当与否；另一方面要收集、记录项目进行中产生的知识，并及时改进完善知识管理系统。这时的知识管理系统，联系了方方面面，特别需要把显性知识与隐性知识进行有机的集成。任何有关的会议、文件、广播电视报导常常能提供有用的知识。这时会有许多新知识生成，应该不失时机地把它们收集起来，否则时过境迁，这些宝贵的知识财富就会流失掉。

从知识管理的角度来看，项目的控制是一个学习过程。不但要从报表、文件学习，还需要从有关人员处学习。新的知识要及时输入知识管理系统。有些信息与知识要能使项目相关者很容易就获取到。一些决策支持工具(如统计、评价、方案选择等)在这里是有用的。

(6) 项目评价与推广

在项目评价与推广阶段，应该特别强调学习的功能，因为这时已经可以总结项目的经验教训，并把结果(包括项目本身的集成)推广出去。此刻除了已见诸文字的显性知识外，还应该利用各种方式收集隐性知识，使其转化为可以传播的知识。一个优秀的项目管理团队，应该是一个学习型组织。

现在，由于微型计算机及其网络的推广应用，在项目管理中使用了不少的计算机软

件工具，特别是财务与工程进度管理(如网络计划)系统以及计算机辅助设计系统等，大大提高了管理的知识含量。由于多媒体技术的广泛应用，一些直观的信息手段使得人们能远程了解工程的进度，为现场管理和隐性知识的交流提供了有力的手段。

在项目管理过程中，不但要使用现有的知识，而且在解决新的问题时总会有一些新知识的产生。同时由于一次性特点，项目结束后组织解散和人员变动会使这些知识流失，所以特别要注意收集。

项目管理需要进行一系列的决策，这些决策涉及的范围可能不同，但只要不是按一些例行的成规进行抉择，都可以认为带有不同程度的创新，因为每次都会面临新形势，处理新问题。这就更需要把显性知识与隐性知识融合起来应用，并在决策过程中获得新的显性知识与隐性知识。

不论是组织还是个人，不要因为项目的一次性特点而忽视了知识的累积。这种累积一方面表现为文档资料的收集整理，另一方面表现为人员或组织的隐性知识(经验、直觉判断力等)的增长。这种增长常常是不自觉的，但如果人们自觉地去总结和反思，会有更大的收获。

14.3.3 项目过程中的知识管理的实施

1. 依靠组织的知识管理平台开展工作

知识管理离不开信息技术的支撑，但是不仅仅建立 Intranet 系统、数据库，还要有企业文化和管理手段的密切结合，才能取得成功。具体的建立步骤为：建立企业内部网，构成企业内部的通信和协作平台；引入业务集成系统，如项目管理系统(PM)、企业资源计划系统(ERP)，建立采购、生产、库存、销售、财务等各个环节的集成管理；对知识进行分类、评估、开发、共享的管理以及知识库的建立与更新。

2. 在员工层次上，营造良好的组织交流方式，推动知识的创新和分享

由于项目团队属于一次性的组织，成员来自企业的各个职能部门甚至是企业外部的一些行业专家，他们拥有不同的背景、知识、技能和经验，项目管理过程中成员之间的交流尤为重要。作为创造性的工作性质，项目管理随时都要面对各种不同的突发问题，这些问题并不是按照操作规程就能完全解决的，丰富的实践经验是妥善解决问题的关键。为了最完美地解决问题，项目成员全部拥有相关经验是最好的，但是实际情况显然不可能达到这种高度，交流和分享就显得非常重要了。所以说，对项目而言，团队成员的知识和经验是十分宝贵的，在项目成立后，首要的问题就是推动成员交流，促成成员知识的共享和创新。

(1) 在项目组内部创造适合交流的环境，推动项目成员之间的交流和技能分享

知识管理理论认为成员个体身上蕴藏的大部分是隐性知识，并且一般通过非正式

渠道交流和分享，比如师徒的言传身教，同事之间的闲聊、比试等方式。在正式场合，人们对这些知识很少涉及，但是员工身上的这部分知识往往是其最有价值的知识和经验。为了营造适合交流的氛围，可以采取如下一些措施：集体办公，以提高团队成员在一起的时间，使大家信息交流充分及时；多安排一些非正式交流的活动，如安排工作聚餐、集体休闲活动、企业内部网络社区和论坛等，可以让团队成员在轻松的环境中说出自己的工作经验和教训。通过这些活动提供大家在一起交流的时间对互相的沟通交流非常有利。

(2) 对积极贡献自己经验的成员进行有效激励，提高团队成员分享经验的积极性

鼓励团队成员交流分享自己的经验教训是取得知识的有效途径。在项目进行过程中，可以制订一些鼓励大家提供经验的措施，可以是鼓励大家提供创造性经验的明文规定，也可以是对在难题处理中作出突出贡献的员工进行奖励。各种方式不一而足，总的原则是推动成员和大家分享自己的创新经验。

(3) 对成员贡献经验要进行正确评价

项目对团队成员贡献的经验的评估是一个很复杂的事情。很多时候大家难以认识到这些经验的价值。一方面大部分知识的效果显现不是立竿见影的，而是有一定的滞后；另一方面，很多团队成员的经验效果被表现为部门的结果，从而弱化个人经验的重要性；还有就是难以判断在一个项目中成功的经验是否具有推广价值。这些因素都使个人经验的评估复杂化，错误的评估还有可能挫败个人的积极性。如何正确地评估成员经验需要慎重进行，比较稳妥的做法应该是全面系统地收集经验和处理经过；分析事件的独特性和普遍性；寻找理论支持，升华经验，最后对经验进行正确评估。

3. 在组织层次上，建立科学的流程，推动知识的收集、分析和知识传播

现代企业强调组织和流程，要求公司员工在工作中按照公司的规定程序进行，然而项目型公司中的工作大部分是创造性和处理随机变化事务的，如果过多地偏重于流程，可能根本就无法产生新的创意。所以，在员工层面，过分严格的流程管理于事无宜；但是在组织层面就非常适合用流程管理去规范知识的收集、分析和录入数据库。流程这种有组织的协调形式可以使区域性知识在更加广泛的范围内应用。

(1) 设计合理的收集、分析和整理知识的流程

如何传播和利用项目中已经创造和积累的丰富的经验和知识，是知识管理组织层面要解决的问题。数据库作为基本的管理工具，已经广泛地应用到实践中了。但是一些企业尽管在自己数据库中录入了员工的经验和知识，创建了员工的交流平台，但是效果并不理想。原因就在于知识录入标准没有建立在统一规范的基础上，也就是要设计科学合理的知识收集、分析和整理录入的流程。因为如果大家自由地把一些技巧和知识录入数据库，往往没有系统性和说服力(甚至有虚假信息)，使检索者产生迷惑和不信任感，逐渐会抵制数据库。数据库中零散、个性的东西越多，数据库的作用就越小，甚至一段时间后，组织成员会因为对数据库失去信心而不再使用它。

那么如何避免这个问题呢？流程是我们的好帮手。正确的工作流程应该是：组织成立专门的经验、知识审核与分析委员会，对从项目得来的或者是个人申报的创新经验和技巧进行审查和选择，对有效的知识和经验要会同公司的专家、技术骨干和知识提供者共同对经验进行分析和提炼，从理论上证明其正确性，从试验中证明其可操作性和可能存在的共性，如此整理后的知识再行录入数据库。这样的记录可以给检索者提供有说服力的支持，使检索者可采纳相关的经验。

(2) 便捷的检索工具有利于知识的传播和组织内部的知识分享

由于一个组织可能有很多项目在同时进行，各个项目产生的新工艺或者技巧在项目团队内部可以有效传播和应用，但很少能影响其他的项目。有可能其他项目正在烦恼的问题已经在另外一个项目上被顺利解决了，作为组织的整个成员并不能了解各个项目成员所掌握的知识。这样的矛盾可以通过建立一个组织内部数据库检索机制来解决。检索的工具可以采用关键字检索和论坛标题检索等方法。

当人们在遇到难题时，他们可以登录企业的知识库，对该难题进行搜索，如果知识库足够丰富，完全可以寻找到解决办法。如果没有搜索结果，那么项目在自我解决该问题后，可以提交该难题的解决方案给公司知识评估、录入委员会，然后据此可对公司知识库进行丰富和完善。

本章小结

1. 项目是一个组织为实现既定的目标，在一定的时间、人员和其他资源的约束条件下所开展的一种有一定独特性的、一次性的工作。项目是人类临时性、一次性的活动。从广义上讲，项目就是在既定资源、技术经济要求和时间的约束下，为实现一系列特定目标的多项相关工作的总称。

2. 项目管理是以项目为对象运用系统科学的管理思想，通过一个临时性的专门的柔性组织，对项目进行高效率的计划、组织、指导和控制，以实现项目全过程的动态管理和项目目标的综合协调与优化。项目管理具有独特性、复杂性、目的性和创新性。

3. 多项目管理是指在组织中协调所有项目的选择、评估、计划、控制等各项工作。多项目管理被分为项目成组管理和项目组合管理两种。项目成组管理是对人为定义的一组项目进行管理，这些项目并不是为某个共同的目标服务的，但项目间具有相似性；项目组合管理是从企业整体出发，动态地选择不具类似性的项目，对企业所拥有的或可获得的生产要素和资源进行优化组合，有效地、最优地分配企业资源，以分散企业风险，达到企业效益最大化，提高企业的核心竞争能力，实现企业的战略目标。

4. 知识经济时代和项目管理的特点，使得现代项目管理理论中融入知识管理的思想。项目管理具有其独特的知识体系，包括现代项目管理中所要开展的各种管理活动，所要使用的各种理论、方法和工具，以及所涉及的各种角色的职责和它们之间的相互关系等一系列项目管理理论与知识。

5. 项目过程中的知识管理涉及员工个体行为和组织两个层面的管理。因此，项目过程中知识管理的重点是个人知识及时转化为企业知识以及组织知识的定义、共享和使用。

6. 在项目管理过程中，不但要使用现有的知识，而且在解决新的问题时还会有一些新知识的产生。同时由于一次性特点，项目结束后组织解散和人员变动会使这些知识流失，所以特别要注意收集。

7. 项目过程中进行知识管理要依靠组织的知识管理平台开展工作，在员工层次上，营造良好的组织交流方式推动知识的创新和分享；在组织层次上，建立科学的流程，推动知识的收集、分析和知识传播。

8. IBM rational portfolio manager(RPM)是一个企业级的项目组合管理平台，它将分散在各地的项目团队以及项目管理涉及的各个领域内容集成在一个统一的框架中，并通过多维的可视化界面显示项目和项目组合的健康状况以及与企业商业战略的一致性，为管理层的投资决策提供实时的信息与知识支持。

思考与讨论

1. 回顾项目管理的发展历程，简述在项目管理过程中引入知识管理的必要性和重要性。
2. 简单阐述项目管理的不同阶段知识管理的重点有何异同。
3. 举例说明项目组合管理与单项目管理的区别和联系。
4. IBM 项目组合管理软件 RPM 具有哪些特点？
5. 分组讨论案例 18，并写出小组讨论报告。

案例 18

一位项目经理为 IT 项目引入知识管理支持

为了促进项目有效进行，项目经理们(PMs)必须掌握各种专门的 IT 工具及文档，它们包括各种项目计划和交付样品、中间过程的记录和信息，以及更新的技术和模板。知识管理 (knowledge management，KM) 是一个商业流程，它搜集并管理组织内部集体的经验和工作知识，而公司员工能够访问由这些经验和知识集合而成的知识库。实现 KM 后，企业将获得明显的业绩提升以及更高的效率，但并不是所有的公司都愿冒险尝试。然而，有一位项目经理却极力推崇 KM，他已成功地将他的想法付诸实践——公司采纳了他的 KM 实施建议。看看他是如何实现 KM 系统并促成其被采纳和运作的。

1. 识别问题并说服决策者

三年前，当来自 Woburn（沃本，美国地名）的 MA-IT firm Collaborative Consulting (http://www.collaborative.ws/)的高级项目经理 Josh Brose 开始他的工作时，他的新雇主还没开始实施 KM。在第一周的工作中，Brose 接手为公司的一个客户建立集成测试策略——这是一个在他的职业生涯中尚未遇到的难题。此时，他意识到一个知识管理解决方案所能带来的好处。

"你知道，在一个咨询公司，为客户介绍的每个顾问都应该知道如何为客户解决问题。"Brose 说，"所以，既然我站到客户面前，接手这一项目，便必须了解要怎样向客户提供解决方案（集成测试策略）。"

他开始在公司上下询问是否有人曾经做过集成测试系统。一周后，他找到了一份相关文档，这使他能够将交付产品展示给客户。"和那个客户的生意，使我们获得了极大的红利点"。Brose 谈论到了这种能力，即通过直接的文档调度解决好一件原本复杂的工作。然而，为了找到正确的文档资料是如此困难，他意识到，就便捷的文档共享能力而言，公司在那时还存在巨大的缺口。

"我们都正在忙着自己的工作，而没有进行信息共享"，Brose 说。如此一来，员工们不得不去重复地做同一项工作。

Brose 的此次经验提醒了他，Brose 提出了在公司中建立 KM 解决方案，由此成立了工作委员会，并最终促成企业进行 KM 解决方案的产品选择和方案实施。

公司产生了一个由 8 个人组成的委员会，委员会成员包括 Brose、公司各个事业单位的高级人员、一名分析人员和执行总管(operations director)。执行总管被认为是最重要的，他的在场保证员工能够认真严肃地面对这一项目。

定义需求之后，2003 年，委员会选择了 Jive 软件公司（www.jivesoftware.com）的 KM 低端产品。Jive 软件公司是一家开源的 Jave 开发公司，其核心产品包括 Jive 论坛和 Jive 知识库，Brose 的咨询公司花费了 10 000 美元购买了它的两个核心产品。公司的目标是建立一个 KM 解决方案，通过基于浏览器的安全区域进行访问，形成知识容器，设计分类并通过关键字查询各种信息和在线数据资料。

Brose 在自己的机器上安装了服务端程序，然后，大约在两个星期中，他建立了分类法，即信息容器中的信息结构。

2. KM 运作——成功的关键

下一个挑战是，如何让咨询公司的每个员工，包括各个项目经理，上传各种文档资料到 KM 系统中。

"我们是从头开始的，那时，我们还没有用以装载文件的容器。"Brose 说，"以前，我们没有服务器，而有上千份的文件等待KM系统的引入。”数以千计的文件被置于桌面、便携式电脑中。信息分散在公司各个角落，形成了“信息孤岛”。

为了鼓励员工们上传文件到公司的KM系统中，Brose制定了各种激励措施——只要他们上传文件了就将获得奖品(公司品牌的皮带、运动衫和高尔夫球衬衫)。

但是，Brose同时也希望职员能够立即着手使用该系统。Brose将公司内部简历提供给员工，这些简历列举了每名员工的才能和技术，是员工们一直以来使用的和确定项目研究小组成员构成的工具。他指出这种公用资源的广泛使用将帮助系统投入运作。

“作为一名项目经理，如果我正在找寻人手进行某一项目，我将到知识库中扫描不同的员工信息，这样我知道应该由谁来负责这一项目。”Brose说，“我们将所有的文件都转移到知识管理系统中，而这是我们争取员工使用它的第一个步骤。”

Brose继续激励员工上传文件，通过监视上传和使用情况，Brose能够了解哪些雇员在帮助KM系统成长。同时，Brose已经将他们实施KM系统的成功事例编书出版。

“要是他们能访问知识库，获得相关案例(取得能够有所帮助的文档资料)，通过使用该文档，最终整合成交付产品给新客户——这将节省一半或四分之一的时间，这些内容是我在书中试图展示的。”Brose说。

3. 持续地加强

Brose计划不断加强他的KM系统，通过KM系统和公司的企业内部网的整合，项目经理和其他员工的工作活动可以变得更卓越。这时，员工可以远程登录到单一区域中检查他们的电子邮件，访问公司的实时报告系统、费用报告以及公司提供的各种健康福利和投资信息。

距离成功还有一段路，Brose希望尝试在KM系统内为项目经理设立项目区域。但在很大程度上由于在客户端工作的项目经理间信息共享的逻辑阻碍，基于项目的知识共享区域并没有被大量使用。

“我们总是与客户紧密整合，现在，我们没有设立项目区域，否则客户能够进入我们的资源环境中。”Brose说。

“尽管需要对系统进行持续的改进并且期间可能会间或遇到种种困难，”Brose说，“然而，KM系统的引入已经是公司的巨大成功。”

令人惊讶的是，阻碍KM在项目经理和其他员工中运作的最大问题并不是科技上的障碍，而是人的因素。

“你如何说服员工让他们买进系统，又如何促使他们使用系统，并且你还得做到让他们觉得系统的确是有价值的。”Brose说。“他们必须在第一天就见到它的价值，否则他们将不再使用它，而且不再回头。”

“一旦人们开始使用KM系统，我认为他们将发现它是非常有用的，”Brose说，“找到相关的文档是如此容易。信息就储存在那儿。这是如此的简单，没有任何理由不去使用。”

参考文献

1. Glazer, R., (1991), Marketing in an information intensive environment: Strategies and implications of knowledge as an asset, Journal of Marketing, 55, pp. 1-19.

2. Wilson, D. A., (1996), Managing Knowledge. Butterworth Heinnmann-Oxford.

3. Nonaka, I. and Takeuchi, H., (1995), The Knowledge Creating Company, Harvard Business Press, Boston.

4. Stewart, T. A., (1997), Intellectual Capital: The New Wealth of Organizations. Doubleday.

5. Bohn, R., (1994) Measuring and managing technological knowledge, Sloan Management Review, Fall, pp. 61-73.

6. Davenport, T. H., De Long, D. W. and Beers, M. C., (1998), Successful knowledge management projects, Sloan Management Review, Winter, pp. 43-57.

7. Wikstrom, S., Normann, R., Anell, B., and Ekvall. G., (1994) *Knowledge and Value: A New Perspective on Corporate Transformation*, Routledge, London.

8. Carlsen, A. and Skaret, M., (1998), Practicing knowledge management in Norway—Lessons from processes in small firms, *Working Paper*, Sintef, Norway.

9. Ruggles, R. L. (Ed.), (1997), *Knowledge Management Tools*, Butterworth Heinenmann, Boston.

10. Polanyi, M., (1966), *The Tacit Dimension*, Routledge & Kegan Paul, London.

11. Badaracco, J. L., (1991), *The Knowledge Link-How Firms Compete Through Strategic Alliances*, Harvard Business Press, Boston.

12. Grunstein, M. and Barthès J.-P., (1996), An Industrial View of the Process of Capitalizing Knowledge, In J. F. Schreinemakers ed, Knowledge Management: Organization, Competence and Methodology, Proc. of the 4th Int. Symposium on the Management of Industrial and Corporate Knowledge (ISMICK'96), Rotterdam, the Netherlands, Ergon, October, pp. 258-264.

13. Malhorta, Yogesh, (2000), knowledge management for Information systems Performance: Advancing Information Strategy to "Internet Time". Information Strategy: The Executive's Journal. 16 (4): 5-16.

14. Takeuchi, H., (1998), *Beyond Knowledge Management: Lessons from Japan*. www. Sveiby. com, pp. 1-11.

15. Dore, Lucia, (2001), *Winning Through Knowledge: How to Succeed in the Knowledge Economy*, Special Report by the *Financial World*, The Chartered Institute of Bankers in Association with Xerox. London.

16. Nonaka, I., (1991), The knowledge creating company, *Harvard Business Review*, Nov-Dec, pp. 96-104.

17. Grant, R. , (1996), Prospering in dynamically competitive environments: Organizational capability as knowledge integration, *Organization Science*, 7, 4.

18. Bassi, L. ,(1998), Harnessing the power of intellectual capital, *The Journal of Applied Manufacturing Systems*, Summer, pp. 29-35. Benfield, S. ,(1999) Application servers.

19. Blake, P. ,(1998),The knowledge management expansion, *Information Today*, 15.

20. Parlby, D. ,(1997),The power of knowledge: A business guide to knowledge management Internal Report, KPMG.

21. Ruggles, R. , (1998), The state of the notion: Knowledge management in practice, California Management Review, 40, pp. 80-89.

22. Stefan Kuhlmann et al. Strategic & Distributed Intelligence for Innovation Policy. www. sommerakademie. de/1999/pdf/kuhlmann_strategic. pdf.

23. Davenport, T. H. , Jarvenpaa, S. K. and Beers, M. C. , (1996), Improving Knowledge Work Processes. Sloan Management Review, Summer, pp. 53-65.

24. Kotnour, T. , Orr, C. , Spauding, J. and Guidi, J. , (1997), Determining the Benefits of Knowledge Management Activities. In IEEE International Conference on Systems Man & Cybernetics, Vol. 1 Orlando, Florida.

25. Nonaka, I. and Takeuchi, H. , (1995), The Knowledge Creating Company, Harvard Business Press, Boston.

26. Davenport, T. H. , (1993), Process Innovation: Reengineering through Information Technology. Harvard Business School Press: Boston M. A.

27. Crawford, C. M. , (1996), New Products Management, Irwin, Chicago.

28. Dodgson, M. , (1993), Organizational learning: A review of some literatures, Organization Studies, 14, 3, pp. 375-394.

29. Patton, K. and Carlsen, A. , (1998), Strategies, techniq ues and tools for knowledge reuse, *Internal Report*, Sintef, Trondheim, Norway, pp. 1-24.

30. Brown, J. S. , and Duguid, P. ,(1991),Organizational learning and communities-of-practice: Toward a unified view of working, learning, and innovation, *Organization Science*, 2, 1, pp. 40-57.

31. Despres, C. & Chauvel, D. ,(2000),*A Thematic Analysis of the Thinking in Knowledge Management*. In Charles Despres & Daniele Chauvel (Eds.), *Knowledge Horizons: The Present and the Promise of Knowledge Management*. Butterworth-Heinemann.

32. Carayanis, E. ,(1999), *Fostering Synergies between Information Technology and Managerial and Organizational Cognition: the Role of Knowledge Management*, Technovation, 19, pp. 219-231.

33. Earl, M. & Scott, I. ,(1998),*What on earth is a CKO*? Survey IBM. London Business School.

34. Edvinsson, L. ,(1996), *Developing a model for managing intellectual capital*, European Management Journal, Vol. 14, N 4, August, pp. 356-364.

35. Snowden, D. , (1998), *The Ecology of a Sustainable Knowledge Management Program*.

Knowledge Management, 1(6).

36. Inkpen, A. & Dinur, A. ,(1999), *Knowledge Management Processes and International Joint Ventures*. Organization Science, 9(4): 454-468.

37. Van Buren, M. ,(1999), *A Yardstick for Knowledge Management*, Training & Development, v 53(5), pp. 71-78.

38. Cap Gemini,(1999a),Managing your Knowledge for Sustainable Competitve Advantage, white paper.

39. Applehans, W. ,Globe, A. and Laugero, G. ,(1999),Managing Knowledge,A practical Web-based Approach. Addison-Wesley Information Technology Series, 1999.

40. Wiig, K. M. ,(1995), Knowledge Management Methods,Practical Approaches to Managing Knowledge. Vol. 3. Schema Press, Arlington.

41. Newbern, D. and D. F. Dansereau, (1995), Knowledge Maps for Knowledge Management, Chapter in Wiig (1995).

42. Schreiber, G. (ed.), (1999), Knowledge Engineering and Management: The CommonKADS Methodology, MIT Press, Cambridge, Mass. , 1999.

43. Staab, S. , R. Studer, H. -P. Schnurr, Y. Sure ,(2001),Knowledge Processes and Ontologies, IEEE Intelligent Systems, January/February 2001.

44. Gallupe, R. B. ,(2001), Knowledge Management Systems: surveying the landscape,International Journal of Management Reviews, Vol. 3, No. 1, March, pp. 61-67.

45. Al-Ghassani, (2002), Literature Review on KM Tools, Technical Report, Department of Civil and Building Engineering, Loughborough University, UK.

46. Tsui, E. ,(2002b), Tracking the Role and Evolution of Commercial Knowledge Management Software, in Handbook on Knowledge Management, C. W. Holsapple (ed.), Springer-Verlag, Berlin/Heidelberg.

47. Lang J. C. ,(2001), Managerial Concerns in Knowledge Management, Journal of Knowledge Management, Vol. , Number 1, pp. 43-57.

48. Skyrme, D. J. and Amidon, D. A. ,(1997), A Report on: Creating the Knowledge-Based Business. Business Intelligent Limited, London.

49. Anumba, C. J. , Bloomfield, D. , Faraj, I. and Jarvis, P. ,(2000), Managing and Exploiting Your Knowledge Assets: knowledge based decision support techniques for the construction industry, BR382, Construction Research Communications Ltd. , UK.

50. Egbu, C. O. ,(2000), The Role of IT in Strategic Knowledge Management and its Potential in the Construction Industry, UK National Conference on Objects and Integration for Architecture, Engineering, and Construction, 14-14th March, BRE, Watford, UK.

51. Lucca, J. , Sharda, R. and Weiser, M. ,(2000), Coordinating Technologies for Knowledge Management in Virtual Organizations, Proceedings of the Academia/Industry Working Conference on Research Challenges CAIWORC 00, 27-29 April, Buffalo, New York.

52. Tsui, E. ,(2002), Tracking the Role and Evolution of Commercial Knowledge Management Software, in Handbook on Knowledge Management, C. W. Holsapple (ed.), Springer-Verlag, Berlin/Heidelberg.

53. Gallagher S & Hazlett S. A. , (1999). The Knowledge Management Formula, Research Report, pp. 99-101.

54. Paulk, M. Curtis B, Chrissis M and Weber C. ,(1993),Capability maturity model, Version 1.1, *IEEE Software*, Vol. 10, No. 4, pp. 18-27.

55. Robson, W. ,(1997),Strategic management and Information Systems, 2nd Edition,Financial Times-Pitman Publishing, London.

56. Havens, Charnell & Ellen Knapp,(1999), Easing Into Knowledge Management,*Strategy & Leadership*, Vol. 27,No. 2,pp. 4-9.

57. Chait, Laurence P. ,(1999), Creating A Successful Knowledge Management System, *The Journal of Business Strategy*, Vol. 20,No. 2, pp. 23-26.

58. 陈锐．公司知识管理．太原:山西经济出版社,2000.

59. 翟丽．企业知识创新管理．上海:复旦大学出版社,2001.

60. [美]Amrit Tiwana 著,董小英,李东,祁延莉译．知识管理十步走．北京:电子工业出版社,2004.

61. [美]Amrit Tiwana 著,徐丽娟译．知识管理精要．北京:电子工业出版社,2002.

62. 王的禄．知识管理的 IT 实现．北京:电子工业出版社,2003.

63. 夏敬华,金昕．知识管理．北京:机械工业出版社,2003.

64. 林东清．知识管理理论与实务．北京:电子工业出版社,2005.

65. 白思俊编著．现代项目管理概论．北京:电子工业出版社,2006.

66. 王众托．知识系统工程．北京:科学出版社,2004.

67. 赵春雷主编．项目管理．北京:科学出版社,2006.

68. 张卓编著．项目管理．北京:科学出版社,2005.

69. http://www.myikmc.com/

70. http://www.kmcenter.org/

71. http://www.chinakm.com/

72. http://www.ccboss.com/club_index.asp

73. http://www.cko.com.cn/

74. http://www.kmnews.com/

75. http://www.km.org/

76. http://www.kmeurope.com/

77. http://eknowledgecenter.com/

78. http://www.kwork.org/

79. http://www.collaborate.com/

80. http://www.kmnetwork.com/

81. http://www. brint. com/
82. http://www. kmresource. com/exp. htm
83. http://www. metakm. com/
84. http://sourceforge. net/projects/pkm
85. http://www. prismlegal. com/
86. http://www. kwork. org/
87. http://tools. kmnetwork. com/
88. http://www. insead. fr/CALT/Encyclopedia/ComputerSciences/Groupware/Workflow/

教学支持说明

▶▶课件申请

尊敬的老师：

您好！感谢您选用清华大学出版社的教材！为更好地服务教学，我们为采用本书作为教材的老师提供教学辅助资源。鉴于部分资源仅提供给授课教师使用，请您直接手机扫描下方二维码实时申请教学资源。

任课教师扫描二维码
可获取教学辅助资源

▶▶样书申请

为方便教师选用教材，我们为您提供免费赠送样书服务。授课教师扫描下方二维码即可获取清华大学出版社教材电子书目。在线填写个人信息，经审核认证后即可获取所选教材。我们会第一时间为您寄送样书。

任课教师扫描二维码
可获取教材电子书目

清华大学出版社

E-mail: tupfuwu@163.com　　网址：http://www.tup.com.cn/
电话：8610-83470158/83470142　　传真：8610-83470142
地址：北京市海淀区双清路学研大厦B座509室　　邮编：100084